韓國史硏究叢書 33

日帝時代 在日朝鮮人民族運動研究

―오사카[大阪]을 중심으로―

鄭惠瓊 著

國學資料院

펴내는 글

필자에게 일제시대 재일동포는 그리 낯선 단어가 아니었다. 재일동포 출신의 어머니가 발음하는 어색한 우리말과 함께 어려서부터 익숙한 단어였다. 그러나 일제 식민지라는 역사적 경험은 필자의 유년시절을 혼란에 빠트렸다. 동네 아이들이 '일본 어머니'를 두었다고 놀릴 때에는 강하게 부정하면서도 필자 역시 일본인과 재일동포를 구분하지 못하곤 했었다. 학창시절에는 일본어, 일본 음식에 대해 강한 거부감을 나타냈다. 그러나 대학원에 입학한 후 평생의 연구 과제로 삼은 것은 바로 재일조선인연구였다. 재일조선인과 일본인을 구분하지 못하던 어린 시절에 잠시 가졌던 몇몇 의문들은 시간이 흐르고 관심도가 다양해지는 가운데에서도 완전히 기억 속에 묻힌 것만은 아니었나 보다.

어려서 가졌던 궁금증을 학문적으로 풀어가는 작업이 바로 재일조선인사연구였다. '그들은 왜, 무엇 때문에 그곳에 갔는가', '그들에게 조국이란, 그리고 민족이란 무엇인가', '그들은 왜 차별과 멸시 속에서도 일본 땅을 떠나지 못하는가' 등등.

본서는 그러한 궁금증을 일제시대에 가장 많은 조선인이 거주했던 大阪(오사카)지방을 통해 풀어본 결과물이다. 본래 연구를 시작할 즈음에는 노동자가 대다수를 차지하는 오사카지역 조선인의 특성에 착안하여 노동운동사라는 분야로 접근하고 싶었다. 그래서 일제시대 노동자의 생활상태론을 비롯하여 조선인노동단체를 살펴보았다. 그러나 공부의 양이 조금씩 쌓이면서 일반적인 노동운동사와 다른 시각에서 접근할 필요가 있음을 절감하게 되었다. 더구나 국내 운동사와 차이점이 일본지역 내에서도 지역별 차이가 적지 않음을 알게 되면서 연구는 폭을 넓히지 않을 수 없었다. 조선인노동자들의 운동 내면에 흐르는 지향점이 무엇이었는지, 조선인운동의 실체가 무엇인지를 알기 위해서는 일본공안자료, 강령과 선언서, 격문, 신문기사 내용만으로 충분하지 않았다. 그런 것들만으로는 재일조선인의 모습을 찾기 어려웠다. 재일조선인의 참모습을 찾기 위해서는 조선인노동자가 구성한 조선인사회를 알아야 했고, 조선인사회의 외곽을 형

4

성하고 있는 일본사회를 이해해야 했다. 범주를 넓히고 더욱 넓혀서 다시 접근하기 시작하자 비로소 막막했던 오사카지역의 조선인 민족운동이 실체를 드러냈다.

운동이라는 현상에 매몰된 운동사에서 필자를 끌어낸 분들은 지도교수 박성수 선생님을 비롯한 박사학위논문 심사위원들이다. 박사논문 집필과정에서 가장 중요한 흐름을 잡아주신 은사 박성수 선생님, 심사과정에서 조악한 문장 하나 하나 까지 일일이 수정해주신 유준기, 김경일, 최영호, 유병용 선생님께 감사드린다.

본서는 필자가 1998년에 한국학대학원에 제출한 「일제하 재일한국인 민족운동의 연구 ─ 大阪지방을 중심으로」 가운데 1930년대를 제외한 부분을 수정·보완한 성과물이다. 1930년대 부분은 새로운 자료가 계속 발굴되는 상황이므로 연구를 심화하는 것이 바람직하다고 생각하여 본서에는 포함하지 않았다. 1930년대 부분은 개별논문을 통해 실증적인 연구를 진행시킨 이후에 총체적으로 분석할 예정이다. 부록논문으로 수록한 「1920년대 일본지역의 조선인 아나키즘운동」은 3년 전에 학술지 『아나키즘 연구』 제2호에 게재하기 위해 제출한 글인데, 학술지의 발간이 지연되고 있어서 본서에 싣게 되었다. 이 논문은 아나키즘에 대한 깊은 이해가 없는 상황에서 쓴 글이기에 전면 改稿가 필수적이지만 1920년대 연구를 일단락 짓는다는 마음으로 본문과 중복되는 제4장만을 생략한 채 수록하였다. 이 글을 작성한 이후에 이 분야에 대한 연구성과가 계속 발표되었으나 반영하지 못했음을 밝혀둔다.

필자가 재일조선인연구를 하는 데 가장 큰 밑거름이 된 것은 한국정신문화연구원 한국학대학원이다. 이곳은 직장생활이라는 6년간의 방랑생활에서 지친 필자에게 안식을 준 곳이기도 하다. 10년간의 운중동 생활을 통해 사막의 마른 풀과 같았던 필자는 물과 자양분을 공급받고 감히 학문세계로 발을 내딛을 수 있게 되었다. 한국학대학원에서 많은 교수진으로부터 지도를 받으면서 성실한 연구자의 길을 가슴에 새기게 됨은 크나 큰 은덕이다.

아울러 12개 분야 인문사회과학의 전공자들이 총집결한 기숙사 청계관에서 숙식을 함께 하며, 학문의 지평을 넓혔던 것은 어느 학교에서도 찾을 수 없는 행운이었다. 5년간의 청계관 기숙사 생활은 삶의 지혜와 인간에 대한 이해를 함께 터득하게 해주었다.

연구 학회를 통한 전공연구자와의 호흡은 연구자로서 발돋움을 하는데 직접적인 도움이 되었다. 박사과정에 갓 입학한 햇병아리 새끼 연구자의 손을 이끌어 비로소 한국근대사학계의 말석이나마 차지하게 해주고, 지금까지도 갖은 투정을 다 받아주는 한국근현대사학회는 필자가 비로소 대학원이라는 문을 벗어나 큰 학문세계로 나아가는 발판이 되었다.

수요역사연구회는 좀더 진솔한 학문의 장으로서 필자를 지켜주고 있다. 필자가 학문적 편식과 천박함을 극복하고 그나마 균형을 잃지 않게 된 것은 모두 회원들의 공이다. 독선적인 모임 운영에도 불구하고 털털한 웃음으로 받아주었던 여러분께 그저 감사하고 죄송할 뿐이다.

재일사학자와 재일조선인 연구자들의 지도와 도움은 필자의 재일조선인사연구에 직접적인 영향을 미쳤다. 편지와 연구물로 늘 격려·지도를 잊지 않으시는 많은 재일사학자들(강재언, 양영후, 정홍영, 김영달, 김정미, 윤건차, 小林知子 선생님), 자료를 제공해주신 外村 大선생님의 도움에 큰 힘을 얻었다. 특히 1998년 2월에 급서하신 재일사학자 박경식 선생님은 필자에게 평생의 연구과업을 남겨주셨다. 박경식 선생님의 가르치심을 좀 더 충분히 소화하지 못한 과문함이 그저 죄스러울 뿐이다. 국내의 열악한 연구환경 속에서 재일조선인연구의 푯대 역할을 하시는 김광열, 김인덕 선생님은 올해 발족한 한일민족문제학회와 함께 필자의 든든한 후견인이다.

연구자로 지내면서 지인들에게 진 빚은 이루 헤아릴 수가 없다. 이 기회를 통해 감사를 드린다.

이 책이 세상에 나서기까지 여러분의 도움이 적지 않았다. 책을 출판하도록 독려해주시고 여러 기회를 주신 박환 선생님과 정찬용 사장님, 그리고 편집실 여러분이 바로 이 책의 실질적인 산파였다. 고마움을 표할 수 있는 기회를 갖게 됨을 감사하게 생각한다.

감히 이 책을 누군가에게 바칠 수 있는 기회가 주어진다면. 그리고 고학의 고통을 함께 나누지 못함에 그저 조용히 마음 졸이던 가족과 知人들이 이해해준다면. 나는 이 책을 '아름다운 청년 박래영'의 영전에 바치고 싶다. 29년간의 삶을 아름답고 맑은 정신과 탐구심으로 채웠던 철학도의 마지막 길을 배웅하지 못한 죄를 4년만에 속죄하게 되었음을 다행스럽게 생각하며.

2000년 9월

목 차

제6장 결 론 • 317

□ 부 록

□ 참 고 문 헌 • 377

□ 찾 아 보 기 • 393

제1장 서론

제1장 서론

1. 연구 목적과 의의

현재 세계 각지에는 수백만명의 동포[1]가 거주하고 있다. 이들 해외동포의 뿌리는 한국근·현대사와 깊은 관련을 맺고 있다. 일제시대에 조선인들은 민족독립을 위해, 또는 식민정책의 피해를 견디지 못해 해외 이주를 감행했다. 이들의 주요한 이주대상지는 식민본국인 일본은 물론이고 만주와 중국 관내, 노령, 미국 등지였다.

일제침략이 가열화 하면서 해외 이주자는 늘어났다. 1910년 경술국치 이후 만주로 대량이민이 시작되었는데, 1919년 이후에는 일본지역이 주요대상지가 되었다. 여기에 1930년대 후반부터는 일본에 의한 강제연행이 실시되어 1945년 8·15 광복 당시 일본지역에 거주하던 조선인 수효는 210만명에 이르렀다. 이 수효는 당시 우리나라 해외 이주인구 400만명 가운데 최다수를 차지했다.[2]

노령이나 중국관내·만주지역과 달리 조선인 교민단체나 거류민단 조직이 구성되지 못했던 일본지역은 지역마다 결성된 각종 단체가 조선인을 결속시키고 편익을 도모하며 민족운동을 주도하는 기능을 담당했다. 특히 오사카(大阪)지역은 1925년부터 일본 내에서 가장 많은 조선인이 거주한 지역

---

1) 본서에서는 일본지역의 한민족을 '재일조선인'이라 일컫는다. 재일조선인이란 일본에 살고 있는 한민족을 총칭하며, 조선국적과 한국국적, 일본국적을 가진 모든 한민족을 포함하는 역사적 용어이다. 개항 이후 일본에 건너간 한민족에 대해 일본사회에서는 '鮮人'·'朝鮮人'이라고 비칭으로 사용했다. 그러나 한민족은 스스로를 재일조선인이라 칭하면서 일본사회에 대해 민족주체성을 드러냈다.

2) 현재 재일동포의 수는 60만명으로 줄어 중국동북지방의 연변조선족 자치주의 인구와 거의 동일한 수준을 유지하고 있다. 그러나 두 지역의 해외동포들은 해당국가의 타민족정책으로 인해 각기 상이한 상황 아래 놓여 있다. 조선족들이 자치권을 인정받아 민족적 차별을 실감하지 않고 생활하는데 비해 재일동포는 여전한 민족차별 상황속에 놓여 있다. 이러한 차별상황은 도리어 재일동포의 민족적 아이덴티티를 강화하는 역할을 했다.

이었으므로 다른 지역에 비해 민족운동의 토대가 강했다. 거주 조선인의 약 90%에 달하는 노동자들은 노동현장을 이용하거나 대중시위를 통해 민족의식을 공고히 하고 독립의지를 표명했다.

오사카지역에서는 1910년대에 '大阪朝鮮人親睦會'가 결성된 이후 이와 유사한 명칭을 갖는 여러 단체들이 조직되어 조선인을 결속시키고 일자리를 알선하며, 노동정보를 교환하는 기능을 수행했다. 이들 단체는 이후 본격적인 조선인노동조합으로 직접 연결되지는 못했으나, 조선인노동조합 결성에 일정한 영향을 미쳤다. 아울러 도시 외곽지역이나 철로변·공터 등에 형성한 朝鮮村이라는 밀집구역을 바탕으로 오사카지역의 민족운동은 지속성을 가질 수 있었다. 조선촌은 조선인의 일본 정착에 도움을 주었을 뿐만 아니라 한국의 풍습과 생활양식을 온존하는 역할을 담당하여 조선인들이 민족의식을 공고히 하는데 중요한 역할을 했다.

오사카지역의 조선인 민족운동은 1920년대에 들어서 본격적으로 전개되기 시작하였다. '일본지역 최초의 조선인 노동조합'으로 평가받는 大阪朝鮮勞働同盟會(이하 오사카동맹회)가 결성되면서 종래 朝鮮人協會를 중심으로 하는 친일조선인 조직체의 영향력 아래 놓여 있던 조선인들을 조직화하고 각종 민족운동에 참가하도록 하는데 활동방향을 설정했다. 1920년대 초반에 오사카동맹회는 오사카 내 다른 민족운동단체와 연대하였으나, 다른 지역의 운동세력과 연대하는 데까지는 이르지 못했다. 그러나 1925년 토쿄(東京)에 본부를 둔 在日本朝鮮勞働總同盟(이하 재일노총)이 창립되자 일본 전지역의 조선인운동세력은 공동 보조를 취할 수 있게 되었다. 이로써 오사카동맹회는 오사카 조선인민족운동을 지역운동을 넘어선 운동으로 자리매김하는데 기여했다.

1925년 2월 재일노총이 결성되자 오사카지역에서는 오사카동맹회를 비롯한 7개 단체가 가맹하여 이를 중심으로 민족운동을 전개했다. 이 시기에 전개한 민족운동은 총독폭압정치반대투쟁으로 대표되는 반일운동, 수해구제운동·조선공산당 공판지원활동·在滿동포옹호운동으로 이루어진 국내운동 지원, 노동운동, 일본사회운동지원으로 대별할 수 있다. 이 가운데 1920년대 중반까지는 각종 반일집회 등 대중운동의 형태가 주류를 이루었으나, 1920년대 후반에는 노동운동이 비중있게 전개되었다.

오사카지역의 조선인 민족운동은 1929년 일본지역 조선인 운동단체의 해산과정을 거치면서 점차 양상을 달리하게 되었다. 재일노총의 해산을 비롯한 각종 조선인단체의 해산으로 인해 오사카 지역 조선인 민족운동의 구심점이 상실되었다. 1930년대부터 조선인은 일본운동단체나 독자적인 지역적 개별적인 단체에 소속하여 활동함으로써 이전 시기와 같은 적극적이고 지속적인 민족운동은 여의치 않게 되었다. 그러나 이러한 상황 속에서도 오사카 지역 조선인들은 합류한 일본노동조합전국협의회 내에서 자신들의 활동 영역을 확대할 뿐만 아니라 독자적인 조선인단체를 조직해 민족운동의 흐름을 이어나가고자 노력했다.

이상에서 언급한 바와 같이 1920년대와 1930년대는 재일조선인이 기본적인 생존권을 확보하면서 민족적 정체성을 지켜나가기 위해 각지에서 다양한 방법으로 투쟁한 시기였다. 따라서 이 시기 최대 조선인이 거주했던 오사카 지역에서 전개된 조선인의 민족운동연구는 재일조선인사연구에 필수적인 작업이 됨은 물론 한국근대사연구에서도 중요한 의미를 갖는다.

본 연구는 관련자료에 대한 철저한 분석을 통해 오사카지역 조선인민족운동에 대한 새로운 像을 정립하는데 목적을 두었다. 현재 재일조선인사는 연구성과의 부족과 한국사의 주변사로 인식되어 국내 연구자들의 주목을 받지 못하고 있다. 이로 인해 주요 자료에 대한 분석이나 기존의 통설에 대한 검증이 철저히 이루어지지 못했다.

본 연구에서 관심을 기울이고자 한 점은 다음과 같다.

첫째, 조선인의 도일사에 대한 규명이다. 이를 위해서 일본이 이주지로서 설정된 배경과 조선인의 도일이 일본 사회·경제에 미친 영향을 고찰하고, 이를 통해 조선인의 민족적 아이덴티티가 확립된 과정을 살펴보아야 할 것이다. 개항 이후부터 1930년에 이르기까지 매년 조선인은 수 십명에서 수 만명이 도일했다. 재일조선인의 일본내 거주기간은 일정하지 않았고 국내 귀환자의 수도 적지 않았으나 1930년에는 41만명에 달하였다. 조선인들의 도일은 형식상으로는 자유의지에 의한 이주였으나, 내용에서 보면 식민체제와 무관할 수 없었다. 본 연구는 이러한 과정 속에서 조선인들이 민족적 정체성을 확립해나가는 과정을 주요하게 다루었다.

둘째, 조선인의 민족적 상황에 대한 인식을 바탕으로, 오사카거주 조선인의 실상에 정확히 접근하는 일이다. 이를 위해서는 일본당국의 통제정책과 차별구조 속에 놓인 소수 피차별민족으로서 재일조선인의 실태를 파악하고, 민족관계의 측면에서 인식 분석하는 작업이 선행되어야 한다. 오사카거주 조선인들은 여러 가지 면에서 일본사회 내에서 유리될 수밖에 없는 조건과 배경을 안고 있었다. 이들은 도일 당시 두세 마디 정도의 일본어밖에 하지 못하는 상황이었으므로 일본사회 내에서 적응 기회를 갖거나, 정신적인 안정감을 느끼기 어려웠다. 또한 당시 언론이나 자본가들이 인정하던 조선인 노동자의 근면성은 일본노동자 驅逐과 임금수준 저하로 연결되어 일본 기층사회에 거부감을 조성했다. 이러한 상황 속에서 조선인들은 식민지 구조적 모순 제거와 차별구조 철폐를 목표로 설정하고, 민족운동을 전개했다. 이들은 '이러한 문제들이 해결되지 않는 한, 새로운 사회나 보다 나은 생활은 기대할 수 없다'는 공통된 인식을 갖고 있었던 것이다. 민족관계를 중시한 이러한 접근방식은 조선인이 노동도일이라는 목적에도 불구하고 장기간에 걸쳐 민족운동을 전개할 수 있었던 배경과 민족운동의 추동력을 이해하는데 필수적이기도 하다.

셋째, 지역사 입장에서 오사카 조선인사회의 독자성을 규명하는 일이다. 그러기 위해서는 오사카 조선인사회를 정확히 이해하는 작업이 필요하다. 그러나 한 지역사회를 올바르게 이해하기 위해서는 다른 지역과의 비교작업이 병행되어야 한다. 이러한 작업을 통해 일본지역에 거주하는 조선인에 대한 총체적인 이해가 비로소 가능하게 되기 때문이다. 특히 노동자가 다수를 차지한 오사카거주 조선인의 직종상 특성으로 인해, 오사카조선인들은 단체형성시기부터 다른 지역과 구별되는 성격을 가졌다. 토쿄의 조선인단체가 유학생단체로부터 비롯한 것과 달리, 오사카의 조선인단체는 노동자를 대상으로 결성되기 시작했다. 오사카 거주 조선인들은 자신들의 하숙집과 노동현장을 중심으로 결속하여 조선인단체를 이루었다. 오사카의 조선인단체는 초기에는 유학생이나 하숙업자의 주도하에 결성·운영되었고, 상호부조와 친목도모의 성격을 표방했다. 따라서 활동내용도 주로 기금적립에 머물렀으나 1920년대에 들어오면서 양상을 달리했다. 1922년 12월 사회주의적 성격을 갖는 오사카동맹회가 탄생한 이후, 노동자의 집단적인 이익을 위한 활동은 물론이고 식민지 조선을 해방하기 위한 민족운동과 일본사회운동 참여로 그 활동의 폭을 확대해 나갔다. 본 연구에서는 이와 같은 이해를 바탕으로 오사카지역 조선인민족운동에 대해 접근함으로써, 연구의 실증성을 높이고 오사카조선인민족운동의 특성을 규명했다.

넷째는 다른 일본인과의 관계 속에서 오사카지역 조선인의 역사와 운동을 자리매김하는 일이다. 일본사회 속에서 오사카지역 조선인은 토쿄나 고향에서 전해오는 고국 소식에 긴밀히 대응하면서 지원을 아끼지 않았다. 그러나 이들은 오사카지역에 거주하는 소수민으로서의 기능과 역할도 담당해야 했다. 노동현장에서는 하층미숙련노동자로, 일본사회운동계에서는 투쟁성이 강한 실천적 대중으로 자리한 오사카지역 조선인은 여러 일본인 계층의 이해관계에 따라 영향을 받지 않을 수 없었다. 주택분쟁현장에서, 노동파업현장에서, 일본사회운동현장에서 조선인은 일본인의 동지가 되기도 하고 배척의 대상이 되기도 했다. 이러한 과정을 거치면서 민족적 아이덴티티와 아울러 오사카지역민의 아이덴티티가 형성되어 가는 과정이 본 연구에서 규명해야 하는 또 다른 과제이다.

다섯째, 오사카지역에서 전개된 각종 조선인민족운동을 유기적으로 파악하고 이를 총체화하는 일이다. 이 지역의 조선인민족운동은 연대투쟁이 주요한 운동양상이었으나, 그 내부에는 다양한 주의·주장이 배태되어 있었다. 맑시즘과 아나키즘이라는 분파가 있었고, 오사카토착조선인세력과 외부세력과의 갈등이 있었으며, 운동노선에 따른 주도층의 이합집산도 간간이 모습을 드러냈다. 이러한 다양한 운동의 양상을 분석하고 이들간의 관계를 규명하여 총체적인 오사카조선인 민족운동의 실상을 밝히는 작업도 본 연구가 중점을 둔 점이다.[3]

여섯째, 일본사회운동의 흐름과 조선인민족운동의 관계를 규명하는 일이다. 이는 오사카조선인민족운동이 본국과의 긴밀한 관련성 속에서 진행되었을 뿐만 아니라 일본사회운동의 요구에도 소홀하지 않았음을 전제로 한다. 조선인들은 민족적 이익을 위한 독자적인 활동뿐만 아니라 국제연대도 필요하다고 생각하였다. 이러한 점은 당시 일본이 국내에 비해 상대적으로 열린 공간이었으므로 새로운 사조와 국제정세를 인식·수용하는 데 유리했기 때문이다. 따라서 이들은 국내에서 자행되던 식민통치에 대해 연대투쟁을 통해 신속하고 격렬하게 대응하였고, 일본사회운동에 대한 지원도 아끼지 않았다.

2. 연구내용과 방법

이와 같은 연구방향에 따라 본 연구는 크게 5개의 장으로 구성했다. 각 장의 내용에 대해 간략히 살펴보면 다음과 같다. 먼저 제2장에서는 오사카조선인사회의 형성과 생활상을 살펴보고자 한다. 이를 위해 첫째, 조선인의 도일 상황 및 일본당국의 통제정책 및 도일정책에 대한 시기별 고찰이 시도되었다. 특히 개항 이후 1910년 이전·1910년대·1920년대 등 각 시기별로 일본 주요 지역의 조선인이 갖는 직업별 특성과 도일 목적에 대한 분석을 바탕으로, 오사카거주 조선인의 특성을 추출하고자 한다.

둘째로는 오사카지역에 조선인사회가 형성되어 어떠한 역할을 했는가 하는 점을 고찰했다. 특히 오사카거주 조선인이 당면한 차별구조에 대해 어떻게 인식하고 대응해나갔는가 하는 점에 초점이 두어졌다. 이를 위해 일본 내에서 오사카가 갖는 경제적 위치를 바탕으로, 오사카에 조선인이 밀집하게 된 배경과 피식민지민으로서 식민 종주국에 거주하는 조선인이 조선촌이라

---

3) 1920년대 오사카 지방에는 이외에도 朝鮮留學生學友會 大阪支部, 新幹會 大阪支會 등이 활동하였다. 그러나 이들의 구체적인 조직 구성이나 변천내용 등을 파악할 수 있는 자료가 발견되지 않아 본서에서는 해산과정만을 언급했다.

는 조선인사회를 형성해 가는 과정 및 조선촌이 민족운동사에 미친 영향을 살펴보았다. 또한 조선촌 구성 조선인의 출신지역별 특성을 규명하고자 했다. 세 번째로는 오사카 거주 조선인들의 생활상태를 일본당국의 공안자료(보고서·통계조사서)를 근간으로 구술자료를 통해 보완하면서 분석했다.

제3장에서는 1914년부터 1922년을 오사카지역의 조선인사회가 형성되어 가는 시기로 파악하고, 식민지시대 민족운동의 단초를 파악하고자 했다. 이를 위해 1922년 오사카동맹회가 결성되기 이전 시기 오사카지역의 조선인단체결성 상황을 살펴 보았다. 일본지역은 다른 지역과 달리 교민회가 구성되어 있지 않았으므로 '친목회' 등으로 대표되는 조선인단체는 교민단체의 성격을 나타냈다.

제4장은 이 지역 조선인민족운동이 가장 활발한 양상을 보였던 1920년대에 비중을 두고 구성되었다. 1922년 12월 오사카동맹회 결성 이후, 1925년 재일노총이 결성되어 오사카동맹회가 재일노총에 가입하여 활동하다가 해산을 맞이하기 전까지 시기를 대상으로, 조선인단체의 조직과 민족운동의 활동내용을 살펴본다. 이들 단체는 다양한 사조를 기조로 하고 있으나, 민족운동공동전선을 이루면서 운동을 전개했다.

제4장은 크게 노동조합·청년단체 및 사회주의 조직·아나키즘 단체 등 세 가지 관점에서 이들을 구심점으로 전개했던 민족운동의 양상과 성격을 살펴보고자 한다. 이 가운데에 노동조합의 역할이 컸으나, 노동조합과 청년단체 및 사회주의 조직·아나키즘 단체 등이 연대투쟁을 통해 운동 효과를 고양하였던 점을 중시한다.

제4장에서는 노동조합 가운데에서 결성 당시부터 '조선인 노동조합의 선구'로서 주목받았던 오사카동맹회의 결성과 조직 및 활동내용을 심도 있게 분석함으로써, 당시 조선인민족운동에서 차지하는 위치 및 성격 규명에 일조를 하고자 한다. 이를 위해 재일노총 결성 이후 오사카 지역의 조선인노동조합들이 재일노총을 중심으로 조직화하여 세력을 확장하는 과정과 민족운동의 전체 양상을 규명했다. 이 절에서는 조선인노동조합의 민족운동을 반일민족운동·국내운동지원·노동운동 등으로 대별하여 구성했다.

아울러 아나키즘단체가 사회주의 단체와 연대투쟁을 한 민족운동의 내용을 살펴보고, 특히 제주도의 아나키즘운동세력과 관련성을 갖는 오사카 조선인아나키즘단체의 조직과 활동상을 규명함으로써, 오사카 조선인 아나키즘운동의 성격을 명확히 하는데 중점을 두었다. 재일조선인민족운동에서 아나키즘의 역할은 적지 않았으나, 맑시즘과 대립관계에 있다는 점으로 인해 연구는 부진한 상태였다. 또한 아나키즘 자체가 조직적이고 지속적인 운동 양상을 갖지 않으므로, 운동 선상에서 그 형적을 찾기가 어려웠다. 그러나 오사카지역은 몇몇 대표적인 아나키스트들이 민족운동에 적지 않은 영향력을 미친 곳이다. 본장에서는 아나키즘과 맑시즘의 대립구도에서 벗어나 오사카지역 아나키즘단체가 조선인민족운동에 미친 영향과 의의를 찾는데 주력하고자 했다.

본 연구는 개항 이후부터 1920년대에 이르기까지 오사카지역에서 전개된 조선인 민족운동을 연구대상으로 삼았다. 본 연구에서 다루는 민족운동은 민족주의를 표방한 단체들의 운동만으로 한정되지 않는다. 본 연구는 선행 연구에 입각하여 민족주의 · 사회주의 · 아나키즘 단체를 포괄한 민족운동의 내용과 성격을 살펴보았다.[4]

본 연구가 연구대상으로 설정한 시기는 조선인노동자가 오사카에 본격 거

---

4) 민족운동에 대해서는 그 용어 및 정의와 범위를 둘러싸고 학계에 몇몇 견해가 제출되어 있다. 용어는 '독립운동'에서 부터 시작하여 '민족운동', '민족해방운동'이 대표적이다. 민족운동에 대한 정의는 국권회복에 한정하는 경우가 일반적이지만 좀더 넓은 시각에서 근대국가수립과 관련지어 살펴보는 성과도 있다. 이 견해는 '민족운동이 이중의 과제를 해결하기 위한 노력에서 나오는 전략과 전술에 기초한 실천적 움직임'이라는 전제 아래 현재 사회주의와 민족주의운동으로 구분하여 민족운동의 세력구도를 양분하는 연구경향에 대한 비판을 전제로 하고 있다. 이와 동일한 내용은 아니지만 민족운동을 민족주의와 동일시하여 운동의 범주를 민족주의 운동에 한정하는 경향에 대해서는 이미 선학들에 의해 문제가 제기되었다. 선학들은 사회주의와 민족주의를 대립적으로 파악하는 연구경향을 비판하고 민족운동의 범위를 확대했다. 홍이섭, 「한국 식민지시대사의 이해방법」, 『동방학지』7, 1963년; 조지훈, 「한국민족운동사」, 『한국문화사대계』1, 1964년; 조동걸, 『일제하 한국농민운동사』, 한길사, 1979년.

주한 시기부터 1920년대까지이다. 1920년대는 조선인이 독자적인 단체를 구
심점으로 민족운동을 활발히 전개하던 시기이다. 1930년부터 조선인운동단
체의 해산을 통해 조선인운동이 일본운동에 흡수되면서 민족운동의 양상은
달라진다. '일본제국주의 타도'라는 목표 앞에서 한·일연대를 실천하는 세
력과 조선인의 독자적인 단체를 중심으로 운동을 전개하는 세력으로 나뉜
것이다. 이는 운동세력이 분산되는 측면이 있기는 하지만 일본당국의 통제
정책과 파쇼체제 아래에서 가능한 운동방법이기도 했다. 이들 양 세력은 모
두 조선촌을 배경으로 경제력과 인적자원을 확보하고 '조선촌'이라는 확고
한 저항세력의 지원 아래 장기적인 운동을 전개할 수 있었다.

　일반적으로 재일조선인사에서 시기구분은 일본당국이 실시한 조선인 단
속의 시기별 기준에 의거한 시기구분(朴在一)이나 경제정책에 의한 시기구분
(玄圭煥)이 통용되었다.[5] 그러나 이러한 시기구분은 연구가 진전됨에 따라
한계를 나타냈다. 먼저 朴在一이 1925년을 기점으로 구분한 것은 일본의 도
일정책이 이미 1913년부터 있었다는 점이나, 당국의 도일저지에도 불구하고
억제기에 도리어 조선인 도일수가 격증하던 당시 상황을 고려해 볼 때, 재고
의 여지가 있다. 또한 玄圭煥의 4단계 구분은 일본의 對韓경제정책을 기준으
로 설정한 것인데, 그 또한 경제정책의 영향이 실시 해당연도에 즉시 표출되
는 것이 아니므로 적당한 기준은 되지 못한다.

　본 연구에서는 운동의 주체인 조선인민족운동단체와 운동 성격의 추이에
따라 시기를 크게 두 시기로 구분했다. 첫 번째 시기(1914~1922)는 1914년
최초의 조선인단체인 朝鮮人親睦會가 결성된 시기부터 노동단체인 오사카동
맹회가 결성되기 이전까지의 시기이다. 두 번째 시기(1922~1930)는 오사카
동맹회가 결성되고 이후 오사카에 결성된 여러 단체들이 재일노총의 산하단

---

5) 일본정부에 의해 조선인의 도일이 허가된 1910년부터 조선인도일상황에 대해서
　는 다양한 시기구분이 가능하다. 朴在一은 1기(유치기 : 1910~1925), 2기(억제기
　: 1926~1938), 3기(강제연행기 : 1938~1945)로 구분하였다. 현규환은 ① 1910년
　대 ② 1920년대 ③ 1930년대 ④ 1939년 이후 해방까지의 4기로 구분하였다. 朴在
　一,『在日朝鮮人に關する綜合調査研究』, 新紀元社, 1957년, 33면; 현규환,『한국이
　민사연구』하, 대한교과서주식회사, 1976년, 422면.

체로서 활동한 시기이다. 여기에는 재일노총의 해산과정도 포함된다.

재일조선인사연구의 가장 큰 문제점은 자료입수의 어려움이다. 일본당국의 통계표나 조사서는 발굴되어 1970년대부터 일부 공개되었으나, 노동단체에서 발행한 팜플렛이나 기타 발행물도 그 일부가 1997년에 이르러서야 자료집으로 公刊된 형편이다.[6] 또한 재일조선인노동자들의 활동이 독자적으로 이루어진 경우도 있으나, 일본사회운동단체와의 협력관계를 유지한 경우가 많았으므로 운동의 흔적을 일본사회운동자료 속에서 찾아내야 하는 어려움이 있다. 그 외 당시 일본에서 발간된 대표적인 일간지조차 국내에서 열람할 수 없다는 어려움도 연구의 큰 제약으로 작용한다. 또한 노동운동지도층의 異名과 일본식 개명으로 인해 정확한 인물파악이 어렵다는 점도 들 수 있다. 그러나 이 점은 비록 내용상 충분치는 않으나 1996년에 국내에서『사회주의운동인명사전』이 발간되었고, 뒤이어『日本社會運動人名辭典』도 일본에서 출간되었으므로, 많은 부분이 보완되리라 생각한다. 그 외 시기적인 문제로 인해 1920~30년대에 활동한 생존자를 찾기 힘들다는 점도 빠뜨릴 수 없는 어려움의 한가지이다.

본 연구에서 사용한 주요 자료는 ① 각종 조선인운동단체에서 발행한 팜플렛과 격문(일본 早稻田대학 소장 MF자료, 일본 法政대학 大原사회문제연구소 소장 자료), ② 노동자 상황과 사상추이에 대한 일본 당국의 조사서·통계서(『在日朝鮮人關係資料集成』,『朝鮮研究資料叢書』), ③ 국내 및 일본의 주요 일간지(『동아일보』·『조선일보』·『중외일보』·『조선중앙일보』·『大阪每日新聞』·『大阪朝日新聞』), ④ 조선총독부 경무국 소장 공판기록, ⑤『日本社會運動通信』·『日本勞働通信』·『無産者新聞』·『赤旗』·『勞動者新聞』 등 일본사회운동단체 기관지 및 발간물, ⑥ 일제 시대에 발간한 잡지에 게재된 문건(『進め』·『中央公論』·『大大阪』), ⑦ 각종 수기류와 르포집, ⑧ 기타 산재되어 있는 일본 당국 발간 자료(『勞働月報』·『勞働時報』·『大阪市住宅年

---

6) 朴慶植 編,『在日朝鮮人資料集成』, 三一書房, 1975년;『朝鮮研究資料叢書』, 三一書房, 1981년(이하『集成』과『叢書』로 약칭); 김인덕 편,『식민지시대 민족운동사자료집 - 일본지역』, 국학자료원, 1997년.

報』·기타 각종 조사보고서), ⑨ 구술자료(생존자의 증언) 등이다.

　재일조선인민족운동에 관한 각종 자료를 접함에 있어 가장 신중해야 할 점은, 자료의 신뢰성 여부와 아울러 객관적인 역사상을 규명해 내기 위한 자료의 선별작업이다. 특히 일본공안당국의 시각이나 어느 한편의 세력이 견지한 주장에 매몰되지 않고, 다양한 방법과 시각에서 접근하는 자세가 필요하다. 위에서 언급한 자료들은 이러한 점을 충족시키는데 큰 도움이 된다고 생각한다.

　앞에 소개한 자료 가운데에서, 일본 와세다(早稲田)대학이 보관하고 있는 마이크로 필름자료나 호세(法政)대학 오하라(大原)사회문제연구소가 소장한 팜플렛과 격문 등은 당시 조선인사회운동단체의 활동내용을 파악하는데 필수적인 자료이다. 이 자료는 일본공안당국의 자료에 의존함으로써 발생하는 조선인운동의 오류를 극복하고 올바른 재일조선인사를 규명하는데 핵심적인 자료로 기능한다는 점에서 그 의의가 매우 크다. 『동아일보』·『조선일보』·『중외일보』·『조선중앙일보』·『大阪每日新聞』·『大阪朝日新聞』 등 국내외 일간지는 조선인운동가들의 수기와 함께 일본공안당국의 자료가 갖는 한계성을 극복할 수 있는 기본적인 자료이다. 일간지는 같은 사건에 대한 양국간의 인식 및 당시 사회인식을 비교하는데 도움이 될 뿐만 아니라, 식민지시대 재일조선인민족운동의 비중을 파악하는 데에도 유용하다. 또한 일본 오하라 사회문제연구소가 출판한 『日本勞働年鑑』은 일본노동운동의 주요 흐름을 이해하면서, 그 안에서 조선인운동의 위상을 확인할 수 있는 자료이다. 그 외 일본노동총동맹을 결성하고 이끌었던 鈴木文治의 『勞働運動20年』이나 전협 이전 시기의 좌익노동조합인 일본노동조합평의회 간부 野田律太의 『評議會鬪爭史』 등은 일본노동운동사의 분위기와 일본노동운동가들의 조선인 인식에 대해 중요한 시사점을 제공해준다. 무엇보다도 당시 노동자로서 시대를 직접 경험했던 조선인 생존자의 구술자료는 높은 가치를 갖는다. 비록 오랜 기억이므로 어느 정도 한계는 있겠지만, 생존자의 구술은 문헌자료의 편향성을 극복하고 史實을 복원하는데 적지 않은 도움을 줄 수 있다.[7] 그러나 본 연구에서는 1920년대의 활동상을 수집할 기회를 얻지 못하여 많은 구술자료를 수용하지 못했다.

3. 연구사 검토 및 관련자료

개항 이후 본격적인 조선인 도일[8]의 역사는 1880년대부터 시작된다. 조선인은 관공리와 유학생으로 일본 땅을 밟기 시작하여 점차 노동이주지로 확립해 나갔다. 일제시기에 남부지역민에게 결코 일본은 만주나 노령보다 먼 나라가 아니었다. 거리상으로도 가까웠고, 일정한 조건만 갖추면 어렵지 않게 갈 수 있는 곳이었다. 또한 조선인에게 일본은 식민지 조선에 없는 고등교육기관이 있고, 높은 임금이 보장되는 큰 규모의 노동시장이 있는 곳으로 인식되었다. 일자리를 찾아 도일한 조선인은 큐슈(九州), 오사카, 홋카이도(北海道) 순으로 지역을 확대해갔고, 유학생은 토쿄에 밀집했다.

조선인의 이주는 제1차 세계대전을 기점으로 격증하였는데, 1938년 이후 시작된 강제 이입자의 도일로 인해 일제 말기에는 200만명에 달하기도 했다. 이러한 조선인의 도일과 귀환은 국내 민족운동과 일본사회운동에 큰 영향을 미쳤다. 재일조선인은 일본에서 노동자로서 혹은 유학생으로서 생활하면서, 일본 내 차별구조 속에서 식민지 피지배민으로서의 각성과 제국주의의 모순을 절감할 수 있었다. 이러한 인식은 재일조선인이 식민 종주국 일본에서 장기간에 걸쳐 민족운동을 전개할 수 있었던 가장 큰 배경이 되었다. 그 결과 재일조선인들은 국내와 강한 유대를 바탕으로 국내 운동세력과 연대활동 내지는 그들에 대한 지원활동을 통해 민족운동을 전개했다.

---

7) 구술자료의 사료적 가치에 대해서는 졸고, 「한국근현대사 구술자료의 간행현황과 사료적 가치」, 『역사와 현실』 33, 1999년; 졸고, 「구술자료 관리현황과 문제점」, 한국역사연구회지방연구발표회 발표문, 2000년 10월 21일자 참조.

8) 자료에서 해방이전 조선인의 일본진출은 도일과 도항이라는 두가지 용어로 사용되었다. 이 가운데 일본공안당국은 일본과 조선을 별개의 국가로 보지 않았으므로 '도항'이라는 용어를 사용했으나 조선인 자신은 모두 '도일'이라는 용어를 사용했다. 본 연구에서는 일본공안당국의 자료를 직접 인용할 경우를 제외하고는 '도일'로 사용한다.

또한 재일조선인들은 大正데모크라시[9]의 분위기 속에서 활발히 전개되던 일본사회운동에 의해서도 자극을 받았다. 이러한 자극은 조선인의 일본지역 운동 뿐만 아니라 국내운동에도 적지 않은 영향을 미쳤다. 반면에 일본사회 운동세력은 재일조선인을 통해 대중투쟁의 실천적인 부분을 강화할 수 있었고, 일본대중운동의 범위를 확대할 수 있게 되었다.

그러나 재일조선인의 민족운동은 물론이고, 수십년의 수십만 또는 수백만 명의 조선인이 생활했던 역사에 대한 국내 연구자들의 관심은 극히 미비하다. 재일조선인사 연구는 국내 연구진에 의해서가 아니라 재일사학자 또는 일본사회운동연구자, 일본지방사연구자에 의해 주도되고 있다.[10] 그러나 이들의 연구는 재일조선인사의 총체적 실상을 규명하고 균형 있는 역사상을 밝히는데 일정한 한계로 작용하기도 한다.

재일사학자에 의한 재일조선인사는 재일동포에 대한 현실문제에서 출발하는 경우가 많고, 일본인 연구자는 일본사회운동사의 일환으로 접근한다. 아울러 일본인 연구자들은 재일조선인사 연구에 일정하게 기여했음에도 불구하고 재일조선인운동을 일본사회운동세력의 지원 아래 전개된 수동적 운동으로 파악함으로써 그 역사적 의의를 폄하하는 결과를 낳기도 했다.[11]

---

9) 大正데모크라시란 일본내 정당제의 확립과정으로서 1905년 러일전쟁시기부터 제 1보통선거에 임하는 3개의 합법대중정당이 성립한 1926년에 이르는 정치적 민주화과정을 지칭한다. 三谷太一郎, 「大正데모크라시의 전개와 논리」, 『일본현대사의 구조』, 한길사, 1980년, 233면.

10) 1976년 6월에 발족한 재일조선인운동사연구회는 1977년에 『在日朝鮮人史硏究』 창간호를 낸 후 매년 1회 혹은 2회씩 학술지를 발간하고 있다. 재일조선인운동사 연구회는 關西부회도 운영하면서, 그동안 일본학계의 재일조선인연구를 주도해 왔다.

11) 일본지역 연구자에 의한 재일조선인연구는 재일사학자 朴慶植 선생의 주도 아래 지속적으로 일본인 연구자들의 한계를 지적하고 교정하고자 시도하였다. 그러나 1998년 2월 19일 朴慶植 선생이 사망함으로써 재일조선인연구에 큰 손실을 가져오게 되었다. 국내에서는 박경식 선생의 업적을 기리고 연구성과를 계승하기 위한 추모논문집 『근·현대한일관계와 재일동포』(서울대학교 출판부, 1999)가 출간되었으며, 2000년 6월 3일에는 재일조선인 연구에 대한 학제간 연구를 표방한 한일민족문제학회가 발족되었다. 한일민족문제학회의 발족을 계기로 국내에서도 재일조선인연구에 대한 총체적 연구의 장이 마련되었다.

국내 학계에서 재일조선인사는 학문적 영역을 찾아가는 과정에 있다. 이는 재일조선인사 연구 자체의 아이덴티티 문제와도 관련된다. 만주나 노령의 한인사가 한국사의 영역에서 자리를 확립하고 있는 것과 마찬가지로 재일조선인사도 한국사의 영역이라는 점은 부인할 수 없다. 그러나 재일조선인사는 한국사와 일본사, 그 어느 영역에서도 자기 자리를 찾지 못하고 있다. 이는 이 분야 연구가 갖는 특성에 기인한다. 중국이나 노령의 한인들은 공간적으로는 중국이나 노령에서 생활했으나 독자적인 영역 내에서 활동을 했기 때문에 그들이 속한 나라에 대한 종속성이 그리 크지 않았다. 그러나 재일조선인은 생활과 활동의 터전이 바로 일본사회였으므로 일본사 속에서 그 궤적을 찾아야 한다. 물론 조선촌이라는 밀집지역이 있었지만 이는 생활공간에 불과했고, 노동과 활동의 터전은 일본사회였다. 따라서 연구자는 일본사와 한국사에 대한 이해정도가 동등할 정도의 비중을 가져야 한다. 그러므로 연구방향도 일본사라는 토대에서 자유로울 수 없다. 그 결과 재일조선인사는 한국사의 주변부로 제한되거나 또는 한일관계사의 범주에서 파악되는 것이다.

또한 연구자들이 재일조선인의 형성사라는 역사적 특성을 간과한 점도 무시할 수 없다. 그 결과 국내학계에서 재일조선인사는 사회학, 경제학 분야 등에서 해외동포 문제나 외국인노동자연구의 일환으로 접근하고 있어 재일조선인사만을 대상으로 한 전문연구자는 손꼽힐 정도이다.

당시 일본지역에서 활동하던 운동가들과 국내 사회주의운동의 관계도 연구부진의 한 요인이다. 이는 근현대사연구의 일천한 역사와 함께 사회주의에 대한 연구 자체가 학문적 작업으로 인정받은 것이 얼마 되지 않은 한국사회 여건 속에서 재일조선인사도 함께 겪어야 하였던 어려움의 하나이기도 하다.

오사카지역은 1908년부터 조선인이 도일노동으로 이주하기 시작한 이래 1925년 이후 현재에 이르기까지, 일본 최대의 조선인거주지로 자리하고 있다. 또한 일제시대에 형성된 조선인 마을(이하 조선촌)은 조선인들이 모국의 전통과 관습을 유지하면서 민족 공동체의식을 함양하는 場으로 역할을 하였다. 오사카거주 조선인의 직종을 보면, 90% 정도가 노동자로서 중소규모 공장과 토목건축공사장에서 일용노동자로 일했다. 이들은 1914년부터 조선인 단체를 조직하여 노동자의 친목을 도모하고 노동정보를 교환하였고, 1920년 대에는 노동자 파업과 주택 분쟁을 통해 노동자의 공동이익을 도모하고 거주권을 확보하고자 했다.

그러나 현재 재일조선인 연구 가운데에서 오사카지역에 대한 연구는 극히 미진하다. 재일조선인연구 자체가 충분한 연구성과를 내지 못하고 있을 뿐만 아니라 발표된 연구성과마저 토쿄를 중심으로 전개된 조선인운동에 집중되고 있다. 물론 토쿄는 일제시기에 조선인운동의 이론과 방향을 제시하는 본산이었다. 그러므로 조선인민족운동을 연구함에 있어서 토쿄를 중심으로 함은 지극히 당연하다. 그러나 재일조선인은 일본의 거주지역에 따라 노동상황·생활상황이 다르고, 운동 양상 또한 차별성을 나타냈다. 따라서 지역별 사례를 통해 각 지역에서 재일조선인들이 전개한 각종 민족운동의 양상과 특성을 파악함으로써, 재일조선인사의 총체적인 실상을 규명함과 동시에 연구의 내용을 풍부히 하는 노력은 반드시 이루어져야 한다. 그러한 면에서 오사카지역 조선인에 대한 연구는 필수적인 작업이라 할 수 있다.

현재 재일조선인 민족운동사의 주된 연구 경향은 운동가의 지향성을 통해 단체 성격과 운동 내용을 파악하는 것이다. 이 점은 운동단체 구성원의 움직임이나 실천적인 사회운동의 내용을 밝힐 수 있는 자료가 부족하고, 실제로 당시 대부분의 운동 지도층이 지식인이라는 점을 중시한 데 기인한다. 그러나 조선인단체를 지식인이 결성·운영하였고, 대중은 의식화의 대상이었다는 전제 아래 지도층만을 연구대상으로 삼는 것은 재고되어야 할 것이다. 구성원의 성향이나 지향점과 무관하게 단체가 운영될 수는 없기 때문이다. 더구나 노동단체에서 지식인의 역할이 지속성을 갖지 못했음을 감안할 때, 주도세력분석 위주의 연구 방향은 한계를 갖는다.

오사카 조선인민족운동의 연구경향도 이 한계에서 벗어나지 않는다. 운동단체에 대한 현재 연구경향은 1920년대 초기 오사카동맹회나 중반기의 재일노총 산하 노동단체 활동에 집중되어 있다.[12] 그 가운데에서도 재일노총의 해산을 둘러싼 재일노총본부(토쿄)와 오사카 측의 대립구도가 부각되면서 노동운동 주도세력의 동향에 비중을 두었다. 이와 같은 연구경향은 운동가 개개인의 활동이나 지향성을 통해 조선인민족운동의 경향성을 파악한다는 점에서, 초기 연구로서 의미를 가질 따름이다.

1) 재일조선인사 연구상황

현재 재일동포는 일본에서 소수민족으로서 생활하고 있고, 조선인에 대한 문제도 다른 이민자 문제와 마찬가지로 다루어지고 있다. 그러나 재일조선인은 일반적인 이민자와 다른 형성사를 갖고 있으며 일본지역에서 생활하는 조선인의 인식 또한 8.15 해방을 전후하여 확연히 구별된다. 즉 해방 이전의 조선인은 돈벌이노동이나 민족운동을 위해 도일을 선택하였고, 1938년 이후에는 대부분 강제동원에 의해 일본에 건너갔다. 따라서 이들은 일본을 영구 정착지가 아닌 일시적인 기착지로 인식하고 민족적 아이덴티티를 유지하면서 국내운동을 지원하는 역할을 담당하고자 했다. 그러나 해방 이후에는 체류기간이 늘어나면서 여러 가지 사정으로 귀환을 포기했거나 정주화 경향을 나타냈으므로 재일조선인의 지향점도 달라졌다. 해방 이후 일본지역 내에서 조선인으로서 민족적 아이덴티티를 유지하면서 생활하는 것이 더욱 어려워진 상황 속에서 재일조선인들은 민족적 아이덴티티 유지와 아울러 일본사회 내에서 생존방법을 찾아야 할 필요성이 절실해졌다. 이러한 배경으로 인해 재일조선인연구의 내용도 해방 이전과 이후는 구별된다. 해방 이전 연구가 주로 도일사·운동사·생활사 등이라면, 이후에는 인권문제나 교육·법적 지위 등에 초점이 맞추어져 있다.

해방 이후 재일조선인사에 대한 첫번째 연구성과는 林光澈의 「在日朝鮮人

---

12) 大阪조선인민족운동에 대한 연구성과는 활발하지 못한 편이다. 1920~30년대 大阪 조선인 단체의 결성과 활동을 대상으로 한 연구로는 野村明美, 「朝鮮勞働同盟會について」; 金森襄作, 「在日朝鮮勞總 '大阪事件'について」; 졸고, 「大阪한인단체연구(1914~1922)」, 『한일관계사연구』 4, 1995년; 졸고, 「1920년대 일본지역 조선인노동동맹회 연구」 등이 있다. 이러한 한계는 필자의 박사학위논문인 「일제하 재일한국인 민족운동의 연구」를 통해 일부 보완되었다.

問題」이다.13) 이 연구는 해방이후 귀환과 모국의 분단, 이에 따른 조선인운동 단체의 세력 개편 등 혼란기를 통해 조선인사회가 해방 이전과 다른 모습으로 고착된 이후 재일조선인 스스로에 의한 일제시대 재일조선인운동에 대해 평가했다는 점에서 의의를 갖는다. 그는 이 시기 재일조선인운동을 국제적 연대라는 입장에서 파악함에 따라 국제주의적 투쟁으로서 의미를 부여했다. 그러나 이러한 시각은 재일조선인운동과 국내운동의 관련성을 경시하고 독자적인 조선인운동이 반일반제운동에 미친 영향을 간과하는 결과를 낳았다. 이러한 한계는 朴慶植으로 대표되는 이후 연구자들에 의해 극복되어 갔다.

재일조선인연구사에서 기념비적인 연구성과는 朴慶植의 『在日朝鮮人運動史 - 8.15 解放前』(1976)이다. 이 저서는 재일조선인운동사에 관한 通史적인 연구서로서 始原을 이루었다는 점 외에도, 조선인운동사의 방향을 제시하고 풍부한 자료를 바탕으로 기술되었다는 점에서 의미가 크다.14)

국내 연구서로는 현규환의 『한국유이민사연구』하권과 고승제의 『한국이민사연구』, 김인덕의 『식민지시대 재일조선인운동 연구』를 들 수 있다.15) 앞의 두 연구서는 책명에서도 알 수 있는 바와 같이 유이민사연구의 일환으로 재일조선인사를 살펴본 연구서이다. 이를 통해 국내 학계에서 재일조선인사가 차지하는 위치를 짐작할 수 있다.

재일조선인사에 대한 연구성과는 주제별로 다음과 같이 구분된다. 첫째는 도일사이다. 도일사는 도일조선인의 시기별, 지역별 통계를 이용한 연구로서

---

13) 林光澈, 「在日朝鮮人問題」, 『歷史學研究』, 1953년.

14) 박경식은 재일조선인운동사연구의 필요성으로 첫째, 재일조선인운동이 실천적 과제(남북통일과 권리옹호)에 부응하기 위한 이론적 구축을 심화시키기 위해, 둘째, 재일조선인운동이 민족해방운동 및 사회발전상에서 수행한 역할을 정당히 평가하고 의의를 정확히 파악하고자, 셋째, 노동·반제·반전·민주화 투쟁에서 재일조선인의 역할과 일본인과의 국제적 연대를 강화하고 그 역할과 의미를 정당히 평가하기 위함을 꼽았다. 朴慶植, 『在日朝鮮人運動史 - 8.15解放前』, 三一書房, 1976년, 11~14면.

15) 김인덕은 『식민지시대 재일조선인운동연구』(국학자료원, 1996년)에서 1925년부터 1929년까지 재일본조선노동총동맹, 조선공산당 일본부, 신간회 등 각종 사회운동단체의 활동상을 민족해방운동사라는 입장에서 살펴보았다.

가장 많은 연구가 이루어진 분야이다. 그러나 현재까지 정확한 도일조선인의 통계를 산출하지 못하고 있으며, 도일조선인의 성격에 대해서도 연구가 부진한 형편이다. 도일조선인에 대한 통계는 일본 내무성의 각종 조사자료와 이를 바탕으로 한『日本帝國年鑑』이 가장 기본적인 자료로 이용된다. 그러나 일본 내무성의 자료는 '같은 지역에서 6개월 이상 거주한 조선인'을 조사대상으로 삼고 있으며, 조사시기도 각 지역별로 일정하지 않아 인용자들에 따라 수치가 달라질 정도이다. 또한 조사에 응하지 않은 조선인이나 비합법적으로 조선인노동자를 고용한 업주의 조사기피로 인해 조선인의 도일과 거주상태를 사실적으로 반영하지 못하고 있다.

도일에 관한 연구성과에서는 1919년 이전에는 일본 당국의 관리가 제대로 이루어지지 않았다는 기존의 통설16)에 대해, 1910년부터 도항관리가 이루어지고 있었음을 주장하는 연구와 1899년에 발표된 칙령 352조에 조선인이 포함되느냐를 둘러싼 연구가 주목된다.17)

水野直樹의 논문은, 일본의 도일정책을 기준으로 한 재일조선인사의 시기구분에 중요한 시사점을 제공했다. 그 동안 "1919년 이전에 일본의 도항관리가 이루어지지 않았다"는 통설에서는 "1910년 칙령 352조의 규제가 풀린 이후 1918년 1월 조선총독부령 제6호「노동자모집취체규칙」과 1919년 4월 경무총감부령 제3호「조선인의 여행취체에 관한 건」이후부터 도항이 억제되었다고 보고, 1910~1919년을 자유도항시기로 설정"했다. 그러나 水野直樹는 조선총독부의 官制와 사무分掌 내용에 대한 분석을 통해 "1918년 이전시기부터 조선총독부가 도항을 관리하였고, 1913년 4월 24일에 발표된 통첩「保

---

16) 고승제,『한국이민사연구』, 장문각, 1973년; 현규환,『한국유이민사연구』하,; 박영석,「일본제국주의하의 조선인이동에 대하여」,『건국대학교 인문과학논총』14, 1982년; 이광규,「재일교포이주사」,『김철준박사화갑기념논총』1983년.
17) 종전의 연구에서는 칙령 352조에 의해 1910년까지 조선인의 일본내 취업이 불가능했다는 것이 통설이었다. 그러나 金英達과 山脇啓造의 연구로 인해 칙령 352조가 조선인에게는 해당되지 않았음이 밝혀졌다. 金英達,「在日朝鮮人社會の形成と1899年勅令第352號について」,『在日朝鮮人史硏究』21, 1991년; 山脇啓造,「'韓國倂合'以前の日本における朝鮮人勞動者の移入問題」,『韓國倂合前の在日朝鮮人』, 明石書店, 1994년.

安憲發 제210호」의 내용 가운데 많은 부분이 1918년에 발표된 「노동자모집취체규칙」의 원형을 이룬다"는 견해를 제시했다. 즉 "일본 내 노동을 목적으로 조선인을 모집하고자 하는 자는 道경무부장 또는 경무총장의 허가를 받아야 하고, 고용주는 고용조건에 관한 사항과 응모자에 대한 인적사항을 기록하여 첨부해야 하며, 응모자는 14세 이상이어야 한다. 20세 이하는 부모나 호주의 허락을 받아야 한다" 등 1913년 4월 24일자로 발표한 통첩 「保安憲發 제210호」의 내용은 1918년에 발표된 「노동자모집취체규칙」의 모태였음을 밝힌 것이다.[18] 이 주장은 당시 도항을 한 도일노동자의 증언 기록이나 밀항자의 상황으로 볼 때, 매우 타당성 있는 견해로 생각된다. 이에 비해 福井讓의 논문은 내무성이 취한 조선인의 도항관리정책을 살펴보고자 한 연구이다.[19] 그러나 필자의 집필 의도와는 달리, 일본 기업가 측의 조선인 노동자 선호도 및 조선총독부 도항정책과 이에 대한 내무성의 조선인 관리 조치가 비중 있게 언급되었다. 또한 金英達은 "칙령 352조에 조선인이 포함됨으로써 강제병합 이전에 일본 내에서 조선인의 취업이 불가능했다"는 기존의 설에 대해, 칙령 352조에 의해 제한을 받는 노동자가 중국인노동자임을 논증했다. 즉 조선인노동자는 강제병합 이전부터 이미 독립된 국가의 국민으로서 취급을 받지 않았다는 점을 강조하면서 실제로 이 기간 중에 조선인이 취업한 사례를 들었다.

도일노동자의 성격을 다룬 연구 가운데에서 주목되는 것은 梶村秀樹의 논문이다. 梶村秀樹는 경남 울산군 달리면의 도일조선인에 대한 조사자료를 인용해 1920~30년대의 도일조선인이 만주이주조선인과 같은 계층이 아님을 밝혔다. 그가 사용한 자료는 국내농가의 경제규모와 인구 유출상황을 파악하는데 많이 사용되는 통계인데, 梶村秀樹는 이를 이용하여 도일조선인의 대부분을 과잉인구압력에 의해 양산된 몰락계층으로 파악하는 통설에 반대하

---

18) 水野直樹, 「朝鮮總督府の內地渡航管理政策 - 1910年代の勞動者募集取締」, 『在日朝鮮人史研究』 22, 1992년.

19) 福井讓, 「'內地' 渡航管理政策 につりこ - 1913~1917年を中心に」, 『在日朝鮮人史研究』 29, 1999.

는 주장을 편 것이다. 그는 1935년의 달리면 거주인구 137호, 661명을 대상으로 농가규모·학력·도일자와 유출인구를 분석한 후 도일자 121명을 5단계로 나누어 출신계층별로 분석했다. 분석 결과, 유출의 기본 원인은 생활곤궁이지만 유출자 가운데 하층민이 주로 국내의 다른 지역이나 만주로 이주한데 비해, 중층민은 일본으로 갔음이 밝혀졌다. 특히 그는 소학교이상의 학력자 50%가 도일했다는 점을 들어 하층민의 도일설을 반박하고 있다. 즉 당시 경제적 사정을 볼 때, 하층농민의 자녀가 교육을 받았다는 것은 불가능하였기 때문이다.[20] 이러한 주장은 이후 樋口雄一에 의해서도 뒷받침되었다.[21] 이들의 연구결과, 도일조선인은 만주와 중국관내로 이주한 조선인과 동일한 계층으로 볼 수 없음이 입증되었다. 그러나 이 문제는 도일조선인이 어떤 경로로 도일을 하였는가 하는 점에 따라 상이한 점을 보이므로 추후에도 계속 심층적인 연구가 진행되어야 하는 주제이다. 즉 단체모집을 택했을 경우에는 도일에 필요한 경비를 고용주가 先納하므로 조선인은 무일푼이어도 도일이 가능했기 때문이다.

두 번째는 강제동원연구이다. 이는 각종민간단체의 관심과 정부지원의 조사사업에 힘입어, 국내에서도 자료 발굴이 계속되고 있는 분야이다.[22] 1965년에 朴慶植이 『朝鮮人强制連行의 記錄』을 발표함으로써 비로소 강제동원의 실상이 알려지고 연구주제로 부상한 이후, 이 분야 연구는 전적으로 일본 각지의 강제연행진상조사단과 재일사학자·일본지방사 연구자·일본시민운동단체에 의해 진행되고 있다. 일본학계의 연구성과는 『在日朝鮮人史硏究』와 『季刊 戰爭責任硏究』 등 전문학술지를 비롯하여 『季刊 靑丘』, 『未來』, 『統

---

20) 梶村樹秀, 「1920~1930年代朝鮮農民渡日의 背景」, 『在日朝鮮人史硏究』 6, 1980년, 56~69면.

21) 樋口雄一, 「戰時下의 朝鮮農民 - 離村을 中心에 - 」, 『季刊戰爭責任硏究』 7, 1995년.

22) 강제동원에 대한 연구사정리는 김민영, 『일제의 조선인 노동력 수탈연구』(한울출판사, 1995년, 17~22면), 문헌목록은 한국정신문화연구원편, 『1995 해외희생자유해현황조사보고서』, 부록 참조. 강제동원에 대한 주요한 일본지역 연구성과는 梁泰昊, 『朝鮮人强制連行論文集成』, 明石書店, 1993)에 망라되어 있다. 국내에서 강제동원에 대한 연구현황과 방향에 대한 연구는 김인덕, 「일본지역 강제연행연구」, 『한국민족운동사연구』 17, 1997년이 있다.

一評論』,『三千里』 등의 잡지에 발표되고 있다.

이 분야에 대한 국내학계의 상황은 최근에 일본군 위안부나 근로정신대문제를 쟁점으로 한 사회운동 차원에서 관심이 제기되는 정도이다. 이 분야에 대한 국내연구로는, 九州 佐賀縣 지방을 중심으로 한 강제동원과 노동력수탈의 실태를 규명한 김민영과 北海道의 지방에 대한 노영종의 연구가 있다.[23]

그 외 국내 발간물로는 정부가 지원한 해외희생자의 현황을 파악하는 데 주목적을 둔 유해현황조사사업의 결과물이기는 하지만 1995년과 1996년에 각각 한국정신문화연구원에서 발간한『해외희생자유해현황조사보고서』가 주목할 만 하다. 이 보고서는 새로운 자료의 발굴, 강제동원과 해외희생자에 대한 史的고찰, 연구현황 소개 등이 주요한 내용을 이루고 있어서 연구지침서로서도 큰 의미를 갖는다. 그 외 민간단체가 발간하는 수기집이 소개되고 있다.

세 번째는 노동운동사이다. 이 분야는 노동자상태론·노동파업·주택분쟁(차가쟁의)에 대한 연구와 실업자투쟁을 중심으로 하는 생활옹호투쟁으로 대별된다. 최근까지의 연구성과는 일본 각지에서 일어난 대표적인 조선인노동파업과 관련한 자료(파업 격문, 신문기사, 운동가의 회상기, 주도단체의 팜플렛)를 통해, 파업의 내용과 대표적인 노동단체의 활동을 소개하는 정도에 그치고 있다. 이 분야는 일본사회운동사분야에서 부수적으로 언급하는 경우가 많으며, 재일조선인만을 대상으로 한 연구는 극히 일부에 불과하다.[24] 특

---

23) 노영종, 「일제말기 조선인의 북해도 지역 강제연행과 저항」, 충남대학교 국사학과 석사논문, 2000년.

24) 岩村登志夫,『在日朝鮮人と日本勞動者階級』, 橋昌書房, 1972년; 辛基秀, 「在日朝鮮人運動と日本勞動者階級」,『運動史研究』13, 1984년; 林 博史, 「1920年代における在日朝鮮人勞動運動對策」,『一橋研究』8~4, 1984년; 外村 大, 「在日本朝鮮勞働總同盟について一 考察」,『在日朝鮮人史研究』18, 1988년; 서현주, 「1920년대 도일 조선인 노동자계급의 형성」,『한국학보』63, 1991년; 졸고, 「식민지시대 麻生 조선인탄광노동쟁의」, 1992년; 外村 大, 「親睦扶助團體と在日朝鮮人運動」,『在日朝鮮人史研究』23, 1993년; 졸고, 「1910~1920년대 東京한인노동단체」, 1994년; 外村 大, 「1920~30年代在日朝鮮人勞動者の動向」,『史觀』133, 1995년; 河明生,『韓人日本移民社會經濟史』, 明石書店, 1997년; 졸고, 「1920년대 일본지역 조선인노동동맹회 연구」,『한국민족운동사연구』18, 1998년.

히 일본지역 조선인노동운동이 민족운동적인 성격을 강하게 띠고 있음에도 불구하고, 민족운동과의 관련성에 대해서는 언급하지 않고 있다.

네 번째는 민족운동 분야이다. 이 분야에 대해서는 '朴烈 사건'·'金祉燮 의거' 등이 소개되었고, 日本共産黨이나 朝鮮共産黨 日本部 소속 조선인 활동에 대한 연구와 노동단체와 사상단체의 관련성에 대한 연구가 있다. 그러나 이러한 연구도 자료의 제약으로 인해 일본사회운동연구에서 조선인과 관련되는 부분이 일부 언급될 정도였다.[25] 이러한 연구 관심과 성과의 부재는 김인덕의 연구를 통해 부분적으로 채워졌다.

그러나 이러한 연구성과에도 불구하고 여전히 민족운동연구가 민족주의와 맑시즘 중심의 운동 양상에 치우친다는 한계는 남아 있다. 1920년대 초반 일본지역의 조선인운동가들은 맑시즘과 아나키즘·민족주의 등이 혼재된 인식체계를 갖고 출발한 후, 사상적인 분화과정을 겪었다. 맑시즘이 국내운동과의 긴밀한 관련 속에서 대중 조직화를 통해 민족운동의 주도권을 잡아나간 데 비해, 아나키즘세력은 '朴烈 사건' 이후 침체기를 겪었다. 그러나 1920년대 중반부터 노동조합을 중심으로 다수의 조선인을 조직화하고 주로 조선인의 일상투쟁을 주도해 나갔다. 따라서 재일조선인 민족운동연구에 있어서 아나키즘이 미친 영향은 심층적인 연구를 통해 규명되어야 할 분야이다.[26]

다섯번째는 유학생에 대한 연구이다. 이 분야는 대부분 강제병합 이전 시기 유학생의 민족의식에 대한 연구에 머물고 있다.[27] 1910년대를 연구대상

---

25) 西川洋, 「在日朝鮮人共産黨員·同調者の實態 - 警報局資料によつて1930年代前半期の統計的分析」, 京都大學 人文科學硏究所, 『人文學報』50호, 1986년.

26) 현재 '박열 사건'과 박열에 대해서는 몇몇 연구성과가 있으나 일본지역 아나키즘 운동 전반에 대해서는 堀內 稔, 「在日朝鮮人アナ - キズム勞動運動 - 解放以前」, 『在日朝鮮人史硏究』16, 1986년; 오장환, 「1920년대 재일조선인 아나키즘운동 소고」, 『한국민족운동사연구』17, 1997년; 이호룡, 「재일본 조선인 아나키스트들의 조직과 활동」, 『한국학보』91·92, 1998년; 김명섭, 「흑도회의 결성과 활동」, 『사학지』31, 1998년; 졸고, 「1920년대 일본지역의 조선인아나키즘운동」(미발표논문, 본서 수록)이 있을 뿐이다.

27) 대표적인 저서는 김기주, 『한말 재일한국유학생의 민족운동』, 느티나무, 1993년;

으로 할 경우, 2.8 독립운동이 3.1운동에 미친 영향과 2.8 독립운동이 갖는 의미를 추출하는 연구가 대부분을 차지한다. 그러나 1910년대는 유학생들이 다양한 사조를 수용한 시기이고, 그로 인한 가치관의 혼란 또한 심한 시기였다. 그러므로 그들이 남긴 글을 통해 이들의 민족문제인식 및 현실인식을 추적하는 작업이 이루어져야 한다.[28] 특히 인텔리 계층이 재일조선인의 사회주의운동과 노동운동에서 주도적 역할을 담당했다는 점에서도 유학생분야에 대한 관심과 연구작업은 매우 중요한 분야이다.[29] 그러나 지금과 같이 유학생의 존재를 이들 운동과 분리시켜 파악하는 관점은 재일조선인사를 총체적으로 이해하고 규명하는데 제약으로 작용할 우려가 있다.

이상에서 살펴본 연구성과는 다음의 몇 가지 문제점을 갖고 있다. 첫째는 국내연구자들에게 나타나는 문제로 재일조선인사를 이민사의 범주에서 파악하는 점이다. 이 문제는 일본지역이 만주·중국·노령·미국 등 조선인 이주사와 달리 갖는 차별성을 간과하고 있다.

두 번째는 일본연구자들에게 나타나는 문제로서 재일조선인사를 일본사 체계속에서 파악하는 관점이다. 조선인운동이 일본사회운동에 의해 자극 받았고, 1930년에 조선인노동자가 일본노동조합전국협의회(이하 전협)에 소속되어 활동했다는 점을 바탕으로 한 이 같은 연구동향은 식민지시대 조선인 노동운동의 전체상을 수동적으로 인식시키는 결과를 가져왔다.

세 번째는 현재 재일조선인사회가 처한 상황을 해결하기 위한 방법으로, 前 시기의 조선인사를 살펴본다는 연구 방향이다. 이는 해방을 단절적인 시각에서 파악하지 않고 연속성이라는 면에서 파악하며 재일조선인사회의 커뮤니티라는 관점에 비중을 두는 점에서 그 중요성이 인정된다. 그러나 이러한 시각은 현재 재일동포가 당면한 문제의 원인을 식민지시대 일본침략정책

정환,『구한말기 민족계몽운동연구』, 형설출판사, 1995년 등이다.
28) 조선유학생학우회기관지『學之光』에 나타난 글을 중심으로 1910년대 유학생들의 경제문제인식을 살펴본 연구로 졸고,「1910년대 재일유학생의 경제문제인식」,『청계사학』13집, 1996년이 있다.
29) 1920년대 재일유학생에 대해서는 金基旺,「在日朝鮮留學生の民族解放運動に關する研究—1920年を中心に—」, 神戸大學院 博士學位論文— 1998년.

으로 단일화함으로써 문제 해결 의지를 약화시킬 우려가 있다.

2) 오사카지역 재일조선인운동 연구상황

식민지시대를 통해 조선인노동자가 가장 많이 밀집하였고, 거주조선인이 조선인으로서의 독자성을 가장 분명하게 나타낸 지역은 오사카이다. 오사카는 일본 내 최대의 공업지역으로서 최대의 노동자 수요를 갖고 있었고, 일본 최대의 조선인 밀집촌인 조선촌을 형성한 곳이다. 따라서 민족운동에서도 여타 지역과는 다른 독자성을 나타내고 있다.

그러나 오사카지역조선인사에 대한 연구는 그리 활발하지 않다. 그 이유는 첫째, 현재 민족운동사 연구의 비중이 대중운동의 중심을 이루는 토쿄에 치우쳐 있기 때문이다. 연구 내용도 토쿄가 조선인노동운동에서 주도적인 역할을 하였고, 오사카는 토쿄의 지시에 따라 대중을 동원하는 수동적인 역할을 담당했다는 인식을 바탕으로 하고 있다. 물론 그러한 점이 없는 것은 아니지만, 그것이 전체적인 양상이었다고 단언할 수는 없다. 대표적인 반일 반제운동인 총독폭압정치반대투쟁은 오사카에서 시작되어 일본 전역으로 확산된 운동이다. 오사카는 토쿄, 나아가서는 큐슈와도 다른 노동자 구성과 노동운동의 성격을 가졌다. 그러므로 이 지역운동은 토쿄와 같은 시각에서만 파악할 수 없는 연구분야이다.

둘째, 지방사에 대한 인식의 부족이다. 오사카 조선인노동자에 대한 연구는 사례연구에 불과하다는 인식 아래, 일본 전체의 조선인사를 단일한 시각에서 파악하려는 연구경향을 지적할 수 있다. 이는 도일조선인의 성격이 지역에 따라 차이가 있으며, 노동운동 또한 지역적인 특성이 강하게 작용한다는 사실을 간과한 인식이다. 나아가 지방사를 일반시대사의 하위개념으로 인식하는 경향도 일익을 담당하고 있다. 그러나 지방사는 전체사를 이해하기 위한 하나의 사례연구라든가 전체사를 구성하기 위한 역할에만 국한되는 것은 아니다. 물론 지방에 대한 역사를 정확하게 복원하는 것은 결국 전체사를 풍부하게 만들어주는 결과를 낳는다. 그러나 지방사는 전체사와 무관하게 지방사 자체만으로도 존립의의가 충분하다.

　셋째, 자료의 부족이다. 현재 오사카에 대한 자료로써 발굴 공개된 것은 일본당국의 통계자료가 대부분이고, 조선인운동단체의 활동이나 지역운동의 내용을 파악할 수 있는 자료도 내용이 제한적이어서, 객관적인 사실접근에 난점으로 작용한다. 이를 보완할 수 있는 자료는 당시 활동가의 증언인데, 현재 생존자를 찾는 것은 거의 불가능하므로, 발표된 수기나 증언집·후손의 구술기록에 의존할 수밖에 없다.

　오사카를 연구 대상으로 발표된 연구성과를 주제별로 살펴보면 다음과 같다. 첫째는 오사카지역 거주 조선인의 생활상과 조선인사회 형성에 관한 연구이다. 오사카 조선인사회에 대한 연구는 '조선인 부락'(조선촌)[30]과 주택문제를 다룬 樋口雄一과 조선인의 오사카집중거주과정을 규명한 佐佐木信彰, 계층분화과정을 분석한 庄谷怜子[31]의 연구가 대표적이다. 樋口雄一은 1977～1978년에 발표한 4편의 논문을 통해서, 조선촌의 적극적인 역할과 긍정적인 면을 부각했다. 이 4편의 논문은 그 내용이 서로 연결되는데 주요한 내용을 보면, 일본인 주택차별정책의 실상을 규명하고, 일본인사회에서 조선촌에 대해 갖는 부정적인 인식(지저분하고 집세 등 세금을 잘 내지 않는다)이 일본인에 의해 형성된 허구임을 논증하고 있다. 또한 조선촌의 형성 과정을 자세히 규명하고, 조선인의 일자리와 생활의 근거지로서, 그리고 협화회의 동화정책에도 굴하지 않고 조선인의 특성을 지켜나가는 적극적 역할을 제시하고 있다.[32] 佐佐木信彰은 오사카 조선인거주지역의 인구추이·거주분포·직업과 거주를 기준으로 한 주택의 유형화 등을 통해, 조선인 밀집지구의 초

---

30) 당시 재일조선인은 일본사회내 최하계층인 부락민보다 더욱 낮은 계층에 속했다. 그러므로 조선인이 밀집한 지역은 마을이라는 이름이 아닌 부락으로 불리웠다. 부락은 경멸적인 의미가 담긴 용어이므로 본 연구에서는 '조선인 부락'을 '조선촌'으로 사용한다.

31) 庄谷怜子, 「大阪における '在日'形成史と階層分化」, 『社會問題研究』 43, 1994년.

32) 樋口雄一, 「在日朝鮮人部落の積極的役割に對する」, 『在日朝鮮人史研究』 1, 1977년; 「在日朝鮮人にだいする住宅差別」, 『在日朝鮮人史研究』 2, 1978년; 「在日朝鮮人部落の成立と展開」, 『在日朝鮮人』, 新人物往來社, 1978년.

기형성과 노동과정을 규명했다.[33] 또한 강연문의 형식을 갖추었으나, 오사카지역 조선인생활사의 총체적인 내용을 상세히 언급한 것은 宋連玉의 글이다.[34] 그 외 오사카거주 조선인의 다수를 차지하는 제주도출신 조선인에 대한 도일과 밀집지역 형성과정에 대한 연구도 조선인사회를 이해하는데 중요한 시사점을 제공한다.[35]

둘째는 노동운동사이다. 노동운동사는 오사카거주 조선인노동자의 생활상태론[36]을 비롯하여, 1920년대 오사카지역 조선인노동단체인 오사카동맹회와 재일노총 오사카연합회에 대한 연구, 전협을 비롯한 일본노동단체 속에서 오사카조선인운동을 살펴본 연구, 생활옹호투쟁에 대한 연구, 조선인노동자의 생활상 연구, 조선인파업 연구 등으로 구성된다. 이 가운데 소비조합활동을 분석한 연구를 제외하면, 일본노동단체나 일본공산당 연구 속에서 부분적으로 언급된 정도이다.

1920년대의 조선인노동단체에 대한 연구를 살펴보면, 野村明美와 岩村登志夫·金森襄作·정혜경의 연구가 있다. 野村明美가 토쿄와 오사카의 朝鮮勞働同盟會를 개별적인 단체로 파악한데 비해, 정혜경은 두 지역에서 결성된 朝鮮勞働同盟會를 재일노총의 전신으로 자리매김함과 동시에, 두 단체간 상관성을 규명하는데 초점을 두었다.[37] 岩村登志夫는『在日朝鮮人と日本勞動者階級』에서 오사카지방의 운동상황을 언급했으며, 金森襄作은 재일노총 오사카연합회 시기에 발생한 '大阪朝鮮勞組제명사건'을 다루고 있다.[38] 金森襄作은

<hr>

33) 佐佐木信彰, 「1920年代在阪朝鮮人の勞動=生活科程」, 『大正/大阪/スラム』, 社會評論社, 1986년.

34) 宋連玉, 「大阪における在日朝鮮人の生活 - 1945年以前 - 」, 『在日朝鮮人の歷史』, 1991年度 枚方市市民講座記錄集.

35) 榃田一二, 「濟州道人の內地出稼に就て」, 『大塚地理學會論文集』5, 1935년; 杉原 達, 「在阪朝鮮人の渡航過程」, 『大正/大阪/スラム』, 社會評論社, 1986년.

36) 졸고, 「1920년대 大阪 한인노동자의 생활상」, 『청계사학』8, 1991년.

37) 졸고, 「1920년대 일본지역 조선인노동동맹회 연구」.

38) 岩村登志夫, 『在日朝鮮人と日本勞動者階級』, 校倉書房, 1972년; 金森襄作, 「大阪朝鮮勞働同盟會」, 『大阪社會勞動運動史 - 戰前編』1, 1986년; 野村明美, 「朝鮮勞働同盟會について」, 『在日朝鮮人史硏究』5, 1979년; 金森襄作, 「'大阪事件'について」, 『在日朝鮮人史硏究』20, 1990년.

1928년 3월에 일어난 재일노총 '大阪朝鮮勞組제명사건'을 '大阪사건'이라 명명하고 연구를 통해 이 사건이 일어나기 이전의 지도층 성향에 대한 분석을 바탕으로, 이 사건의 원인을 토쿄 집행부의 독선적이며 비민주적인 운영방식에서 찾음으로써 파벌적인 시각을 드러냈다.

1930년대를 대상으로 한 연구는 더욱 부진하여 谷合佳代子가 전협의 활동 속에서 조선인노동자의 역할을 분석한 논문과 생활조합에 관한 연구가 있을 뿐이다.[39]

이상과 같이 노동운동사는 여전히 단체의 활동사에 머물고 있어서 조선인 노동파업에 관해서는 1920년대 노동파업을 다룬 정혜경의 연구가 유일하다.[40]

셋째는 사상단체 및 사회주의 조직에 대한 연구이다. 이 분야는 조선공산당 일본부와 일본공산당의 조직 속에서 재일조선인 사상단체를 규명한 연구이다. 그러나 이 분야는 김인덕의 연구에서 1920년대 조선공산당 일본부 오사카야돌(초기 조직)과 고려공산청년회 일본부 오사카야체이카의 조직 및 활동상이 간략히 언급되었을 뿐이다.

본 연구는 오사카지역에 조선인 사회가 형성된 이후부터 1920년대를 대상으로 조선인의 생활과 민족운동을 살펴보고자 하는 연구이다. 식민지시대 오사카지역의 조선인을 연구대상으로 하는 이유는 오사카지역에 가장 많은 조선인이 거주하였고 일본사회·경제사에서 차지하는 위치가 적지 않았기 때문이다. 오사카지역은 메이지유신 이후 일본 근대정치사에서 주변부로 밀려났지만 경제적인 위치는 이전 시기에 비해 더욱 강화되었다. 일본에서 오

---

39) 堀內 稔,「阪神消費組合について」,『在日朝鮮人史硏究』7, 1980년; 谷合佳代子,「1930年代 在阪朝鮮人勞動者の 鬪爭 - 全協の活動を中心する」,『在日朝鮮人史硏究』15, 1985년; 外村 大,「大阪朝鮮無產診療所の鬪爭 - 1930年代」,『在日朝鮮人史硏究』20, 1990년; 外村 大,「1930年代 中期における 在日朝鮮人運動 - 京阪神地域 『民衆時報』を中心する」,『朝鮮史硏究會論文集』28, 1991년.

40) 졸고,「1920년대 오사카지역의 조선인노동쟁의」,『근·현대한일관계와 재일동포』, 서울대 출판부, 1999년 참조.

사카지역이 차지하는 경제적 위치로 인해 1920년대부터 현재에 이르기까지 가장 많은 조선인이 이 지역으로 몰려들었다. 또한 오사카지역이 일본사회운동사에서 차지하는 위치로 인해 이 지역의 조선인은 일본사회운동 조류에 영향을 받았다. 식민지시대에 일본지역에서 조선인이 처한 피식민지민이라는 위치도 오사카지역 조선인의 結社와 민족의식 고취에 자극제가 되었다.

　오사카지역의 조선인들이 처음부터 민족운동의 주체가 된 것은 아니다. 일자리에 관한 정보를 교환하고 노동현장에서 불이익을 당하지 않기 위해 동포간에 긴밀한 관계를 유지하고, 일본인 마을에 거처를 마련하지 못해 조선촌을 형성했다. 그러나 이곳을 중심으로 민족적 아이덴티티를 강화하게 되고 민족운동의 토대를 마련하게 되었다. 즉 일본사회내의 폐쇄성과 조선인에 대한 차별정책·통제정책이 조선인들을 민족운동의 주체로 만드는데 영향을 미친 것이다.

　이러한 배경 속에서 오사카지역 조선인의 민족운동은 민족주의·사회주의·아나키즘 등 다양한 사조와 계층을 대상으로 전개되었다. 이들의 운동은 독립선언운동·노동파업·언론활동·교육활동·생활조합운동 등 여러 가지 모습으로 나타났다. 1938년까지 전개된 조선인들의 민족운동은 강제연행시기에도 지속되어 일제의 파쇼체제 아래에서도 조선인들이 도주와 파업 등으로 저항하는데 영향을 미쳤다.

제2장 오사카조선인 민족운동의 배경

"조선촌에서는
모국의 풍습이 그대로 유지되고
일상생활의식부터 관혼상제의식에 이르기까지
모국의 관례가 오로지 중시되었다.
따라서 근친결혼은 물론이고 본관이 동일한 사람끼리의 동성결혼도
도리에 어긋난다 하여 기피했다.
출생신고까지 음력으로 하는 사람도 있었다.
이 모든 것은 일본이 아니라 모국의 습관이기 때문이다.
얼핏 보아 완고하게 비치는 사람들의 태도에는
민족의 전통을 존중하고 잃어버리지 않으려고 고집하는
절실한 심정이 나타나 있었다.
나아가
잃어버린 모국의 역사를 자랑스럽게 만회할 수 있는 그날을
남몰래 기다리는 희망이 배어 있었던 것이다.
일본이라는 이국 땅 한 구석에서
모국의 낡은 생활양식을 그대로 지켜나가는
그들의 겉모습이 아무리 이상할지라도
그것을 지키려는 사람들에게는
삶의 보람 바로 그것이었다."
— 金泰生, 『나의 인간지도』 중에서(청궁사, 1985, 78~79면)

1. 조선인의 도일상황

1) 1910년대 이전 시기 조선인의 도일과 일본당국의 도일정책

공식적으로 일본정부에 의해 조선인의 도일이 허가된 이후부터 조선인도일상황에 대해서는 다양한 시기구분이 가능하다. 개항 이후 1920년대까지 조선인의 도일상황은 국내와 일본의 경제상황, 일본당국의 도일정책에 따라 영향을 받았다. 그 가운데 가장 큰 시기구분점은 1910년 강제병합이다. 이로 인해 조선인의 법적 지위가 달라졌기 때문이다. 강제병합 이후 1945년까지 시기구분점은 조선인에 대한 대대적인 강제동원이 실제로 시작되는 1939년이다. 1938년에 강제동원에 관한 법적인 뒷받침이 마련되었으나 강제적인 공권력에 의해 조선인이 도일하는 시기는 1939년이다. 그러므로 1910년부터 1938년간 조선인도일과 관련한 시기구분은 큰 의미를 갖지 않는다. 따라서 본 장에서는 1910년부터 1938년까지를 같은 시기로 파악하고 이 시기를 본론의 운동성격상 서술구분방법에 따라 세 시기로 구분하여 도일상황과 도일정책을 살펴보고자 한다.

1876년 조선의 개항은 재일조선인형성사에서도 중요한 의미를 갖는다. 개항 이전에 일본에 거주하는 조선인은 음성적으로, 조선인이라는 신분을 숨기고 일본인으로서 생활해야 했으나 개항으로 인해 비로소 일본 내에 거주하는 외국인으로서 살아가는 것이 가능하게 되었다. 이하에서는 시기별로 도일상황을 살펴보고자 한다. 개항 이후 조선인은 일본당국의 정책과 정기항로의 개설이라는 두 가지 배경 속에서 도일의 길을 걸었다. 먼저 개항 직후 일본당국의 도일정책을 보면 다음과 같다.

1876년 8월 24일에 체결된 '丙子修好條規附錄' 第5款[1] 내용에 따라 조선인

---

1) '조선국 인민, 그 정부의 허가를 얻는다면 일본국에 오는 것도 방해받지 않는다'

은 처음으로 외국인 자격으로 일본 거주의 법적인 근거를 얻었다. 그러나 외교관이 아닌 일반인의 경우, 조선인이 상업을 목적으로 일본 거주를 희망한 사례는 1881년에 비로소 나타난다. 1881년 2월 22일 나가사키(長崎)현은 외무성에 보낸 서신에서, 조선인이 상업상의 목적으로 일본에 오는 경우, '조선 정부의 허가가 필요한 것은 일본인에게 고용된 사람에 한하는가. 그렇지 않으면 상업상의 목적으로 오는 사람도 허가가 필요한 것인가. 또한 허가가 있더라도 무역을 할 수 있는 곳은 개항장에 한정하는 것인가' 등에 대해 문의한 일이 있다. 그러나 이 때 조선인의 상업활동범위는 개항장으로 한정되었다.[2]

　일본 내륙에서 조선인의 영업이 허용된 것은 1885년이다. 1885년 6월 13일 다시 나가사키현이 외무성에 조선인의 입국과 나가사키 시내에서 거주 영업에 관한 문제를 문의한데 대해, 외무경은 9월 18일에 회답을 보내어 '유럽인과 달리 조선인은 나가사키 시내에서 借地·가옥의 소유 및 영업을 할 수 있다'고 인정함으로써, 일본 내륙에서 가옥의 소유·영업행위 등이 가능하게 되었다. 이 조치는 당시 중국인이나 유럽인에게 허용되지 않는 내륙에서 영업의 허가를 조선인에게만 허가했다는 점에서 중요한 의미를 갖는다. 그러나 이 허가는 일본이 조선에게 베푼 특혜가 아니라 당시 일본의 이익을 위해 필요한 조치였다.[3]

統監府, 『統監法規提要』, 統監府印刷局, 1910년, 228면.

2) 이에 대해 외무경은 4월 1일에 보낸 답신에서 '조선인이 상업상의 목적으로 일본에 오는 경우에 조선정부의 허가가 필요하지 않다'는 점과 '조선인이 일본의 법률에 복종한다면, 유럽인이나 중국인에게 제한하고 있는 일본 내륙지방의 여행을 조선인에게 허용한다. 다만 상업상의 영업은 개항장에 한정해야 한다'는 점을 밝히게 된다. 山脇啓造, 『近代日本と外國人勞動者』, 明石書店, 1994년, 39~42면.

3) 조선인이 일본정부로부터 내륙에서의 거주, 취업 등을 허가 받을 수 있었던 가장 큰 이유는 강화도조약의 성격과 일본인의 조선진출을 촉진하기 위한 일본정부의 의지 때문이다. 조선과 일본이 맺은 병자수호조약은 조선정부가 일본에서 영사재판권을 갖지 못하는 片務조약이었는데, 이 경우 국제 관행에 의하면 자국내 거주와 취업의 자유를 인정하도록 되어 있었다. 그러므로 유럽인이나 중국인과 달리 조선인에게 허용된 일본 내 취업과 입국은 바로 이 불평등한 조약의 산물이었다. 또한 일본의 입장에서는 일본인의 조선진출을 위해 일본내 조선인의 취업과 입국조치가 필요했다. 당시 일본은 조선에 일본인을 이식하기 위해 노력중이었으므로 조선 거주 일본인의 대우문제를 조선 정부에 촉구하고 일본인의 조선진

　이러한 배경 아래 조선인의 일본 내 취업은 중국인과 차별조치 속에서 계속 가능하게 되었다. 1899년 칙령 352조가 발효되어 외국인의 일본 내 취업이 금지되었으나, 조선인은 여기에서 제외되었다. 칙령 352조「條約 또는 慣行에 의해 居住의 自由를 갖지 않는 外國人의 居住 및 營業 等에 關한 件」[4]에서 중국인은 '관행에 의거해 거주의 자유를 갖지 않는 외국인'으로 취급되어 취업이 금지되었으나, 조선인은 '관행에 의거해 거주의 자유를 갖는 외국인'에 해당됨에 따라, 거주와 영업 행위가 자유로웠던 것이다.[5]

　조선인의 도일을 촉진한 또 다른 배경은 정기항로 개설이었다. 1876년에 부산과 일본 나가사키간에 개설된 정기항로를 비롯하여, 1880년에 원산과 나가사키간, 1883년에 인천과 나가사키간, 1890년 부산과 오사카간, 1893년 인천~모지(門司)~오사카간, 1902년 원산~모지~오사카간 정기항로가 개설되었고, 1905년에는 부산~시모노세키(下關)간 정기항로인 관부연락선이 취항했다.[6] 이 가운데에서 특히 관부연락선의 개설은 한·일간 인구 이동에서 큰 의미를 갖는다. 즉 일본은 1901년에 부산~경성~신의주를 잇는 철도의 완성을 통해 조선을 종단하게 되었고, 코베(神戶)와 시모노세키간 철도노선을 완성함으로써, 한·일간의 거리를 단축시켰다. 그런데 다시 관부연락선이 개설됨에 따라 신의주~부산간 한반도 전역과 일본 큐슈(九州)~간사이

　　출에 박차를 가하기 위해 재일 조선인의 처우문제는 중요했던 것이다. 결국 일본이 재일조선인을 달리 대우한 것은 결코 조선인에 대해서 갖는 일본측의 호의감이나 특혜가 아니었다. 당시 조선은 중국이나 유럽과 달리 준식민지 상태에 놓여 있었기 때문이다. 또한 일본이 조선인의 취업과 입국을 허용했다는 사실은 재일 조선인을 일본의 직접적인 관리 아래 두고 있었음을 의미하기도 한다.

4) 1899년 7월 28일에 공포된 칙령 352조는 제1조에 '외국인은 조약 또는 관행에 의해서 거주의 자유를 가질 것, 종전의 거주지 및 잡거지 이외에 거주, 이전, 영업 기타 행위를 할 것, 단지 노동자는 특히 행정관청의 허가를 받지 않고 종전의 거류지 및 잡거지 이외에 거주 또는 그 업무를 不許한다'고 규정하였다. 이로 인해 일본 내에 거류지를 갖고 있던 외국인의 영업행위는 인정되지만 외국인노동자의 일본 내 취업은 금지되었다.『樞密院會議議事錄』8, 東京大出版社, 1984년, 3~4면.

5) 金英達,「在日朝鮮人社會의 形成과 1899年勅令第352號에 대하여」,『在日朝鮮人史研究』21, 1991년, 88면.

6) 金贊汀,『關釜聯絡船』, 朝日新聞社, 1988년, 5면.

표 1 - 1. 1910년 이전 시기 재일조선인의 취업 사례

일 시	장 소	인원(명)	목 적
1882.2	神戶縣 소재 광산	230	광업전수
1891	大阪 東洋방적		취업
1897.8~1898.2	長崎縣 長者탄광	수백	〃
1897	福岡縣 소재 광산	29	〃
1898.1	福岡縣 嘉穗郡 탄광	370	〃
1898.4	九州 소재 탄광		〃
1898~1899	九州 석탄하역장		〃
1906~1910	鹿兒島縣 철도건설공사	40	〃
1907.10	熊本縣 철도건설공사	300	〃
1907	熊本縣	300	〃
1908	宇治川댐공사		〃
1908.1	熊本縣 철도건설공사		〃
1908.4.2	熊本縣 철도건설공사	500	〃
1908~1911	兵庫縣 철도건설공사		〃
1909	京都府 수력발전소공사	55	〃

※ 자료 :『미일신문』, 1898. 8. 11
　　新藤東洋男,「朝鮮國勞動者の强制雇傭經過」,『歷史評論』187, 1966년, 61~64면
　　金英達, 앞의 글, 98면
　　武田行雄,「內地在住半島人問題」,『社會政策時報』213호, 1938년, 103면
　　武田行雄,「內地在住半島人と融和事業」,『朝鮮』1933년 6월호
　　『大阪朝日新聞』滿鮮版, 1917년 5월 15일자
　　河明生,『韓人日本移民社會經濟史』, 明石書店, 1996년, 69면

(關西)간 교통이 단일화된 것이다. 이러한 두 가지 배경으로 인해 조선인의 일본진출이 활성화될 수 있는 조건이 구비되었다.

　1910년 이전에 일본 지역에 취업한 조선인은 직종상 시기별로 약간의 차이를 보인다. 1800년대에 취업한 조선인이 탄광에서 일한 데 비해, 1900년대에는 주로 철도건설공사에 투입되었다. 조선인이 취업한 지역도 직종과 관련을 갖는다. 1800년대 조선인이 탄광이 밀집한 큐슈 지역에 한정되었다면, 1900년대 이후에는 카고시마(鹿兒島), 구마모토(熊本), 효고(兵庫), 쿄토(京都) 등 건설공사장이 있는 지역으로 확대되는 양상을 띤다.7)

---

7) 초기에 조선에서 일본 탄광회사가 실시했던 노동자 모집은 순조롭게 진행되어

2) 1910년대 조선인의 도일과 일본당국의 도일정책

1910년 강제병합은 조선인 도일사에서 큰 의미를 갖는다. 이후부터 조선인은 완전한 식민지민으로써 도일하게 된 것이다.

1882년부터 1938년까지 재일조선인수의 추세를 살펴보면, 1909년까지 790명에 불과하던 조선인이 1911년에는 2,500여명으로 급증하게 된다. 이는 재일조선인의 취업 증가가 큰 영향을 미친 것으로 추산된다. 그 후 점진적인 증가를 보여오던 조선인수는 1917년부터 1차세계대전의 영향으로 호황기를 맞은 일본회사의 본격적인 조선인노동자모집으로 다시 대폭적인 증가를 보이고, 이러한 증가추세는 국내의 경제사정 및 일본의 경제상황·조선인정책과 관련하여 1944년까지 계속되었다.

1910년대 일본 당국은 일본의 경제상황 뿐만 아니라 식민지 조선의 상황과 관련 속에서 도일정책을 수립·운영했으므로, 정치나 경제 상황의 변화에 의해 도일정책은 내용을 달리하게 된다. 강제병합 직후 조선총독부의 도

필요 인원보다 많은 수가 응모하였으나 도리어 조선측의 여권관련업무에 의해 모집에 차질을 빚기도 했다. 조선 관리가 조선인에 대한 여권발급을 거부함에 따라 도일 노동이 결정된 조선인의 도일이 불가능하게 되는 경우가 많았기 때문이다. 조선인노동자 모집과 관련한 이러한 문제는 1906년 9월 15일부터 시행된 통감부령 제34호「韓國人外國旅券規則」에 의해 도일 조선인의 여권휴대가 면제됨에 따라 해소되었다. 이 규칙은 1907년 4월에「外國旅券規則」으로 개정되었다. 『統監府法規提要』, 299면.

8) 재일조선인에 대한 인구통계는 조사주관자, 조사기준, 조사일, 조사대상에 따라 각각 차이가 있다. 일본제국통계연감이나 내무성 자료의 경우는 일정기간을 같은 지역에 거주한 조선인을 대상으로 하기 때문에 늘 실제 인원보다 적게 산출된다. 또한 통계에 따라서는 12월에 하는 경우와 6월이나 9월에 하는 경우 등 각각 조사일이 다르므로 통계마다 차이를 보인다. 그런데 현재 연구자들 가운데에는 각각 다른 기준과 조사일을 갖는 통계를 같은 것으로 파악하고 수치를 제시함으로써 혼란을 가져오고 있다. 따라서 본서에서는 현재 연구자들이 비교적 많이 인용하는 통계 가운데 몇가지를 제시했다.『日本帝國統計年鑑』은 일본 당국의 공식적인 통계라는 점에서 의미가 있고, 田村紀之가 작성한 통계는 기존통계가 갖는 문제점을 보완한 통계로써 연구자들 사이에서 정확도가 높은 것으로 평가되고 있다. 박재일이 작성한 통계는 田村紀之의 통계가 발표되기 이전까지 연구자들 사이에 가장 많이 인용되던 통계이다.

표 1-2. 일본거주 재일조선인의 추이(1882~1938)[8] (단위:명)

연 도	거주 조선인수			연 도	거주 조선인수		
	(1)	(2)	(3)		(1)	(2)	(3)
1882	4			1921	38,651	48,774	62,404
1895	12	12		1922	59,722	82,693	90,741
1896	19			1923	80,415	112,051	136,557
1898	71			1924	118,152	168,002	172,130
1900	96			1925	129,870	187,102	214,657
1905	303	303		1926	143,798	207,853	247,358
1907	459	459		1927	165,286	246,515	308,685
1909	790	790		1928	238,102	341,737	358,121
1911	2,527		5,728	1929	275,206	387,901	398,920
1912	3,171		7,796	1930	298,091	419,009	419,009
1913	3,635	3,952	10,394	1931	311,247*	437,519	427,275
1914	3,542	4,176	12,961	1932	390,543	504,176	433,692
1915	3,917	5,064	15,106	1933	456,217	573,896	500,637
1916	5,624	7,225	17,972	1934	537,695	689,651	559,080
1917	14,502	17,463	22,218	1935	625,678	720,818	615,869
1918	22,411	27,340	34,082	1936	690,501	780,528	657,497
1919	26,605	35,995	37,732	1937	735,689	822,214	693,138
1920	30,189	40,755	40,755	1938	799,878	881,347	796,927

(1) 『日本帝國統計年鑑』
(2) 朴在一, 『在日朝鮮人に關する綜合調査研究』, 新紀元, 1957년, 23~29면
(3) 田村紀之, 「內務省警報局調査による朝鮮人人口(1)」, 『經濟と經濟學』46, 1981년, 58면

일정책은 당국의 관리 아래 합법적인 테두리 내에서 조선인의 도일을 허용하는 것이었다.

1910년대 식민지 조선에서 도일관리를 담당한 부서는 조선총독부의 경찰부서인 警務總監部 保安課였다. 경무총감부는 강제병합이 이루어지기 직전인 1910년 6월에 만들어졌는데, 보안과는 '한·일인 외국여권업무'를 담당하였다. 그러나 여권업무가 도일관리는 아니었다. 보안과가 도일노동자의 도항을 본격적이고 직접적으로 관리한 것은 1913년부터이다.[9] 1913년 4월 24일

---

9) 그러나 보안과가 1910년 10월 1일에 정해진 「朝鮮總督府警務總監部事務分掌規定」 (조선총독부 훈령 제4호)에 따라 '노동자 단속에 관한 사항'을 담당한 이후 1911년 1월에는 도일자에 대한 대략적인 파악을 하고 있었다. 『朝鮮總督府官報』, 1910년 10월 1일자.

경무총감부 보안과장이 발표한 통첩 「保安親發 제21호」에는 당시 조선총독부가 도일 노동자를 대상으로 한 도일관리 내용이 잘 나타나 있다. 이 통첩은 ① 일본의 사업에 종사할 노동자를 조선 내에서 모집하고자 하는 사람은 도경무부장이나 경무총장의 인가를 받을 것 ② 허가원서에는 고용주의 사업·소재지·노동의 종류·모집인원·남녀별 인원·모집구역·모집기간 등을 기입하고, 고용계약에 관한 사항을 기재하여 첨부할 것 ③ 모집조건으로 14세 이상, 20세 이하인 경우는 부모나 호주의 허락을 받을 것. 기혼여성의 경우는 남편의 허락을 받을 것. 고용중인 자를 모집·권유하지 말 것. 필요한 경우에는 응모자의 민적등본을 제시할 것 ④ 노동자를 일본에 도항시킬 때에는 응모자의 명단과 모집허가증을 승선지 경찰서장에게 제출할 것 등등 매우 엄격한 관리 내용을 담고 있다.[10]

조선총독부측은 도항관리를 엄격히 하는 이유로 조선인노동자의 보호를 내세우고 있다. 물론 조선인의 무작정 도일로 피해를 보는 노동자가 속출하는 것을 방지하기 위한 조처가 도일관리이기도 하다. 그러나 그 보다는 일본 자본가와 일본 경제정책의 이익을 고려해서 이루어졌다고 보는 편이 타당할 것이다. 조선인의 자유 도일을 허가하면, 일본내 조선인노동자의 수가 급증하여 노동시장에 혼란을 가져오고, 이로 인해 일본인노동자의 일자리가 감소될 우려가 있기 때문이다.

1910년대 이후 이러한 정책 아래 도일한 조선인은 일본 전역에 거주하게 되었다. 이들의 거주 상황은 일본의 산업구조 및 노동조건과도 관련을 갖는다. 일본지역 가운데에서 홋카이도(北海道)와 큐슈가 탄광지대로 유명하다면, 상공업의 중심지는 킨키(近畿)지방이었다. 이러한 일본 산업구조에서 나타나는 지역적인 특징은 재일조선인 거주상황의 한 양상으로 나타났다.

1910년대 거주상황을 살펴보면 다음과 같다.

일본 내 몇몇 지역의 거주 조선인상황을 비교해보면, 노동조건의 지역별 특성에 따라 조선인거주 상황에 변화가 보인다는 점을 알 수 있다. 이 점은

---

10) 水野直樹, 「朝鮮總督府の內地渡航管理政策」, 『在日朝鮮人史硏究』22, 1992년, 26~ 27면.

표 1-3. 1910년대 연도별·지역별 거주 조선인수[11]   (단위:명/%)

연도	大阪		東京		福岡		北海道		兵庫		총수
	거주수	비율	거주수	비율	거주수	비율	거주수	비율	거주수	비율	
1913	338	9.3	572	15.7	548	15.1	41	1.1	123	3.4	3,635
1914	216	6.1	542	15.3	591	16.7	40	1.1	181	5.1	3,542
1915	399	10.2	574	14.7	547	14.0	53	1.4	155	4.0	3,917
1916	762	13.6	674	11.5	994	15.9	95	1.7	381	6.8	5,624
1917	2,235	15.4	918	6.3	2,386	16.5	1,706	11.8	1,624	11.2	14,502
1918	3,297	14.7	1,129	5.1	3,414	15.2	2,480	11.1	2,136	9.5	22,411
1919	3,961	14.9	1,246	4.7	5,560	20.9	2,524	9.5	2,630	9.9	26,605

※ 자료 內務省 警保局, 『朝鮮人槪況』1920년, 「集成」1, 83면
　　　金正明, 『朝鮮獨立運動』3, 東京, 原書房, 1967년, 848~855면
　　　內務省 警保局, 『朝鮮人近況槪要』1922년, 『集成』1, 120면
　　　朝鮮總督府, 「阪神·京浜地方の朝鮮人勞動者」1924년, 『集成』1,398~399면

산업구조상의 특성과도 관련을 갖는다. 1910년대 전 시기를 통해 볼 때, 홋카이도·후쿠오카(福岡)·오사카·효고(兵庫) 등에서 조선인 증가율은 급증하고 있다. 이들 지역 가운데 줄곧 10% 이상의 증가율을 보이는 곳은 오사카와 후쿠오카이다. 이 두 지역은 다음과 같은 특성을 갖는다. 초기 재일조선인도 일사에서 주목을 받은 지역은 오사카가 아니었다. 조선인노동자의 첫 정착지는 후쿠오카였기 때문이다. 그러나 일본의 자본주의가 발전함에 따라 넓은 노동시장과 비교적 나은 노동조건으로 인해 점차 오사카는 조선인노동자의 밀집지역이 되었다. 또한 먼저 터전을 잡은 조선인노동자들을 찾아 오사카로 향하는 조선인들의 도일이 늘어남에 따라, 오사카거주 조선인수는 점차 늘어났다.

이에 비해 후쿠오카는 1910년대 일본 최대의 광산지인 큐슈에서도 가장 많은 조선인이 밀집한 지역이며, 대규모 탄전이 자리한 곳이다. 후쿠오카는 노동조건의 열악성으로 인해 항상 노동자의 이동이 잦은 곳이다. 그럼에도 불구하고 이 지역 조선인증가율은 낮아지지 않고 있다. 그 이유는 후쿠오카가 갖는 지리적인 성격과도 무관하지 않다. 후쿠오카는 관부연락선의 종착

---

11) 1919년은 6월 30일 기준, 그외는 모두 12월 31일 기준.

지와 가까운 곳에 위치하여 도일 조선인에게 '관문'의 역할을 했다. 또한 일본 노동시장에 대해 아무 정보나 연고가 없던 조선인이 탄광노동자로서 첫발을 내딛었던 곳도 후쿠오카였다.

재일조선인 가운데 높은 비중을 차지하는 계층은 노동자였다. 노동자의 도일상황은 어떠한가 조선인노동자는 일본 경제의 발달에 따라 나타나게 된 하층 노동력의 수요 급증에 따라 도일이 활발히 진행되었다. 이 시기 일본이 조선인노동자의 입국을 허용하게 된 이유는 크게 두 가지로 나누어 볼 수 있다.

첫째는 경제적인 이유이다. 일본은 경제 성장에 따른 하층 노동력의 부족현상을 조선인노동력을 통해 해결하고자 했다. 제1차 세계대전이 시작된 지 1년이 지나면서부터 침체기에서 벗어난 일본경제는 이때부터 해외에서 밀려드는 전략물자주문에 의해 電氣銅·아연·석탄 등 기초산업부문이 활기를 띠기 시작했다. 또한 전쟁이 장기화되고 교전국의 소모전적인 성격이 강해지면서 상품수출은 급격히 신장되었다.[12]

이러한 경기 호전은 생산직 노동자의 부족을 낳았다. 특히 기초산업부문에 필요한 노동자의 수가 절대적으로 부족했다. 이를 해소하기 위해 일본은 농촌의 돈벌이노동자를 충당했으나 농촌의 유휴 노동력은 이미 바닥이 난 상태였다. 따라서 일본의 기업주들은 부족한 노동력을 식민지 조선에서 해결하고자 했던 것이다. 이들은 단지 노동력의 확보뿐만 아니라 노동효과가 크고 값싼 노동력으로서 조선의 농촌인력을 주목했다.

두 번째는 일본노동운동의 세력을 약화시키고자 하는 경영자측의 의도이다. 이러한 의도는 1910년대 후반부터 본격적으로 나타난다. 일본의 노동운동은 1869년부터 이쿠노(生野) 은광에서 자연발생적인 폭동이 일어난 이후 1886년에는 製絲여공의 파업이 승리하는 사례를 기록했다. 물론 이 시기는 아직 일본이 자본주의단계에 들어서기 이전이었으므로 노동조합이 결성되

---

12) 산업부문별 생산액 추이를 보면, 1918~1922년간 각 산업부문별 생산액은 이전 시기와 비교가 어려울 정도로 크다. 山田雄三 編, 『日本國民所得推計資料』, 東洋經濟新報社, 1957년, 184~187면.

지 않았고 노동자 계급도 성숙하지 못했다. 따라서 노동운동 역시 산발적이고 비조직적이었다. 그러나 1897년에 노동조합기성회가 결성된 이후 잇달아 직종별 노동조합이 결성되었다. 또한 일본사회에 점차 확산되기 시작한 사회주의는 노동운동의 성장에 일익을 담당했다. 이에 따라 노동조합의 조직적인 주도 아래 노동운동은 활기를 띠게 되었다. 노동파업의 건수도 많아지고 참가하는 직종도 다양해졌으며, 조직적이고 지속적인 양상을 보여주었다. 1908년 13건에 822명이 참가한 노동파업이 1916년에는 108건에 8,413명, 1917년에는 노동파업이 398건 발생하여 57,309명이 참가하였고, 1919년에는 497건에 63,137명이 참가한 것으로 나타난다. 이와 같이 일본의 노동운동은 양적으로 볼 때, 1917년을 기점으로 급격하게 성장했다. 노동조합의 결성과 조합원의 수도 이 시기 이후로 두드러진 증가율을 보였다. 1918년에 107개였던 노동조합수는 1920년에 273개로 증가했다.[13]

이러한 노동운동세력의 양적인 성장과 운동의 지속성은 일본 기업주와 당국에 위기의식을 불러 일으켰고, 적극적인 대책이 요구되었다. 그 결과 고안된 대책 가운데 하나가 외국인 노동자의 유입이다. 당시 일본노동운동세력은 그 대상을 외국인이 아닌 일본인만으로 하고 있었기 때문에 일본당국은 외국인 노동자의 증가를 통해 일본노동운동의 세력 약화를 기대할 수 있으리라 판단했다.

이러한 배경 속에서 1910년대에 일본 기업가들이 고용한 일본인 노동 브로커들은 "가슴에 금시계를 달고 양복을 입은 '노동자 모집용' 조선인노동자"를 내세워 농촌을 돌면서 조선인노동자를 유치하기에 이르렀다.[14]

<표1-4>에서 보듯이 1910년대에 들어서면서 조선인의 취업사례는 직종과 지역이 더욱 확대되었다. 1910년대에 들어서는 탄광이나 건설공사장 보다 방적공장을 비롯한 중소공장이 주요 일터로 대두한 것이다. 이제 조선인들은 큐슈의 탄광지역에서 일본 전역의 토목건설 노동현장과 중소제조공장으로 그 일터를 확대해 나갔다.

---

13) 勞動運動史編纂委員會, 『日本勞動運動史料』10권, 1959년, 440면.
14) 고승제, 『한국이민사연구』, 장문각, 1973년, 236~237면.

표 1-4. 1910년대 재일 조선인의 취업 사례

일 시	장 소	인 원	일 시	장 소	인 원
1911	大阪府 攝津방적공장		1917	大阪府 攝津방적공장	
1912.8	九州 수력전기회사		1917	大阪府 藤永田조선소	
1913.5~1917	兵庫현 攝津방적공장	208	1917	大阪府 吉備조선소	
1913	大阪 철도터널공사장		1917	兵庫현 福島방적공장	
1913	崗山현 동양관인촌공장		1917	兵庫현 川崎조선소	
1914	兵庫현 川崎조선소		1917	兵庫현 三菱조선소	
1914	大阪府 동양방적		1917	兵庫현 岸本제작소	
1916	北海道 탄광기선주식회사		1917	兵庫현 播磨조선소	
1916	大阪부 住友철강소		1917	崗山현 由良염료공장	
1916	兵庫현 神戸제강소		1917	崗山현 日出방적공장	
1916	崗山현 朝日화학공장		1917	三重현 제공장	
1916	崗山현 內海방적공장		1917	三重현 東洋방적 진공장	
1916	崗山현 崗山방적공장		1917	三重현 平松모직공장	
1916	崗山현 紀陽직포공장		1917	三重현 大橋주물공장	
1916	三重현 삼중목재건류공장		1917	崗山현 倉紡직물공장	
1917.5.15	大阪	17	1917	崗山현 吉備직물공장	
1917.6	福岡현 三菱탄광	200	1917	崗山현 倉紡직물공장	
1917.9	福岡현 三菱탄광	150	1917	崗山현 石井직물공장	
1917	樺太 탄광	250	1918.1	北海道탄광기선주식회사	
1917	大阪府 尼績津守공장		1918.3	福岡현 三菱탄광	
1917	大阪府 新田조선소		1918.7	福岡현 三菱탄광	62

※ 자료 新藤東洋男,「朝鮮國勞動者の强制雇傭經過」,『歷史評論』187, 1966년, 61~64면
　　　金英達, 앞의 글, 98면
　　　武田行雄,「內地在住半島人問題」,『社會政策時報』213호, 1938년, 103면
　　　武田行雄,「內地在住半島人と融和事業」,『朝鮮』1933년 6월호
　　　『大阪朝日新聞』滿鮮版, 1917년 5월 15일자
　　　朴慶植,『在日朝鮮人運動史-8.15解放 以前』, 54면
　　　『警務彙報』150호, 1917년 11월 1일자 雜錄 1면

　　조선인노동자들은 주로 회사측이 조선에 파견한 모집책의 소개와 주선에
의해 도일했다. 그러나 모집 활동이 활발해진 1914년경, 조선인의 응모는 기
대한 만큼 이루어지지 않았다. 아직 노동일보다 농사에 익숙한 분위기나 강
제병합 이후 강화된 반일감정은 조선인모집에 저해요인으로 작용했다. 따라
서 1914년에서 1915년까지 도일 조선인의 수는 만주 이주 조선인의 2%~6%

에 불과했으나, 이전 시기에 비해서는 활발한 편이었다.[15] 일본 기업주들의 적극적인 모집 노력은 조선인측에서도 호응을 얻어 적극적으로 도일에 임하는 분위기가 조성되었다. 조선인측에서는 일자리를 얻는 일도 중요하지만 견문을 넓히거나, 도일을 기회로 삼아 고학을 하고자 하는 목적에서 모집에 응하는 경우도 많았다.

이러한 도일 조선인노동자의 증가는 국내 노동자 부족과 임금상승이라는 사태를 낳기도 했다. 특히 일본 자본가에 의한 노동자 모집이 집중되었던 경상남도의 경우 노동자 부족은 심각했다. 1918년 8월에 운수노동자·토목노동자를 사용하는 사업주는 총독부에 노동자모집 단속을 엄격히 해줄 것을 요청할 정도였다.[16] 또한 같은 해 9월에 일본 철도원에서 파견된 관리가 조선인노동자 6,000명을 모집할 것이라는 이야기가 전해지자 조선토목건축협회 등에서는 '노동자 유출 제한운동'을 전개했다.[17] 토목건축협회는 조선총독부에 진정서를 내고 유출 금지를 호소했다. 이에 대해 조선총독부에서는 10월초에 각도 경무부장에게 "현재 다른 토목·건축·광산 및 공업에 고용중인 자의 모집을 금지함과 동시에, 허가를 할 경우에는 도항자의 수와 노동력 수급의 정세를 살핀 후에 허가함으로써, 조선 내 각종 사업 경영에 지장을 주지 않도록 배려할 것" 이라는 내용의 통첩을 보내 노동자 모집에 조건을 달 것을 지시했다.[18]

이 통첩이 어느 정도의 실효를 거두었는지에 대해서는 자세히 알 수 없지만, 단지 서류 형식만으로 노동자의 유출을 묵인, 방조했던 조선총독부의 도항관리 방침에 변화가 일어났음을 추측할 수 있다. <표1-5>에 나타난 모집상황과 도일 상황에서 1918년 이후 모집 허가수와 도일자수 줄어들고 있다.

---

15) 朴在一, 앞의 책, 23~26면; 朝鮮總督府 警務局, 『秘 高等警察報』 제3호, 81~84면; 현규환, 『한국유이민사』상, 814~189면 ; 『한국유이민사』하, 425, 824면.
16) 『大阪朝日新聞』鮮滿版 1918년 8월 18일자.
17) 『매일신보』 1918년 10월 11일자.
18) 『大阪朝日新聞』鮮滿版 1918년 10월 13일자.

표 1-5. 조선인노동자의 모집과 도일 상황 (단위 : 명)

연도	모집허가 건수	모집 인원수			도일자			거주자수	전년대비증 가수
		전체	남	여	전체	남	여		
1917	80	28,737	18,715	10,022	6,220	5,204	1,016	14,502	8,878
1918	57	21,264	14,376	6,888	7,324	6,610	714	22,411	7,909
1919	27	10,115	5,060	5,055	2,468	1,946	522	26,605	4,194
1920	23	5,392	4,178	1,214	1,573	1,247	326	30,198	5,115

※ 자료『朝鮮警察槪要』1925년판, 176면
　　『日本帝國統計年鑑』

그러나 <표 1-5>의 인원수만으로 실제로 도일자가 줄었다고 보기는 어렵다. <표 1-5>의 도일자수와 전년 대비 거주조선인 증가수를 비교해보면, 도일자수는 거주 조선인의 증가수에 미치지 못한다. 여기에 귀환자의 수까지 포함하면 합법적인 절차를 통해 도일을 한 조선인의 수와 실제로 일본에 거주하는 조선인수는 큰 차이를 보인다. 이 차이에 대한 해답은 밀항에서 찾을 수 있다.

물론 밀항은 방법상에서 다소의 위험성을 내포하고 있었으나 1910년대부터 사용된 도일방법이었다. 즉 취업연령에 미달한 노동자나 취업이 확실하게 결정되지 않은 도일희망조선인, 모집자격요건을 갖추지 못한 회사가 일본의 도일 저지책을 피해 도일을 하고 노동자를 구할 수 있는 유일한 방법은 밀항이었다. 밀항은 밀항 브로커에게 6~20원을 주고 작은 발동선을 이용해서 對馬島나 후쿠오카·야마구치 등지로 가는 방법과 위조 소개장을 사서 이용하는 방법이 있는데, 주로 야간을 이용했다. 노동 브로커가 직접 배를 알선하는 경우에는 고용주로부터 브로커가 선불을 받은 후 그 돈의 일부를 노동자에게 주고, 나머지는 배삯으로 공제했다.[19] 이외에도 탄광에서 什長으로 일하는 조선인이 수년간 밀항을 통해 직접 인부를 모집하다가 적발된 사례도 발견된다.[20]

1915년의 경우, 1회의 밀항으로 오사카거주 조선인의 25%에 달하는 인원

---

19) 慶北警察部,『高等警察要史』, 149~150면.
20)『조선일보』1924년 10월 31일자.

이 도일했다. 이러한 밀항은 1년에 여러 차례 이루어졌으므로 1910년대에는 다수의 조선인이 밀항에 의지했음을 알 수 있다.[21] 밀항을 단행한 조선인에 대해 불법도일 자체를 악용한 일본인 고용주는 구속을 강화하여 더욱 부당하게 노동력을 착취당하는 배경이 되었다.

1910년대 이전에 재일조선인 가운데에는 유학생의 비중이 적지 않았다. 1881년에 첫 유학생이 일본 땅을 밟은 이후[22] 1910년대까지 재일조선인 수에서 적지 않은 비중을 차지하는 계층은 유학생이었다.[23]

식민지시대 조선에는 교육기관이 부족했다. 특히 고등학교와 전문학교 이상이 인구에 비해 절대적으로 부족하였고, 1910년대에는 고등교육을 목적으로 하는 교육기관이 전무한 실정이었다.[24] 따라서 고등교육은 외국에 의지해야 하였지만, 이러한 욕구를 충족할 수 있는 유학지로는 일본이 가장 많이 선호되었다. 그러나 1910년대까지 일본유학은 제도적 굴레에 매여 있었으므로 손쉽게 갈 수 있는 유학지가 아니었다. 종래에 유학 희망자는 유학원서를 조선총독부에 제출하고 허가를 받아야 하였지만, 이렇게 까다로운 조건을 충족하기 위해서는 일정한 자산과 권력이 필요했다. 따라서 1910년대 유학생들 가운데에는 지주·고등관료 등 자산과 권력을 배경으로 하는 경우가

---

21) 졸고, 「大阪한인노동단체연구(1914~1922)」, 『한일관계사연구』4, 77면.

22) 1881년 6월에 신사유람단의 수행원이었던 유길준, 류정수 등 2명이 慶應義塾에, 윤치호가 同人社에 입학했다. 같은 해 10월에는 제3차 수신사의 수행원인 장대용, 신복모, 이은돌이 육군 戶山학교에 입학했다. 阿部 洋, 「舊韓末の日本留學(1)」, 『韓』3~5, 1974년, 67~81면.

23)　　　　　<재일 유학생의 수>　　　(단위: 명)

연도	유학생수		연도	유학생수		연도	유학생수	
	재학생	신입생		재학생	신입생		재학생	신입생
1897	150	160	1904	102	158	1910	595	5
1898	161	2	1905	197	252	1911	449	93
1899	152	6	1906	430	153	1912	502	58
1900	141	7	1907	554	181	1913	430	107
1902	140	12	1908	702	103	1914	450	68
1903	148	37	1909	739	147	1915	342	미상

※ 자료 필자미상, 「일본유학생사」, 『學之光』6, 1915년, 12~13면.

24) 박찬승, 『한국근대정치사상사연구』, 역사비평사, 1992년, 112면.

많았다. 물론 고학을 해야 하는 어려운 형편에 있는 학생들도 있었으나, 이들은 높은 비중을 차지하지 않았다.

3) 1920년대 조선인 도일상황과 도일정책

식민지시대 조선인의 국외이주동향을 보면 주로 북부지방민이나 농업에 종사하고자 하는 조선인들은 만주와 연해주로 이주하였고,[25] 남부지방민들은 일본으로 이주했다. 재외조선인의 분포는 이주 초기에는 만주·연해주지방이 단연 압도적이었다. 1912년에 재일조선인의 이주수는 재만조선인 이주수의 1%에 해당하는 정도의 소수였으나, 1917년대부터 도일이 급격히 증가하였다. 1922년에 만주이주 조선인이 9,958명인데 비해, 일본 이주 조선인은 32,806명으로 재만조선인의 이주수효를 능가하기에 이르렀다.[26]

1920년대 이농민들의 해외 이주지가 만주나 노령에서 일본으로 변화하는 현상을 보이게 되는 데에는 여러 가지 원인이 있겠으나, 대체로 만주나 노령이 갖는 무장독립투쟁지역의 중심지로서 역할과 일본 내 조선인노동자 수요라는 두 가지 면에서 원인을 찾아볼 수 있다. 1920년대에 들어오면서 빈번한 조선인만주무장독립단체들의 일본군 및 일본기관에 대한 습격은 일본군과 관동군의 만주 출병 원인이 되었다. 1920년대 만주나 노령은 일본군의 출병과 습격으로 인해 몰락농민들이 생존의 기반을 보장받기에 적당한 지역이 아니었다.

---

25) 1910~1932년까지 중국지역 이주조선인의 지역별 분포를 보면, 평균적으로 함북 146,434명 평남 62,038명 경북 42,316명 함남 33,681명으로 북부지방이 강세를 보인다. 朝鮮總督府 警務局保安課, 『秘 高等警察報』 제3호, 1938년, 81~84면.

26) 朴在一, 앞의 책, 23~26면; 朝鮮總督府 警務局, 『秘 高等警察報』 제3호, 81~84면; 현규환, 『韓國流移民史』 上, 814~189면; 『韓國流移民史』 下, 425, 824면. 1926년부터 만주이주조선인수는 다시 증가하게 되는데 이는 조선토지조사사업이 끝난 직후 시작되어 1927년까지 계속된 일본인 이민의 영향과 동양척식주식회사의 토지 및 농민수탈 등으로 만주와 일본으로 이주하는 조선인이 증가하게 된 데 기인한다. 이형찬, 「1920 - 1930년대 조선인의 만주이민 연구」, 『한국사회사연구회논문집』 12, 1988년, 223~225면.

한편 1920년대 재일조선인의 도일은 식민지 조선에 대한 일본의 식민지 경제정책이 주요한 배경을 이룬다. 1920년대 식민지 조선은 심각한 정치·경제적 예속상태에 처하였다. 식민지시대 조선의 농촌사회는 외부적인 영향과 내재적인 변화에 의해 식민지적 기생지주제에 의한 토지소유의 집중현상, 소농 경작규모의 영세성, 농가경제의 궁핍화 등의 특징을 갖게 되었다. 일본은 조선을 병합한 이후 식민지의 경제체제를 확립하기 위해 식민지 농업의 개편에 착수하였다. 일본의 식민지 농업정책은 결과적으로 지주제를 강화시킨 반면, 자작농 및 소작농을 궁핍화시켜 자작농을 소작농이나 이농민으로 만들어 나갔다. 이 정책에는 일본인 이주자의 유입도 포함된다.[27]

1920년대 국내의 이농민들은 농촌과 도시 노동시장의 수용능력 부족으로 대부분이 농촌노동력이나 도시노동력으로 수용되지 못하는 상황 속에서 도시 실업자[28]로 유리걸식하거나 국외 이주를 통해 활로를 찾고자 했다.

그 외 이농민 전업화 여부와 관계없이 국내에서 보다 더 많은 노동임금을 위해 도일을 선택하는 경우도 있었다. 물론 식민지 조선이나 일본은 모두 조선인과 일본인 사이에 차별적 임금구조가 존재했으나, 당시 국내 도시노동임금은 재일조선인의 노동임금과 많은 차이가 있었다. 1917년 국내 조선인노동자의 1일 평균임금은 80전이었고[29], 1929년의 평균임금은 성년 남공이 1원이다.[30]

이에 비해 1922년 오사카 거주 조선인노동자의 각 부문별 평균임금은 토

---

27) 일본이주민 유입은 통감정치의 시작과 동시에 실시된 토지세부측량과 토지에 대한 등기법령의 발포 등 제도적 지원을 기반으로 진행되었다.

28) 朝鮮總督府는 1930년 1월에 비로소 국내 실업자조사를 「府及指定面失業狀況調査」라는 명목으로 실시했다. 이 조사에 의하면 조선인의 실업율은 조사대상자 176,573명 가운데 12%인 23,145명에 이르고, 도별로는 경기도가 9,837명으로 총 실업자의 44.4%를 차지하는 것으로 나타났다. 이 조사는 조사대상에 여자가 포함되지 않고 실업이나 실업자에 대한 기준도 지극히 제한된 조사라는 한계가 있으므로 실제 실업자수는 이보다 높을 것으로 추정된다. 朝鮮總督府 社會課, 「府及指定面失業狀況調査」, 『新民』 58, 1930년, 58~68면.

29) 『朝鮮總督府統計年報』 1917년, 264~269면.

30) 이여성·김세용, 『수자조선연구』 제2집, 세광사, 1931년, 80~82면.

목·건축업이 2.24원, 제조업이 1.98원, 잡업이 1.39원 등이고[31], 1930년의 경우는 토목·건축업이 1.51원, 잡역이 1.20원, 방적공이 1.08원 등[32]으로 1929년의 국내 임금에 비해 최저 8전에서 최고 1원 24전이 많은 금액이다. 물론 오사카시 당국이 조사한 임금액이 실제로 노동자들이 받는 임금과 일치한다고 할 수는 없지만, 다소의 감액이 있다 하더라도 국내 노동시장의 임금수준보다 고임금이다. 이러한 상황들을 종합해보면, 농민들은 가계보충을 위해, 그리고 노동자들은 국내노동시장보다 상대적으로 고임금이었던 일본노동시장의 취업을 위해 도일을 고려했음을 알 수 있다.[33]

조선인 가운데 노동자의 도일은 1920년을 전후하여 격증했다. 이 시기는 1918년 3월 국내의 토지조사사업이 종결되고, 그 결과 나타난 소농의 몰락이 심각하게 확산되었던 시기였다. 1920년부터 국내 일간지에 소작인문제와 소농몰락상이 심각하게 표출되었고 1923년에 이르러 조선인노동자의 도일은 본격화되었다.[34]

1923년 4월 4일자 동아일보기사에 의하면, "대대로 나러오는 제 고향에서는 먹고 살아갈 수가 없어서 벌어먹을 일거리를 남의 나라에 구하는 불상한 사람이 나날이 늘어가서 釜山을 거처 멀리 일본으로 건너가는 사람이 끈칠 사이가 업다하며 大阪으로 가는 사람만 하여도 날마다 오백여명에 달한다"(원문 그대로)고 한다.

1910년대에 일본당국은 일본 내 필요에 의해 도일을 허용하였고, 1920년대부터는 일본 내 경제상황에 따라 도일을 제한하거나 일시 허용하는 정책을 병행했다. 이를 위해 일본정부는 1919년 4월 조선총독부를 통해 「朝鮮人旅行取締에 關한 件」을 발포하여 도일희망자는 관할 경찰서의 여행증명서를 받

---

31) 大阪市 社會部, 「朝鮮人勞動者問題」 1924, 『集成』 1, 369~370면.

32) 大阪市 社會部, 「本市に於ける朝鮮人工場勞動者」, 『集成』 2, 1222면.

33) 일본당국이 도일조선인을 대상으로 한 조사에 의하면 조사대상지역의 조선인 89.7%가 일자리를 구하고 돈을 벌고자 도일했다고 밝혔다. 法務硏修所, 『在日朝鮮人處遇の推移と現狀』, 東京, 湖北社, 1975년, 8면 (『現代日本·朝鮮關係史資料集』 1권, 所收: 고려서림, 1990년).

34) 1일 평균 도일자수는 500명에 달한다. 『동아일보』 1923년 4월 4일자 ; 14일자.

아 출발지 경찰관에 제출하도록 했다. 1922년 4월부터는 자유도항제를 실시하였으나 관동지진이 발생한 1923년 9월에 도일을 전면 금지하였고 다시 1924년에는 저임금조선인노동력의 집단이입으로 야기되는 일본노동시장의 불안을 타개하기 위해 「韓國人에 대한 旅行證明書의 件」을 발포·시행했다. 이 제도는 최소한 30원의 비용이 마련되고 취직이 확실히 보장된 조선인에 대해서만 도항승락증명서를 교부하는 것이다. 1928년에는 조선총독부 경무국의 지시에 따라 지참금 60원과 각 거주지 경찰주재소의 소개장을 소지해야 했다.[35]

이러한 조선인도일제한 이유에 대해 당시 언론은 의문을 제기했다. 도일제한이 단지 일본의 노동수요와 실업자문제 때문인가 하는 지적이다. 1928년 일본 내무성의 새로운 도일제한책에 대한 동아일보의 사설에서는 도일을 억제하는 일본의 의도에 대해 다음과 같이 지적하고 있다.

"조선인이 일본으로 가는 그 현상이 그대로 지속된다고 한다면 금후 2년이 못 되어서 현재 조선에 이주한 일본인보다 많은 조선인이 일본에 거주하는 것이 되기 때문에 조선의 토지를 매입해서 이민을 장려하는 그들의 방책은 근본적으로 실패로 돌아가고 만다. 그러므로 새롭게 이 법을 내는 것 같다……."[36]

1915년 도일조선인 가운데 노동자는 62.9%인 2,566명이었는데 1920년에 29,232명(86.7%)으로 늘어났고 다시 1923년에는 61,528명, 1926년에 117,324명, 1929년에는 195,339명으로 계속 급증했다.

<표 1-6>에 의거해 산출한 전체 조선인 가운데 노동자의 평균율은

---

35) 『治安狀況』 1927년, 519면; 522면; 조선총독부 경무국, 『朝鮮警察之槪要』 1925년, 167면.

36) 『동아일보』 1928년 4월 16일자 사설. 1920년대는 일본당국의 도일제한에 대한 문제가 중요한 사회문제로서 국내 일간지를 장식했다. 『동아일보』 1921년 10월 16일자; 1922년 8월 20일자; 10월 20일자; 1923년 9월 6일자 사설; 9월 12일자 사설; 9월 21일자 사설; 『조선일보』 1924년 5월 27일자 사설; 1927년 3월 15일자 사설; 1928년 10월 17일자 사설.

표 1-6. 1920년대 재일조선인노동자수 (단위 : 명)

연 차	조선인 총수	노동자		연 차	조선인 총수	노동자	
		인원수	비 율			인원수	비 율
1915	4,075	2,566	62.9	1926	148,015	117,324	79.26
1920	32,461	29,232	86.7	1929	276,031	195,339	72.00
1923	80,617	61,528	69.7	1931	311,247	173,621	55.78

* 1923년의 경우는 土方·인부의 수만을 산출

※ 자료 大阪市社會部, 「朝鮮人勞動者問題」 1924, 『集成』 1, 343～347면
　　內務省 警保局, 「在留朝鮮人運動」1929～1933, 『集成』 2, 29～72면 ; 229～231
　　면 ; 375면 ; 579～582면
　　朴慶植, 『在日朝鮮人運動史 - 8.15解放前』, 59면
　　金正明, 『朝鮮獨立運動』 3, 629면

71.07%인데 여기에 무직자의 수를 노동자군에 포함시키면[37] 조선인노동자의 평균비율은 증가한다. 이같이 조선인 가운데 높은 비중을 차지하는 조선인노동자의 존재를 통해 전체 일본인노동자중에서 조선인노동자의 비중도 적지 않았을 것으로 추정된다. 실제로 전일본 土工의 35%가 조선인노동자이고 토공·채탄부·채석부·토사채취부·일용노동자를 포함한 숫자는 전일본노동력의 18.9%를 점하고 있다는 1930년 일본의 국세조사는 이러한 추정을 뒷받침한다.[38]

　그러나 일본내 조선인노동자의 증가추세는 조선인노동자의 도일이 본격화되는 1920년에 일어난 반동공황을 필두로 1923·1928·1929년으로 이어진 경제공황으로 인해 많은 타격을 받았다. 1915～1918년간 일본은 1차대전의 호경기로 흑자수지를 기록했다. 그러나 반동공황과 은행공황을 거치면서 1923～1926년간 일본의 무역수지는 최악의 수입초과현상을 기록했다. 1920년대의 계속적인 공황의 발생은 취약한 경제기반을 갖고 있는 일본에 큰 타격을 안겨주었고, 일본은 공황의 타격을 완화시키기 위한 방안으로 독점 카르텔의 운영을 통한 가격의 유지 및 조업단축·인원감축을 단행하게 되어 대량의 실업자가 양산되었다.[39] 경제공황에는 값싼 외국인노동자가 선호되는 것이 일반적이지

---

37) 무직자비율은 1920년에 4.1%, 1931년에 25.79%이다.
38) 朴在一, 앞의 책, 17면, <표10> 참조.

만 일본경제계는 심각한 일본인노동자의 실업문제를 해결하기 위해 전일본노동력의 1/5을 점하는 조선인노동력을 일본인노동력으로 대체하려 하였고, 이에 조선인노동자들은 노동운동으로 대응했다.

그러면 1920년대에는 어떠한 계층의 조선인이 도일노동자를 구성하고 있는가. 앞에서도 언급한 바와 같이 도일조선인노동자의 모태를 이루는 것은 농민층이었다. 그러나 구체적으로 어떤 계층의 농민이 대다수를 점하는지에 대해서는 연구가 미흡하다.[40] 다만 '몰락농민·소작농·하층민·빈농[41]·궁농[42]' 등으로 혼용될 뿐이다. 재일조선인노동자의 성격은 도일경로나 도일지역·취업과정에 따라 차이를 보인다. 이를 규명하기 위해서는 재일조선인이 국내에서 어떤 농가계층에 속해 있었으며, 어느 정도의 소지금을 갖고 도일했는지에 대해 살펴보는 것이 선행되어야 할 것이다. 그러나 현재 1920년대 도일 조선인의 농가계층에 대해서는 자료가 없으므로 일간지나 회상기·인터뷰 등 단편적인 자료에 의존해 사례를 조사할 수밖에 없다. 필자는 선행연구에서 몇몇 사례조사 결과를 바탕으로 도일조선인노동자가 ① 이촌농민의 전업화 ② 국내보다 나은 수입을 위해 도일을 한 경우, ③ 학업을 병행하기 위해서 도일을 한 경우 등 세 가지 도일배경을 가지며, 자소작농이 중심을 이루었다고 파악했다.[43]

---

39) 1929년의 공황으로 인해 발생한 실업자의 수는 대략 200만~250만명으로 추산된다. 宮本憲一, 「世界恐慌」, 『日本資本主義發達史の基礎知識』, 353면.

40) 이 분야에 대한 자료로 현재 발표된 것은 1940년대에 작성된 자료가 유일하다. 이 자료를 통한 연구에 의하면, 식민지시대에 국외로 이동할 수 있는 층은 같은 몰락농민이지만 여비를 마련할 수 있으며 외부세계에 대한 지식을 갖고 있는, 최저보다는 조금 형편이 나은 존재들이었다. 梶村秀樹, 「1920~30年代朝鮮農民渡日の背景」, 『在日朝鮮人史研究』 6, 1980년, 61면.

41) 빈농에 대해 조선총독부는 자작농민, 자소작細農, 소작농, 소작세농을 포괄한 개념으로 사용한다. 『朝鮮の小作慣習』, 1929년, 33면.

42) 노동규는 궁농을 '그 가족의 생활을 보호하기 위한 최소한도의 소작지를 갖지 못하고 자기소유의 主家가 없어 남의 집의 일부를 빌려 생활하는 소작농'이라고 규정했다. 여기에서 최소한의 소작지라는 것은 지방에 따라 차이는 있으나 남부지방의 경우, 약 1,000평 미만의 畓이고, 북부지방은 2,000평 미만의 田을 소작하는 경우이다. 노동규, 「농가경제실상조사해부」, 『동방평론』 1~3, 520면.

43) 자료에 나타난 도일노동자의 농가계층은 자소작농·소작농·농업노동자 등이

2. 오사카 조선인사회 형성

1) 일본당국의 통제정책 및 조선인 차별상황

(1) 1920년대 일본당국의 통제정책

일본당국의 재일조선인에 대한 정책은 도일정책과 거주조선인에 대한 통제정책으로 나뉘어진다. 이 가운데 통제정책은 조선인도일사와 깊은 관련을 맺는다. 특히 도일조선인의 증가로 인해 일본당국은 통제정책의 필요성을 절감했다. 1910년대까지 일관된 통제정책이 수립되지는 않았으나 일본 내무성이 중심이 되어 당시 상황에 따라 대응시책을 마련하여 실시했다. 1910년 한국병합과 관련한 「朝鮮人人口職業別人口標의 件」이나 「朝鮮人名簿 調製의 件」, 「要視察朝鮮人視察內規」 등 조선인을 대상으로 하는 관리체제가 바로 그것이다. 또한 1921년에 결성한 상애회는 일본당국의 통제정책을 충실히 대행해 나갔다.

이러한 일본당국의 통제정책은 관동지진의 발발로 인해 재정비가 불가피해졌다. 3.1운동으로 한국민중의 저항력을 실감한 일본당국은 관동지진 당시 행해진 조선인학살사건이 재일조선인에게 미칠 영향에 대해 고민했다. 그 결과 탄생한 것이 內鮮協和會와 기타 조직들이다. 일본당국이 조선인학살을 은폐하고 나아가 재일조선인사회를 통제하기 위해서는 좀 더 체계화한 정책을 전개할 필요가 있었던 것이다.[44] 또한 일본인 민간유력자측에서는 임금과 노동조건을 둘러 싼 조선인의 투쟁을 약화시키고 조선인노동자를 저임금 노동 구조 속에 묶어두기 위한 제도가 필요했다.[45]

모두 해당되는데, 자소작농이 중심을 이룬다. 구체적인 사례 내용에 대해서는 졸고, 「1920년대 大阪한인노동자의 생활상」, 『청계사학』 8, 1991년, 207~212면 참조.

44) 柳原吉兵衛의 회상에 의하면, 1923년 9월에 大阪를 방문한 齋藤實 총독과 지역유지와 만나 '斯界의 유력한 관민합동의 사회사업단체'로서 內鮮協和會를 창립하기로 했다고 한다. 樋口雄一, 『協和會』, 社會評論社, 1986년, 12~13면.

45) 『勞動運動年報』 1929년판.

이러한 배경에서 1924년 5월에 보호구제를 명분으로 오사카府廳 내에 오사카府 內鮮協和會가 탄생했다(회장 : 府知事).[46] 內鮮協和會는 오사카부 설립에 이어 1925년에 가나가와(神奈川, 2월)과 효고(兵庫縣, 10월)에도 설립되었다. 오사카부 內鮮協和會는 '오사카부에 거주하는 朝鮮人을 扶掖 善導하고 생활의 안정과 품성의 향상을 도모'하기 위한 목적 아래 '조선인의 공동숙박소·직업소개소·야학교·진료소 등 기관을 세워 친애해야 할 동포의 복리를 증진하고 이로써 내선융화의 열매를 거두고자'하는 취지를 내 걸고 결성되었다.[47]

오사카府 內鮮協和會는 결성 이후 교화사업을 주요한 사업내용으로 설정하고 그 일환으로 야학교를 6개소(西區 今宮·東成區 鶴橋·東淀川區 豊崎·港區 鶴町·東成區 中本·堺市)에 설치 운영했다. 이 야학교는 소학교 정도의 교육과정을 3년간 가르치는 학교인데 학령을 초과한 조선인을 대상으로 했다. 학생의 정원은 150명으로 하는데 교원은 조선인을 포함해 학교마다 19명씩 있었다. 야학교에서 가르치는 내용은 수신·국어·산술·이과·지리·역사 등이었다. 매주 1회의 조선어 교육도 포함되어 있었지만, 매주 7회씩의 일본어 교육보다 적은 비중을 차지하였다. 야학교의 교육내용은 일본어를 중심으로 수신·역사 등 교화과목과 실용적인 과목(산술·이과)으로 이루어졌다.[48]

이와 같이 內鮮協和會는 조선인의 복리증진과 내선융화를 내걸고 활동했다. 그러나 조선인의 호응도와 경제공황, 당국의 운영 방향 등으로 인해 內鮮協和會의 활동은 별다른 성과를 거두지 못했다. 조선인의 양적 증대와 함께 조직력이 확대하고, 조선촌을 바탕으로 조선인이 민족운동을 활발히 전개하면서 일본당국이 주도하는 관변단체는 더욱 조선인의 호응을 얻지 못하게 되었다.[49]

---

46) 大阪의 內鮮協和會는 1923년 10월에 설립되었으나 이듬해 5월 5일에 재단으로 정식 설립 인가를 받았다. 梁永厚, 『戰後 大阪の朝鮮人運動』, 未來社, 1994년, 242면.
47) 『大阪府內鮮協和會槪要』, 1926년판, 中川望 지사의 인사말 가운데에서.
48) 樋口雄一, 『協和會』, 16면.

또한 內鮮協和會가 오사카거주 조선인에게 미친 영향도 그다지 크지 않은 듯 하다.[50] 그것은 조선인의 호응도가 낮은데 큰 원인이 있겠지만 일본당국의 內鮮協和會 운영 방향에도 원인이 있다. 즉 일본당국은 복리증진보다는 조선인을 통제하고 관리하는데 주목적을 두었으므로, 실질적으로 경제적인 이익을 도모할 수 있는 방안을 마련하지 못했던 것이다.[51] 당시 조선인들은 조선촌을 중심으로 한 연고지 취업을 택하고 있었으므로, 內鮮協和會의 취업 알선 도움을 받을 필요가 없었다. 따라서 일본당국이 복리증진을 도모하고자 하는 의지가 강했다면 좀 더 적극적으로 조선인에게 도움이 되는 방안을 강구해야만 했다.[52]

內鮮協和會의 결성과 아울러 탄생한 조직 가운데에는 '대책조직'이 있다. 內鮮協和會가 오사카부가 직접 조직한 단체인데 비해 '대책조직'은 각 지역의 경찰서가 중심이 되어 조직한 단체였다.[53] 그러나 조직의 임원들은 회장인 경찰서장 외에도 부시회의원·방면위원[54]·학교장·의사·공장주·집

---

49) 조선인운동가들에게 이러한 단체는 타도의 대상이었다. 張錠壽의 회고에 의하면 당시 운동가들은 '황민화운동단체와의 투쟁이 식민지해방과 긴밀하게 연결된다'고 생각했다고 한다. 張錠壽, 『在日60年 - 自立と抵抗』, 社會評論社, 1989년, 61면.

50) 大阪市가 조선인을 대상으로 한 생활실태조사에서 內鮮協和會의 활동으로 조선인의 생활이 향상되거나 개선되었다는 기술은 보이지 않는다. 堺市에 설치된 야학교도 1927년에는 폐쇄되었다.

51) 樋口雄一은 內鮮協和會의 실질적인 목적이 1923년 11월 10일에 발포된 「국민정신 작흥에 관한 조서」에 나타난 국민통합의 논리 방침 가운데 재일조선인의 '선도, 교화' 정책이라고 파악했다. 그 내용은 일본어학습, 강연회, 내선인의 친목도모로 이루어져 있다. 樋口雄一, 앞의 책, 19면.

52) 內鮮協和會 활동이 좌절하게 된 원인의 하나는 1920년대 일본사회의 조선인에 대한 사회적 차별이 행정당국이 추진하는 내선융화정책을 능가했기 때문이다. 樋口雄一, 앞의 책, 23면.

53) '대책조직'은 內鮮協和會나 상애회와 같이 복리증진이나 생활개선 등의 명분을 내세우지 않고 경찰이 치안대책을 위해 직접 조직한 단체라 하여 대책조직이라 부른다.

54) 방면위원이란 '관계구역내 일반적 생활상태를 조사하고 개선향상의 방법을 연구하는 일'을 업무로 하는 지역사회의 명예직으로써 大阪에는 1918년 10월에 제도가 만들어졌다. 이 제도를 만든 당국의 목적은 쌀소동의 진압과정에서 나타난 응급적인 시책의 기능을 제도적으로 영속화시키기 위한 것이다. 방면위원은 구의

주인 등이 고문·찬조원·평의원으로, 일본어에 능통한 조선인이 위원으로 구성되었다.[55] 즉 조선인과 이해관계가 첨예한 공장주나 집주인을 상층 임원으로 삼아 이들로 하여금 노동파업이나 주택분쟁 등에 관여토록 함으로써, 조선인에게 타격을 주고 조선인의 집단적인 움직임을 억제하는 효과를 노린 것이다.[56]

표 1-7. 오사카지역 조선인대책조직

이 름	사 무 소	회 장	설립시기
鶴橋內鮮自治會	鶴橋 경찰서내	경찰서장	1925. 8
城東協和會	中本 경찰서내	경찰서장	1928. 9
柏原日鮮自治會	柏原 경찰서내		1926. 2
大和田內鮮同愛會	大和田 경찰서내	경찰서장	1929. 11

※ 자료 樋口雄一, 앞의 책, 45면

이들 '대책조직'은 결성 초기부터 경찰기능의 대행과 조선인 교화 기능을 수행했다. 사회교화사업은 당시 일본당국이 가장 큰 비중을 두는 조선인정책이었던 것이다.[57] '대책조직'은 조선인 교화를 위해 內鮮協和會 활동과 마찬가

회장, 위생조장, 청년단 이사, 시의회원 등으로 이루어져 있다. 즉 기존 學區의 유력자를 중심으로 그 주변의 토착상공업자를 널리 결집하여 지역지배를 담당하여 보다 안정적으로 재편하고자 하는 의도에서 만들어진 제도이다. 松下孝昭,「1920年代の借家爭議調停と都市地域社會」,『日本史研究』 299, 1987년, 7~8면.

55) 樋口雄一, 앞의 책, 47면.

56) 內鮮協和會와 '대책조직', 경찰, 방면위원 조직 등이 하나가 되어 재일조선인의 황민화정책을 수행해나갔다. 朴慶植,『天皇制國家と在日朝鮮人』, 社會評論社, 1976년, 151면.

57) 사회교화란 식민지조선의 民度가 낮다는 판단 아래 조선인에 대한 정신적 지도와 세뇌공작을 통해 일제의 지배 이데올로기를 주입하고 통치에 장애가 되는 모든 이데올로기를 억압하여 민중으로 하여금 식민통치에 적극 협력하게 하고 나아가 완전한 일본국민으로 만들기 위한 이데올로기 공작을 가리킨다. 한긍희,「1935~1937년 일제의 심전개발 정책과 성격」, 서울대 국사학과 석사학위논문, 1995년, 17면.
일본당국이 규정한 사회교화의 목적을 보면, ① 전 국민이 지성으로 일치하여 천황폐하에게 걱정을 끼치지 않도록 노력하는 일 ② 자신의 혼을 완전한 日本魂으

지로, 직업소개 · 빈곤구제 · 의료 · 인사상담 · 실업구제 · 조선인교육 등도 담당했다.

그러나 이들 '대책조직'은 명칭이 통일되지 않음은 물론 조선인을 대상으로 한 조직화에도 성공하지 못하였고, 조선인에 대한 강제력도 갖지 못했다. 이들 '대책조직'도 內鮮協和會와 마찬가지로 재일조선인의 호응을 전혀 얻지 못했던 것이다. 따라서 경찰당국은 늘어나는 조선인에 대한 효율적인 통제를 담당할 새로운 조직체계를 필요로 하게 되었다.

(2) 조선인 차별 상황

1910년 강제병합 이후 조선총독부 당국은 식민지 조선에 대한 통치방식을 '日鮮同祖論', '內地연장주의', '一視同仁', '日鮮同化'로 표현되는 동화주의에 두고 있음을 분명히 했다.[58] 따라서 일본의 강제병합 이후 조선총독부 당국은 '동화주의'를 통해 조선인들이 일본의 '臣民'이 되었다고 주장했다. 그리고 조선인이 일본의 신민이 되었음을 마치 한 · 일 양국민이 동등한 권리를 행사할 수 있는 존재인 것처럼 선전했다.[59]

로 연마하는 일 ③ 날마다 좋은 일을 하고 절대로 怨事를 하지 않는 것 ④ 자신의 신성한 직업에 노력하는 것 ⑤ 자신이 거주하는 마을을 皇道樂土가 되도록 협심 협력하는 일 등이다. 花形倉吉, 「社會教化と教化の施策」, 『朝鮮社會事業』1934년 7월자.

1924년 문부성은 사회교화를 목적으로 하는 사회교육과를 설치하고 사회교화활동을 시작하였고, 식민지 조선에서는 이보다 앞서 1921년에 조선총독부 내무국 사회과를 설치하고 사회교화사무를 취급하도록 했다. 또한 일본에서는 1926년에 청년훈련소령을 공포하여 사회교화활동의 포석을 놓은 후 1929년에 교화단체총동원을 실시해 중앙교화단체연합회를 설립하기도 했다. 樋口雄一, 앞의 책, 46면.

58) 초대 총독 寺內正毅가 조선통치의 근본방침으로서 '동화주의'를 표방한 것을 비롯해 2대 총독 長谷川好道도 "조선의 통치 또한 일찍부터 동화 방침의 一視同仁 대의에 準則하여 偏私없기를 기하였다"고 언급했다. 이러한 입장은 1920년대에도 계속되어 齊藤實은 "一視同仁의 내지연장주의 아래 그 정책의 주력을 내선인 동화에 두고 있다"고 밝혔다. 박성진, 「1910년대 일제의 지배논리에 대한 연구」, 『한국정신문화연구원 한국학대학원 논문집』9, 1994년, 190면.

59) 조선총독부 당국이 동화주의를 고집한 것은 조선인의 차별철폐를 목적으로 한 것이 아니라 식민지 조선을 군사적으로까지 완전히 지배하기 위해 절대적 지배주의인 동화주의가 필요했던 것이다. 淺田喬二, 『日本知識人の植民地認識』, 고려

그러나 실제적으로 볼 때, '일본의 신민'은 구호에 불과했다. 일본당국의 기만성은 법 운영 과정에서 확인할 수 있다. 일본은 법형식으로는 조선인을 '帝國 臣民'으로 여기면서도 법 운영에서는 호적에 의해 일본인과 구분했다. 1922년에 제정된 조선호적령에는 한반도에 거주하는 조선인은 물론이고 일본에 거주하는 조선인에게도 일본호적에 입적하는 요건을 엄격히 하여, 일본인의 양자가 되거나 일본인 남성과 결혼한 경우를 제외하고는 조선호적에 편입시켰다. 이러한 현상은 식민당국으로 볼 때 당연한 조치였다. 식민통치란 식민지인들을 직접이든 간접이든 본국의 통치대상으로 하면서도 본국의 시민과는 달리 국민적인 대우를 하지 않는 근본적인 차별을 전제로 하기 때문이다.[60] 따라서 조선총독부의 정책은 조선인에게 동등한 권리를 부여하고자 하는 것이 아니라 조선인 스스로 자신을 조선인으로 여기지 않도록 하기 위한 의도였다.

물론 일반 민중들은 강제병합 이후에 조선총독부 당국의 주장대로 동화주의가 조선인을 위한 정책이라거나 이로 인해 조선인이 일본인과 동등하게 대우받을 것으로 생각하지는 않았다. 다만 국내에서 조선인은 비교적 식민지민이라는 현실 인식을 강하게 느끼지 못할 뿐이었다. 비록 토지조사사업을 통해 조선인의 토지가 일본인의 소유로 넘어가거나 소작인으로서 일본인 지주의 지배를 받는 경우가 있었으나, 식민지민으로서 차별상황을 생활 속에서 절감할 정도는 아니었다. 즉 조선인이 국내에 거주하고 있을 경우에 일본인과의 차별상황에 대해 실감할 수 있는 기회는 비교적 적었던 것이다.

그러나 일본 지역의 경우는 식민종주국이었으므로 조선인은 피식민지민으로서, 그리고 소수민족으로서 이중적인 차별의 대상이 되었다.[61] 또한 일

서림 영인본, 1985년, 18면.

60) 개항 이후 1910년까지 일본내에 거주하는 조선인은 외국인으로 취급되었으나 1910년 강제병합 이후부터는 준외국인으로 취급되었다. 이들은 명목상으로 일본 국적을 보유하면서도 실질적으로는 국내 조선인과 마찬가지로 일본 호적에서 배제된, 일본인과 다른 차별상태 아래 놓여 있는 존재였다. 최영호, 『재일조선인과 조국광복』, 글모인, 1995년, 48~55면.

61) 재일조선인은 '內地人'도 '外國人'도 아닌 '外地人'으로서 취급되었다. 山脇啓造,

본지역에서 일반 대중을 대상으로 한 동화정책이 전개된 사실을 찾기란 매우 어렵다. 일본지역에서는 '日鮮 同化'보다 도리어 피식민지민에 대한 멸시와 동정이 크게 작용했다. 따라서 일본 당국의 주장이나 선전과 달리 일본지역 내에서 조선인은 일본인과 동일한 권리를 가진 주체로 인정받지 못했다. 재일조선인은 '일본의 신민'이 아니라 피식민지민일 뿐이었다. 일본인 民本主義者나 社會主義者들이 휴머니즘과 계급의 관점에서 재일조선인을 인식할 뿐이었으나, 이것도 역시 관념적인 부분에 치우친 상태였다. 결국, 조선인들은 국내에 거주할 때보다 심한 민족차별을 실감하게 되었다. 3.1운동 직후, 日本 憲政會 政務調査委員會는 3.1운동의 원인으로 1910년대 총독정치의 문제점 9가지를 지적하였는데, 그 중에는 '在日朝鮮人의 냉대'도 한 원인이었다. 즉 당시 재일조선인에 대한 차별 상황은 일본측에서도 인정할 정도였던 것이다.[62]

피식민지민이라는 이유 외에 재일조선인이 일본에서 부정적으로 인식된 요인은 무엇인가.

첫째, 강대국으로 나아가던 일본인이 갖고 있던 서구지향성이다. 일본인들은 러일전쟁과 제1차 세계대전을 거치면서 전승국으로서, 강대국으로서 강한 자부심을 느끼게 되었다.[63] 이러한 자부심은 피식민지민인 조선인에 대한 멸시감으로 표출되었다.

둘째는 값싸고 성실한 조선인 노동자 유입이 일본노동시장과 노동운동계에 미친 영향이다. 조선인 노동자의 유입은 가장 먼저 일본인 노동자의 구축으로 이어졌다. 1897년 나가사키현에 재일조선인이 취업을 시작한 이후 일본노동시장에서 조선인 노동자는 좋은 평가를 받았다. 따라서 임금과 효과

『近代日本と外國人勞動者』, 明石書店, 1994년, 270면.

62) 『東京朝日新聞』1919년 4월 23일자.

63) 1차대전을 거치면서 채무국이었던 일본은 연합국의 채권국이 되었고, 중국에서 거점을 확대했으며, 태평양에서 독일세력을 몰아냈다. 1차대전 이후 일본은 동아시아는 물론, 태평양에서도 중심적인 역할을 하는 강대국이 되었다. R. Dingkman, 「日本とウイルソン的世界秩序」, 『近代日本の對外態度』, 東京大出版部, 1974년, 97면.

면에서 장점을 갖는 조선인노동자를 확보하기 위한 노력은 1800년대 말에 일부 탄광지방에서 실시한 조선인노동자의 모집 경험을 통해 방적·제사공장에까지 확대되었다. 기업가들은 단지 노동력의 확보뿐만 아니라 노동효과가 크고 값싼 노동력으로서 조선의 농촌인력을 주목했다. 이러한 사실은 '임금의 차이는 3배이지만 능률은 결코 차이가 나지 않는다'는 1918년 7월 기사[64]에서도 알 수 있다.

물론 일본기업과 당국이 조선인 노동자를 선호하는 이유가 단지 임금이 싸고 노동효과가 크다는 점만은 아니다. 앞에서도 언급한 바와 같이 조선인 노동자는 일본노동운동 세력을 약화시키는 도구로 이용할 수 있다는 점으로 인해 선호되었다. 그러나 이 두 가지 점은 일본기층사회가 조선인을 배척하는 근거가 되었다.[65]

1910년대 조선인 노동자의 도일이 즉각적으로 일본 노동자 구축으로 이어진 것은 아니다. 1910년대에는 하층 노동력의 부족 상황이 심각했으므로 조선인 노동자의 유입은 일본 노동자 구축보다 노동운동약화라는 점이 더 크게 작용했다. 그러나 몇 차례의 경제공황을 겪으면서 일본 노동자들은 다시 하층 노동력으로 돌아오게 되었고, 이 과정에서 조선인 노동자에 의해 잠식된 노동시장을 둘러 싼 갈등이 불가피하게 되었다. 1920년대에 들어서 일본인 노동자의 일터를 차지하고 독자적인 조직체를 중심으로 노동운동과 민족운동을 전개하는 조선인들은 더 이상 일본노동운동을 약화시키는 역할을 담당하려 하지 않았다. 그 결과 조선인은 일본인 노동자는 물론이고 일본당

---

64) 『信陽新聞』1918년 7월 2일; 7월 19일자.

65) Edward W. Wagner는 일본 신문이 조선인 노동자가 일본인 노동자에 미치는 영향에 대해 논평함으로써 도리어 일본 노동자가 조선인노동자에 대해 적의를 품게 만든다고 평가했다. 즉 일본 신문이 '일본인 노동자가 대거 직업과 식량을 요구하여 관청에 밀려드는 것은 불온하다. 조선인노동자가 현재 일본에 있지만 그들은 이런 경우없는 일은 하지 않는다. 그들은 저임금으로 일을 잘한다. 만약 일본인노동자가 조선인처럼 저임금으로 일을 잘한다면 직업은 언제나 있을 것이다.' 라고 논평함으로써 조선인 노동자의 소박한 성질을 과장하는 한편, 조선인에 대한 일본인의 적의를 양성하고 있다고 지적했다. Edward W. Wagner, 『日本における朝鮮小數民族』, 胡北社, 1975년, 20~21면.

국이나 자본가들의 배척 대상이 되었다.[66]

　이러한 배경 아래 양국민들 사이에는 깊은 골이 형성되었고, 1910년에 야마나시(山梨)현에서 발생한 한·일 노동자 충돌사건을 비롯하여 관동지진 당시 조선인학살사건[67], 미에(三重)현 학살사건 등이 발생했다. 1910년 11월 18일에 야마나시현 키타츠루군(北都留郡)소재 토쿄 전등주식회사 제2수력공사장에서 400여명의 한·일 노동자가 충돌하여 조선인 2명, 일본인 2명이 사망하고 20여명의 사상자를 낸 ‘야마나시현 사건’은 강제병합 이후 지방에까지 침투한 일본사회의 민족차별과 배외주의의 경향을 분명하게 확인할 수 있는 사건으로 평가된다.[68] 현재 이 사건에 대한 연구성과는 ‘당시 일본인 지방주민들이 갖고 있던 차별의식은 그들의 실제 체험의 결과가 아니라 관헌과 언론에 의해 주입된 인식’이라는 점을 지적하고 있다.[69]

　1926년 1월 3일에 발생하여 조선인 2명의 목숨을 앗아간 미에현 학살사건 또한 일본기층사회의 조선인에 대한 반감을 드러낸 사건이다. 당시 일본인

---

66) 1922년 12월 11일자 일본 『中外商業新報』 신문기사를 보면, 조선인과 중국인노동자가 체력이 좋고 능력이 높다는 점은 인정하면서도 ‘조선인과 중국인 노동자 때문에 일본인 실업자가 대단히 타격을 받는다’는 점이 지적되어 있다. 山脇啓造, 앞의 책, 274면.

67) 관동지진 당시 자행된 조선인 학살이 일본당국과 언론에 의해 주도되었음은 이미 알려진 사실이다. 그 외에도 일본사회가 갖는 조선인에 대한 부정적인 인식이 조선인학살로 이어졌다는 견해도 발표되어 있다. 관동지진 당시 유언비어와 관련하여 신문이 민중들에게 미친 영향과 양자간의 관계에 대해서는 山田昭次, 「關東大震災期朝鮮人暴動流言をめぐる地方新聞と民衆」, 『在日朝鮮人史硏究』5, 1979년; 山田昭次, 「關東大震災朝鮮人虐殺と日本人民衆の被害者意識のゆくえ」, 『在日朝鮮人史硏究』25, 1995년 참조. 일본사회가 갖는 조선인에 대한 부정적 인식에 대한 연구는 山田昭次, 「關東大震災と朝鮮人虐殺」, 『三千里』36, 1983년; 樋口雄一, 「自警團設立と在日朝鮮人」, 『在日朝鮮人史硏究』14, 1984년 참조.

68) 이외에도 1922년에 일어난 信越水電공사장 조선인노동자 학살사건도 일본인 노동자들의 조선인 노동자에 대한 반감이 관련되어 일어난 사건으로 파악하는 연구경향도 있다. 山脇啓造, 앞의 책, 274면.

69) 金浩, 「山梨縣 梁川村の朝日勞動者衝突事件(1910)」, 『在日朝鮮人史硏究』20, 1990년, 62면. 또한 이 사건을 보도한 신문기사에서도 조선인은 ‘아집있는 조선인, 구제불능의 조선인, 극히 不謹愼한 조선인’으로 표현되고 있다. 『山梨日日新聞』 1911년 11월 23일자.

주민들은 집단으로 조선인이 거처하는 飯場(함바, 노동자 합숙소)를 습격하여 조선인을 살해했다. 이들이 조선인을 습격한 이유는 '방약무인'하다는 것이다. 즉 피식민지민으로서 굴종하지 않고 당당하다는 것이다. 그러나 이 사건에 대해서는 일본인 연구자들도 시각의 편협성을 드러냈다. 즉 이들은 조선인을 집단 학살한 일본인 주민을 '마을의 義人'이라 칭하는가 하면 조선인들이 보여준 '방약무인적인 태도'로 인해 주민들이 자위의식·자경의식을 느껴 조선인을 습격하고 살해하게 된 것이라고 주장한다.[70]

또한 조선인들은 생활현장 곳곳에서 차별상황에 놓여 있었는데, 시간이 지나도 변하지 않았다. 1933년에 오사카의 선반공장에서 '견습과 같은 형태의 노동자'로 일하던 張錠壽는 하루 50~60전에 불과한 저임금보다도 민족차별을 더 견디기 어려웠다고 술회했다.[71]

> 어떻게 하든지 내가 조선인이라는 것 때문에, 같은 일을 하더라도 다른 일본인과 대우는 전혀 달랐다. 여기에서 일을 하는 동안에 내가 받은 차별은 보통이 아니었다. 인간으로서의 대우를 받지 못했다. 그들은 이런 말을 한다. "정어리가 생선인가, 찬밥도 밥인가, 조선인이 인간인가". 이 말은 무엇인가. 조선인은 인간이 아니라는 말인가. 이러한 시대에 살면서 우리 조선인이 참아온 차별은 한도를 넘었다.

인내에 한계를 느낄 정도의 인간적인 차별 외에 노동현장의 차별은 더욱 심했다. 임금차별과 직종 선택상의 차별이 상존했다. 장정수는 이러한 차별 속에서도 조선인이 살아 나올 수 있었던 힘은 "학대받으면 받을수록 강해지는", "고생을 하면 고생을 할수록 참을 수 있다는 의욕이 생기는" 조선인의 의지였다고 지적했다.[72]

---

70) 武上千代之丞, 「內鮮人土工亂鬪事件始末」, 『奧熊野百年誌』; 谷川義一, 『ふるさと物語』, 1986년(金靜美, 「三重縣木本における朝鮮人襲擊, 虐殺いついて」, 『在日朝鮮人史研究』18, 1988년, 111면; 127면 재인용).

71) 張錠壽, 앞의 책, 106~107면.

72) 앞의 주. 張錠壽의 경우, 차별을 극복하기 위해 성실히 기술을 습득하였으나 조선인인 주제에 기술이 뛰어나다는 이유로 동료의 시기가 심하여 직장을 나와야 했

앞에서 소개한 세 사건과 장정수의 회고를 통해볼 때, 일본인이 조선인에 대해 갖는 반감 가운데에는 이제 천대할 수 없는 존재로서 일본사회에 등장한 조선인에 대한 경계심이 큰 비중을 차지하였다고 생각한다. 즉 두세 마디의 일본어밖에 알지 못한 상태에서 도일한 조선인들이 저임금과 근면성을 무기로 일본노동시장을 잠식할 뿐만 아니라 조직화를 이루어 차별적인 임금구조와 노동조건을 비판하고 권익을 주장하게 되면서, 조선인들은 무시하고 천대할 수 없는 존재로 대두하였던 것이다.

2) 오사카 조선인사회 형성

(1) 오사카의 경제적 위치와 조선인 도일

재일조선인들은 일자리를 찾아 일본 각지에 산재했다. 그들 가운데 많은 수의 조선인은 일본 내에서 가장 많은 일터를 제공하는 오사카에 대규모 조선인집단거주지를 형성했다. 1910년대에 이어 1920년대에도 오사카거주 조선인수는 증가하여 오사카는 1925년에 이르러 최대조선인거주지역이 된다. 특히 오사카·효고·쿄토의 조선인집중도는 이 지역이 갖는 일본 내 경제적 위치와 밀접한 관련을 보인다.[73]

오사카는 近畿지역 중에서도 최대의 공업 중심지이다. 일본의 자본주의가 확립기에 들어선 1909년 『工場統計表』에 의하면 전 공업에서 오사카·토쿄·효고 등 세 지역이 차지하는 비중은 42.3%에 달하는데, 이 세 지역 가운데에서도 전체공업, 특별공업, 염직공업 모든 분야에서 1위는 오사카가 점하

다.

73) 어느 자본주의국이나 근대공업의 성립은 그것에 수반한 공업의 특정지역 집적·집중에 의해서 공업지대가 형성되어 왔다. 일본공업의 지역 구성에 대해서는 川島哲郎·古島敏雄·野原敏雄·石井寬治·矢田俊文 등 여러 학자의 연구에 의해 논의의 진전을 이루었다. 이들의 연구에서 자본주의 확립에 수반한 일본공업의 지역적 구성상 특정을 정리해 보면, 일본공업이 특정한 지역에 현저히 집적·집중되고 있다는 것인데 그 집중 집적은 기계공업이나 화학공업과 같은 중화학공업에만 한정하지 않고 경공업까지 포함되며 집중지역은 大阪·兵庫·京都 및 東京와 神奈川가 포함된 阪神이나 京浜지역이다.

표 1-8. 재일조선인의 지역별 거주 순위

연도 순위	1913 지역	1917 지역	1920 지역	1921 지역	1925 지역	1928 지역	1930 지역	1933 지역
1	東京	福岡	福岡	福岡	大阪	大阪	大阪	大阪
2	福岡	大阪	大阪	大阪	福岡	東京	東京	東京
3	大阪	北海道	兵庫	長崎	東京	福岡	愛知	愛知
4	兵庫	兵庫	北海道	東京	愛知	愛知	福岡	京都
5	北海道	東京	長崎	兵庫	兵庫	京都	京都	福岡
6			東京	山口	京都	兵庫	兵庫	兵庫
7			山口	北海道	神奈川	神奈川	山口	山口
8			京都	廣島	山口	山口	北海道	廣島
9				京都	北海道	北海道	神奈川	神奈川
10				大分	廣島	廣島	廣島	岐阜

※ 자료 內務省 警保局, 『朝鮮人槪況』 1920년, 「集成」 1, 83면
　　金正明, 『朝鮮獨立運動』3, 1967년, 848~855면
　　內務省 警保局, 『朝鮮人近況槪要』 1922년, 『集成』 1, 120면
　　朝鮮總督府, 「阪神·京浜地方の朝鮮人勞働者」 1924년, 『集成』 1, 398~399면
　　東京府 社會課, 「在京朝鮮人勞働者の現狀」 1929년, 『集成』 2, 934면
　　內務省 警保局, 「在留朝鮮人運動の狀況」, 『集成』 3, 39~42면

고 있다.[74] 직공수에서도 전국 1위는 단연 오사카이다. 1896년부터 1919년간 農商務 통계에 의하면 오사카는 줄곧 일본 전지역 가운데에서 최다 직공수를 보유한 지역이다.[75] 이러한 오사카의 경제적 위치는 1920년대에도 변하지 않아 1925년 상공성의 공장통계는 직공 5인 이상 사용공장수의 전국 분포에서 최대의 공장 및 노동자를 보유하고 있는 지역으로, 오사카·토쿄·카나가와·효고의 순을 꼽는다.[76]

이같이 오사카가 상공업의 중심지로 정착하게 된 배경은 개항 이전부터 축적해온 쵸닌(町人, 상인·장인계급)도시로서의 기반을 바탕으로 일본 자본주의의 발달에서 중심적 역할을 담당한 것과 관련된다. 오사카는 옛부터 오사카만을 통한 수륙교통의 중심지로서 기록에는 '浪速'이라 명명되기도 했다. 1583년 토요토미 히데요시(豊臣秀吉)는 정권을 장악하고 나서 오사카성

---

74) 矢野恒太, 『日本國勢圖繪』, 日本評論社, 1927년, 40면.
75) 勞働運動史料委員會, 『日本勞働運動史料』10권, 108~113면.
76) 矢野恒太, 앞의 책, 140면.

을 축조하고 시가를 정비하여 오사카를 전국 각지의 교통·통상의 중심지는 물론 해외무역도 번성했던 일본최대의 정치·경제의 중심도시로 만들었다. 그 후 에도(江戶, 현재 토쿄)막부시대에도 오사카는 계속 쵸닌 도시로서 그 경제적 번영은 에도 다음의 위치를 유지했다.

메이지유신 이후 오사카는 1903년에 완성된 오사카항의 축항공사로 인해 종래 코베를 경과하던 화물의 대부분이 오사카를 경유하게 되면서 무역항으로서 발전하게 되었다. 그후 1차세계대전의 확산으로 수출품공업과 무역시장이 확대되자 이에 힘입어 오사카의 해외수출은 날로 신장도를 더해 갔다.[77] 1914년에 7,400만원이었던 수출액이 1915년에는 9,300만원으로 신장되고, 1916년에는 1억 4천만원을 돌파하며, 1918년에는 4억원대로 비약하게 되었다. 1920년부터 일본의 경제는 물가가 폭등하고 무역액이 감소하는 등 공황에 직면하게 되었으나, 오사카는 1924년부터 다시 무역액이 증가하기 시작하여 1925년에는 수출 5억원대를 유지하면서 국제간 무역에서 확고한 지위를 확립하게 되었다.[78] 이 무역액은 전일본 수출총액의 약 20%를 점하는 정도의 막대한 액수이다.[79]

이러한 무역에서 차지하는 오사카의 위치 외에도 메이지유신 후 일본에 이식된 공장제기계공업은 종래 상업의 중심지였던 오사카를 공업도시로 전환시켰다. 오사카는 청일·러일전쟁을 경과하면서 상공업 중심지로서 기초를 확립하고 1차세계대전의 호경기로 비약적인 발전을 거듭하여 일본 최대의 공업도시로 자리매김하게 되었다.

일본 경제구조에서 오사카가 차지하는 위치로 인해 오사카거주 조선인은 해마다 증가 추세에 있었다.[80] 도일자의 숫자로 보더라도, 1928년의 경우 도

---

77) 大阪市·神戶市,『經濟便覽』, 株式會社 商業興信所藏版, 1933년, 25~26면; 46~47면

78) 大阪市役所, 앞의 책, 22~24면.

79) 後藤靖 編, 앞의 책, 173면; 矢野恒太, 앞의 책, 22면; 25면.

80) 오사카지역에 조선인이 거주하기 시작한 것은 5세기부터로 알려져 있다. 현재 오사카부에 속하는 셋츠(攝津), 카와치(河內), 이즈미(和泉) 등 옛 왕성의 땅에서 신라도래인과 백제도래인의 흔적을 찾을 수 있다. 김달수저, 배석주 역,『일본속의

일조선인이 153,708명인데 이 가운데 오사카로 향한 조선인은 23,332명으로
15.17%를 차지했다.[81]

표 1-9. 오사카거주 조선인상황[81]   (단위:명/%)

구분	大阪 거주 조선인 연구				조선인 호수	취업인구	
연차	총 수		성 별			인 원	비 율
	인원수	전국비	남 자	여 자			
1910	206	10.1				195	94.7
1911	232	4.1				213	91.8
1912	291	3.8				253	86.9
1913	338	3.3				290	85.8
1914	222	1.7				209	94.1
1915	398	2.6				386	97.0
1916	762	4.3				750	98.4
1917	2,235	10.1				2,144	95.9
1918	3,297	9.7				3,195	96.9
1919	4,502	11.9	3,823	679	92	3,961	88.0
1920	4,494	10.0	3,771	723	114	3,963	88.2
1921	7,421	11.9	6,176	1,245	207	4,751	64.0
1922	13,337	14.7	11,015	2,322	434	8,731	65.5
1923	23,635	17.3	19,368	4,267	1,197	16,716	70.7

※ 자료 田村紀之, 「內務省警保局調査による朝鮮人人口 I - V」, 『經濟と社會』
    46~50호, 1981년~1982년 통계에 의거 재구성.
* 전국비 : 田村紀之가 추계한 재일조선인거주총수를 기준으로 작성.

1910~1930년간 오사카거주 조선인의 거주와 취업상황을 <표 1-9>에
의거해 살펴보면 다음과 같다. 오사카의 조선인들은 일본 경제가 1차 세계대
전의 영향을 받는 1916년부터 증가하기 시작하여 1917년에 격증하였다. 이
러한 추세는 일본이 물가폭등과 경제침체를 맞게 되는 1921년에 도리어 전
체조선인수의 11.9%에 이르렀고, 1923년과 1925년의 공황기에도 17.35%와

한국문화유적을 찾아서』 3, 대원사, 11~64면 참조.
81) 福岡地方職業紹介事務局, 「管內住在朝鮮人勞動事情」1929, 『集成』2, 1087~1088면.
82) 이 가운데 취업비율이 1920년대에 낮아지는 것은 조사대상의 차이로 인한 것이
    다. 1920년대 조사의 경우에는 무직자가 자유노동자에 포함되지 않았다.

14.9%로 전년도에 비해 증가현상을 보였다. 1922년 오사카~제주도간 직항로가 개설되고, 1923년 관동지진 직후 일본인의 조선인학살을 피해 다수의 조선인이 오사카로 이주한 사건과 1925년 국내에서 일어난 대수해도 오사카 거주 조선인수를 증가시키는데 일익을 담당했다.[83] 본격적인 경제공황기인 1928년에는 조선인수가 증가하여 이후 10년간 오사카 거주조선인수는 평균 25.3%를 유지하게 된다.

조선인거주수의 증가와 달리 조선인의 취업비율은 점차 감소했다. 큰 폭으로 조선인이 증가한 1932년의 취업인구 비율은 전년에 비해 5%나 감소하는 등 조선인수와 조선인취업비율은 반비례 현상을 보였다.

오사카 거주조선인의 도일 경로는 대체로 다음과 같다. 첫째는 관부연락선을 이용해 시모노세키를 거쳐 후쿠오카에 도착한 조선인들이 탄광노동에 종사하다가 오사카로 이동하는 경우이다. 둘째는 1890년 부산과 오사카간 정기항로가 개설된 이후 정기항로를 이용해 직접 오사카로 오는 경우이다. 특히 1922년에 제주도와 오사카간 정기항로가 개설됨으로써 제주도민의 오사카행은 손쉽게 이루어졌다. 이 항로가 개설되기 전에 제주도민이 도일을 하고자 할 때는 여수나 목포까지 나온 후 다시 부산으로 가서 배를 탔다. 그러나 직항로의 개설로 제주도 각 항에서 오사카까지 배를 탈 수 있게 되었다.[84] 여기에 도일단속이 소홀했던 제주도의 상황도 제주도민의 도일증가에 한 몫을 한다. 특히 제주도는 보리, 콩, 조 등이 주 농작물이었는데, 자연조방농업에 의존하고 있었으므로 이들의 파종과 수확시기에 따라 도일과 귀환을 반복했다.[85] 시일이 지나면서 두 번째 도일 경로가 많이 이용되었다.

---

83) 宋連玉, 「大阪における在日朝鮮人の生活」, 『在日朝鮮人の歷史』(1991年度 枚方市 市民講座記錄集), 59면.

84) 제주도 여성들은 1931년부터 브로커를 통해 일본 각지의 海採업자에게 계절제 노동자로 고용되어 3월부터 8월까지 일정기간 동안 정기적으로 물일을 한 후 귀국했다. 『民衆時報』 1935년 9월 15일자 「보라!! 천인공노할 해녀부로커의 죄악을!」; 「출가기간이 끝난 해녀노동자 속속 귀국」; 「원정 해녀군의 직업전선담」.

85) 橽田一二, 「濟州道人の內地出稼に就て」, 『大塚地理學會論文集』 5, 1935년, 18~19면.

일본정부는 정치·경제적 상황에 따라 도일정책을 운용했다. 그러나 1920년대 이후 오사카거주 조선인은 일관된 증가추세를 보였다. 이는 오사카기업주의 값싼 노동력에 대한 선호와 조선인의 경제적 필요성이 결합되면서 나타난 현상이다. 즉 오사카의 기업주는 일본전체의 경제 공황이나 실업자 문제가 발생하고 있는 상황 속에서도 값싼 조선인노동자를 수용했다. 또한 국내에서 생존기반을 잃었거나 가계보충을 원했던 농민은 일본당국의 저지책에도 불구하고 도일을 단행하여 일본내에서 가장 많은 일자리를 보유하고 있던 오사카로 집중하게 되었다.

(2) 오사카 조선인의 직업 구성

오사카 거주 조선인 가운데 압도적 다수는 노동자이다. 일본지역에서 대표적인 조선인밀집지역인 토쿄·오사카·후쿠오카 등 세 지역을 대상으로 직업구성을 비교해보면 다음과 같다.

이 가운데 오사카 거주조선인의 직업을 보면, 학생·관공리를 비롯한 유식층에 속하는 경우도 있기는 하지만 대부분은 노동에 종사하고 있다. 1920년대에는 학생과 관공리 등 유식층의 수가 줄고 노동자의 수가 증가하는 추세를 보인다. 그러나 1930년대에는 학생의 수가 늘고, 노동자 비율이 1920년대에 비해 낮다. 학생수가 늘어나는 것은 일본당국의 통계에서 소학생이 포함되기 때문이다. 즉 조선인의 정주화가 진행됨에 따라 나타나는 현상이다. 1930년대 통계 가운데 또 하나의 특징은 노동자 비율의 감소현상이다. 1930년의 경우 노동자 비율은 71%로 가장 큰 감소세를 보인다. 이는 일시귀선증명제도로 귀국한 조선인의 재도일이 저지된 점과 조선인 자영업자의 증가에서 원인을 찾을 수 있다.

오사카거주 조선인노동자 구성 비율은 같은 시기 일본의 노동자 구성과 큰 차이를 보인다. 1914년부터 1930년까지 일본 인구 중에서 노동자가 차지하는 평균비율은 37.75%이다.[86]

오사카거주 조선인 노동자의 구성을 보면, 공장노동자(염색공·방적공·유리공·메리야스공·고무직공·기계공·식품제조공)와 자유노동자(토목·건

표 1-10. 지역별 조선인직업구성   (단위 : 명/%)

구분		학 생**	노동자*	관공리*	기 타	총 수
1915	大阪	8/2.0	315/79.0		76/19.1	399
	東京	362/66.0	104/19.0	7/1.3	76/13.9	549
	福岡	1/0.2	418/76.4		128/23.4	547
1920	大阪	10/0.2	4,362/97.1		132/2.9	4,494
	東京	988/46.6	941/44.4	22/1.1	169/8.0	2,120
	福岡	1/0.02	6,956/98.9	3/0.1	73/1.0	7,033
1925	大阪	129/0.4	31,591/92.0	10/0.03	2,631/7.7	34,361
	東京	1,420/14.2	7,763/77.7	23/0.23	783/7.8	9,989
	福岡	25/0.2	12,251/93.0	8/0.06	961/6.8	14,245
1930	大阪	2,274(1,839)/3.3	48,784/71.0	6/0.01	17,695/25.7	68,759
	東京	3,281(479)/10.9	26,122/86.3	30/0.09	827/2.7	30,260
	福岡	1,080(947)/4.3	20,126/80.4	13/0.05	4,900/19.6	25,039

* 노동 : 무직자 포함. 관공리 : 관리 · 의사 · 목사 · 군인. 기타 : 농 · 상 · 어업 종
사자 · 사무원 · 在監者 등.

** 1930년의 학생수에는 소학생수 포함. ( )은 소학생수.

*** 비율 : 인원 총수에 대한 비율

※ 자료 內務省 警保局,「朝鮮人槪況」1916년,『集成』1, 58～59면
　　內務省 警保局,「朝鮮人槪況」1920년,『集成』1, 117～119면
　　內務省 警保局,「大正十四年中ニ於ケル在留朝鮮人ノ狀況」,『集成』1, 188～190면
　　內務省 警保局,「在留朝鮮人運動の狀況」,『集成』3, 264～269면

축종사자[87], 기타 점원 · 하녀 · 세탁부 · 배달부 · 농업노동자 등도 자유노동
자에 해당)로 대별된다.[88]

---

86)　　　　<일본의 노동자 구성 상황>　(단위:1,000명)

	1914년	1920년	1925년	1930년
노동자수	3,079	4,666	7,271	8,575
비율	27%	34%	43%	47%
총인구	11,560	13,903	16,813	18,283

　　※ 자료 大橋隊憲編,『日本の階級構成』, 岩波新書, 1971년, 26～27면

87) 토목 · 건축에 종사하는 인부는 大工(목수) · 左官(미장이) · 페인트공 등 숙련공과
土方(또는 土工), 짐을 져 나르는 仲仕 · 기타 허드렛일을 하는 雜役夫 등 미숙련
공으로 세분된다.

88) 재일조선인노동자에 대해서는 자료상 공장노동자 · 자유노동자 · 탄광노동자로
구분되어 있다. 그러나 大阪의 경우는 1931년 현재 鑛區가 있기는 하지만 노동자
가 광구 54개소에 총261명에 불과한 정도여서 본절에서 탄광노동자는 제외했다.
大阪市 · 神戶市, 앞의 책, 8～10면.

공장노동자는 일반적으로 직공으로 대표되는데 비록 저임이기는 하지만 정기적인 임금을 받으므로 자유노동자에 비해 상대적인 안정성은 갖는다. 그러나 조선인들은 국내에서 전직이 말해주듯 기술을 갖추지 못한 미숙련공이므로 공장에서도 하층노동자로서 기능만을 담당해야 했다.

조선인공장노동자가 종사하고 있는 직종은 약 60여 개인데 이 가운데 방적공과 유리공이 다수를 차지하였다. 1924년 5월 오사카시 조사에 따르면, 조선인공장노동자는 섬유공업(3,424명)과 요업(유리제조업, 716명)[89]에 가장 많은 수가 집중되었다. 이러한 현상은 당시 오사카지역 주요 공장의 분포에서 더욱 분명해진다. 같은 기간에 오사카에서 조선인을 고용하고 있는 鐘紡增築工場・宮嶋硝子工場을 비롯한 56개소 가운데 섬유공장은 16개소이고, 유리공장은 11개소에 달한다.[90]

그에 반해 자유노동자는 주로 공장에서 밀려난 노동자들이 토목・건축공사장에 투입되면서 형성되었는데, 대부분이 특별한 기술을 갖지 못한 일일노동자로서 생활이 불안정하다는 면에서 무직자와 큰 차이를 보이지 않는다.[91] 이들은 한정된 수요로 인해 언제나 실업의 부담을 안고 있었다. 특히 토목・건축관계노동자는 겨울철이나 장마철이 되면, 실업의 상태에 놓이게 되었다.

(3) 오사카 조선인사회의 형성

오사카의 조선인노동자 가운데에는 비록 소수이지만 가족을 이루거나 단

---

89) 社會局 第1部,「朝鮮人勞動者に關する狀況」1924,『集成』1, 537면.
　　이는 조사 당시 大阪의 공장노동자가 6,503명이었음과 비교하면 방적공이 52%, 요업이 11% 라는 높은 비율이다. 요업은 유리제조업이 대종을 이룬다.
90) 朝鮮總督府,「阪神・京浜地方の朝鮮人勞動者」1924,『集成』1, 405~406면.
91) 당시 무직자는 일본당국의 조사 당시 실업의 기간에 따라 무직자로 규정될 뿐, 자유노동자와 같은 범주로 파악되었다. 경우에 따라서는 자유노동자속에 무직자를 포함하는 조사도 있다. 大阪市社會事業聯盟 조사 1930년 통계에 의하면 자유노동자는 총 46,229명인데 그 가운데에는 무직자가 9,967명으로 자유노동자에 포함되어 있다. 大阪市社會事業聯盟,『大阪社會事業年報』1931, 280~281면. 이같은 사실은 일본당국도 무직자와 자유노동자를 구분하지 않았다는 의미이다.

신자들이 한 곳에 모여서 세대를 이루고 사는 경우도 있었다.

앞의 <표 1 - 9>의 거주상황을 보면, 1920년대 초기에 오사카 조선인의 세대비율은 7.5~16%에 지나지 않는 것으로 나타난다. 이는 이 시기 도일자들이 일시적 취업을 위한 단신도일에 집중되었음을 의미한다. 그러나 1922년에는 전년에 비해 세대인구 비율이 두 배로 급증하고 세대인구는 계속 증가하고 있어 조선인노동자들이 가족단위로 세대를 구성하는 비율이 점차 늘어나고 있음을 알 수 있다.

또한 도일자와 귀환자의 관계를 통해 오사카거주 조선인의 정주성을 살펴보면, 1920년대 후반기로 들어서면서 감소하는 추세를 보인다. 즉 1920년에 도일자 가운데 76.2%가 귀환하였지만 1921년에는 67%, 1923년 57.7%, 1929년 34.3%로 감소하고 있다. 이 가운데 특히 여성노동자의 귀환율은 평균 8%에 불과해 여성노동자의 전업적 성격이 남성노동자에 비해 강함을 알 수 있다.[92]

이러한 조선인수와 호 구성의 증가, 귀환율의 감소는 조선인밀집지역을 낳았다. 더구나 일본지역에서 조선인이 주택을 구하는 것은 여러 가지 면에서 매우 어려웠기 때문에 조선인은 노동파업 외에 주택분쟁(借家爭議)을 전개하지 않을 수 없었다.

그러면 오사카 조선인사회는 어떻게 형성되었는가. 먼저 대표적인 조선인밀집지역인 東成區 東小橋町 157번지에 소재한 조선촌(또는 朝鮮町)을 살펴보기로 하자. 일본당국은 조선촌 형성의 역사를 1907년부터 시작되었다고 추정한다.[93] 1907년 東小橋町 157번지에 朝鮮町이 건설되어, 점차 메리야스 공장(東小橋町 58~59번지)부근보다 발전했다는 것이다.

정확한 연도는 알 수 없지만, 猪飼野町(東成區 管內)의 조선촌도 1920년대에 형성된 조선인밀집지역이었다. 이 지역에 조선인이 밀집하게 된 데에는 平野川개수공사에 조선인 土方(*공사판의 막벌이 꾼)이 다수 참가한데서 비

---

92) 大阪市 社會部,「朝鮮人勞動者問題」1924,『集成』1, 345~346면 ; 大阪市社會部,「本市に於ける朝鮮人住宅問題」,『集成』2, 1197면 ; 현규환, 앞의 책, 447면, <표3>.

93) 大阪市 社會部,『鶴橋中本方面に於ける居住者の生活狀況』1928년 12월, 6면. 1907년에 조선촌이 건설된 원인은 알 수 없다.

롯된 것으로 보인다.[94] 이 공사는 1919년 3월에 인가를 얻어 개시된 이후 1923년에 완성되었다. 그런데 이 공사에 참가한 노동자들 가운데에 일부는 다른 지역의 공사장으로 이동했으나 대다수는 그 지역에 거주하면서 직공으로 전직했다.[95] 이 과정에서 조선인밀집촌도 자연스럽게 형성되었을 것으로 여겨짐에 따라, 1923년 이후를 猪飼野町 조선촌의 형성시기로 볼 수 있다.

일반적으로 많은 세대의 조선인이 정주하면, 외부에서 그곳으로 직업을 얻기 위해 도일한 사람들이 모여들고, 이들의 직업이 확보되면 호수는 그 만큼 증대한다. 조선인의 도일의 늘어남에 따라 일본 내 거주지가 노동자 합숙소와 노동자 하숙집에서 이제는 조선인촌으로 옮아간 것이다. 이러한 과정을 통해 朝鮮村(조선인 마을)은 형성되었다.

특히 조선촌이 갖는 조선인 취업알선의 중심지 역할에 대해 코베시는 "……(조선인들이) 제일 처음 자리잡기에 앞서서 가는 곳은 취락소개소도 아니고 시립 숙박소도 아니다. (조선인들은) 미리 약속이나 한 듯이 일제히 조선인 상대 노동하숙으로 향한다"[96]고 파악했다. 노동하숙은 조선촌에 있었으므로 도항자는 반드시 조선촌을 통해 취직과 생활을 해 나갔던 것이다.[97]

조선촌의 구조는 다음의 네 가지로 구분할 수 있다. 첫째는 함바나 회사사택에 살기 시작하여 이를 거점으로 성립한 경우이다. 둘째는 토지소유자가 명확하지 않은 저지대나 습지·하천변 등에 스스로 假小屋을 만든 경우이다.

---

94) 佐佐木信彰, 「1920年代における在阪朝鮮人の勞動=生活過程」, 『大正/大阪/スラム』, 新評論, 1986년, 188면.
95) 大阪府 東成郡役所, 『東成郡誌』, 1922년, 558면.
96) 神戶市 社會課, 「在神半島民族の現狀」 1926년, 『集成』 1, 593면.
97) 오사카지역에 형성되어 있던 조선촌은 현재도 이쿠노구(生野區) 소재 '조선시장'을 중심으로 남아 있다. 조선시장은 제주도에서 직접 수입한 각종 한국식품을 판매하고 있다. 조선시장을 둘러싸고 조성된 주택가는 지금도 재일동포들이 거주하는 지역이다. 교통이 불편하고 일본인 마을 사이에 포위되어 있는 듯 하다고 해서 재일교포 사이에 '오사카의 孤島'라고도 불리우는 이 곳은 지금도 한국의 전통적인 풍습을 유지하면서 재일동포의 정신적인 구심체로서 역할을 하고 있다.

셋째는 일본인이 살지 않는 집을 거점으로 하는 경우이다. 넷째는 長屋(*집단 주택) 등을 빌려 그곳을 중심으로 마을을 형성한 경우이다.[98]

조선촌은 오사카 이외에 쿄토나 토쿄·가나가와·요코하마(橫浜)·큐슈 지역에도 형성되었다. 이 가운데 큐슈는 초기에 조선인 인구가 밀집했던 지역이었으므로 조선촌의 형성시기도 다른 지역보다 빨랐다. 1919년 3월 24일자 『大阪朝日新聞』에 의하면, 모지시의 白木崎에서 小森邊에 이르는 지역과 시모노세키의 丸由町부근이나 櫻由부근에도 조선촌이 형성되었다고 한다.[99]

표 1-11. 오사카지역 조선촌 상황

연 도	마을수	호 수	거주인원	연 도	마을수	호 수	거주인원
1924	3	55	196	1928	24	882	8,776
1926	7	121	561	1929	39	1,328	11,927

※ 자료 樋口雄一, 「在日朝鮮人部落の成立と展開」, 『在日朝鮮人』, 新人物往來社, 1978년, 551면

이와 같이 조선촌의 숫자는 시기가 지날수록 증가했다. 이들 조선인들이 조선촌을 형성하게 된 이유는 첫째 일본인 거주지역에서는 주택을 얻을 수 없었고, 둘째 조선인들의 대다수가 일본어에 능숙하지 못했으며, 셋째 직업의 대부분이 자유노동자로 밀집지역에서 조선인끼리의 취업알선이 쉽고, 넷째 조선인들의 수입으로는 일본인거주지역에서 생활할 수가 없었기 때문이다. 조선촌의 형성은 모두 저임금과 격심한 민족차별 속에서 생계를 유지해 나가기 위한 방편이었다.

3) 조선인사회의 발전과 역할 확대

오사카에 도일 조선인수가 증가함에 따라 조선촌의 규모도 커졌고, 역할도 확대되었다.

---

98) 樋口雄一, 「在日朝鮮人部落の成立と展開」, 『在日朝鮮人』, 新人物往來社, 1978년, 553면.

99) 앞의 주, 550면.

1928～1930년간 오사카시 조선인밀집지역을 보면, 이 시기 오사카 거주 조선인들은 오사카시 13구 가운데 외곽지역인 동성구와 서성구에 가장 많이 거주하고 있었다. 이들 東成區와 西成區 등 조선인밀집지역은 1925년에 와서야 오사카시로 편입된 외곽 지역이다.[100] 西成區의 경우에는 1929년에는 西淀川區보다 훨씬 적은 조선인이 살고 있었으나 1930년에는 西淀川區의 두 배 가까운 조선인인구를 기록하고 있다. 또한 東成區의 경우는 관내에서도 田鳥野町·東小橋町·大今里町에 밀집되어 있다.[101] 특히 東成區는 오사카 내에서 제주도민이 가장 밀집한 지역으로서, '일본 속의 제주'로 불리기도 했다.[102]

이렇게 조선인밀집지역이 일부지역으로 집중되는 현상은 값싼 불량가옥에서 살면서 주거비를 절약하려는 의도도 있으나 끊임없이 발생하는 일본인

표 1－12. 오사카 시내 조선인거주지역별 인구분포　　(단위: 명)

	1928	1929	1930		1929	1930
東成區	4,119	7,178	22,044	西淀川區	3,002	4,943
西成區	2,676	1,833	7,128	住吉區	1,868	3,077
港區	1,074	1,298	8,984	南區	1,759	1,525
此花區	275	751	5,619	北區	3,887	5,184
東淀川區	320	411	8,679	天王寺區	1,155	1,645
東區	331	358	2,465	西區	618	703
浪速區		3,419	5,128			

※ 자료 大阪市社會部, 「本市に於ける朝鮮人の生活概況」1929, 『集成』2, 1033면
　　　　　　　　　, 「本市に於ける朝鮮人住宅問題」1930, 『集成』2, 1189～1191면
　　　　　　　　　, 「朝鮮人勞動者の近況」1933, 『集成』5, 804면

---

100) 明治유신 직후인 1868년 5월에 大阪는 大阪府로 개칭되었고 1875년에는 大阪府 관내 전부가 大小區制로 개편되어 4개의 大區에 80개의 小區가 설치되고, 1879년에 1935년의 區制의 기초가 되는 4區制가 시행되었다. 그후 1889년에 市制가 실시되면서 大阪府는 관할지역중에 大阪4區와 堺1區를 시로 승격하였다. 大阪市는 개설 당시 동·서·남·북의 4區 523町을 설정하게 되었으나 점차 시의 영역이 확장되어 1925년에 東成郡과 西成郡 44개 町村을 병합하여 일본 제1위 세계 6위의 대도시가 되었다. 1899년부터는 전국적으로 부현제가 시행되었다. 大阪市役所, 『大阪市域擴張史』, 1935년, 1～44면; 大阪府, 『大阪府治要覽』, 1919년, 15면.
101) 大阪市社會部, 「本市に於ける朝鮮人の生活概況」1929, 『集成』2, 1036～1038면.
102) 『제민일보』 1990년 9월 19일자.

주택지에서 주택분쟁과 주택임대 거부가 큰 이유로 작용하였다. 1920년대 초기에 7.5~16%에 지나지 않던 오사카 거주 조선인의 세대주 구성은 1922년에 전년에 비해 세대인구 비율이 두 배로 급증하고 이후로 세대인구는 계속 증가했다. 세대인구의 증가는 조선인노동자들이 가족단위로 세대를 구성하는 비율이 증가함을 의미하면서 주택확보라는 또 다른 문제를 낳았다. 또한 공개모집보다 알선과 소개를 통한 노동력 충당 방법은 조선인집단촌의 정착에 기여했다.

성립시기가 알려진 조선촌의 형성상황을 보면, 다음과 같다.[103]

西成區 鷲州町 소재 조선촌	1922년 9월 성립. 1924년 현재 13호 44인 거주. 시장으로 건설된 지역에 불경기로 빈집이 늘어가자 조선촌을 형성.
泉北區 北掃村 春木 소재 조선촌	1922년 봄에 성립. 1924년 현재 19호, 76명 거주. 岸和田 방적이 조선인 직공용으로 건축한 곳.
東成區 東小橋町 소재 조선촌	1938년 현재 55호, 585명 거주. 오래된 長屋을 빌려서 형성.
東成區 猪飼野町 소재 조선촌	1928년 현재 162호, 1577명 거주. 오래된 長屋을 빌려서 형성.
東成區 生野國分町 소재 조선촌	1924년 성립. 1928년 현재 15호 117명 거주. 양계장을 개조하여 생활.
港區 船町 소재 조선촌	1923년 성립. 1928년 현재 45호 347명 거주. 빈터에 가건물을 세움.
港區 小林町 소재 조선촌	1923년 성립. 1928년 현재 45호 333명 거주. 1933년 현재 1000여명 거주. 빈터에 가건물을 세움.

조선촌의 조선인 밀집현상은 출신 지역과도 일정한 관련이 있다. 먼저 오사카 거주 조선인을 출신도별로 분류해보면,[104] 1928년 6월의 경우, 전남이 21,663명(47.9%)으로 가장 많았고, 경남(10,113명) 전북(4,223명) 경북(3,638명) 충남(1,473명) 경기(1,261명) 충북(874명) 강원(417명) 평남 (415명) 황해(385명) 함남(306명) 함북(189명) 평북(176명)의 순이 된다.[105] 이 당시는 행정구역상

---

103) 樋口雄一, 「在日朝鮮人論考 一」, 『近代民衆の記錄 - 在日朝鮮人』, 新人物往來社, 1978년, 551~552면; 崔碩義, 「大阪, 小林町朝鮮部落の思い出」, 『在日朝鮮人史硏究』20, 1990년, 49면.

104) 大阪市社會部, 「本市に於ける朝鮮人の生活槪況」1929, 『集成』2, 1032면.

제주가 전남에 속했으므로 전남출신 조선인수효에는 제주출신도 포함되었다.

조선인의 출신지역분포에서 주목되는 것은 제주도 출신 조선인이다. 이들은 다수를 점할 뿐만 아니라 강한 결속력을 가졌다. 조선인 총수 가운데 제주출신은 1926년 23,584명, 1930년 31,786명, 1934년에 50,045명이다.[106]

이들은 제주도청이 발행하는 소개장을 갖고 도일한 알선노동자였다. 당시 濟州島司는 제주경찰서장이 겸임하고 있었으므로, 소개장은 오사카 기업에게 신용장 역할을 했다.[107]

조선촌에 조선인이 밀집하는 과정을 볼 때, 오사카 내 조선촌도 출신도와 무관하게 이루어졌다고 생각되지 않는다. 구체적으로 조선촌의 출신도별 구성을 확인할 수 있는 자료는 발견되지 않지만, 단편적인 자료에서 확인될 뿐이다.

1923년 10월과 11월에 걸쳐 東成郡 鶴橋町(250명), 中本町(200명), 西成郡 今宮町(450명)에 거주하는 조선인 가운데 남자노동자 1,000명을 대상으로 한 일본당국의 본적지 조사에 의하면[108], 제주도 609명, 전남 192명, 경남 85명, 경북 55명, 경기 18명, 충남 17명, 전북 9명, 강원 4명, 평북 3명, 충북 3명, 함남 3명, 함북 2명으로 나타난다. 여기에서 제주도 출신 609명은 전체 대상자의 61%에 해당하는 수치이다. 이 지역은 제주도와 전남지역 출신의 조선인이 중심이 된 조선인 밀집지역임을 알 수 있다.

또한 東成區 소재 鶴橋와 中本지역 內鮮協和會夜學校에 재학중인 아동을 대상으로 한 출신도별 조사를 보면[109], 1928년 10월에 中本야학교 재학생 64

---

105) 金正明, 『朝鮮獨立運動』3, 原書房, 1967년, 848~855면.
106) 고승제, 『한국이민사연구』, 277면; 桀田一二, 「濟州道人の內地出稼ぎ」, 『大塚地理學論文集』, 2면.
107) 제주도인의 도일노동은 1903년 해녀의 돈벌이 원정 물질(東京 三宅島)에서 시작되었다. 그 후 노동지가 바다에서 공장으로 바뀌었는데, 이들은 제주도당국의 알선에 의지해 일본으로 돈벌이 노동을 떠났다. 高鮮徽, 『在日濟州道出身者の生活過程』, 新幹社, 1996년, 23면; 河明生, 『韓人日本移民社會經濟史』, 53면.
108) 조선총독부, 「阪神・京浜地方の朝鮮人勞動者」1924년, 『集成』1, 413면.
109) 大阪市 社會部, 『鶴橋・中本方面に於ける居住者の生活狀況』1928년 12월, 17면.

명 가운데 전남이 49명, 전북이 4명, 경남이 7명, 경북이 4명이다. 일본당국은 이 조사내용에 전남출신자 가운데 2~3인을 제외한 전원이 제주도인이라고 부기했다. 中本지역은 바로 東小橋町 소재 朝鮮町이 인접한 곳이고, 제주공제조합이 있던 곳이다. 오사카 거주 제주출신조선인은 모두 이 조합의 조합원이었다고 한다.[110] 또한 1919년부터 1923년까지 실시되었던 猪飼野町 平野川 개수공사에 제주도민이 대거 취로하여 東成區가 제주도민의 밀집지역이 되는데 영향을 미쳤다고 한다.[111] 이러한 점을 미루어 볼 때, 東小橋町 소재 조선촌은 제주도 출신자가 밀집한 지역이었음을 알 수 있었다.[112]

일본당국이 조사한 東成區 거주 조선인의 생활상태(1928년 기준)를 보면[113], 東小橋町 소재 조선촌(이하 朝鮮町)과 猪飼野町 소재 조선촌(이하 猪飼野)은 각각 475명과 179명이 거주한 것으로 나타난다. 이 가운데 朝鮮町 거주 조선인의 29.5%인 140명과 猪飼野 거주 조선인의 33%인 59명이 배우자와 함께 생활했다. 또한 259명(朝鮮町, 54.5%), 112명(猪飼野, 62.6%)이 각각 직업을 가지고 있었는데, 직업별 분포를 보면 노동자가 222명(朝鮮町, 85.7%)과 97명(猪飼野, 86.6%)이고, 자영업자가 37명(朝鮮町, 14.3%)과 16명(猪飼野, 14.3%)이다. 자영업은 소매상, 노점상, 하숙업, 수공업 경영으로 이루어져 있는데 朝鮮町의 경우에는 수공업 경영도 11명으로 적지 않은 수를 차지했다.[114]

---

110) 河明生, 앞의 책, 53면.

111) 『제민일보』 1990년 9월 19일자.

112) 이외에도 제주도인이 밀집한 조선촌 지역은 生野, 布施, 西成 등이 있다. 崔碩義, 앞의 글, 54면.

113) 大阪市 社會部, 「本市に於ける朝鮮人の生活槪況」 1929년, 『集成』 2, 1036~1043면.

114) 특히 제주도인은 다른 지역 조선인과 달리 토목건축노동에 종사하지 않고 공장을 선호했다고 한다. 그 이유는 토목건축노동이 별 다른 기술이 없이 임금을 많이 받을 수 있는 이점은 있으나 기술을 익힐 기회가 없어서 경제적 자립이 불가능했기 때문이라고 한다. 이들은 임금을 거의 받지 못하고 숙식만을 제공받을 정도의 조건이라도 공장에 취업하여 기술을 익힌 후에 자신이 직접 경영하고자 했다. 당시에 공장의 직공이나 잡역부는 작업복을 입고 근무하였으므로 제주도인은 다른 지역출신 조선인들로부터 '작업복'이라 비유되었다. 현재도 제주도인이 직접 경영하는 소규모 공장(양말, 신발, 성냥 등)이 神戶지방에 밀집되어 있다. 이에 비해 경상남도 출신자들은 토목건축노동자가 많았다. 이들은 작업할 때 組를 나타내는 무늬가 등에 박힌 法被를 입었으므로 다른 조선인들로부터 '법피'라 불

또한 1920년대 후반에 港區에는 船町(약 70호), 小林町(약 50호), 南恩加島町 (약 80호)에 조선촌이 세 군데 있었는데, 거주 인원은 200호 가량 1,800여명으로 추산된다. 이 지역의 거주하는 조선인은 영남 출생으로 알려져 있다. 이들은 토목건축노동에 종사하는 자유노동자로써, 최고 수입은 1일 1.80전 정도이다. 이 지역에는 학령아동이 400명이 넘지만 생활이 곤란하여 수십 명 정도가 일본인 학교에 다니고 있다고 한다.[115] 이 지역의 조선촌은 1923년에 설립되었는데, 거주조선인이 자유노동자인 관계로 東成區 소재 조선촌에 비해 거주 조선인의 직업이 불안정하고 생활상태가 열악했다.

이 가운데에서 1930년대 중반(1933~1937년간)에 小林町 조선촌의 조선인을 살펴보도록 하겠다. 이 시기에 이 곳에 집주한 조선인은 천여 명에 이르렀다. 출신지는 영남인이 주류를 이루었고, 마차 하역업·재제소 일꾼·토목노동자가 많았다. 이 지역은 목재집산지로서 재제소가 많았으므로 이와 관련한 직종이 많았던 것이다. 이 지역에 사는 조선인 가운데 일부 청년들은 부근인 南恩加島町과 大運橋에 있던 제강소와 조선소 등에 다니기도 했다.[116]

조선인촌은 문자 그대로 '조선인 거리'였다. 조선촌에 일본인 주택이 들어오는 일은 별로 없었고, 조선인과 한국어·한글 야학이 활개를 치는 장소였다. 일본어도 제대로 모르는 채 항상 경찰에게 감시당하고 있다는 긴장감을 풀고 안심하며 생활할 수 있는 곳은 조선촌 뿐이었다. 낮 동안의 노동에 시달린 조선인이 밤이 되어 돌아왔을 때 아무 거리낌없이 쉴 수 있는 곳은 바로 조선촌이었다. 조선촌에서는 지연과 혈연적 상호부조가 잘 이루어졌으므로 취직 등 생활상의 편의도 쉽게 얻을 수 있었으며, 가난하기는 하지만 굶지는 않게 되었다. 일본사회 그 자체가 적대적 차별 구조를 가지고 있는 가운데 조선촌은 조선인에게 자위와 생활·안식의 장소였다. 일본인 세계에서 떨어진 조선촌에는 몇 안 되는 즐거움 가운데 하나인 막걸리가 있고, 무당의 신명나는 푸닥거리가 있는 곳, 명절에는 마을 광장에 고국에서 공연을 온

리었다. 1997년 9월 13일 김진주 노인 인터뷰; 梁永厚, 앞의 책, 13~14면.
115)『동아일보』 1929년 8월 12일자.
116) 崔碩義, 앞의 글, 49~50면.

연예인들의 공연을 볼 수 있는 곳. 소박하면서도 갑자기 싸움이 일어나거나 거칠게 달려들기도 하고, 울부짖는 여자소리, 떠들썩한 웃음소리, 무너지는 소리, 고함지르는 남자들 소리가 울려 퍼지는 별세계였다.[117]

　조선촌은 주거문제를 해결한다는 의미만 있었던 것이 아니다. 조선촌의 역할은 적지 않았다. 물론 자체 내에 조직체계를 갖춘 것은 아니었지만, 몇몇의 리더를 중심으로 조선인의 일본생활을 돕고 나아가 조선인으로서 민족의식을 공고히 하는데 노력을 기울였다.

　그 내용을 보면, 첫째, 조선촌은 조선인들의 생활공동체로서 경제적인 토대 역할을 담당했다. 1920년대 중반까지 공동구매나 契 형태로 경제적인 이익을 도모하던 조선촌의 경제부조활동은 1920년대 후반에 들어서면서 생활조합을 결성하여 조선촌 간의 연계활동을 통해 조선인의 경제적 이익을 극대화하고자 했다.[118] 1928년 4월부터 필요성이 제기되어 1929년에 성립된 동아통항조합도 그 발단은 조선촌에서 시작되었다. 오사카와 제주도간을 왕래하는 선박회사를 독점운영하는 朝鮮郵船회사와 尼崎회사의 횡포에 분개한 제주도출신 조선인들이 제주도민대회를 열어 규탄하면서 자주운항운동이 시작된 것이다. 조선촌이 갖는 생활공동체로서의 역할은 진료소의 운영에서도 찾을 수 있다. 그 동안 조선촌에서 조선인의 진료는 조선촌 내 한약방에서 담당하고 있었는데, 한약방이 치료할 수 없는 경우는 귀국을 할 수밖에

---

117) 尹健次, 하종문·이애숙 옮김, 『일본 - 그 국가, 민족, 국민』, 일월서각, 1997년, 259면, 261면; 崔碩義, 앞의 글, 51면, 53면. 東京에서 1930년대를 보냈던 김종재는 조선촌에서의 생활을 이렇게 회상한다. "밤은 별세계였다. 밀조한 막걸리가 있고 마늘과 고춧가루를 넣은 김치가 있고 술이 취하면 고향의 민요가 흘러 나왔다. 일본의 학정을 한탄하는 청춘가가 나오면 아리랑, 도라지, 노들강변, 소상팔경, 춘향가 등 아는 노래 전부가 흘러 나와 저녁 여섯시부터 시작된 술자리가 새벽 두세시까지 이어지는 일도 많았다". 金鍾在述, 玉城素編, 『在日韓國人一代』, 圖書出版社, 1978년, 104면.

118) 1929년 6월에 大阪조선노동조합 泉州지부 사무실에서 창립한 조선노동소비조합은 각 조선촌을 연계한 소비조합이다. 조선인의 소비조합운동은 1930년대에 더욱 활발히 전개되었는데, 이 시기에는 소비조합이 경제적인 이익을 도모하는 역할 외에 민족운동의 경제적 토대를 마련하고 민족운동의 연락처로서 역할을 하였으므로 심한 탄압 아래 부침을 계속해야 했다.

없었다. 특히 조선인 노동자는 위험하고 위생시설이 열악한 작업장에서 일하고 있었으므로 질병에 걸릴 위험은 항시 상존하고 있었다. 이러한 어려움을 극복하기 위해 만든 것이 '朝鮮人無産者診療所'이다. 朝鮮人無産者診療所는 후원회의 도움을 얻어 조선인 의사와 간호사를 갖추고 진료를 시작하였지만, 北區에 본원을 두고 조선촌이 있는 東成區와 西成區에 분원을 두었다.[119] 이러한 소비조합이나 진료소 운영은 조선촌만의 사업은 아니지만 조선촌의 상호부조활동에 바탕을 두고 출발하여 조선촌 간의 연계조직으로 활동했다는 점에서 조선촌과 관계를 설정할 수 있다.

둘째 역할은 민족운동의 근거지였다는 점이다. 1920년대에 결성되는 노동조합이 조선촌을 중심으로 조직되었으며, 노동조합이 주도하는 여러 활동에서 조선촌 조선인은 주요한 동력이었다. 따라서 1920년대부터 노동조합과 각종 조선인단체가 주도하는 각종 대중시위에 참가하는 조선인들도 조선촌거주 조선인이 중심이었다. 1930년대에 일제의 탄압이 강화되자 조선촌은 독립자금을 모금하고 임시정부에 전달하는 역할도 담당하고자 했다고 한다.[120]

세 번째는 민족교육을 통해 민족의식을 고취했다는 점이다. 조선인의 정주화가 강화되면서 아동에 대한 교육은 조선인사회의 새로운 문제로 대두되었다. 1920년대에는 조선인 자신의 교육문제가 중시되었으나 1930년대에 들어서면서 아동교육이 현안으로 대두했다.[121] 1932년에 오사카시의 경우에는 7세부터 17세까지의 학령아동 7,225명 가운데 48%인 3,437명이 취학하고 있

---

119) 조선인무산자진료소는 개원 이듬해에 무산자진료소라는 이름으로 민족운동을 한다는 이유로 당국에 의해 강제 폐쇄되었다.

120) 오사카의 대표적인 조선인민족운동가 김문준이 이를 위해 조선촌 주변에 찻집을 열고 연락처로 활용하면서 독립자금을 임시정부에 전달하고자 하였으나 김문준의 검거와 사망으로 뜻을 이루지 못했다고 한다. 이 때 김문준을 도왔던 김문준의 딸은 김문준의 사망 이후 종적을 감추었는데, 현지인들은 민족운동을 위해 중국으로 갔을 것이라고 추측하고 있다. 愼基晟옹 구술자료(1997년 9월 14일 제주도 북제주군 조천면 자택에서, 면담자 : 정혜경)

121) 1924년 오사카시 거주 조선인들은 국내에서 하지 못한 학업의 꿈을 이루기 위해 5~6군데의 심상소학교를 이용했다. 그 가운데에서 136명은 濟美제4심상소학교 조선인특별학급(2학급)에 배치되어 교육을 받았다. 朝鮮總督府 庶務部, 「朝鮮人勞動者の教育施設」, 『近代民衆の記録 - 在日朝鮮人』, 315~317면.

었던 것으로 나타났다.[122] 1933년에도 14,052명이 취학대상아동인데, 이 가운데 6,583명(46.9%)이 취학하고 있었다.[123]

이와 같이 증가하는 학령대상아동을 위해 1920년대에 조선촌의 아동을 대상으로 노동조합이 학교를 세워 운영하기도 하였고, 일본학교에 아동을 취학시키는 경우도 있었으나 경제난으로 미취학아동이 늘어나자 조선촌 부근에 야학과 학원을 설립하여 교육을 담당했다. 몇 가지 예를 살펴보면 다음과 같다.

浪速區에 거주하는 조선인들은 1928년에 浪華야학을 설립하고 후원회를 조직하여 학교를 운영했다.[124] 또한 최대의 조선인이 거주하는 東成區 中本町 소재 조선촌은 1931년 4월에 關西共鳴학원을 세우기로 결의하고 총경비 1700여원 모금에 나섰다. 이 학원건물(건평 37평)은 그 해 12월 1일에 낙성식을 갖고 이듬해 1월에 개교식을 갖기에 이르렀다.[125] 中河內郡 布施町에 거주하는 조선인들도 1930년 10월 16일에 공제학원을 개교하여 미취학조선인아동에 대한 교육을 실시했다. 공제학원은 별도의 교사를 갖추지 못하고 학교를 개교하였으나 아동이 50명으로 늘어나자 1931년 10월에 학원신축위원을 선정하고 300원을 모금하여 12월 16일에 낙성식을 가졌다.[126]

네 번째로 조선촌은 국내와 일본에 거주하는 조선인을 부조하는 역할을 담당했다. 조선촌이 중심이 되어 수해와 기근 및 각종 재해에 대한 의연금을 모금하는 것은 물론이고, 심지어는 고국에 필요한 설비를 마련해주는 일까지도 담당했다.[127] 또한 재일조선인들은 조선촌을 통해 일자리를 구하고, 산업재해를 당하여 일본에서 취업이 불가능하거나 여비가 떨어진 조선인은 이

---

122) 大阪府 學務部,「在阪朝鮮人の狀況」,『叢書』3, 100~101면.

123) 大阪府,「朝鮮人に關する統計表」,『叢書』3, 37~38면.

124)『조선일보』1930년 7월 29일자.

125)『조선일보』1931년 11월 28일자 ;『조선중앙일보』1932년 1월 6일자.

126)『조선일보』1931년 12월 23일자.

127) 특히 국내 조선인을 부조하는 일에는 제주도출신조선인이 앞장섰다. 제주도 우면 토평리에 수도시설을 하는 데에는 제주도출신의 조선인이 중심적인 역할을 담당했다. 이들은 일본인기사가 수도시설을 해 준다는 명목으로 사리사욕을 채우려 하자 水道設置期成위원회를 발족한 후 기금 5천원을 준비하고 기사를 제주도에 파견하기 까지 했다.『조선일보』1929년 8월 16일자.

곳에서 여비를 구해 귀국할 수 있었다.[128] 강제연행기에는 조선촌이 강제 연행된 노동자의 도피처로 이용되기도 했다. 즉 강제 연행된 조선인이 도주를 할 때 조선촌을 이용하기도 하였고, 조선촌의 조선인들은 조선인노동자들에게 식량을 제공하기도 했다.[129]

다섯째는 민족공동체로서의 역할이다. 조선촌은 국내의 언어·풍습을 그대로 보존하고 민족교육을 실시하던 민족공동체였으므로, 일본당국이 지향하는 재일조선인의 동화정책에 위배되는 곳이었다.[130] 특히 조선인들은 조선촌에서 철저하게 모국의 옛 풍습을 지켜 나가고자 했다. 김태생의 증언에서 알 수 있는 바와 같이 이들에게 고국의 풍습을 지키는 것은 단순한 관습문제나 생활상의 편의를 위한 것이 아니었다.

> 일상생활의식부터 관혼상제의식에 이르기까지 모국의 관례가 오로지 중시되었다. …… 특히 관혼상제의 경우, 서로의 혈연적 관계가 존중되었다. 따라서 근친결혼은 물론이고 본관이 동일한 사람끼리의 동성결혼도 도리에 어긋난다 하여 기피했다. 출생신고까지 음력으로 하는 사람도 있었다. …… 이 모든 것은 모국의 습관이기 때문이다. 얼핏보아 완고하게 비치는 사람들의 태도에는 민족의 전통을 존중하고 잃어버리지 않으려고 고집하는 절실한 심정이 나타나 있었다. 나아가 잃어버린 모국의 역사를 자랑스럽게 만회할 수 있는 그 날을 남몰래 기다리는 희망이 배어 있었던 것이다.[131]

---

128) 樋口雄一은 조선촌이 갖는 이러한 부조적인 기능이 1920년대 후반 소비조합 결성으로 발전하게 되었다고 이해했다. 樋口雄一,「在日朝鮮人部落の積極的役割について」,『在日朝鮮人史硏究』1, 1977년, 28~29면.

129) 樋口雄一,「在日朝鮮人部落の成立と展開」, 561 ; 564면. 당시 강제연행당해 일본에서 강제노동을 했던 당사자들의 증언에 의하면, 휴일이 되면 조선촌에 거주하는 조선인이 찐빵을 만들어 등에 짊어지고 와서 노동자들에게 갖다 주거나, 수확할 때 고구마나 감자 등을 밭에 조금씩 남겨두어서 조선인노동자들이 밤에 그것을 주어 먹으면서 허기를 달랬다고 한다. 강원도 평창군 거주 조병두 노인(74세) 구술자료(1997년 8월 7일, 진부 노인회관, 면담자 : 정혜경).

130) 이 곳에는 한글로 된 책을 팔러 다니는 행상인이 있어서 홍길동전이나 심청전, 춘향전 등의 고전을 서로 돌려가며 읽기도 했다. 崔碩義, 앞의 글, 51~52면.

131) 金泰生,『私の人間地圖』, 靑弓社, 1985년, 78~79면(윤건차, 앞의 책, 262면, 재인용).

일본당국이 內鮮協和會 → 矯風會 → 協和會로 이어지는 통제조직을 통해 조선인의 민족적 정체성을 말살하고자 하는 상황 속에서 조선인들이 이를 고수하는 데에는 적지 않은 노력과 의지가 필요했다. 그러나 조선인들은 강력한 일제의 통제정책을 견디어냈다.

3. 오사카조선인의 생활상태

오사카 거주 조선인의 대부분은 노동자였다. 이들은 도일 이전에 주로 도시에서 임노동자로 일하기보다는 농업에 종사하였으므로[132] 일본노동시장에 미숙련 노동력으로서 투입될 수밖에 없었고, 이들에게 제공되는 노동조건도 열악했다. 하층노동자로서 조선인노동자의 임금구조와 생계비를 대비해 볼 때 생활수준은 일본의 하층수준을 밑도는 정도였다. 물론 이들의 생활수준은 국내보다는 나은 편이었으나 당면한 민족차별에 대한 인식으로 인해 국내보다 나은 생활상태에 만족하지 않았다.

1) 노동조건과 노동재해

조선인노동자는 도일이나 취업 초기부터 부조리에 직면하게 되었고, 이는 노동조건의 열악성으로 이어진다. 이들은 밀항을 했거나 취업연령이 미달한 채 취업한 경우가 많았으므로 불합리한 노동조건을 감내하지 않을 수 없었던 것이다. 일본 고용주 또한 저임금의 노동력을 확보하기 위해 당국의 규칙을 위반하면서 조선인노동자를 모집했으므로 조선인의 일본취업은 모집방법에서부터 여러 폐단을 낳았다. 이러한 폐단의 역사는 조선인의 일본취업이 시작되면서 함께 나타나 1920년대 이후 성행했다.

---

132) 1932년 6~12월간에 실시된 오사카거주 조선인에 대한 조사에 의하면 조사대상자 11,835명 가운데 도일이전에 농업종사자가 10,274명으로 86%를 차지한다. 大阪府學務部, 「在阪朝鮮人の生活狀態」 1932, 『叢書』 3, 45~46면.

노동알선브로커의 농간에 의한 대표적인 폐단은 다음과 같다.[133]

ⓐ 알선업자들이 이중의 모집비를 착복하는 경우 : 보통 알선업자들은 고용주로부터 1인당 10원의 모집비를 받기로 되어 있으나, 이에 만족하지 않고 다시 도일을 희망하는 조선인들에게 일정의 수수료 (1인당 10원)를 받아 착복한다. 그러나 이때 고용주가 알선업자에게 준 모집비(10원)는 노동자의 임금에서 공제하였으므로, 노동자는 그 비용만큼 무상으로 일을 해야 했다. 즉 조선인노동자는 이중으로 수수료를 지불하는 것이다.

ⓑ 알선업자가 부정한 방법으로 계약하게 하여 급료를 착복하는 경우 : 고용주가 노동자의 임금에서 모집비를 공제하지 않는 경우가 이에 해당한다. 알선업자가 회사측의 양해 아래 일본글을 읽지 못하는 조선인에게 계약서에 도장을 찍게 한 후 계약기간동안의 급료를 착복했다.

ⓒ 알선업자가 돈을 가지고 도주하는 경우 : 모집해 온 여공에게 여비라고 속여 빚을 내게 한 후 그 돈을 갖고 도망하는 경우이다.

ⓓ 모집당시에 조선인에게 실제의 노동조건 및 임금조건과는 다른 조건을 제시하여 계약을 체결하게 하는 경우 : 이 경우에는 임금의 액수뿐만 아니라 임금의 지불방법, 계약기간이나 노동시간, 고용주가 제공해야 할 각종 의무조항(식비와 목욕비 등의 경비부담 · 왕복여비부담 · 재해가 발생했을 때 의료비부담) 등에서 노동자에게 불리하게 계약을 체결하도록 하는 것이다. 이 경우에 알선업자가 고용주에게 일정한 반대급부를 제공받음은 물론이다.

ⓔ 여공으로 모집하여 공장으로 가는 도중에 욕을 보인 후, 매춘부로 팔아넘기는 경우.

조선총독부에서는 1918년 「勞動者募集取締規則」[134]을 발표하여 조선인노

---

133) 강훈덕, 『일제하 농민운동의 일연구』, 127면; 金贊汀 · 方善姬, 『火の慟哭』, 畑畑書店, 1976년, 41면; 金贊汀, 『朝鮮人女工のうた - 1930年岸和田紡績爭議』, 岩波新書, 1982년, 30면.

134) 이 규칙은 전문 14조로 이루어져 있는데 1조에는 허가원의 제출, 2조에는 고용계약서의 제작, 4조에는 모집자가 준수해야 할 사항과 14세 미만자의 모집금지 등이 명시되어 있다. 山邊健太郎, 『日本統治下の朝鮮』, 岩波書店, 1976년, 189면; 金贊汀, 앞의 책, 58~59면.

동자를 모집해가려는 각 회사에 허가원을 제출하도록 하는 등 조치를 취하였으나, 당국의 무성의와 형식적인 서류심사 등으로 인해 폐단은 1920년대에도 여전했다.

이같은 여러 사례들은 단순히 노동브로커 개인의 도덕적 문제에서 야기되는 폐단으로 파악하기보다는 일본기업들이 조선인모집에 임하는 인식에서 비롯된 점이 많다는 사실에 주목해야 한다. 일본기업들은 조선인의 값싼 노동력으로 기업에 이익을 도모한다는 경제적 측면을 인정하기 보다, '조선의 굶주린 사람들에게 일거리를 준다'는 시혜적인 입장을 견지하고 있기 때문이다.

이같이 모집방법에서부터 야기된 모순은 노동조건에도 그대로 반영이 되어 조선인노동자는 모집당시와 다른 조건하에 고용되었고 일본에서의 열악한 노동조건은 니가타(新潟)현 조선인노동자 학살사건을 계기로 당시 국내에서 커다란 사회문제가 되었다.

오사카에서 일하던 조선인노동자들의 노동시간[135]을 살펴보면, 1928년까지 메이데이의 표어나 일본노동단체·국내 노동단체가 주장한 노동시간은 8시간이었다. 그러나 실제로 일본인 노동자의 노동시간은 평균 11시간이었다. 1일 평균 13~18시간 정도였던 1880년대 일본인노동자의 노동시간이 공황으로 인한 조업단축과 노동조건 개선에 대한 문제제기 등으로 1920~30년대에 평균 11시간이 되었던 것이다.[136]

1920년대 오사카 조선인 노동자의 노동시간에 대한 당국의 조사내용이 밝혀져 있지 않으므로, 몇몇 조선인노동자의 예를 들어보기로 한다.

1926년 오사카부 기시와다(岸和田)방적의 경우에 규정은 12시간이었으나 ·교대가 제대로 이루어지지 않았으므로 14~16시간 근무도 흔한 일이었다.

---

135) 일반적으로 취업시간=노동시간+휴식시간, 노동시간=실질노동시간+휴식시간, 구속시간=실질노동시간+휴식시간으로 구분해서 사용한다. 그러나 해방이전 일본의 통계에서는 이러한 개념자체가 혼용되거나 실제노동시간을 파악하지 못하고 所定노동시간(단체협약이나 규칙에 의해 명시된 시간으로 실질노동시간과 다름)만을 조사하는 식의 통계가 대부분이다. 內海義夫, 백원담 역, 『노동시간을 중심으로 본 세계노동운동약사』, 화다, 1984년, 22~23면.

136) 森末義彰 외, 앞의 책, 45~46면; 75면.

같은 시기에 다른 지역 조선인노동자의 노동시간을 보면, 梁漢淑이나 鄭在順이 일하던 와카야마(和歌山)의 방적공장은 24시간 내내 기계가 쉬지 않고 작동되므로 여공은 12시간씩 2교대로 근무하였다고 한다.[137] 이같은 사실을 놓고 볼 때, 직종과 성별에 따라 다소 차이는 있으나 1920년대 조선인노동자들은 12~14시간 정도의 노동이 일반적이었다.

조선인노동자들의 휴일수는 평균 1개월에 2회 정도이다. 1924년 일본당국이 조사한 오사카 조선인노동자의 한달 간 휴일수를 산출해보면, 방적직공이 5일, 고무직공이 2일 그리고 공장노동자의 휴일은 2~5일이다.[138] 그러나 실제로 1926년경 기시와다 방적에 근무했던 조선인여공 강옥아·성준영·정이순 등의 증언과 오카야 제사공장의 계약서에 의하면 휴일은 한 달에 두 번이었다.[139]

1930년대 오사카조선인노동자의 노동시간을 조사한 일본당국의 통계를 보면 다음과 같다.

<표 1-13>에서 이용한 통계는 자영업과 고용직의 구분 없이 직업을 가진 조선인세대를 대상으로 조사한 자료이다.[140] 여기에서 가장 많은 노동시간은 10시간 이내, 不定, 11시간 이내, 12시간 이내, 9시간 이내의 순으로 나타난다. 이 가운데에서 가장 높은 비율을 갖는 노동시간은 10시간 이내이다. 그러나 不定이 25%를 넘는 것으로 보아 시간을 규정하지 않고 고용주의 필요에 따라 노동시간이 정해지는 것이 상례였다고 볼 수 있다.

이러한 장시간의 노동과 짧은 휴식시간은 잦은 노동재해를 유발하고 노동자의 건강을 악화시켰다. 오사카 조선인노동자의 노동재해에 대해 발표된

---

137) 金贊汀·方善姬, 앞의 책, 84~86면.
138) 內務省 社會局,「朝鮮人勞動者に關する狀況」1924,『集成』1, 501~502면.
139) 金贊汀, 앞의 책, 53~57면; 69~70면.
140) 이 통계자료는 잔업시간을 포함하지 않은 노동시간이며 직종상 구분이 없으므로 이 시기의 정확한 노동시간을 나타낸다고는 보기 어렵다. 방적업의 경우는 2교대제이므로 최소한 12시간 노동하지 않으면 안되었다. 또한 세대주를 구성하여 사는 조선인의 경우는 비교적 생활기반을 갖춘 상태이므로 기숙사에 기거하는 노동자와 노동조건에서 차이를 보인다.

표 1-13. 1932년 오사카조선인의 노동시간 - 1일을 기준으로 (단위 : 명)

노동시간	세대수	백분비	노동시간	세대수	백분비
9시간 이내	861	8.17	14시간 이내	48	0.46
10시간 이내	4,168	39.57	15시간 이내	32	0.3
11시간 이내	1,600	15.19	15시간 이상	109	1.03
12시간 이내	957	9.09	不 定	2,707	25.70
13시간 이내	52	0.49	총조사대상	10.534	

※ 자료大阪府 學務部, 「在阪朝鮮人の生活狀態」, 『叢書』3, 57~59면

조사자료는 없다. 그러나 단편적인 자료에 의해서 노동재해의 원인을 살펴
보면, 첫째 위험한 작업환경과 안전시설 미비로 야기되는 노동재해, 둘째 노
동자들의 작업 미숙과 수면부족으로 야기되는 노동재해 등을 들 수 있다.
　당시 노동상황을 살펴보기 위해 장문이기는 하지만, 1915년에 13세 나이로
오사카지역 조선소에서 견습공으로 일하였던 김태엽의 회고를 인용해보겠다.

　　소년 견습공인 내 일은 그 꼭대기에서 풀무에 보드를 달구어 주는 일이
다. 이것을 잘 맞추지 못하면 성질이 사나운 도비(*견습공)의 해머가 인정사
정 없이 내 등덜미를 후려친다. 머리통이 터지고 어깨뼈가 박살이 나는 일
도 허다하다. …… 그러나 이것으로 끝나면 오히려 다행이다. 자칫 잘못해
서 정신을 잃고 아래로 떨어지면 목숨을 건지기 어려웠다. 전체 600여명 정
도의 종업원 중에서 하루 평균 한두 명의 사망자와 7,8명의 부상자가 생긴
다. 이러한 생지옥 같은 공장이 일본의 대도시 오사카에 아무런 법적 제제
나 대책도 없이 버젓이 존재한다는 것은 군국주의 일본사회의 일면을 보여
주는 것이었다.
　　그뿐이 아니었다. 이 작업장에는 낯짝이 빨개서 빨갱이라는 별명을 가진
일본 감시원이 한 놈 있었는데, 이 자의 행패가 어찌나 심한지 노동자들, 특
히 조선인 노동자들은 항상 겁에 질려 있었다. 하루는 우리 조선인 노동자
한사람을 트집잡아 패기 시작하는데 그 광경이 어찌나 끔찍한지 차마 볼 수
가 없었다.[141]

사망의 위험 아래 놓인 노동조건, 일본감시원의 구타. 이것이 조선인 노동

---

141) 金泰燁, 『抗日朝鮮人の證言』, 不二出版, 1984, 43~44면.

자 앞에 놓인 노동상황이었다.

기시와다 방적의 경우, "목화의 먼지가 눈처럼 하얗게 뒤덮인" 작업장에서 먼지가 폐에 들어가는 것은 당연하였고, 그 외 기계에 팔이 끼여 다치는 경우도 있었다.[142] 이같은 재해에 대해 일본 당국은 노동자의 부주의로 발생한 사고로 파악하였지만, 근본적인 안전설비 미비가 큰 원인으로 지적될 수 있다. 여기에 단 2~3일의 실습을 통해 작업장에 투입되는 노동자들의 작업 미숙까지 겹쳐지면서 재해는 끊이지 않았다.

2) 임금구조와 생활상태

조선인노동자의 임금체계는 대체로 월급제·일급제·청부제였지만 임금이 월급으로 지급되는 경우라도 노동조직은 거의가 청부제로 운영되었다.[143]

니이카타현 사건을 계기로 밝혀진 토목·건축공사장의 청부제 내용을 보면, 회사가 공사청부업자에게 공사를 청부하고 청부업자는 다시 소청부업자에게, 그리고 소청부업자는 組頭(또는 小頭)에게 청부를 맡겨 공사를 담당하도록 했다.[144] 여기에서 노동자의 임금수준은 설계 예산상에는 최고가로 산정 되어 있으나 실제로 소청부업자와 조두는 노동자들에게 최저임금을 지급하고 그 차액을 차지했다.[145] 이러한 토목·건축공사의 累疊된 청부관계에 의해 노동자들은 자신의 임금을 청부인들과 분배하는 결과를 감수해야 했다.

이같이 토목·건축공사장에서 청부업자가 광범위하게 여러 층으로 존재할 수 있었던 조건은 당시의 토건공사가 단순육체노동에 의해 이루어지므로, 자본이 노동과정을 통제하기 위해서는 노동자를 장악할 수 있는 중간적

---

142) 金贊汀, 앞의 책, 72~76면.

143) 앞의 주, 85~86면.

144) 組頭는 작은 조가 4~5인, 큰 조인 경우 30~40명의 조원을 거느리는데, 조원을 자신의 집에 하숙을 시키며 자신은 직접 노동하지 않는 대신 일거리를 따내고 임금협정에 있어서 雇主와 직접 교섭하며 조원의 임금은 자신이 일괄 수령하여 조원에게 할당한다. 이 임금에서 조원의 하숙비가 공제된다. 大阪市 社會部,「朝鮮人勞動者問題」1924,『集成』1, 375면.

145)『동명』1호, 1922년 9월 3일자「기괴망측한 新潟縣사건의 진상」.

〈그림〉 토목・건축공사장 노동조직[146]

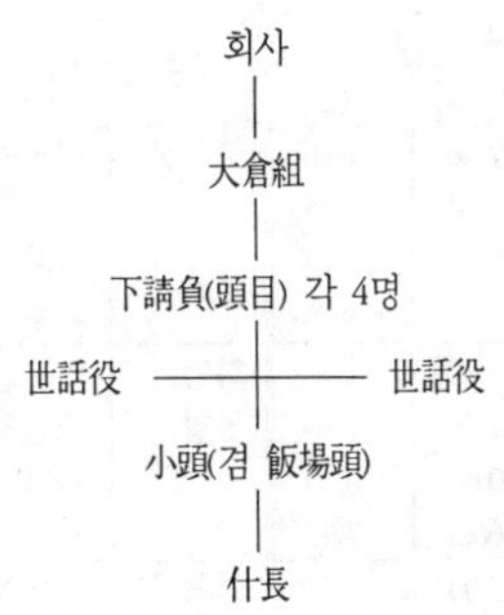

존재가 필요하였고, 노동력 또한 풍부했기 때문이다.[147]

방적공장의 청부제는 집단청부이든 개인청부이든 모두 개인의 생산량에 따라 임금이 결정되었다. 이는 기능 및 기계의 성능과 밀접한 관련을 갖는다. 따라서 기능에 우선하여 항상 불량한 기계를 배당 받는 조선인여공들은 임금산정에 있어서도 불리한 위치일 수밖에 없었다. 또한 방적・제사여공들은 등급임금제라는 독특한 임금형태에 의해 장시간의 노동에 임하면서도 저임금을 받을 수밖에 없었다.[148] 이같은 임금체계를 바탕으로 오사카 조선인노동자의 임금구조와 생활상태를 살펴보기로 하겠다.

1910년대 오사카 조선인의 노동상황과 생활상을 알 수 있는 자료는 발견되지 않는다. 따라서 회상기를 중심으로 대략적인 노동상황과 가계구조에

---

146) 新潟현 新越수력발전소 기사(『동아일보』 1922년 8월 25일자를 중심으로 작성.
147) 공사를 청부업자에게 맡기지 않고 업주가 직접하는 경우도 있지만 이러한 경우에도 노동자 조달은 청부업자에게 일임하였던 듯 하고 노동자를 알선하는 청부업자는 그 권한을 이용하여 노동자로부터 소개료를 받았다. 김영근, 「1920년대 노동자의 존재형태에 관한 연구」, 『한국사회사연구회회논문집』 12, 1988년, 164면, 167면.
148) 등급임금제는 1877년경 長野현의 製絲업계에서 기원하여 1900년대에는 거의 전국으로 확대되었는데, 임금이 일정기간내의 전 繰絲여공의 평균작업성적에 대한 각 여공의 작업성적 우열에 의해 사후적으로 결정되는 상대평가방식이다. 이러한 임금형태에 의해 고용주는 임금총액을 고정한 채 여공간의 경쟁을 부채질하여 작업능률을 올리고 여공간 연대의식의 성장을 억누를 수 있을 뿐만 아니라 저임금수준을 그대로 둔 채 여공모집을 반복할 수 있었다.

표 1-14. 1924년 관서지역 조선인노동자와 일본인노동자의 1일 임금 비교 (단위:원)[153]

직종	민족별	지역별 일급			직종	민족별	지역별 일급		
		쿄토	오사카	효고			쿄토	오사카	효고
방적공	일본인		1.30	1.16	고무공	일본인		1.50	2.00
	조선인		1.20	1.04		조선인		1.00	1.50
	격차		0.10	0.12		격차		0.50	0.50
	지수		92.3	89.6		지수		66.6	75.0
섬유공업직공	일본인	1.80	1.80	1.80	화학공업직공	일본인	2.00		1.70
	조선인	1.50	1.20	1.30		조선인	1.30		1.50
	격차	0.30	0.60	0.50		격차	0.70		0.20
	지수	83.3	66.6	72.2		지수	65.0		88.2
금속공업직공	일본인	1.50	2.00		피혁공	일본인		2.00	2.50
	조선인	1.20	1.50			조선인		1.60	2.30
	격차	0.30	0.50			격차		0.40	0.20
	지수	80.0	75.0			지수		80.0	88.2
전기공	일본인		3.00	1.67	인쇄공	일본인		2.00	2.00
	조선인		1.50	1.50		조선인		1.80	1.50
	격차		1.50	0.17		격차		0.20	0.50
	지수		50.0	89.8		지수		90.0	75.0
기계기구공업직공	일본인	2.00		2.00	토공	일본인	2.50	2.00	2.00
	조선인	1.20		1.70		조선인	2.00	1.80	2.00
	격차	0.80		0.30		격차	0.50	0.20	0.00
	지수	60.0		85.0		지수	80.0	90.0	100.0*
유리공	일본인	1.80	0.50	1.50	仲士	일본인		3.50	3.00
	조선인	1.30	1.00	1.30		조선인		2.00	2.50
	격차	0.50	0.50	0.20		격차		1.50	0.50
	지수	72.2	66.6	86.6		지수		57.1	83.3

대해서 살펴보자. 먼저 임금을 보면, 金泰燁의 경우 1915년 조선소에서 견습공을 하던 당시 일급은 85전이었고, 1916년 東明制帽공장의 숙련공이 되었을 때 일급은 2원이었다.[149] 그러나 남자직공의 경우는 여공에 비하면 조건이 나은 편이었다. 같은 해 오사카 최대 방적공장인 기시와다(岸和田)방적을 비롯하여 여러 방적공장 조선인여공의 임금은 일급 35전이었다.[150] 방적공장의 경우 일의 내용과 실적에 따라 임금의 내용은 달라지지만 어떠한 숙련공도 1원 이상을 받을 수 없었던 것이 당시 현실이었다.

---

149) 金泰燁, 앞의 책, 43, 49면.
150) 앞의 주, 55면.

한·일 노동자간의 임금내용을 알 수 있는 자료 가운데 가장 오래된 시기는 1922년 통계이다.[151] 이 가운데 조선인노동자의 최고 임금은 1원 60전이었다. 이 통계가 갖는 한계에도 불구하고, 통계의 임금과 비교해볼 때 김태엽의 일급 2원은 조선인으로서 최고의 임금수준이라고 볼 수 있다. 그러나 여기에서 중요한 점은 명목 임금이 아니라 실질 임금이다. 조선인노동자가 받는 이 임금 내용은 노동자가 의식주를 해결하는데 급급한 수준이었다.

견습공 시절을 회상한 김태엽의 기록을 통해 다시 한번 인용해 보기로 하자.

> 합숙소 생활은 비참했다. 먹기 고약한 안남미 밥에다가 썩은 단무지 몇 쪽 그리고 소금국이 변함없는 우리의 식사였다. 그러고도 하루 식대는 50전, 한 달에 15원이었다. 한달에 하루도 쉬지 않고 취업한다 해도 식비를 제하면 10원 50전이 나에게 남는다. 그러나 社則은 매월 몇 차례씩 휴일이 있도록 규정되어 있다. 그리고 유씨(*알선업자)에게 짊어진 빚(*밀선 승선비·선불금·취직알선비)을 매달 공제해야 하고, 또 의복비, 이발료, 목욕비, 무슨 약값 등등을 계산하다 보면 빚이 줄기는커녕 점점 늘어나기 마련이다. 이런 형편이니 손에 돈을 쥐어 보기는 아예 그른 것이다.……[152]

1920년대 이들의 임금은 직종·성별·연령 그리고 민족별로 차이를 보이고 있는데 이중에서 가장 두드러진 차이는 민족별 격차이다.

식민지 본국에서 식민지 노동자와 본국 노동자간 임금의 차이가 나는 것은 일반적인 현상이다. 비록 한·일 노동자간의 차이가 있었으나 위 임금내역은 국내에 비해서 훨씬 높은 액수이다. 따라서 조선인노동자의 생활상태를 정확히 규명하기 위해서는 임금의 차이보다는 가계구조를 파악하고, 이

---

151)　민족별 노동자간 임금비교(1922년)　　　　　(단위: 원)

업종	임금내용		임금차이	업종	임금내용		임금차이
	한인	일본인			한인	일본인	
土方	1.30	2.30	1.00/56.5%	직공	1.10	1.80	0.70/61.1%
仲仕	1.60	2.50	0.90/64	잡역	0.70	1.20	0.50/58.3

* %는 일본인에 대한 조선인임금의 비율

<자료> 大阪市, 「朝鮮人勞動者問題」1924년, 『集成』1, 369~370면

152) 金泰燁, 앞의 책, 42면.

를 일본인 노동자와 비교하는 것이 필요하다.

1924년에 오사카시가 산출한 조선인노동자의 1개월 생활비를 보면, 土方이 주거 및 의식비 18원 기타 3원으로 21원, 방적남공이 17원, 방적여공이 16원, 유리남공이 14원, 유리여공이 9.5원 등이다.[154] 이 숫자는 물론 저금 및 송금을 포함하지 않은 숫자인데, 이를 <표 1 - 14>와 비교해보면 큰 상이점은 발견되지 않는다. 다만 1927년의 주거비가 1923년이나 1924년에 비해 높다는 차이가 있을 뿐이다. 그러나 노동자의 임금은 1920년대 후반부터 점점 낮아지고 있다. 따라서 노동자의 생활은 인상되는 물가와 떨어지는 임금 그리고 실업으로 더욱 곤궁해져서 저금과 송금이 지속되지는 못했을 것으로 여겨진다. 구체적인 사례를 보면 다음과 같다.

<표 1 - 15>에서 ① · ② · ③은 하숙을 하는 경우이므로 식비가 주거비에 포함되어 있고, ④는 하숙을 하지 않고 廢船에 기거하는 경우이므로 주거비가 나타나 있지 않다. 한달 하숙비 15~24원은 전체 지출내역 속에 본다면 53~60%에 해당하는 높은 비중을 차지하는 액수이다. 그러나 ④와 같이 거주지도 없이 폐선에 기거하는데도 식비지출은 9원으로 전체수입의 45%나 되고 있다. 따라서 단신자가 아니고 가족을 거느리는 경우에는 한사람의 수입으로 살아가기가 불가능하였고,[155] 단신노동자들도 하숙비를 절약하기 위

---

153) 河明生, 『韓人日本移民社會經濟史』, 明石書店, 1997년, 177면.

154) 社會局, 「朝鮮人勞動者に關する狀況」1924, 『集成』1, 467면.

155) 실제적으로 가족을 거느린 세대의 지출내역을 조사한 바에 의하면 남편은 土方이나 공장노동자이고 아내는 하숙업을 하는 경우가 많았고, 토목·건축관계노동자중에서 組頭인 경우에는 組員을 모두 자기 집에 하숙을 치는 경우가 대부분이었다. 자녀 두 명(남17세, 여5세)을 둔 가족의 수입과 지출내역을 예로 들어보면 아래와 같다.

    수입 ┌주인수입 40원(배달부)

          └하숙료   84원 (하숙인 4인)   총수입 124원

    지출 ┌식료품   90원 (하숙인 식비 포함)

         ├피복비   15원

         ├잡비   10원

         └전등대   1원   총지출 116원

이 지출내역에서 잔액은 8원이 되는데 이는 가건물에 거주하여 집세지출이 없고, 학령기의 아동을 취학시키지 않아 학비지출이 없기 때문이다. 大阪市社會課,

표 1-15. 오사카 거주 단신조선인노동자의 가계구조   (단위 : 원)

직종	월수입	주거비	식비	피복비	잡비	송금	저금	잔액	연도
①土方	35	19.5/55%			9/25%	5/14%		1.5/4%	1923년
②土方	40	24/60%		5/12%	10/25%				1927년
③직공	28	15/53%				10/35%	2/7%	1/3%	1923년
④인부	20		9/45		5/25%		6/30%		1923년

( )안은 월수입

※ 자료 大阪市, 「朝鮮人勞動者の近況」, 『集成』5, 799~800면
　　　　大阪市, 「朝鮮人勞動者問題」, 『集成』1, 380~383면

해 가건물에서 십여 명씩 합숙을 해야 했다.[156) <표 1-15>의 특징으로는 피복비지출이 거의 없고, 전체 수입 중에서 많은 액수의 송금과 저금을 하고 있다는 사실을 지적할 수 있다. 조선인노동자들은 하숙비에 피복비가 포함되어 있지 않으면서도 1923년의 경우에는 단 1%도 지출하지 않고 있다. 거기에 비해 송금 및 저금액 5~12원은 전체 수입액의 14~42%에 해당된다. 이는 조선인노동자들이 가장 기본적인 생계비지출도 자제하면서 저금과 송금을 하고 있음을 볼 수 있다.

1928년 9월 21일자 『大阪朝日新聞』이 보도한 조선인여공의 선행기사에는 제주도 출신의 여공 2명이 20원의 수입(식비 제외한 금액) 가운데 17원을 송금한다는 내용이 실려 있다.[157) 이 기사는 당시 일본인이 조선인에 대해 갖는 부정적인 인식을 생각할 때, 저축을 장려하고자 하는 의도의 과장된 보도 내용이라고 보기는 어렵다. 실제로 『제민일보』가 취재한 내용에 따르면[158), 제주도민이 오사카에서 받는 임금이 1920년대 초반의 경우, 13원이었는데, 당시 일본시내 전차요금은 6전이었고, 송아지 한 마리 값이 5원이었다고 한다. 조선인노동자는 방값과 잡비를 제외하고 매달 8원을 저축하거나 송금했다고 한다.

「朝鮮人勞動者の近況」, 『集成』5, 799~800면.

156) 大阪市 社會部, 「朝鮮人勞動者問題」1924, 『集成』1, 380~383면.

157) 金贊汀, 『朝鮮人女工のうた』, 87~88면.

158) 『제민일보』는 두형제가 3년동안 2백원을 송금한 경우를 보도하고 있다. 『제민일보』 1990년 9월 13일자.

오사카지역 조선인노동자의 절약은 일본당국도 인정할 정도였다. 오사카시는 조선인노동자 조사를 마친 후 조선인노동자의 생활에 대해 다음과 같이 평가했다.

> 조선인노동자들의 생활상태는 비참하다. 특히 섭취하는 식물에 있어서는 극심하다. …… 그들의 생활은 죄수보다도 못하다. 이들은 돈을 벌기 위해 일본에 있는 동안에는 더욱 더 비참한 생활을 한다. 世人중에는 조선인노동자가 술과 도박으로 수입의 전부를 소비하는 것과 같이 생각하지만 실은 그런 사람은 소수에 불과하다. …… 그들은 갈아입을 옷도 갖고 있지 못하고 돼지 같은 음식을 먹으면서도 수입의 범위 안에서 열심히 저축하고 착실히 송금한다. …… 그들은 어떠한 절약된 생활이라도 싫어하지 않는다.[159]

이러한 조선인의 생활상태는 1930년대에도 이어졌다.

<표 1 - 16>을 기준으로 收支와 주요 지출 내역규모를 비교해보면 다음과 같다. 수입은 25~45원이 상위 5위를 기록하고 있고, 지출은 20~40원이, 식비는 10~30원, 집세는 5~25원이 각각 상위 5위를 기록했다. 이들 각각의 평균비율은 수입이 11.06%, 지출이 12.62%, 식비가 11.06%, 집세가 19.59%이다. 물론 20원 이하(6.46%)의 수입도 적지 않은 비율을 나타내지만 50원 이하(7.41%)나 100원 이상(4.88)의 수입도 높은 비율을 보이고 있어서 직종간 격차가 크게 나타남을 알 수 있다.

이 통계를 통해 알 수 있는 것은 상위 5위의 분포도에서 수입에 비해 지출금액이 낮다는 점이다. 즉 잉여금을 남기고 있다는 의미이다.[160] 실제로 조사대상 조선인들은 적지 않은 저금과 송금액을 보이고 있다. 매월 저금액을 보면, 10원 이하가 252세대, 20원 이하가 109세대, 5원 이하가 74세대, 15원 이하가 57세대, 30원 이하가 32세대에 이른다. 송금액을 보면, 10원 이하가 164세대, 5원 이하가 85세대, 20원 이하가 62세대, 15원 이하가 47세대, 30원 이하가 18세대이다. 조사대상 11,835세대 가운데 376세대(3.2%)가 5~30원을 송금했다는 결론이다.[161]

---

159) 앞의 주, 378면.

표 1 - 16. 1932년 오사카조선인의 가계수지 (단위:%)

금 액	수 입	지 출	식 비	집 세
5원 이하			0.51	12.89*
10원 이하	0.52	0.65	10.57*	35.05*
15원 이하	2.43	3.03	32.48*	28.92*
20원 이하	6.46	9.22*	24.21*	16.72*
25원 이하	10.09*	15.35*	12.26*	4.39*
30원 이하	14.58*	15.82*	5.98*	1.17
35원 이하	10.59*	12.75*	3.95	0.25
40원 이하	10.92*	9.93*	2.43	0.30
45원 이하	9.12*	7.60	1.84	0.13
50원 이하	7.41	5.91	1.26	0.06
55원 이하	4.82	3.95	1.00	0.03
60원 이하	4.66	3.02	0.74	0.01
65원 이하	2.87	2.17	0.53	0.01
70원 이하	2.50	1.89	0.52	0.03
75원 이하	1.64	1.20	0.39	
80원 이하	1.92	1.44	0.30	
85원 이하	1.15	1.02	0.15	
90원 이하	1.54	0.77	0.21	0.01
95원 이하	0.68	0.50	0.10	0.01
100원 이하	1.21	0.61	0.17	0.01
100원 이상	4.88	3.16	0.40	

* : 비율이 높은 항목

※ 자료 大阪府,「在阪朝鮮人の生活狀態」,『叢書』3, 139~144면,
　　151~153면, 184~186면

　　1920~1930년대 일본인노동자의 임금과 생계비내역을 통해 같은 시기 조
선인노동자의 생활상태를 비교해보기로 하겠다. 다음에서 제시된 공장노동
자·細民[162]·일용노동자는 도시의 대표적인 하층으로서 비록 직종은 다르
지만 노동계층이라는 면에서는 공통점을 보이고 있는데 이 가운데서 가장
열악한 가계구조를 보이는 직종은 細民이다.

---

160) 조사 대상조선인의 29.48%가 잉여금을 남겨 저금과 송금을 하고 있었다. 大阪府
　　學務部,「在阪朝鮮人の生活狀態」,『叢書』3, 204~207면.
161) 大阪府 學務部,「在阪朝鮮人の生活狀態」,『叢書』3, 204~207면.

표 1-17. 1920~1930년대 토쿄시 하층민의 가계구조   (단위: 원)

직 종	수입	식비	주거비	피복비	잡비	연도
공장노동자	72.50	35.1/50%	8.81/17%	6.8/9.7%	16.4/24%	1920년
細 民	57.93	34.9/62%	8.78/15%	3.6/6.3%	9.44/17%	1921년
일용노동자	82.01	36.5/45%	17.2/22%	7/8.6%	19.6/24%	1926년
도시하층	41.29	20.26/49%	5.91/14%	3.10/7.5%	11.95/29%	1933년*
공장노동자	92.78	28.93/35%	18.94/20.4%	9.65/11.7%	25.20/31%	1933년**

%는 전체 지출에 대한 비율
* 1933년 도시하층의 경우는 0.07원의 적자
** 1933년 공장노동자의 경우는 10.06원의 적자
※ 자료 中川 淸, 『日本の都市下層』, 勁草書房, 1985년, 101면 ; 129면 ; 316면

이를 같은 시기 조선인노동자의 가계구조와 비교해 보면, 전체 규모는 조선인노동자의 가계수준을 상회하는 수준임을 알 수 있다. 우선 수입액이나 지출항목에서 차이가 있는데, 수입의 경우는 앞에서 논급한 민족별 임금구조의 차이에서 나타나는 현상을 입증해 주며, 지출의 경우도 주요 항목당 비율상에서는 차이를 보이지 않으나 피복비와 저축액에서 차이를 보여주고 있다. 즉 양국민의 가계구조를 비교한 결과 알 수 있는 사실은 1920년대 조선인노동자의 생활상태는 같은 시기 일본의 하층민 가운데 최하층으로써 빈민굴에 거주하는 細民의 그것에도 미치지 못하는 정도였다는 점이다.

3) 주택문제와 교육수준

(1) 주거환경과 주택문제

식민지시대에 오사카 조선인노동자들이 당면하고 있는 생활상의 가장 큰 문제는 저임금이지만, 그것과 관련하여 주택문제도 간과될 수 없는 문제점 중

---

162) 世民은 빈민굴이나 특수집합가옥에 살고 있는 하층민을 의미하는데 東京와 神戸의 직업구성을 보면, 토방·중사·일용인부·인력거부·목수·노점상·수공업 종사자·공장직공·심부름꾼 등 40~50여종에 이르는데 토방·중사·직공·심부름꾼이 다수를 차지한다. 中川 淸, 『日本の都市下層』, 勁草書房, 1985년, 31면; 森末義彰 외, 앞의 책, 330면.

의 하나이다. 조선인노동자들에게 지급되는 임금은 일본 빈민굴거주자의 생활정도에도 미치지 못하는 수준이었으므로, 노동자들은 도시외곽이나 하천변·공사장근처에 설치한 長屋·가건물 등의 불량주택을 이용해야만 했다.163)

이하에서 조선인노동자들의 주거상황과 일본당국의 조선인집단거주에 대한 인식을 살펴보기로 하겠다.

1924년의 조사에 의하면164) 오사카거주 조선인노동자들은 한 집에 20~30명씩 모여서 살고 있었던 것으로 나타나는데, 이러한 상황은 1930년대에 들어서도 변하지 않았다.

일본당국의 조선인 주거상황에 대한 인식은 지극히 부정적이었다. 일본당국은 당시 심각했던 조선인들의 주택난 원인에 대해서 일반적인 원인과 특수원인의 두 가지를 제시했다. 일반적인 원인으로 인구증가와 신축가옥수 사이의 불균형을 들고, 특수원인으로는 조선인이 집세를 체납하고 싸움을 잘하며 소란스럽고 집을 훼손하는 '불량성'으로 파악하여 전자보다 후자를 주택난의 중요한 요인으로 규정했다. 또한 일본당국은 조선인 집단거주지에서 "조선인의 밀집생활이 많은 범죄와 부도덕·불위생 등 모든 사회악을 釀成하며 내선융화에도 큰 장애가 되고 있다"고 평가했다.165)

주택분쟁에 대해서도, 조선인이 집세 및 부금의 지불능력과 지불의지 결여가 분파업 주요한 원인이라고 파악했다. 이같은 일본당국의 조선인주거상황에 대한 인식은 주택문제의 원인을 민족차별이나 저임금에 두지 않고 조선인들에게 돌리려는 의도가 강하게 내포되어 있기 때문이다. 조선인들이 1

---

163) 불량주택은 일본에서 1880년대부터 형성되기 시작한 도시빈민굴의 보편적인 주거형태인데 이 가운데에서 가장 일반적인 것은 보통長屋, 棟割長屋, 공동長屋 등의 長屋으로 규모면에서 차이는 있으나 모두가 하나의 지붕 아래에서 공동의 부엌과 화장실을 이용하여 여러 가구가 살도록 구성되어 있는 형태는 동일하다. 中川 淸, 앞의 책, 30면; 116면.

164) 大阪市社會部, 「朝鮮人勞動者問題」 1924, 『集成』 1, 380~383면.

165) 大阪市社會部, 「本市に於ける朝鮮人住宅問題」, 『集成』 2, 1193면; 大阪市社會課, 「朝鮮人勞動者の近況」 1933, 『集成』 5, 805~806면.

가옥 내에 밀집되어 있는 것은 사실이지만, 이들의 밀집이 '조선인의 불량성'으로 판단될 근거는 없었다. 이보다는 높은 집세·일본주민의 배타적인 태도 등이 조선인의 주거문제의 근본 원인으로 작용했다. 1922년의 오사카 조선인밀집지역의 집세는 보증금 20~100원에 월세 15원이 가장 보편적인 수준166)이었는데, 이 정도의 집세는 당시 임금수준으로 볼 때 상당히 높은 액수였다.167) 그러나 1932년을 기준으로 볼 때, 집세를 체납하는 비율은 일본인이 54.08%인데 비해 조선인은 47.72%로 도리어 일본인이 높았다.168)

일본지역민의 조선인에 대한 부정적인 인식도 조선인의 주택상황을 더욱 악화시키는 요인이 되었다. 일본인은 조선인이 집을 얻는 것을 지극히 꺼려 일본인보다 까다로운 조건을 제시했다. 조선인들은 정상적인 주택을 얻기 위해서는 일본인 보증인 2~3명을 내세워야 하였지만, 이는 일본인의 대부분이 1명의 보증인으로 집을 얻을 수 있었던 사실과 대비된다. 또한 賦金(*집세지불의 담보의 성격을 띠는 보증금)의 경우도 일본인보다 많은 액수를 내야 했다.169)

이같은 조선인들의 주택문제는 빈번한 주택분쟁을 야기했다. 재일조선인의 주택분쟁은 1924년 오사카시에서 일어난 분쟁에서 시작되었는데, 1927년경에는 전국적으로 빈번히 발생하면서 분쟁회수가 증가했다.170)

(2) 교육수준

일본이 식민지조선에서 초등학교의 의무교육을 실시하지 않았던171) 1920년

---

166) 『동아일보』 1922년 10월 25일자.
167) 다른 지역의 집세도 이보다 낮지는 않았다. 토쿄의 경우, 1918년 집세는 1호당 월 7.5원이고, 1926년 토쿄시 거주 조선인 崔鍾煥가 빌린 집은 월세 50원 보증금 300원이었다. 中川 淸, 앞의 책, 99면; 경북경찰부, 앞의 책, 145면.
168) 大阪府 學務部,「在阪朝鮮人の生活狀態」,『叢書』3, 182~183면.
169) 樋口雄一,「在日朝鮮人に對する住宅差別」,『在日朝鮮人史研究』2, 1978년, 74~77면.
170) 경북경찰부, 앞의 책, 144~145면. 1924년 大阪에서 일어난 주택분쟁 내용에 대해서는 자세한 내용을 알 수 없으나 1927년경 주택분쟁의 전국적 확대 및 증가로 인해 비로소 일본당국은 조선인의 주택문제에 관심을 갖게 되었다.
171) 국내에서 초등학교의 의무교육은 1941년 3월에 발표된「국민학교령」을 통해서

대 국내 농민층이 보통학교 교육을 받는 것은 농가 가계실정으로 보아 일반적
인 경우는 아니었다. 그 당시 초등교육은 의무교육이 아니어서 공립보통학교
에 입학하기가 어려웠다. 입학시험을 치르어야 하였고 월사금도 내야 했기 때
문에 가난한 가정에서는 아예 입학을 포기하고 한문을 배우거나 혹은 야학에
서 한글을 배우는 정도가 고작이었다.[172)

　1920년대 오사카 조선인노동자의 無學文盲者 비율을 보면, 1923년이 53%,
1924년이 54%, 1929년이 54%, 1930년이 52%로 비슷한 수준을 보이고 있
다.[173) 이는 도일전의 지식정도를 조사한 것으로 이같은 정도는 당시 국내노
동자의 지식정도와 비교하여 결코 뒤떨어지는 수준이 아니었다.

　1922년 국내노동자 48,043명에 대한 교육상황조사에 의하면, 무교육자가
27,480명으로 57%에 달하고 서당수업자가 24%, 보통학교 졸업자가 10%, 보
통학교 중퇴자가 8%이고 중등학교 이상이 1%이었다.[174) 서당수업자인 경우
에도 문맹상태인 경우가 있기는 하였으나[175) 이 가운데에서 완전한 무교육
자만을 무학문맹자로 본다면, 그 비율은 57%로 오사카 조선인노동자의 그것
을 상회한다.

　비로소 6년간의 의무교육이 가능하게 되었으나 실행되지는 못했다. 손인수,『한
　국교육사2』, 문음사, 1987년, 639~642면.
172) 1922년의 교육령에 규정된 보통학교의 수업료는 1개월에 1원 이내이다. 이만규,
　　『조선교육사』Ⅱ, 거름, 1988년, 180면.
173) 大阪市社會部,「朝鮮人勞動者問題」1924,『集成』1, 383~386면; 大阪市社會課,「朝
　　鮮人勞動者の近況」1933,『集成』5, 797면; 朝鮮總督府,「阪神.京浜地方の朝鮮人勞
　　動者」1924,『集成』1, 415~416면.
174) 이 조사결과에 의하면 무교육자 57%이고 피교육자가 43%이지만 半문맹상태라
　　고 할 수있는 서당수업자나 보통학교 퇴학자가 32%에 달하여 문맹상태에 속하
　　지 않은 노동자의 비율은 11%에 불과하게 된다. 이여성·김세용,『수자조선연
　　구』2, 세광사, 1931년, 117~118면.
175) 서당은 1919년 이후부터 재래서당과 개량서당으로 그 형태와 교육내용에 있어서
　　큰 변화를 겪게 되는데, 시대적인 적응을 위해 개량서당이 크게 성행하였다. 그
　　교육내용은 동몽선습을 수정하여 가르치는 것으로 민족교육의 일환을 담당하면
　　서도 한국어와 한국역사를 중심으로 가르치고 있어서 서당교육을 통해 문맹상태
　　를 극복할 수 있었다. 노영택,『일제하 민중교육운동사』, 탐구당, 1979년, 95~97
　　면.

또한 식민지시대 국내의 일본어 해독 현황을 보면, 1913년 0.61%에서 1923 년 1.81%이고 1933년에 7.8%이며, 1937년 제3차 교육령을 통해 각급 학교에 서 한국어 수업이 전면 금지된 이후인 1938년에 이르러서야 12.38%에 달했 다.[176] 그러나 이 비율에 해당되는 계층의 대부분이 지식계층이었음을 감안 할 때, 농민의 일본어해독 정도는 짐작할 만하다. 그러므로 당시 국내상황으 로 보아 이 시기 조선인노동자가 도일초기에 일본어와 일본글을 이해하지 못하는 것은 일반적인 일이었는데도, 이들은 작업 중에 불리한 노동조건 외 에도 일본어를 알아듣지 못한다는 이유로 학대받는 경우가 있었다.[177]

오사카 거주 조선인노동자의 일본어 해독수준과 교육정도를 살펴보도록 하겠다.

<표 1 - 18>은 오사카 거주 조선인노동자 가운데 일부를 대상으로 일본어 해독정도를 조사한 결과이다. 이 결과에 따르면 ①과 ②의 비율은 1924년이 전년도에 비해 높아졌으나 ③의 경우는 남녀노동자를 합하여 12% 낮아지고 있다. 그러나 여전히 40~50%의 노동자들은 일본어로 언어소통을 할 수 없는 상태에서 일본노동시장에 투입되었고 그로 인해 이들은 제반 노동조건에서 불이익에 직면하게 되었다. 즉 조선인노동자들은 고용계약서를 작성할 때에 계약서에 제시된 여러 조건을 모르는 상태에서 날인을 하게 되었다. 그 결과 노동의 강도와 노동시간에 비해 저급한 대우를 받게 되거나 노동브로커의 횡 포에 희생되는 경우가 많았고, 작업시에 작업지시를 제대로 이해하지 못하는 데에서 파생되는 작업상의 손실로 인해 인간적인 학대를 받게 되었다.

여자노동자의 경우에는 문맹율이 더욱 높았다.[178] 당시 한국 농촌의 경제 상태와 전통적 관념에서 여자에게 교육의 기회가 주어지는 것은 지극히 예 외적인 일이었다. 따라서 대부분의 여공들은 고향에 편지를 쓰지도 못하고 보내온 편지도 읽지 못하는 형편이었으므로 공장 내에 비공인 야학이 열렸

---

176) 한국교육사연구회, 『한국교육사』, 교육출판사, 1989년, 342면.
177) 조선인여공들은 대부분이 일본말을 능숙히 할 수 없었기 때문에 일하는 도중 실 수를 했을 때 감독이 말로 지적하기보다는 구타를 하는 경우가 더욱 많았다. 金 贊汀, 앞의 책, 89~90면.

표 1 - 18. 오사카 거주 조선인노동자의 일본어 해독정도 (단위: %)

	1923년		1924년		1932년
	남	여	남	여	
①일본어에 익숙한 경우/상	14	0.9	19	1.4	22.57
②조금 해독이 가능한 경우/중	27	2.8	30	5	54.24
③해독이 불가능한 경우/하	41	12	32	10	23.19
조 사 인 원 수	18,191명		26,848명		11,835세대

* 1932년은 상, 중, 하로 구분
※ 자료 大阪市社會部, 「朝鮮人勞動者問題」1924, 『集成』1, 383~386면
　　　金贊汀・方善姬, 『風の慟哭』, 76면
　　　大阪府 學務部, 「在阪朝鮮人の生活狀態」, 『叢書』3, 191면

을 때 적극적으로 참가했다.179) 방적공장 내 야학은 주간근무를 한 조선인 반장이 선생이 되어 밤에 두 시간씩 여공들에게 한글을 가르쳤는데, 글을 배우는 도중에 교사가 "항상 대한독립만세를 잊어서는 안 된다"고 가르치고 용감한 노래를 부르는 등 조선인노동자의 민족의식을 불러일으키는 역할을 담당했다.180) 당시 교수를 담당했던 사람들은 조선인 사회운동가 내지 노동운동가들로서 이들은 당시 야학 등을 이용하여 공장노동자의 조직화를 시도했다. 이로 인해 야학은 회사측의 탄압에 의해 폐쇄되었으나 글을 배우고 싶어하는 여공들이 많았기 때문에 얼마 되지 않아 재개되곤 했다.181)

야학에는 여공만이 참가한 것이 아니었다. 1930년의 오사카 조선인공장노동자를 대상으로 한 교육정도조사에서 남자조사응답자 7,459명 가운데 7명 (0.09%)이 당시 야학에 재학 중이었다.182)

---

178) 1923년 조사 대상 여자노동자 2,696명 가운데 무학문맹자는 88%이고 1930년의 경우에도 문맹율은 84%에 달한다. 大阪市, 「朝鮮人勞動者問題」1924, 『集成』1, 383~386면; 大阪市, 「朝鮮人勞動者の近況」1933, 『集成』5, 797면.

179) 金贊汀, 앞의 책, 112~113면; 126~133면.

180) 특히 조선인여공들은 평소에 감독이나 일본인 여공으로부터 '멍텅구리' '조선돼지' '더러운 돼지'로 불리면서 인간적인 학대를 받아왔으므로 야학에서 배우는 민족적인 내용에 쉽게 공감하게 되었다.

181) 金贊汀, 앞의 책, 126~133면.

182) 大阪市社會課, 「朝鮮人勞動者の近況」1933, 『集成』5, 797면.

  야학을 통한 교육은 조선인노동자가 노동현실에서 느끼는 민족적 차별의
식과 모순을 식민지 지배라는 구조적인 문제의 인식으로 확대하는데 영향을
주었고, 조선인노동자들이 조직화 필요성을 절감하는 데에도 일익을 담당했
다.

제3장 1910년대 오사카 조선인 사회

제3장 1910년대 오사카 조선인 사회

오사카는 일본 최대의 노동시장으로서, 이곳에 거주하는 조선인은 노동자가 대다수를 차지했다. 이들 조선인은 공장 일용노동자나 자유노동자로서 일본의 민족차별 구조 속에서 일본 내 최하층의 생활상황과 노동조건 아래 놓여 있었다. 비록 최하층의 생활이지만 재일조선인들에게 일본의 노동시장은 중요한 생활 터전이었다. 재일조선인이 민족차별 속에서 돈을 벌기 위해서는 조선인들 간의 결속이 시급히 요구되었다. 그러나 당시 오사카에는 교민조직이나 거류민단이 조직되어 있지 않았다. 오사카뿐만 아니라 일본 내 다른 지역에서도 거류민단 조직은 찾아볼 수 없었다. 이는 당시 일본은 만주나 중국·노령과 달리 외국이 아니었기 때문이다. 그 결과 도일을 이주의 개념으로 인식하지 않고 계절제 돈벌이노동이나 단기 이동의 입장에서 받아들이는 경향이 강하게 작용했다. 이 점은 재일조선인 사회가 만주나 중국, 노령 지역의 조선인사회와 다른 차이점 가운데 하나이다.

오사카 지역 재일조선인은 1914년 在阪조선인친목회를 비롯하여 각종 조선인단체를 조직하여 친목을 도모하고 노동정보를 교환하는 한편, 거주 조선인을 결속하면서 조선인의 공동이익을 도모했다. 이러한 단체는 거류민단 조직이 없는 상황에서 대체효과를 가져왔다고 할 수 있다.

앞에서도 언급한 바와 같이 필자는 개항 이후 1938년까지 오사카 조선인단체의 활동시기를 편의상 세 시기로 구분하였는데, 본장은 세 시기 가운데 첫 번째 시기에 해당한다. 이 시기는 오사카조선인사회가 형성되어 나가는 시기로써, 조선인이 일정한 지역에 밀집하기 시작한 시기이다.[1] 또한 이 시

---

1) 오사카의 조선촌은 1907년부터 1920년대 초반에 형성되었다. 본장에서는 조선촌의 형성과 조선인거주수의 증가 현상, 조선인단체의 성격 등을 고려해서 개항이후 1922년 12월 大阪同盟會가 출현하기 이전까지를 오사카 조선인사회의 형성기로 설정했다.

기는 전문노동단체[2]나 노동조합이 출현하지 않았던 시기로서 조선인노동자도 노동자로서의 계급적인 의식이나 노동자의 집단 이익을 위한 독자적인 움직임을 나타내지 못한 시기였다. 이 시기 오사카지역 조선인운동은 지식인 중심의 운동이라는 점, 토쿄의 영향을 강하게 받았다는 점, 운동 내용에서 계몽운동적 성격이 강하다는 점을 특징으로 한다. 즉 1910년대는 오사카지역 재일조선인의 민족운동이 본격적으로 구현되지 못했던 시기였다. 그러나 이 시기 조선인은 민족운동의 배태성 속에서 이후 운동의 주체가 될 준비를 하고 있었다는 점에서 의미를 부여할 수 있다. 미숙한 수준이기는 하지만 민족의식을 고취하고자 하는 움직임이 있었고, 만세운동이 시도되기도 했던 것이다.

본장은 조선인단체 결성과 운영에 영향을 미친 주도세력의 성향 분석에 주력함으로써, 이후 시기 오사카에서 전개된 조선인민족운동의 내용을 규명하는 데 토대를 마련하고자 한다.

1. 조선인 단체의 결성 상황

1922년 이전인 민족운동 태동기에 자료상 등장하는 조선인단체는 在阪朝鮮人親睦會(1914)·同盟合資會(1916)·合同會財團(1918)·朝鮮人貯金會(1919)·朝鮮人協會(1922)·進動會(1922)·朝鮮人職業紹介救濟會(1922)·關西朝鮮人勞働協會(1922) 등이다.[3] 이 가운데에서 단체의 결성과 활동내용에 대한 파악이 가능한 단체는 4개 단체, 이들 4개 단체는 조직대상을 기준으로 노동자(또는 직공)를 대상으로 하는 단체와 대상을 한정하지 않은 단체로 대별된다.

---

2) 전문노동단체는 지식인이 주축이 되어 노동조합결성, 노동운동 지도 및 원조를 표방하는 단체를 의미한다. 김경일, 『일제하 노동운동사』, 창작과 비평사, 1992년, 98면.

3) 姜徹, 『在日朝鮮人史年表』, 雄山閣, 1983년, 20~38면; 內務省 警保局, 「朝鮮人槪況」 1916년, 『集成』 1, 48~50면; 梁永厚, 앞의 책, 19면; 『大阪地方勞動運動史年表』, 1957년, 101면.

4개 단체 가운데 먼저 노동자를 대상으로 하는 단체를 시기별로 살펴보기로 하겠다.

‘在阪朝鮮人親睦會’는 노동자 구호를 목적으로 하는 단체로서, 오사카에서 최초로 결성된 조선인단체이자 일본지역에서 노동자를 대상으로 하는 최초의 재일조선인단체이기도 했다. 1914년 1월 15일에 姜万馨(關西대학생)이 발기자가 되어 자신의 숙소에서 崔進泰, 金基俊, 鄭致鉉 외 6명과 함께 임원선출과 회원 권유 등에 대해 협의를 한 이후 몇 차례 모임을 가졌으나 2월 25일에 해산을 하여 더 이상 구체적인 활동은 없었다. 그 후 9월 1일에 鄭泰信이 다시 발기하여 南區에 있는 음식점에서 오사카 거주 조선인 35명이 모인 가운데 창립한 이후 1916년 5월 말까지 14회 모임을 가졌다. 처음에는 정태신이 총간사가 되어 회를 주재하고, 夫南熙·申泰均 등 두 명이 부간사로 보좌했다. 그 후 1915년 1월 하순경 정태신이 상해로 떠나자 羅景錫이 대신 총간사를 담당하고, 강만형·李達彬·李化麟 등과 함께 회를 운영했다. 그러나 다시 나경석이 9월 중순에 귀국하면서 활동이 부진해졌다.[4]

‘在阪朝鮮人親睦會’는 명칭은 친목회이지만 단순한 친목 도모만을 목적으로 한 것 같지는 않다. 또한 노동자구호를 목적으로 내걸었으나 구체적인 구호활동을 하거나 재원을 적립하지도 않았다. 그러나 조직 기구를 갖추고 1년에 6회 이상의 모임을 연 것으로 나타난다. 그러면 ‘在阪朝鮮人親睦會’의 실제 결성 목적은 무엇인가. 이러한 의문은 1년여 동안 단체를 주도한 정태신의 교류관계를 통해서 간접적으로나마 추정해보겠다.

정태신은 특별요시찰인물(乙호)[5]로, 요시찰인물 甲호인 일본인 요코다 소

---

4) 姜徹, 앞의 책, 20면 ; 梁永厚, 앞의 책, 19면. 姜徹과 梁永厚는 1914년 1월 15일과 9월 1일에 ‘大阪朝鮮人親睦會’와 ‘在阪朝鮮人親睦會’로 창립한 각기 다른 두 단체로 기록했다. 그러나 필자는 회의 목적이나 명칭이 같고, 강만형이 두 단체에서 모두 활동한다는 점을 근거로 통일한 단체의 소멸→발전과정으로 이해했다.

5) 要視察人視察制度는 법률상 정식적인 것이 아니었으나 明治시대부터 비밀리에 운영된 제도로서, 이 가운데 특히 ‘特別要視察人視察’제도는 사회주의자 시찰제도에서 발전한 제도인데 조선인에 대한 요시찰 내규와 각 부현 거류조선인명단은 1910년 내무성통첩에 의해 각 지방장관에게 내려졌다. 조선인에 대한 요시찰 인원수는 거주조선인의 수에 비해 높은 편인데, 거주 조선인의 직업별 비율에 따

지로(橫田宗次郎), 하세가와 이치마츠(長谷川市松) 등과 일정한 관계를 맺고 있었다.[6] 정태신은 많은 일본사회주의자와 교류하는데, 특히 요코다와는 정태신이 '在阪朝鮮人親睦會'를 주도하던 1914년 가을부터 함께 기거할 정도였다.[7] 요코다는 실천적인 사회주의자였는데, 조선인과의 교류를 통해 '조선인 가운데 일종의 위험사상을 갖고 있는 자가 많음'을 확인하고 이를 행동화·조직화하고자 했다.[8] 특히 당시 일본인을 대상으로 한 조직화가 요코다의 생각대로 진행되지 않았으므로 조선인의 조직화를 돕고자 하는 생각이 강했다. 따라서 정태신이 '在阪朝鮮人親睦會'를 조직했을 때 요코다가 이를 도왔던 것이다.[9] 또한 정태신은 요코다 외에 사회주의자 그룹의 결성자인 이츠미 나오조(逸見直造)와도 교류를 갖고 있었다.[10] 이상의 내용을 볼 때 '在阪朝鮮人親睦會'는 친목도모나 노동자 救護보다는 노동자 규합이 더 큰 목적이었던 듯 하다.[11]

라 차이가 크다. 노동자가 높은 비중을 차지하는 지역보다 학생, 지식층이 높은 비율을 차지하는 지역의 요시찰인원비율이 월등히 높다. 1915년 4월을 기준으로 조선인요시찰인물비율을 살펴보면 거주조선인 전체에 대한 요시찰인물비율은 12.9%이다. 大阪 거주 조선인 399명 가운데, 요시찰 갑호가 4명, 을호가 99명으로 총 100명(거주 조선인의 25%)이 요시찰대상이었다. 奧平康弘, 『治安維持法小史』, 筑摩書房, 1977년, 28면; 姜徹, 앞의 책, 14면; 內務省 警保局, 「朝鮮人槪況」1916년, 『集成』1, 59면.

6) 橫田宗次郎은 1903년 미국에서 샌프란시스코 사회혁명당에서 활동하였고, 1912년에는 사회주의자 그룹을 결성했다. 1913년부터 東京에서 활동을 하다가 1914년에 大阪으로 옮겨와서 『煙』이라는 신문을 발행하고 노동자의 조직화를 도모했다. 長谷川市松은 일본사회주의동맹 회원이다. 鹽田庄兵衛, 『日本社會運動人名辭典』, 靑木書店, 1979년, 495면; 石坂浩一, 『近代日本の社會主義と朝鮮』, 社會評論社, 1993년, 136~137면.

7) 石坂造一, 「日本人社會主義者の朝鮮認識」, 『日本學』8·9, 1989년, 258면.

8) 「特別要視察人 狀勢一般」第5, 松尾尊兌, 『續 現代史資料』(社會主義沿革1) 第1卷, みすず書房, 1984. 412면.

9) 石坂浩一, 앞의 책, 136면.

10) 鹽田庄兵衛, 앞의 책, 495면.

11) 일본 공안당국은 정태신에 대해 평소에 노동자의 관심을 산 후 후일에 노동자를 자신의 목적으로 유치 이용할 야심을 갖고 있다고 경계하였다. 內務省 警保局, 「朝鮮人槪況」1916년, 『集成』1, 49면.

‘동맹합자회’는 1916년 5월 1일에 오사카 거주 조선인 30여명이 金達龍의 방에서 모임을 갖고 창립한 노동자 구호단체였다.[12] 동맹합자회는 月 2회씩 모임을 가졌는데, 모임 때마다 회원은 각자 30전씩 모아 적립하였다가, 회원 가운데 특별한 사고를 당하는 경우에 구제에 사용하도록 규정했다. 일본 당국은 동맹합자회에 대해서도 역시 회원 가운데 高南國, 李化麟 등 요시찰인물이 있을 뿐만 아니라 설립취지서에 나타나는 내용도 강경하여 주의를 요한다고 평가하였다.[13]

‘조선인저금회’는 1918년 8월 8일에 오사카 거주 조선인 朴敬道가 발기인이 되어 조선인직공을 회원으로 결성했다. 회원은 매월 1일과 15일에 50전씩을 공동으로 저금하며, 이 가운데 일부는 회원의 질병·사망·기타 구제사업에 사용하도록 규정되어 있었다. 박경도의 노력에 의해 1919년 8월 11일 현재 저금총액이 70원 74전이 되었으나 그 후 회장 박경도가 귀국하자 1920년 5월 1일에 해산을 결정하고 잔액을 분배했다. 그러나 박경도로부터 하숙업을 계승한 李致文(당시 24세)이 다시 매회 저금액을 5원으로 늘리고 상호부조의 규정을 고쳐 구조비를 증액하며, 경제계의 변동에 따라 해고자의 구제에도 뜻을 두게 되었다. 1920년 6월 현재 회원은 40명으로 추산된다.[14]

이외 1918년 8월 朴敬通이 직공을 대상으로 상호부조의 목적으로 결성한 단체로 ‘합동회 재단’이 있었다.[15] 자료상 ‘합동회 재단’과 ‘조선인저금회’는 혼용되고 있고, 두 단체의 결성자인 박경도와 박경통의 이름이 유사한 점 등으로 보아 두 단체가 동일한 단체라는 추정도 가능하다.

이상의 단체는 대상을 노동자 또는 직공으로 한정한 경우이다. 다음은 친목을 목적으로 하면서 대상을 한정하지 않은 단체이다. ‘조선인협회’는 ‘조선인회’라고도 불리었는데 한약방을 하는 李善洪이 1922년 7월 24일에 결성

---

12) 姜徹은 동맹합자회가 5월 1일에 상호부조의 목적으로 결성되었으나 그 후 다시 노동단체로서 결성되었다고 기술했다. 姜徹, 앞의 책, 24면.

13) 內務省 警保局, 「朝鮮人槪況」1916년, 『集成』1, 49~50면. 그러나 설립취지서의 내용에 대해서는 알려진 바가 없다.

14) 內務省 警保局, 「朝鮮人槪況」第3, 1920년, 『集成』1, 92면.

15) 앞의 주 ; 姜徹, 앞의 책, 28면.

했다. '조선인협회'는 1922년 10월에 총본부를 두고 산하에 4개 지부(三國·今宮·西野田·豊崎支部)를 두었는데, 1923년 5월부터 '在阪朝鮮人親睦會'의 부간사였던 신태균이 총본부의 회장 겸 총무로 활동했다. 취지와 목적은 '조선인 동포의 친목 도모·상구상조·각자 생활의 안정·인격 함양·지식계발'이고, 주요 활동은 실업자의 인사상담이었다.[16) 조선인협회 총본부의 주요활동내용은, 일왕 참관하 오사카에서 실시된 육군특별대연습을 기념하는 사업의 일환으로 내선융화·曾家酒家五郎劇을 열고, 기념회관의 건설을 시도한 것 등이다.[17) 조선인협회는 1924년 사업의 내용과 범위를 확장하기로 하고, 총독부당국자와 협의한 결과 부산에 조선인협회지부를 설치하기로 했다. 부산지부는 도일조선인의 편리를 도모하기 위해 실비숙박소와 무료병원, 직업소개소를 설치 운영하기로 했다.[18) 이 계획이 실제로 실행되었는지에 대해서는 알 수 없으나 사업내용이 상애회와 일치하는 것으로 보아 관동지진 이후 상애회의 세력확장과 보조를 함께 하고자 하는 의도로 생각된다.

이와 같이 오사카 내 모든 조선인단체는 노동자를 대상으로 하며 명목상이나마 노동자 구호를 목적으로 한다. 이는 일본 내 다른 지역에서 결성된 조선인단체와 일정한 차이를 보인다. 같은 시기를 대상으로 몇몇 지역의 조선인단체 결성상황을 보도록 하자.

위에 든 지역은 일본 내에 다수의 조선인이 거주하거나 일찍부터 조선인이 이주한 곳이다. 이 지역 단체의 결성 상황특징은 첫째, 토쿄의 단체 결성 시기가 가장 빠르다는 점, 둘째 노동자를 중심으로 한다는 점이다. 노동자를 대상으로 하는 단체는 1917년의 東京勞働同志會가 최초였고, 토쿄의 경우에는 단체의 대부분이 유학생단체나 학술·종교단체였다. 따라서 이들 지역의 단체와 오사카의 단체를 비교해보면, 오사카 조선인단체의 특징은 다른 지역보다 빠른 시기에 노동자를 대상으로 하는 단체가 결성되었고, 노동자 단체가 대부분을 차지한다는 점이다. 이는 앞에서 살펴본 바와 같이 오사카지

---

16) 內務省 社會局, 「朝鮮人に關する狀況」 1925, 『集成』 1, 531면.
17) 梁永厚, 앞의 책, 30면.
18) 『동아일보』 1924년 5월 13일자.

표 2-1. 일본지역 조선인단체 결성 상황

연도	東 京	京 都	福 岡	兵 庫	神 戶	大 阪
1896	조선인일본유학생친목회					
1906	재일본東京조선기독교청년회/재東京조선기독교청년회					
1907	早稻田대학조선동창회/재일본東京대학유학생학회					
1909	재일본대한장학회					
1911	재일본조선유학생친목회					
1912	東京조선유학생학우회					
1914						在阪조선인친목회
1915	조선여자친목회/반도웅변회/조선학회	京都조선유학생회/京都조선유학생친목회				
1916						동맹합자회
1917	東京노동동지회/호남친목회					
1918						합동회재단
1919				조선인兵庫간친회		조선인저금회
1920	조선고학생동우회	京都조선인노동공제회			조선노동제진회	
1921	천도교청년회/흑도회				삼일청년회	
1922			동양연합노동공제회	조선勞友화합회		關西조선인노동협회/조선인직업소개구제회/진동회/조선인협회

※ 자료 姜徹, 『在日朝鮮人史年表』, 雄山閣, 1983년, 10~38면

역의 조선인 직업구성에서 노동자가 다수를 차지하기 때문이다. 이에 비해 토쿄는 지식계층이 밀집한 곳으로써 토쿄 거주 조선인 증가율이 다른 지역에 비해 현저히 낮음에도 불구하고 학생과 지식계층의 비율은 여전히 다른 지역을 능가한다. 이 비율은 다른 지역의 학생 비율과 비교가 어려울 정도이다. 그러나 오사카는 학생비율이 극소수인데다가 그나마 점차 감소했다.[19] 이와 같이 오사카지역에서 노동자가 차지하는 비중은 매우 크므로 오사카조

---

19) 1915년에 大阪 거주 조선인 가운데 학생 비율은 2%였으나 1917년에는 0.5%, 1920년에는 0.2%로 감소했다. 內務省 警保局, 『朝鮮人槪況』1916・1918・1920년, 『集成』1, 58~59면; 62면; 117~119면.

선인사회 형성기에 노동자를 대상으로 하는 단체가 주를 이루고, 유학생단
체가 전무함은 당연하다.

2. 활동가의 운동방향

　조선인단체 내에서 지도부가 차지하는 위치는 매우 컸다. 이는 조선인단
체가 결성 당시부터 조선인노동자들의 자발성에 의해 조직된 것이 아니라
몇몇 선진인사들의 의지에 따라 결성되었기 때문이다.
　이 시기(1914~1922)에는 아직 오사카에서 지속적인 조선인운동을 주도하
는 중심인물이 부각되지 않는다. 이 시기 조선인단체에서 활동한 인물(15명)
가운데 개인활동에 대한 파악이 가능한 활동가의 활동내용에 대해 살펴보기
로 하겠다.
　위에 언급한 인물을 중심으로 오사카 조선인단체의 지도부에 대해서 살펴
보면, 활동내용에 따라 네 가지로 분류할 수 있다. 첫째, 다른 지역에서 오사
카로 이동해 일시적인 활동을 한 뒤에 다시 다른 지역으로 활동영역을 옮긴
경우이다. 여기에는 나경석·정태신이 해당된다. 이들은 모두 1910년대 초에
토쿄에서 활동했다. 그 후 오사카로 와서 단기간 활동을 한 뒤 다시 토쿄나
중국, 국내로 갔다. 둘째, 뒤에 사회주의운동에 종사하거나 당 조직에서 활동
하는 경우로 정치현과 최진태가 해당된다. 셋째는 국내에 귀국하여 민족운
동에 관계한 경우이다. 강만형이 해당된다. 넷째는 신태균과 같이 오사카에
서 계속 조선인단체를 주도하면서 지역 유지로 자리잡은 경우이다.
　개인활동을 통해 나타난 오사카 조선인단체의 지도부는 신태균을 제외하
고는 지역 정주민이 아니고, 노동자의 신분도 아니며, 유학생이 대부분임을
알 수 있다. 오사카 지역에 정착하여 활동하기보다는 토쿄나 국내 등 다른
지역에서 사회운동과 민족운동 등 폭 넓은 활동을 계속한 경우가 대종을 이
룬다. 이들이 오사카 조선인단체에서 활동한 경험은 추후 이들의 운동방향

표 2-2. 오사카 지역 조선인 운동가 활동 상황

이름	국내 및 국외 활동	연도	일본지역내 활동
姜万馨		1914	關西대학 재학중 在阪朝鮮人친목회 결성(大阪)
	보안법 위반혐의로 구속	1919	
	문경에서 여인숙을 경영하던 중 김찬규 사건에 연루	1922	
羅景錫 (羅公民, 公民,0民)		1910	正則영어학교 입학(東京)
		1912	正則영어학교 수료, 東京고등 고등공업학교 입학
	9월. 귀국	1915	1월. 在阪朝鮮人친목회 총간사. 빈민굴에 기거 (大阪)
	중앙중학 교사 부임	1918	
	독립선언서를 만주에 전달	1919	
	블라디보스톡 망명		
	동아일보 객원기자 활동	1920	
	4월. 해삼위학생음악단을 조직하여 모국방문	1921	
	『신생활』에 기고	1922	9월 新潟縣학살사건조사위원
	10월. 자유노동조합 이사		
	1월 물산장려운동 발기	1923	
	만주 봉천으로 이주	1924	
	三昌고무工廠 경영	1936	
	귀국. 三建社 경영	1941	
朴敬道		1916	조선인 상대 하숙업 경영(大阪)
申泰均		1914	在阪朝鮮人친목회 부간사
		1924	朝鮮人협회 총본부 총무(大阪)
李善洪		1922	在阪朝鮮人협회 결성
		1932	중의원 선거 입후보(낙선)
		1937	중의원 선거 입후보(낙선)
鄭泰信 (鄭又, 又影生)			보성전문학교 졸업후 도일
	1월 상해 이주	1914	7월 東京에서 大阪 이주
	『商務報』 기자	1915	9월. 在阪朝鮮人친목회 재발기 東京에서 활동(코스모스 클럽, 曉民會)
	귀국하여 『共濟』 창간	1920	조선고학생동우회 가입(東京)
	7월. 고려공산당 합동대회 참가(러시아 베르프네우진스크)	1922	
	7월. 북성회순회강연단 일원으로 귀국하여 강연	1923	1월. 북성회결성에 참가
	8월. 해운대에서 사망		
鄭致鉉 (鄭益鉉)		1914	在阪朝鮮人친목회 결성
		1927	고려공산청년회 일본부 조직부장
		1928	2월. 피검
崔進泰 (崔鎭泰)		1914	1월. 在阪朝鮮人친목회 발기
		1927	고려무산청년회 일본부 활동

※ 자료 : 朴慶植, 『在日朝鮮人運動史 - 解放以前 - 』; 金泰燁, 『抗日朝鮮人の證言』, 1984; 김창순·김준엽, 『한국공산주의운동사』; 선우기성, 『한국청년운동사』, 금문사, 1973; 『고등경찰요사』; 국가보훈처 편, 『독립운동사』; 『독립운동사자료집』, 『독립유공자공훈록』 7, 1990; 內務省 警保局, 「朝鮮人槪況」 第3, 1920, 『集成』1, 92면; 內務省 社會局 「朝鮮人勞動者に關する狀況」 1925, 『集成』1, 531면; 나경석, 『公民文集』, 1980년, 261~262면; 石坂浩一, 『近代日本の社會主義と朝鮮』, 1993.

에 많은 영향을 주었다. 그 예로서 '在阪朝鮮人親睦會'를 결성·운영한 나경석과 정태신을 들 수 있다. 두 사람을 중심으로 지도부의 성향과 노동자에 대한 인식을 살펴보자.

오사카 최초의 조선인단체를 이끈 정태신이나 나경석의 경우, 오사카 조선인단체를 통해 자신들의 인식 범위를 확장할 수 있었다. 이들은 국내에서 농민신분이었던 조선인노동자들에게 친숙한 '계'의 이미지를 갖는 친목회라는 단체를 통해 노동자를 규합하고 이를 통해 계몽하고자 했다. 그러나 이러한 활동을 통해 이들은 대중의 상황에 대해 인식할 수 있었다. 결국 조선인단체는 조선인노동자를 단결시키고 의식화하는 역할과 아울러 지식계층 자신들의 사회운동에 대한 의식을 일깨워 준 기반의 역할을 했다고 볼 수 있다. 따라서 그들은 오사카에서 체득한 경험을 바탕으로 넓은 공간에서 활동하게 된 것이다.[20] 이후 국내에서 발표된 정태신과 나경석의 글을 보면 노동자 대중에 대한 인식이 구체적이고 현실적임을 알 수 있다.[21]

물론 유학생의 노동자에 대한 인식은 이들 이전에도 있었다. 대표적인 글은 1916년에 발표한 김철수의 「노동자에 관하야」이다. 이 글에서 김철수는 조선노동자의 현실을 '생계의 곤란·보호기관과 노동소개소가 없는 현실·자녀교육의 불가능성' 등으로 지적하고, 조선노동자를 위해서 간이 야학교·노동자소개소·신용조합·구매조합·판매조합·공동기숙사를 갖추어야 한다고 주장했다.[22] 이 글은 당시 일본의 노동상황과 노동운동의 전개상태를 조선의 그것과 비교했다. 김철수가 해결책으로 제시한 신용조합·구매조합·판매조합설치 등은 이후에 발표된 나경석의 글에 비해 구체적이다.

---

20) 東京에서 유학한 나경석은 1915년에 大阪에 온 후 빈민굴에 기거하면서 조선인노동자와 함께 생활했다. 나경석, 『公民文集』, 정우사, 1980년, 261면.

21) 이호룡은 1915년 2월에 『학지광』에 실린 나경석의 글 「低級의 생존욕」을 아나키즘을 선전한 최초의 글로 평가하고, 나경석이 오사카에 와서 在阪조선인 친목회를 운영하면서 아나키즘을 전파했다고 파악했다. (이호룡, 「한국인의 아나키즘 수용과 전개」, 서울대학교 국사학과 박사학위논문, 2000년, 60~61면) 그러나 이호룡의 이해는 적절하지 않다고 여겨진다. 그보다는 아나키즘에 공감했던 나경석의 인식이 친목회 활동을 통해, 지평이 확장되었다고 생각된다.

22) 김철수, 「노동자에 관하야」, 『학지광』10호, 1916년, 14~15면.

그러나 勞資문제나 계급의식에 대해 구체적인 언급을 하지 않고 있다는 점이 정태신이나 나경석의 글과 다른 점이다. 그 이유는 김철수의 노동자 인식이 온정주의에 바탕을 두었고, 사회 구조적인 모순에 대한 인식이 철저하지 못하다는 데에서 찾을 수 있다. 당시 김철수에게 있어서 노동자는 동정의 대상일 뿐이었다.[23]

이에 비해 1920년『共濟』에 발표된 정태신과 나경석의 글은 모두 명확한 사회주의 색채를 바탕으로 사회운동으로의 발전 조짐을 갖고 있었다. 나경석은 당시를 계급투쟁 시기로 상정하고, 정태신은 자본가 계급을 대상으로 하는 노동자 계급의 투쟁을 '聖戰'으로 정당화했다.[24] 노동자 대중에 대한 지식계급의 역할에 대해서도 조심스럽다.『共濟』1호에 실린「세계사조와 조선농촌」과「로서아의 교육과 열강」에서 나경석은 "近來에 所謂 知識잇다는 자가 노동자에게 어떤 宗敎를 傳授하려 한다 하면 그는 곳 노동자를 毒殺함이오 혹 노동자의 無自覺함을 기화로 삼아 變態의 행동을 受하도록 指導한다 하면 此는 自覺의 發芽를 折去하는 것이라"고 하여 노동자를 대상으로 하는 지식인의 여러 노력이 도리어 노동자의 자각과 성장을 저해하는 요소라는 비판적인 입장을 개진하였다. 그가 노동자의 자각을 촉진하고 상황을 개선하기 위해 바람직한 대안으로 제시한 것은 소비조합 경영과 교육이다.[25] 나

---

23) 김철수의 온정주의적인 면은 구술자료의 여러 군데에서 볼 수 있다. "…… 동냥 아치 걸인이 오면 내가 밥을 갖다 주던지 돈을 갖다 주던지 쌀을 주던지 내가 갖다 주어야 시원해여. 딴 사람이 갖다 주면 울고 그랬어. …… 심지어 걸인이 문 앞의 돼지우리 옆에서 밥을 먹으면 내 밥을 가지고 가서 같이 먹고 싶어서 떼를 쓰고 그러는 것이, 왜 그럴까! 어린애들이 추접으면 안 갈라고 헐 텐데. 일점 동정심을 가지고 뭘 주기를 좋아허고 자꾸, 그런 것이 나중에 사회주의 방면으로 나가는 동정적 그런 요소가 되얏는가 이리 생각허고 ……."『遲耘 金錣洙』, 한국정신문화연구원 현대사연구소, 1999년, 41면.

24) 나경석,「世界思潮와 朝鮮農村」,『共濟』1호, 1920년, 51면; 정태신,「진리의 성전」,『共濟』2, 1면.

25) "……소위 지식계급이 일정한 主義下에서 노동자의 장래의 自覺을 촉진케 할 현재의 窮乏을 救濟하려 하면 都市에 잇서서는 생활의 필요품을 공급하는 消費組合을 경영하야 이해가 공통한 계급의 圍結의 습관을 작성하고 상호부조의 덕의를 함양하야 세계적 사회운동에 應合케함이 제일 적합한 방법……" 나경석,「世界思潮와 朝鮮農村」, 54~55면.

경석은 지식인의 역할을 '노동자 특수한 풍기와 관념을 인정하고 자각적 노력을 기울일 수 있도록' 하는 것으로 규정하고, 노동자의 상황에 맞는 교육의 필요성을 강조했다.[26]

정태신도『공제』1호에서 사회적 모순에 대한 냉철한 인식 아래 노동자가 '解放의 瑞光과 人間性의 回復에서 伸長될 民衆文化의 創造'를 통해 민중 개개의 행복을 실현하는 민중문화를 약속하고, 노동자를 위한 신문명·신생활의 모습을 제시했다.[27] 이상에서 살펴본 양자의 인식은 온정주의와 勞資타협주의에서 벗어나 계급으로서의 노동자 존재를 인정한 바탕 위에서 지식인이 중심이 된 노동자 대중에 대한 의식화보다는 노동자의 삶을 인정하고 소비조합 등 실제 생활의 이익을 우선시해야 한다는 등으로 정리된다. 이러한 인식은 필자들이 갖는 사회관과 사회주의 수용 정도를 바탕으로 노동자와의 직접적인 접촉을 통해 더욱 촉진·심화되었다고 볼 수 있다.

이에 비해 이선홍은 1922년 7월 친일동화단체인 조선인협회를 결성한 이후 오사카 지역의 조선인들을 통제하고, 이들을 통해 스스로 오사카의 유력자로서 행세하고자 했다.

3. 조선인단체의 성격

1910년대 일본에는 오사카보다 더 많은 수의 조선인노동자가 거주한 지역이 있었으나 노동자를 대상으로 하는 조선인단체는 오사카에서 가장 먼저 결성되었다. 오사카에서 가장 먼저 결성된 이유는 같은 시기에 조선인노동자가 많이 거주하던 지역이 갖는 산업구조와 노동조건의 차이에서 찾을 수 있다.

즉 후쿠오카의 경우, 조선인노동자는 대부분 탄광노동자로서 거주지역이

---

26) 公民,「露西亞의 敎育과 列强」,『共濟』1, 94면.

27) 정태신,「卷頭一聲」,『共濟』1, 10면; 정우영,「민중문화의 제창」,『共濟』8, 48면.

폐쇄되어 있고, 노동조건이 오사카보다 열악하여 단체 결성에 대한 여유가 없었다. 또한 전체조선인수에 비해 학생이나 지식계층의 비율은 오사카보다 적어서 노동자의 결속을 주도할 만한 세력이 형성되지 못했다.

이에 비해 오사카는 노동시장의 규모가 크고 다양했으나 실업과 빈번한 轉職으로 인해 노동자의 생활은 불안정했다. 취업인구에 대한 비취업인구의 비율은 증가추세에 있었고, 실업자문제는 국내에까지 알려질 정도로 심각했다. 이러한 취업상황과 실업문제는 노동자들이 일자리에 대한 정보나 실직에 대비한 노동자 구호제도의 필요성을 절감하게 했다. 또한 오사카 거주 조선인은 후쿠오카나 홋카이도의 탄광노동자에 비해 기업주의 통제가 약한 편이었다. 오사카를 중심으로 한 관서지방은 일본 내에서도 노동운동이 활발한 지역으로서 1919년 현재 토쿄에 12개 노동단체가 있는데 비해 관서지방은 오사카에 8개, 코베(神戶)에 6개 등 14개 단체가 있었다.28) 그리고 일본 주요 도시에 개설되어 있던 일본 노동단체인 友愛會가 경영하는 노동강좌가 오사카에서도 활발히 운영되고 있었다.29) 이러한 관서지방과 오사카의 분위기는 후쿠오카·홋카이도 등에 거주하는 조선인노동자에 비해 용이한 단체

표 2-3. 오사카 거주 조선인의 취업인구와 비취업인구비율 (단위/%)

연 도	취업인구	비취업인구	연 도	취업인구	비취업인구
1911	91.8	8.2	1917	96.9	4.1
1912	86.9	13.1	1918	96.3	3.1
1913	85.8	14.2	1919	88.0	12.0
1914	94.1	5.9	1920	88.2	12.8
1915	97.0	3.0	1921	64.0	36.0
1916	98.4	1.6	1922	65.5	34.5

※ 자료 杉原薫·玉井金五, 『大正/大阪/スラム』, 164면

---

28) 鈴木文治, 『勞動運動20年』, 一元社, 1931년, 172~173면.

29) 이 노동강좌는 학생들의 입학연령이나 자격에 아무런 제한을 두지 않고 완전히 문호를 개방했다. 강사진은 대부분 전문학교와 대학교 학생들이었는데, 그 중에서도 野田律太, 西尾末廣, 鍋山貞親 등 후일 사회주의운동과 노동운동의 거두들이 강의하였고, 우애회의 창설자인 鈴木文治도 가끔 참석했다. 金泰燁, 앞의 책, 50면.

결속이나 강한 호응도의 배경이 되었다.

또한 오사카 거주 조선인의 90%이상을 차지하는 조선인노동자 비율 속에는 실업자가 포함되었다. 당시 오사카 조선인노동자는 항상적인 실업상태는 아니었으나 잦은 실업의 경험을 갖고 있었고, 실직의 가능성도 높았다.

취업인구와 비취업인구의 비율을 보면, 1911~1913년까지 증가추세에 있던 비취업인구 비율이 1914년을 기점으로 줄어들다가 다시 1919년을 기점으로 증가하여 30%선을 유지한다. 이는 1차 세계대전 경기의 영향을 받게 되는 시기를 제외한 시기의 비취업인구는 증가하였으며, 1920년대에는 30%가 평균수준이었음을 의미한다.

이와 같이 상존하는 실업의 위험 속에 놓여있는 1910년대 오사카 조선인의 당면과제는 일자리 알선·노동정보·실업 등 현실적인 문제가 될 수밖에 없었다.

1929년 재일노총 해산 당시의 조합원수는 조선인수의 12%였다.[30] 그에 비해 1914년 '在阪朝鮮人親睦會' 회원수 35명은 16.2%이다. 오사카 거주 조선인이 200여명 남짓한 시기에 35명이 단체 결성에 참여했다는 사실에서 일단은 단체 지도층의 뛰어난 리더쉽이나 오사카조선인사회의 결속력을 떠올릴 수 있다. 그러나 당시 조선인노동자의 의식화 정도와 불안정한 생활상태로 볼 때 높은 참여율은 단체가 갖는 성격상의 한계로 이어질 수 있다. 또한 1916년 '동맹합자회' 결성 당시 회원은 거주 조선인수의 3.94%였다. 1914년의 16%에서 1916년의 3.94%라는 격감은 어떻게 설명할 수 있을 것인가.

이하에서는 단체 조직화의 내용과 회비의 용도 등을 통해 단체의 성격을 살펴보기로 하겠다. 시기가 변하면서 용도와 목적이 달라진 회비와 회원의 관계, 즉 회비가 회원들에게 어떤 실질적인 이득을 주었으며, 회비 운영방향에 대해 회원들이 갖는 권리 정도는 어떠한가, 회비가 회원을 구속하는 기능으로 작용하지는 않았는가 하는 점이다. 단체의 성격을 규명하는 작업에서 그동안 큰 비중을 차지했던 것은 단체 주도층이 견지한 사조였다. 그에 따라

---

30) 朴慶植, 『在日朝鮮人運動史 - 解放前』, 221면.

'사회주의 단체'나 '아나키즘 단체' 등으로 각각 분류되곤 했다. 그러나 단체의 성격을 파악하는 여러 요인 가운데 더욱 중요한 것은 당시 그 사회적·시대적 배경 및 사회 속에서 구성원이 처한 상황, 그리고 이를 배경으로 한 구성원의 지향점이다. 이러한 점들이 주도층의 사상조류, 지향점과 어떤 관계를 맺어 나가는가 하는 점이 가장 중시되어야 한다. 단체 주도층이 견지한 사조나 자향성에만 의지한 연구는 논지 전개가 용이하다는 장점은 있으나 사실 복원과는 거리가 있는 결론을 도출할 수 있다.[31]

　'在阪朝鮮人親睦會'는 노동자 구호를 목적으로 내 걸기는 했으나 직종과 계층을 망라한 在阪 조선인의 향우회 성격을 띄었으므로, 조건의 제한이나 부담없이 모일 수 있었다고 생각된다. 그러나 '同盟合資會'와 '朝鮮人貯金會'는 일정한 회비를 적립하여 노동자 구제에 사용하는 재단의 형식을 취했다. 따라서 회원 각자의 필요성과 회원에 대한 혜택이 수반되어야 했다. 이 두 단체의 결성자나 주도인물은 이후 조선인민족운동과 관련성을 찾을 수 없고, 단체의 활동 내용 또한 뚜렷하지 않았다. 다만 '동맹합자회'의 경우는 설립취지서가 있고, 회원 중에 요시찰 인물이 있으므로 '조선인저금회'나 '合同會 財團'과는 성격을 달리 볼 수 있다. 이러한 점을 미루어볼 때 '조선인저금회'나 '합동회 재단'은 조선인집단촌의 몇몇 하숙집을 중심으로 한 단체로 생각된다. 즉 전체 노동자를 대상으로 하는 공개된 단체가 아니라 직종이 같거나 노동조건과 생활상태가 유사한 노동자들이 하숙집을 중심으로 결속하여 노동정보를 주고받고 일자리를 알선해주는 모임, 또는 하숙업자와 노동현장에서 什長(조두, 청부업자)을 겸하는 인물이 자신이 거느리고 있는 노동

---

31) 이호룡은 박사학위논문에서 나경석과 정태신이 아나키스트라는 전제 아래, 재판 조선인 친목회를 '재일본 한국인 아나키스트에 의해 조직된 아나키스트 사회의 건설을 지향하는 최초의 단체'로 규정했다. (이호룡, 박사학위논문, 63면.) 그러나 몇몇 논설자료만으로 이 시기 오사카 지역 조선인 단체의 성격을 규명하는 것은 재고의 여지가 있는 듯 보여진다. 또한 빈번한 주도층의 이동과 교체 현상이 단체 구성원에게 미치는 영향도 간과할 수 없다. 이는 1920년대 중반 이후에 오사카 조선인 운동 단체의 활동 내용을 통해 확인할 수 있다. 오사카에 뿌리를 둔 토착 활동가에 대한 대중의 신뢰가 바로 오사카 조선인 운동의 원동력이었음을 중시해야 한다고 생각한다.

자들을 규합한 형태로 추정할 수 있다. 한 예로 박경도가 하숙업을 했던 동 성군은 오사카 내 가장 큰 조선인집단촌지역인 東成區의 옛이름이다. 하숙집 을 중심으로 한 조선인운동은 1920년대에도 계속 나타나는 현상이다. 하숙 업의 수입을 갖는 사람이 기반이 된 운동의 양상에 대해서는 연구자에 따라 시각이 다양한데,[32] 당시로는 가장 현실적인 방법이었다고 생각된다.[33]

단체 결성의 목적으로 필자는 ① 일자리 알선 ② 고용주의 노동자 통제를 지적하고 싶다. 전자의 경우는 회비가 순수한 실업구제비로 사용되었을 가 능성이 많았으나 후자의 경우는 임금 억압이나 착취의 수단으로 볼 수 있다. 즉 고용주는 회비의 원천징수를 통해 노동자의 도주를 예방하고 인신적 구 속을 의도했다는 점이다. 따라서 후자의 경우에는 가입도 고용주의 의사에 따라 이루어졌을 것으로 생각된다. 또한 조선인노동자의 대다수를 차지하는 자유노동자가 청부제도에 묶여 있었고, 공장노동자 또한 합숙소와 불가분의 관계였다는 점을 고려할 때 이 시기 조선인단체의 한계성을 파악할 수 있다.

다음으로 단체의 성격은 1) 친목 도모와 노동자 규합, 2) 일자리 알선과 상 호부조 3) 노동자의 통제, 4) 융화, 동화단체 등 네 가지로 분류할 수 있다.

먼저 친목 도모와 노동자 규합의 성격을 띠는 대표적인 단체는 '在阪朝鮮 人親睦會'이다. '在阪朝鮮人親睦會'는 노동자 구호를 위한 구체적인 활동을 하지는 않았으나 오사카 최초의 조선인단체로서 친목회라는 형식을 빌어 조 선인노동자를 규합하고자 했다는 의의를 부여할 수 있다.

두번째로 일자리 알선과 상호부조의 역할을 담당하고자 한 단체로는 '동 맹합자회'를 들 수 있다. 특히 '동맹합자회'는 회원들의 적립금이라는 방식

---

32) 金森襄作은 이런 형태의 단체가 患難救濟를 슬로건으로 내걸었으므로 노동운동 이 아닌 민족운동이라고 파악한 반면에, 外村 大는 노동운동으로 발전하는 형태 로 파악했다. 外村 大, 「親睦扶助團體と在日朝鮮人運動」, 『在日朝鮮人史研究』23, 1993년, 121면.

33) 하숙업의 수입을 갖는 사람은 노동자들 가운데에서도 생활이 안정되어 있기 때 문에 활동상 여유가 있다. 또한 하숙업자는 노동현장에서도 親分의 역할을 하기 때문에 단체 운영이 용이하다. 졸고, 「식민지시대 麻生탄광 재일한인노동쟁의」, 『한국정신문화연구원 한국학대학원논문집』7, 1992년, 76면.

으로 노동자 구호의 재원을 마련하고자 했다.

세번째 성격, 노동자의 통제에 해당하는 단체는 '조선인저금회'와 '합동회재단'을 들 수 있다. 이 단체들은 고용주의 이익집단의 성격을 강하게 나타냈다.

네번째로 융화·동화 단체는 '조선인협회'가 해당된다. '조선인협회'는 다른 단체와는 달리 대상자를 한정하지 않은 단체인데 1925년 일본당국에 의해 내선동화에 힘쓰는 단체로서 상애회와 같은 범주로 구분되었다.[34] 조선인협회가 내건 취지와 활동 내용은 내선동화단체인 상애회의 그것과 큰 차이를 보이지 않는다. 그러나 동화단체가 일본의 중앙 및 지방政廳에 의해 설립되거나 협조를 받아 만들어진 단체[35]인데 비해 조선인협회는 일본의 행정기구와는 관련을 갖지 않으므로 정식 동화단체는 아닌 듯 하다. 즉 상애회와 같이 당국의 정식 인정을 받지 못하였으므로, 상애회가 갖는 여러 특권(노동자로부터 직업알선비를 임금에서 원천 공제하거나 노동운동을 탄압하는 대가로 기업주로부터 비용을 받거나 회사 노무계에서 일하는 등)은 제공받지 못했다. 따라서 상애회와 경쟁상태에 있었고, 당국으로부터도 비호를 받지 못했다.[36]

다음으로는 단체를 1910년대와 1920~1922년간으로 구분하여 살펴보자. 1910년대에 결성된 단체의 특징은 첫째, 노동자 구호를 목적으로 한다는 공통점을 갖는다. 이에 대해 연구자에 따라서는 1910년대 단체들을 단순한 친목회, 유학생단체나 學勞제휴의 민족단체로 이해하기도 한다.[37] 그 가운데

---

34) 內務省 社會局, 「朝鮮人に關する狀況」 1925년, 『集成』 1, 531면.

35) 동화단체란 동화정책의 목표를 달성하기 위해 일본의 중앙 및 지방政廳에 의해 설립된 단체, 또는 그러한 정청의 원로를 받으면서 조선인에 의해 만들어진 단체를 지칭한다. 이 경우에 전자에 해당하는 단체로는 內鮮협회가, 후자에 해당하는 단체는 상애회와 大阪계명회를 들 수 있다. Ringhofer. Manfred, 「相愛會 - 朝鮮人同化團體の步み」, 『在日朝鮮人史研究』 9, 1981년, 47~48면.

36) 1924년 2월 29일자 동아일보 기사에 따르면, 조선인협회의 고문인 이중호가 경관에게 폭행을 당한 일도 있었다.

37) 梁永厚, 19면; 정진성, 「일제하 재일조선인노동자들의 조직운동」, 『한국사회학연구』 8, 1985년, 46면. 정진성은 회 발기자가 관서대학생이라는 점에 주목하여 유학생단체의 한 부분으로 추정했다.

후자의 근거로 드는 것은 유학생이 결성했다는 점과 노동자와 유학생의 상호부조·친목을 도모했다는 점이다. 그러나 당시 오사카 조선인유학생의 수가 소수임을 감안할 때 도리어 유학생이 리더가 된 노동자 상호부조단체로 보아야 할 것이다. 더구나 이들 조선인단체의 활동상을 놓고 볼 때, 민족단체라는 이해는 적절치 못하다고 여겨진다.

1910년대에 결성된 오사카조선인단체가 모두 노동자 구호를 목적으로 한 공통점은 토쿄조선인 단체의 대부분을 유학생 단체가 차지한다는 점과 큰 차이를 보인다. 이는 앞에서 살펴본 거주 조선인의 직업별 구성내용과 깊은 관련을 갖는다. 물론 소수이기는 하지만 오사카에도 유학생이 있었고, 유학생이나 지식계층이 단체 결성에 중심역할을 담당하기도 하였으나 이들의 활동이 대다수 구성원인 노동자의 현실적인 필요성과 요구를 대변하지 않을 수 없었다. 또한 오사카의 유학생들은 토쿄의 유학생에 비해 신사조에 어두웠고, 사회지도층이라는 인식도 철저하지 못했다.[38] 따라서 유학생이나 지식청년층 가운데 단체를 주도하던 인물들은 오사카 유학생보다는 토쿄에서 활동하다가 오사카에 와서 단체를 주도하는 경우가 많았다. 그러므로 이들은 오사카에서 지속적인 활동을 전개하기 보다 더 넓은 활동의 장을 찾아 다시 토쿄와 국내로 활동무대를 옮기는 식이었다.

두번째 특징은 1910년대에 결성된 단체가 1920년대 초에 결성된 단체에 비해 생명이 길지 못하다는 점이다. 그 이유는 첫째, 결성의 목적이 추상적이고 대상이 제한적이며, 둘째, 지도부의 잦은 변동을 들 수 있다. 특히 하숙업이나 합숙소 중심의 단체 결성은 노동자의 직종이 바뀌거나 근무장소가 바뀌는 식의 불안정성으로 인해 지속적인 유지가 어려웠고, 합숙소나 하숙업 중심이 아닌 경우에는 지도부의 이동이 심하여 역시 안정된 운영이 불가능

---

38) 1910년대 토쿄 유학생은 당시 상황에서 보면 선택된 아주 희귀한 존재로서 지적 수준이나 가정환경이라는 면에서 자타가 부러워할 수 있는 소수자였다. 더구나 신진사조의 메카인 토쿄에서 조선유학생학우회라는 조직체를 운영하며, 학우회 주최 각종 행사에서 민족의식을 고취하고 기관지 『學之光』을 통해 지식인으로서 의무감과 사회적 책임을 교환하였다.

했다.

이에 비해 1920년대 초에 결성된 조선인협회의 특징은 대상자를 직종별로 한정하지 않았다는 점과 1910년대에 결성된 조선인단체에 비해 활동기간이 길었다는 점이다. 대상자를 한정하지 않은 것은 오사카 지역에 거주하는 조선인전체를 융화·동화시키는 목적을 띠고 있었기 때문이었다. 조선인협회는 당국의 협조나 보호 아래에서 운영되므로 여러 제도적인 장치 속에서 회 운영이 지속될 수 있었다. 노동자 구호를 표방하면서 압력단체로 작용하는 경우에는 오사카 노동자가 사라지지 않는 한 존속될 수 있기 때문이다. 또한 단체 지도부가 지역에 토착한 인물로써 지도부에 변동이 없었다는 점도 한 가지 이유가 된다.

오사카는 일본 내 다수 조선인밀집지역이면서 거주 조선인의 79% 이상이 노동자라는 점, 지식층은 2%에 미치지 못한다는 노동자 편중지역이다. 따라서 이 지역의 조선인단체도 이러한 지역적인 특성과 관련성을 갖는다.

이상으로 1914~1922년간 결성된 조선인단체의 결성배경과 지도층의 인식, 단체의 성격에 대해 살펴보았다. 이 시기는 조선인노동자들이 자신들의 계급적 이해를 획득하기 위해 독자적인 조직을 결성하기 이전 단계로, 단체의 성격 또한 다양하게 나타났다. 본 장에서는 개별적인 단체의 활동을 소개하기보다는 지도층이 노동자와 대중운동에 대해 갖는 인식을 중점적으로 살펴보고자 했다. 오사카 조선인단체 지도부의 특징은 대부분 오사카 지역조선인이 아니라는 점이다.

이 시기 조선인단체는 그 성격에 따라 다음과 같이 네 가지로 분류할 수 있었다. 첫째, 친목도모와 노동자 규합의 성격을 갖는 단체(在阪조선인친목회). 둘째, 일자리 알선과 상호부조의 성격을 갖는 단체(동맹합자회). 셋째, 노동자 통제의 성격을 갖는 단체(조선인저금회, 합동회재단). 넷째, 융화·동화단체로서 조선인협회이다.

이 시기 오사카 조선인단체는 다른 지역에 비해 노동자를 대상으로 하는 단체가 많았지만, 노동단체의 성격을 강하게 띠지 않았다. 또한 조선인단체는 하숙집 중심의 이익집단적이거나 노동통제적인 성격이 강하였고, 재원 적립 외 별다른 활동을 전개하지 않았으므로 조선인사회나 조선인민족운동에 미친 영향을 거론하기에는 적당하지 않다. 다만 전반적으로 조선인단체가 지도층에게, 지도층이 그리고 노동자 대중에게 미친 영향을 생각해 볼 수 있다. 첫째, 조선인단체는 지도층이 노동자 대중의 실상을 파악하게 함으로써 이후 사회운동에 영향을 주었고, 둘째 조선인노동자들은 조선인단체를 통해 다른 계층이나 직종의 조선인과 교류가 가능했으며, 조선인의 공동체 의식을 느낄 수 있었다. 따라서 노동자들은 이후 본격적으로 민족운동단체에서 활동하면서 대중운동에서 실천적인 역할을 담당할 수 있었다.

4. 1910년대 오사카 조선인의 민족운동 상황

1910년대 일본지역에서 가장 많은 영향력을 행사한 단체는 조선유학생학우회였고, 재일조선인이 전개한 민족운동 가운데 가장 대표적인 운동은 2.8독립운동이다. 그러나 이 운동은 토쿄 유학생 중심으로 전개되었으므로 다른 지역운동과 연계를 이루지 못했다. 또한 오사카 지역은 유학생 비율이 현저하게 낮았으므로 뚜렷이 내세울만한 민족운동을 찾기는 쉽지 않다. 그러한 배경 속에서 1919년 3월 19일에 일어난 독립시위운동은 오사카 지역 최초의 민족운동으로 기록될 만하다.[39]

비록 이 계획은 사건의 기밀이 사전에 누설되어 큰 성과를 거두지는 못하였으나 그 내막이 오사카지방 신문에 대서특필됨으로써, 조선인의 독립시위가 일본 내에서도 끊이지 않고 계속되고 있다는 점을 알리는데 큰 역할을 했다.

이 운동을 주도한 廉相燮은 쿄토부립제2중학을 거쳐 게이오(慶應)대학(토

---

39) 운동의 경과와 과정에 대해서는 국사편찬위원회, 『한국독립운동사』3, 1970년, 960~964면을 참고하였음.

쿄 소재)에 다니다가 휴학 중이던 유학생으로서 오사카 유학생 2명의 도움으로 격문과 선언서를 작성하고 만세시위를 도모했다. 염상섭은 1919년 3월 초, 거주지인 츠루가(敦賀)를 떠나 오사카에 도착해서야 비로소 3. 1독립운동의 소식을 듣게 되었다. 그는 이 소식을 듣고 "피의 혈관이 터질 듯이 끓어올라서 복받쳐 울었다"고 한다. 그는 시위의 효과를 증폭시키기 위해 조선인 노동자들의 집결지인 오사카로 가서 李敬根(오사카고등공업학교생, 24세)을 만나 자신의 의지를 밝혔다. 오사카의 유학생들은 미온적인 태도를 가지고 있었으나 점차 호응하여 3월 10일 鄭九忠의 하숙집에 모여 시위 계획을 놓고 토의했다. 이 자리에는 이경근 외에 같은 오사카공업고등학교 재학생인 白鳳濟(24세), 高永珣, 權泰亨, 金時昌, 金亨植, 浩淳湖 등이 합석했다.

그러나 토의 결과 이들이 독립시위계획에 동의하지 않자 염상섭은 단독거사를 결심하고 토쿄로 갔다. 토쿄에서 동창생 卞熙瑢을 만나 상의하고 변희용으로부터 여비 35원을 받아 돌아왔다. 이튿날 오사카로 돌아온 염상섭은 자신이 초안한 조선독립선언서와 격문을 가지고 이경근과 백봉제를 찾았다. 이들은 이 선언서에 서명은 하지 않았으나 선언서와 격문을 골필로 등사 복제하는 것을 도와주었다.

3월 18일 밤 염상섭은 혼자서 오사카의 공장지대를 돌며 조선인 노동자들에게 격문과 붉은색 완장을 13매씩 나누어주었다. 19일 오후 3시에 염상섭은 조선독립선언서 230매와 격문 1매, '대한 독립' 깃발 1대, 일본문 조선독립선언서 13매를 휴대하고 집회장인 天王寺공원에 갔다. 염상섭은 공원에 모인 조선인들에게 조선독립선언서를 나누어주고, 내각총리대신·중앙위원장·신문사·대학교수 등에게 보내는 독립선언서를 낭독한 후 대기하고 있던 경찰에 체포되었다. 그와 함께 그 자리에 있던 조선인 노동자 20~30명도 검거되었다가 풀려났다.[40]

염상섭과 이경근·백봉제 등 3인은 검거되어 5월 18일 오사카구 재판소에서 출판물위반죄로 염상섭은 금고 10월, 이경근과 백봉제는 금고 3월 15일의

---

40) 『매일신보』 1919년 4월 21일자.

판결을 받았으나 6월 5일에 프랑스 판례에 준하여 무죄판결을 받았다.[41] 재판 종결 후 염상섭은 오사카에서 일자리를 얻지 못하자, 7월 20일 토쿄에 갔다. 염상섭은 그해 10월에 오사카를 방문하였으나 거주처를 관동지방에 둠으로써 이후 활동은 오사카와 무관하게 되었다.[42] 또한 함께 재판을 받았던 백봉제와 이경근도 6월과 7월에 각각 귀국함으로써, 이 사건은 이후 직접적으로 오사카지역의 민족운동으로 연결되지는 못했다.

'在오사카조선노동자 일동대표 염상섭'의 명의로 발표한 조선독립선언서는 단기간에 작성된 것이므로 관념적이고 격정적인 점이 엿보이지만, 자유와 자각·독립에 대한 강조를 담고 있다. 선언서는 서두에 "平和의 祭壇에 崇高한 犧牲으로 提供된 三千萬의 亡靈에 依하여 最히 雄辯되게 또 最히 痛切히 吾人에게 敎訓을 준 것은 實로 民族自決主義의 오직 一言"이라고 하여, 독립의 근거로 민족자결주의를 들고, 나아가 일본이 주장하는 同祖同根이나 日鮮同化가 억측임을 지적했다. 또한 독립을 선언하는 명분과 근거로서 조선인의 자각과 자유에 대한 열망을 들었다.[43]

염상섭의 독립시위운동은 2.8독립선언 이후 오사카 지역에서 계획한 최초의 민족운동이었다. 그러나 이 사건은 오사카 지식계층의 호응을 얻지 못한 단독 거사였다. 주목되는 점은 선언서 말미에 있는 '在오사카한국노동자일동대표 염상섭'이라는 서명이다. 여기에서 '염상섭과 오사카 조선인노동자와는 어떠한 관계에 있는가?'하는 점에 의문을 제기할 수 있다.

---

41) 『매일신보』 1919년 6월 10일자.

42) 염상섭은 오사카에서 직장을 구하고자 하였으나 여의치 못하자 7월에 토쿄로 이주하여, 토쿄 인근 요코하마(橫濱)에서 인쇄소 직공이라는 일자리를 얻어 노동현장을 경험할 기회를 얻었다. 김종균, 『염상섭』, 동아일보, 1995년, 47~48면.

43) "萬若에 吾人의 理性을 奪하고 神經을 痲痺시켜 盟友를 封鎖하려 하였다면 吾人 或은 民族的 破滅에 滿足하고 軍閥의 官僚的 苛政에 惟惟默默히 오직 此에 順從할 것이다. 然이나 只今에 吾人은 입만으로의 甘言에 瞞着되기에는 너무나 自己를 지나치게 알고 있다. 暴手를 두려워 此에 服從함에는 너무나 自由의 尊嚴性을 지나치게 깨다렸다. 躊躇할 바 있으랴. 即 此一命을 賭하여써 獨立을 宣言하는 所以이다." 국사편찬위원회, 『한국독립운동사』 3, 963면.

염상섭 자신의 회상기와 연보를 통해 이 시기 염상섭의 행적을 보면, 염상섭과 오사카 조선인 노동자와 직접 교류한 흔적은 발견되지 않는다. 염상섭은 오사카에서 취업한 경험 대신 게이오대학을 휴학한 후 학비와 생활비를 벌 목적으로 한신(阪神)지방을 떠돌다가 츠루가에 가서 신문기자 생활을 한 경력이 있다.44) 또한 이 사건을 위해 유학생과 협의를 한 적은 있으나 노동자와 협의를 거쳤다는 기록은 남아 있지 않다.45) 그러나 염상섭은 노동자 대표로 독립선언서를 발표했다. 그 이유는 비록 유학생의 신분이지만 학생으로서 浩然하게 지낼 수 없었던 지식인으로서 자책감과 만세운동에 대한 오사카 유학생의 냉담이 염상섭의 관심을 노동자에게 돌리게 한 것으로 여겨진다. 또한 운동의 대중적 전파를 위한 행동이라는 점을 들 수 있다. 즉 오사카지역은 조선인노동자가 밀집한 지역이므로 토쿄에서 전개된 2.8독립운동의 대중적 전파를 위해서는 노동자가 이러한 사실을 알고 있어야 한다고 판단한 것이다. 그러나 염상섭은 노동자에게 관심을 가졌을 뿐, 자신이 노동자는 아니었다. 3개월간의 기자 생활만으로 조선인 노동자의 처지나 상황을 이해할 수 없었다. 그러므로 격문과 선언서는 노동자가 도저히 그 뜻을 이해하기 어려운 한자체로 작성되었고, 독자 대상도 노동자에 초점을 맞추지 않았던 것이다. 결국 염상섭은 이 운동을 통해 오사카에 거주하는 지식층에게 경종을 울리고 스스로 삶의 방향을 확인하고자 하는 의도가 강했던 것으로 생각된다.

이 사건은 오사카지역 조선인 민족운동사에서 세 가지 의미를 갖는다. 첫째, 2.8독립운동 이후 그 연속선상에서 일어난 운동이라는 점이다. 일제시기를 통해 3.1운동의 영향은 국내민족운동뿐만 아니라 일본지역에서도 매우 컸다. 비록 민족운동의 양상과 방법은 다양화했지만 자주와 독립이라는 3.1

---

44) 휴학 사유는 병으로 기재되어 있으나 사실은 귀족적이고 부유층 자제들이 모인 학교인 慶應대학의 학비와 생활비 부담이 컸고, 학교 분위기도 맞지 않았다고 한다. 특히 경제적 후원자였던 형이 1918년 9월 중국으로 출병하자 경제적 부담은 염상섭이 직접 해결해야 할 문제가 되었다. 김종균, 앞의 책, 40~41면.
45) 김윤식, 『염상섭 연구』, 서울대 출판부, 1989년, 898~909면.

운동의 정신은 조선인들과 분리될 수 없었다. 이러한 역사적 상황을 배경으로 염상섭의 만세운동은 오사카지역 조선인 민족운동선상에서 자리매김된다.

둘째, 노동자들의 밀집지역인 오사카에서 조선인 노동자를 주체로 일어난 민족운동이었다는 점이다. 2. 8독립운동 이후 일본 내에서 3. 1운동에 호응한 움직임은 비록 활발치는 못했으나 간헐적으로나마 전개되었다. 노동자의 경우, 노동현장에서 파업형식으로 민족운동을 전개한 경우가 있었고, 조선인 노동자들의 파업투쟁 자체도 활발해졌다.46) 그러나 이와 같이 노동자를 대표한 선언서와 격문이 마련된 민족운동은 일어나지 않았다. 염상섭이 노동자를 운동의 주체로 삼은 민족운동은 오사카지역에 거주하는 조선인 노동자의 의식화와 각성에 큰 영향을 미쳤다. 염상섭의 거사를 통해 토쿄지방에서 일어난 2. 8독립운동이 알려졌으며, 인텔리 계층이 아닌 노동자들도 민족운동에서 주요한 동력이 될 수 있음을 인식시켜준 것이다.

셋째, 1920년대 오사카지역 조선인 민족운동의 始原을 이룬다는 점이다. 1910년대에 오사카지역 조선인들은 조선인 단체와 조선촌을 통해 결속을 이루었으나 아직 민족운동의 주체가 될 수 있을 정도로 성숙한 단계는 아니었다. 또한 다른 지역에서 전개된 민족운동에 대한 소식도 알지 못했다. 그러나 이 운동을 통해 노동자들이 스스로를 민족운동의 주체로 인식하기 시작하게 됨에 따라 노동운동중심이라는 일제하 오사카지역 민족운동의 특성을 형성했다. 그 대표적인 예가 1922년 기시와다(岸和田)방적파업에서 나타난 조선인 노동자의 참여와 역할이다. 직공 2,756명 가운데 271명에 달하는 조선인 노동자들은 상반기 상여금에 대한 민족차별에 반대하여 파업을 전개했다. 전체 직공의 10%에 불과한 조선인 노동자들이 민족차별철폐를 외치며 파업한 것은 조선인 노동자 자신의 오사카지역내 조선인운동의 중심이라는 자각

---

46) 1919년에 들어서 조선인 노동자의 노동파업은 급속히 증가하였는데, 특히 1919년 6월에 후쿠오카현 치쿠호(筑豊)지방의 각 탄광에서 일어난 조선인 갱부 파업은 3.1운동의 영향을 받은 운동이다. 朴慶植, 『在日朝鮮人運動史 - 8.15 解放前』, 63면.

이 없이는 어려운 것이다. 그런 점에서 염상섭의 민족운동은 의미를 갖는다.

　염상섭의 민족운동은 이와 같은 여러 의미에도 불구하고 몇 가지 한계를 드러냈다. 먼저 염상섭이 단기간 내에 계획·준비하여 일으킴에 따라, 대중적 호응을 얻지 못했다는 점이다. 준비기간이 지나치게 짧았고 오사카 내 유학생들과 합의를 이루어내지 못한 상태에서 실행함으로써 성공 가능성을 축소시켰다. 둘째는 노동자와의 관계이다. 취업 경험이 3개월간 기자생활에 불과한 염상섭이 오사카 노동자와 전혀 관계가 없던 상황에서 노동자 대표를 자임하면서 독립시위운동을 계획했다는 점이다. 더구나 노동자들이 이해할 수도 없는 한자체의 선언서는 노동자들의 호응을 얻어내는데 한계가 있었다. 이러한 점에서 염상섭의 독립시위운동은 성공하지 못했다. 그러나 그로 인해 거사가 갖는 의미가 상쇄되지 않음은 물론이다.

제4장 1920년대 오사카 조선인 민족운동의 전개(1922~1929)

"당시 우리는
우리가 조선에서 살지 못하고
일본으로 와서 일을 하는 원인이
무엇인가 하는 점을 생각해보았다.
일본의 식민지였기 때문이었다.
거기에 저항하여
3. 1독립운동이나 광주학생운동을
일으켰지만
실패했다. 그러나 관동지진으로
조선인이 다수 학살되었다.
이대로는 안된다.
일본에 있는 조선인은
모두 조선의 독립을 위해 운동해야만 한다."
— 張錠壽,『재일 60년 - 자립과 저항』중에서

1910년대 오사카지역 조선인들은 민족운동을 목표로 하는 단체를 결성하지 못했고, 염상섭의 운동을 제외하고는 본격적으로 '독립'을 주창하는 민족운동도 전개하지 못했다. 그러나 이 시기에 조선인들은 각종 단체를 통해 조직화하고, 조선인 인텔리 계층과 일본사회운동에 영향을 받아 사회모순에 눈뜨기 시작했다. 이때 조직된 조선인들의 단체가 상조회적인 성격을 크게 벗어나지 못했으나 이를 통해 조선인이 결속했다는 것은 이후에 조선인들이 민족운동을 전개할 수 있는 터전을 마련했음을 의미한다. 또한 이 시기에 결성되기 시작한 조선촌은 조선인을 결속하는데 유리했다.

이와 같이 결속한 조선인들이 지식인계층의 지도를 받으면서 사회모순을 인식해 나가게 됨에 따라 이들은 이후에 전개될 사회운동의 중추세력으로 발전해나갈 수 있었다.

1920년대는 오사카지역 조선인들이 본격적으로 민족운동의 주체로 등장한 시기였다. 조선인들은 노동조합과 아나키즘단체, 청년단체, 사회주의단체에 속하여 연대투쟁을 통해 민족의식을 표출하는 한편, 조선촌을 통해 민족적 정체성을 공고히 해나갔다. 조선인들이 속한 여러 단체 가운데 특히 민족운동에서 두드러진 활동을 보인 것은 노동조합이다. 1922년에 오사카동맹회가 결성된 후 점차 조선인 노동조합이 탄생하여 조선인 노동자의 구심체 역할을 했다. 노동조합은 노동현장에서 차별상황을 실감한 조선인 노동자들이 현실문제를 해결하기 위한 방안이 민족운동임을 제시해주었다. 따라서 이 시기 조선인 민족운동이 노동운동 중심으로 전개됨은 당연한 결과였다. 노동자들은 노동현장에서 모순을 철폐하는 노력을 통해 일본 내에서 민족모순을 극복하고자 했고, 각종 시위에 참가하고 민족운동의 자금을 지원함으로써 민족운동의 주체로 전면에 나섰다.

본 장에서는 1920년대 오사카지역 조선인들이 민족운동을 전개하는데 토대로 작용한 단체의 성격을 중심으로 민족운동의 전개과정과 특징을 살펴보고자 한다.

1. 노동조합의 민족운동

1) 大阪朝鮮勞働同盟會

오사카지역에는 1922년 12월 최초의 조선인노동조합인 오사카동맹회가 출현했다. 1922년에 오사카동맹회가 결성되기 이전에도 조선인노동자를 대상으로 하는 단체는 조직되었으나 노동조합으로서 발전하지 못했다. 오사카동맹회는 1922년 12월 결성되어 1927년 9월 1일 大阪朝鮮勞動組合이 창립될 때까지 그 명칭을 유지했다. 그러나 오사카동맹회가 1925년 2월 22일 결성된 재일노총에 산하단체로 가입한 이후에는 활동범위나 방향에서 차별성을 보인다. 즉, 재일노총에 가입하기 이전 시기의 오사카동맹회는 조선인협회를 중심으로 하는 친일조선인조직체의 영향력 아래 놓여 있던 조선인을 조직화하고, 이들을 각종 민족운동의 장으로 끌어냄으로써 반일반제운동의 주력군으로 양성하는데 활동방향을 설정하였다. 이 시기에 일본사회운동단체나 오사카 지역 내 다른 조선인민족운동단체와 연대하여 활동하기는 하였으나 다른 지역의 조선인운동세력과 연대하는 데에는 이르지 못했다. 그러나 재일노총에 가입한 이후에는 재일노총 산하 단체로서 일본전지역의 조선인운동세력과 공동보조를 취함으로써 오사카조선인민족운동을 지역운동을 넘어선 전국적 성격의 운동으로 자리매김할 수 있게 되었다.

(1) 大阪朝鮮勞働同盟會 결성

1920년대초 오사카에 조선인노동자가 밀집하자 토쿄에서 활동하던 조선인민족운동가들은 오사카를 조선인노동자의 단결과 조직화를 위해 총력을

기울여야 할 지역이라는 점에 공감대를 형성했다. 이미 1910년대 정태성과
나경석의 활동은 그 사전단계로 이해할 수 있다. 1920년대 초에 들어서도 토
쿄 지식인이 주도한 오사카 거주 조선인에 대한 조직화 노력은 계속되었다.[1]

  이러한 토쿄 조선인운동가들의 인식과 활동은 오사카 내에서 조선인을 조
직화하는 임무를 담당할 수 있는 인적 자원이 부족하였다는 이해를 바탕으
로 한다. 앞장에서 언급한 바와 같이 오사카의 조선인단체는 1910년대부터
결성되었으나 친목도모와 상호부조에 중점을 두었다. 따라서 토쿄 조선인운
동가의 시각으로 볼 때 이러한 성격은 민족운동의 중심단체로서 적합하지
않았다. '일본에서 조선인노동자가 단결을 해야하는 곳은 바로 가장 많은 조
선인노동자가 밀집되어 있는 오사카'라는 토쿄 조선인민족운동가들의 인식
은 이 지역에 기존과 다른 성격을 갖는 조선인노동조합의 탄생을 촉구했다.

  한편, 일본사회운동세력은 일본사회운동의 동력으로서 오사카 조선인노
동자를 주목하기 시작했다. 1910년대 이후 일본지역에서 조선인노동자의 수
효가 늘어가면서 조선인노동자를 일본사회운동의 주요 대상이자 동맹원으
로 포용해야 한다는 인식이 확산되었다.

  일본의 대표적인 사회운동가인 요시노 죠사쿠(吉野作造)는 김종범의 주장
을 인용해, 조선인 노동자의 도일 배경을 다음의 네 가지로 정리하고, 일본사
회운동계가 조선인노동자를 수용해야 하는 당위성을 피력했다.[2] 첫째는 일
본조선정책의 산물로서 도일배경을 파악한 점이다. 일본의 조선식민지정책
으로 인해 조선농촌이 피폐해졌고 최근 만주·노령방면으로 이주가 불편하
게 됨에 따라 조선인이 일본으로 올 수밖에 없다는 주장이다. 두 번째는 소
작인의 생활난을 들고 있다. 이 점도 역시 토지조사사업을 비롯한 각종 경제
정책으로 인해 증가한 소작인이 피폐하게 될 수밖에 없는 불가피성을 지적
한 것이다. 세 번째는 동양척식회사의 이민정책과 아울러 중국인 노동자가
이입하게 됨에 따라 조선인이 국내에서 일자리를 얻을 수 없게 되었다는 점

---

1) 1920년 9월, 고학생동우회원 홍승로 등 4명이 오사카에 와서 '鮮人노동동우회'를
  조직할 목적으로 활동하다가 검거되었다. 『동아일보』 1920년 9월 5일자; 9일자.
2) 吉野作造, 「朝鮮人の社會運動に就て」, 『中央公論』 1923년 5월호, 194면.

이다. 네 번째는 일본당국의 조선인 유입정책이다. 일본 정부는 일본산업에서 인건비를 적게 들이고 일본노동운동의 예봉을 무디게 하는 이중적 효과를 위해 조선인 노동자의 이입을 장려했다고 이해한다. 이에 대한 근거로 1922년 12월 15일부터 시행된 여행증명제도의 폐지를 들고 있다.

이와 같이 일본사회운동세력은 조선인의 도일을 식민지배라는 구조적 모순의 결과로 인식하고, 계급동맹원으로서 재일조선인노동자를 수용하고자 했다.

1922년 10월에 식민지 조선에서 결성된 朝鮮勞働同盟會와 같은 해 11월 토쿄에서 결성된 東京朝鮮勞働同盟會(이하 토쿄동맹회)는 일본사회운동세력이 오사카지역 조선인노동조합의 필요성을 인식하는데 자극제로 작용했다. 일본사회운동세력은 조선노동동맹회를 조선에서 결성된 최초의 진정한 노동조합으로서 주목했다.[3] 이는 조선노동동맹회의 모태인 조선노동공제회에 대해 취했던 부정적인 입장과는 대조를 이룬다.[4] 『勞働者新聞』에 나타난 일본사회운동세력의 인식 정도를 보면, 이들은 조선에서 결성된 조선노동동맹회가 일본지역에 거주하는 조선인노동자에게 한·일 노동자 연대의 가능성을 확신시켜 주었다고 파악했다.[5]

토쿄동맹회 또한 이전 시기에 토쿄에서 결성 운영되었던 단체와 구별되는 것으로서 평가받았다. 1920년에 결성된 朝鮮苦學生同友會가 노동단체의 선구로서 의미는 있으나, 유학생과 노동자의 복합 단체적 성격을 탈피하지 못하였기 때문이다. 그에 비해 토쿄동맹회는 주도 세력이 지식층이고 전문노동단체라는 한계는 있으나 노동자를 위한 노동자의 단체로서 그 성격을 분명히 했다.

---

3) 吉野作造, 앞의 글, 192~193면; 『勞動新聞』 1922년 11월 5일자; 『勞動者新聞』 1922년 11월 15일자.

4) 일본사회운동세력은 당시 차금봉과 윤덕병 등 조선노동공제회 지도부의 대립과 관련해서 조선노동공제회가 무산계급운동의 효시이지만 지식인이 주도권을 갖는 개량주의 단체라는 점을 들어 조선최초의 노동조합임을 부정했다. 『勞動新聞』 1922년 11월 5일자 「朝鮮勞動運動の新紀元」.

5) 『勞動者新聞』 1922년 11월 15일자.

이러한 인식을 바탕으로 일본의 노동운동세력은 오사카에서 조선인노동조합이 탄생해야 할 필요성을 느꼈다. 이러한 필요성은 토쿄동맹회 결성 직후에 토쿄의 조선인운동가들이 오사카에 와서 조직화를 위해 활동을 개시한 것과 발맞추어, 구체적인 움직임으로 발전되었다. 1922년 11월 22일, 日本勞働總同盟 大阪聯合會는 이날 열린 위원회에서 결의사항을 통해 조선인 노동조합 창립에 대한 후원을 결정했다. 이 시기는 토쿄동맹회가 결성된 직후이다. 日本勞働總同盟 關西勞働同盟會도 역시 1922년 11월 30일 日本勞働總同盟 大阪聯合會 사무소에서 열린 이사회에서 '오사카지방의 朝鮮勞動者同盟會 조직 운동을 후원할 것'을 채택했다.[6]

한편, 오사카에서 조선인이 노동단체를 조직할 것이라는 소식은 결성 이전부터 국내에도 알려졌다. 동아일보는 12월 1일자 신문에 오사카지방에 조선인 노동단체가 결성될 것이라는 기사를 싣고 있다.[7] 당시 국내에 일본지역 소식이 뒤늦게 보도되었음을 볼 때, 결성 이전부터 이미 국내에도 소식이 전해진 듯 하다.

오사카동맹회 결성대회는 1922년 12월 1일, 北區 九條 시민관에서 조선인 300여명이 참석한 가운데 개최되었다. 宋章福·池健弘·金鐘範·孫明均·金鳳烈[8]을 비롯한 오사카와 토쿄의 조선인운동가 다수와 일본노동총동맹 오사카연합회 소속의 西尾末廣·野田律太·大矢省三 등이 참석한[9] 결성대회는 다수의 피검자를 낸 후 해산되었다. 그러나 대회의 강제해산과 일부 발기인의 체포에도 불구하고 오사카동맹회의 결성작업은 당일 저녁 다른 장소에서 진행되어 6일 밤에 강령·규약을 채택함으로써 완료되었다.[10]

---

6) 『勞動者新聞』 1922년 12월 1일자; 1922년 12월 15일자.

7) 『동아일보』 1922년 12월 1일자.

8) 『大阪地方勞動運動史年表』 1957년, 101면에는 孫明均을 金孫明으로, 金鳳烈은 金烈風으로 기재되어 있고, 『勞動者新聞』 1922년 12월 15일자에는 金鳳烈이 金烈鳳으로 기재되어 있다.

9) 『大阪地方勞動運動史年表』, 101면; 『동아일보』 1922년 12월 3일자; 金森襄作, 「大阪朝鮮勞動同盟會」, 『大阪社會勞動運動史』 1권, 1986년, 1065면.

10) 상세한 결성과정은 졸고, 「1920년대 일본지역 조선인노동동맹회연구」 참조.

1일에 대회가 해산되자 일부 참석자들은 경찰서로 몰려가 검속자의 석방을 요구하고, 70여명 정도는 다른 장소(송장복의 집. 海老江 121번지)에 모였다. 이들은 이 자리에서 새로운 의장을 뽑은 후 오전의 議事를 속행하여 회칙을 제정하고 송장복을 위원장으로 하는 집행부를 조직했다.[11] 이 때 결의와 강령·규약 등이 채택된 것이 아니므로 완전한 의미의 결성작업이 완료된 것은 아니었지만 회칙과 집행부를 조직함으로써 오사카동맹회 창립에 한 발 다가섰다.

오사카동맹회 결성작업은 검속되었던 집행부가 2일에 풀려나면서 활발해졌다. 2일 밤 일본노동총동맹 오사카연합회 오야 쇼조(大矢省三)의 주선 아래, 검속에서 풀려난 집행부가 이선홍과 타협을 함에 따라 3일에 구체안이 마련될 수 있었다.[12] 그 후 6일 밤 朴興奎의 방(日本橋 5丁目 소재)에서 朝鮮人協會·勞進會·共濟會를 비롯한 13개 단체의 대표자 30여명이 모여 대표자 회의(의장 : 이선홍)를 열어 결의와 강령[13]·규약을 채택함으로써 오사카동맹회는 정식으로 발족했다.[14]

>   1. 우리 결속의 위력에 의해 계급투쟁의 승리를 획득하고 이로써 노동계급
>   의 생존권 확립을 기한다.
>   2. 우리는 우리의 고혈을 착취하는 자본제도를 타파하고 생산자를 본위로
>   하는 신사회의 건설을 기한다.
>
>   회 칙[15]

---

11) 집행위원장 : 송장복, 위원 : 金烈鳳·崔泰烈(회계)·지건홍·金公海·張達奎·洪佐瑞·尹明初·金淵錫(서기)·梁旺錫.『大阪每日新聞』1922년 12월 4일자;『勞動者新聞』1922년 12월 15일자. 집결장소에 대해『大阪每日新聞』는 송장복의 방(海老江 121번지 소재)이라 보도했다.

12)「大阪每日新聞』1922년 12월 4일자.

13) 강령은 제1항에 '勞動階級'이라는 용어를 첨가하여 '우리는 결속의 위력에 의해 계급투쟁의 승리를 획득하고 이를 통해 노동계급의 생존권 확립을 기한다'로 한 것 외에는 1일 채택된 내용과 차이를 보이지 않는다.

14)『大阪每日新聞』1922년 12월 7일자.

15) 大阪市 社會部,『大阪市を中心とする勞動組合運動』1924년판, 勞動調査報告32, 37

제1조 본회는 대판조선인노동동맹회라 칭한다.

제2조 본회는 본회의 강령을 수행함을 목적으로 한다.

제3조 **본회는 본회의 목적을 달성하기 위해 다음과 같은 사항을 실**
       행한다.

 1. **환난상구**

 1. **직업소개**

 1. **노동자의 권익향상에 대한 필요사항**

제4조 본회는 본부를 일본 대판에 둔다.

제5조 **본회는 대판재류조선인순근육노동자로 조직한다.**

제6조 본회는 집행위원 약간 명을 둔다.

제7조 집행위원은 총회에서 선거한다. 단 집행위원 보결은 집행위원장
       이 행한다.

제8조 집행위원은 집행위원회를 조직하고 집행위원장 1인을 둔다.

제9조 총회는 집행위원 일동이 대표한다.

제10조 집행위원장은 집행위원회가 결의한 범위 내에서 會務를 총괄하
       고 총회와 집행위원회의 소집 또는 문서발송을 하며 各意를 대
       표한다.

제11조 집행위원의 임기는 1개년으로 한다.

제12조 총회는 정기 및 임시로 한다. 정기총회는 6월과 12월에 개최한
       다.

제13조 집행위원회는 필요하다고 인정되는 때에 개최한다.

제14조 본회의 회계보고 및 집행위원의 건서는 12월 정기총회에서 한
       다.

제15조 본회의 경비는 회원이 이를 부담한다.

제16조 입회는 회원 1인 이상의 보증과 위원회의 승인을 요한다.

제17조 회원 중 본회의 체면을 훼손하거나 본회의 회칙에 위배할 때에
       는 집행위원회이 의결로 제명하고 이를 총회에 보고한다.

제18조 본 회칙에 명기되지 않은 사항은 일반회의 통상규칙에 의거한
       다.

제19조 본회 회칙을 개정하는 데에는 총회 출석 삼분의 이 이상의 동의
       를 요한다.16)

7~378면.

16) 『勞働新聞』 1922년 12월 20일자.

이때 결정된 규약의 주요 내용은 3조와 5조이다. 여기에서 특징적인 점은 회의 구성원을 '조선인순근육노동자'로 명시한 점이다. 이에 대해 일본 연구자 野村明美는 조선 내에서 조선노동공제회가 朝鮮勞働聯盟會로 바뀌어 가는 과정에서 회장인 車金峯이 입회자격을 육체노동자로 제한했던 점에 주목했다. 즉 김종범이 국내 노동운동을 조사하고 귀국한 직후이므로 국내의 이러한 분위기가 영향을 주었을 것으로 추정한 것이다.[17] 그러나 구성원을 '조선인순근육노동자'로 제한할 것을 주장한 측은 토쿄에서 온 발기인이 아니라 오사카지역 운동가들이었다. 이러한 결정이 국내 상황에서 영향을 받았다고는 보기 어렵다. 따라서 필자는 이를 단지 오사카내 조선인노동자의 대부분이 자유노동자이기 때문이 아니라 일본인과 조선인 지식층을 제외시킴으로써 이들의 영향력을 배제하고자 한 구절로 이해해야 한다고 생각한다.

오사카동맹회의 결의사항 3개항은, '(1) 우리 조선인은 망국적 천시관념에 바탕을 두고 차별을 하는 자에 대해서는 철저하게 규탄한다 (2) 소위 不逞鮮人이라는 4자에 대해 일본정부 및 각 일본신문과 잡지에 대해서 근본적인 반성을 구하고 이후 이를 무시하는 경우에는 위대한 자유행동을 취할 것을 통고한다 (3) 우리는 연맹본부에서 동포의 각성을 촉구하고 향상과 단결의 통일을 꾀하기 위해 잡지『朝鮮人』을 발간한다' 등이다.[18]

결의내용은 한·일간 차별문제에 중점을 두고 있다는 점을 특징으로 한다. 특히 조선인에 대한 차별에 대해서는 적극적인 수단으로 대처한다는 내용이 결의 세 항목 중에 두 항목(1, 2항)에 걸쳐 명기되었다.[19]

또한 이 회의에서는 '兄弟會' 회원 100여명의 참가가 결정되었다.[20] 형제회는 그에 앞서 이미 12월 3일에 총회를 열어 오사카동맹회 가입을 결정했다.[21] 형제회는 1921년 1월 1일(음력) 오사카에 거주하는 朴興柱·李善光·金

---

17) 野村明美, 앞의 글, 77~88면.
18) 『大阪每日新聞』 1922년 12월 7일자.
19) 이 내용은 노동계급의 투쟁을 목적으로 하는 노동조합의 결의로서는 적당치 않은 듯 보인다.
20) 『동아일보』 1922년 12월 11일자.
21) 『조선일보』 1922년 12월 7일자.

鎭善·辛昌洛 등이 조직한 단체로 회원은 200~300명 정도였다[22]. 조선일보에 소개된 내용을 보면, 형제회는 '일본사람이거나 조선인이거나를 막론하고 회원에게 구타를 가하면 일제히 돕고, 반격하는 것[23]'을 구체적인 결성목적으로 하고 있다. 형제회가 오사카동맹회에 가입을 결의한 시점이 오사카동맹회 결성이 완료되기 전이었다는 사실은 조선인협회나 형제회 등 오사카의 기존세력들이 오사카동맹회를 자신들의 세력으로 만들고자 했음을 의미한다. 그러나 중요한 점은 위에서 살펴본 결의와 규약이 이후 오사카동맹회 활동에 그다지 영향을 미치지 못했다는 사실이다.

1일에 발생한 오사카동맹회 결성대회 해산이유에 대해 일부 연구자는 오사카측(송장복·지건홍)과 토쿄측(東京朝鮮勞働同盟會)의 주도권 다툼이라는 점에 주목했다.[24] 金森襄作은 '토쿄의 북성회측과 오사카 주재자 간에 집행부의 인선을 둘러싸고 주도권을 장악하려는 균열이 심해 양측이 모두 영향이 미치는 대중을 동원해서 대회를 유리하게 이끌고자 하였으므로, 대회가 열리기 전부터 긴장감이 감돌았고, 오사카측은 일본노동총동맹 오사카연합회에 협력을 구하여 니스오스에 히로(西尾末廣)·오야쇼조(大矢省三)를 비롯한 다수의 野武士組[25]가 참석했다.'[26]고 기술하여, 마치 실력 행사를 위한 사전준비까지도 있었던 듯한 인상을 주고 있다. 물론 회칙을 심의하는 과정에서 발기인간에 의견 충돌이 있었지만 대회에서 주도권 다툼을 위해 일본노동총동맹의 급진활동분자까지 동원했다는 주장은 지나친 이해이다.

필자는 대회 해산의 직접적인 원인을 지역적 대립이 아닌 발기인 측과 오사카 내 토착 조선인단체 세력과의 마찰로 이해한다. 구체적인 예는 조선인

---

22) 『개벽』18, 1921년 12월호, 79면.

23) 『조선일보』 1922년 12월 7일자.

24) 국내 언론도 처음에는 東京과 大阪측의 충돌로 이해하였으나 (『동아일보』1922. 12. 3일자) 후에 보도기사와 대부분의 자료에서는 이선홍의 방해로 파악했다. 『동아일보』1922년 12월 11일자; 吉野作造, 앞의 글, 195면.; 『大阪每日新聞』1922년 12월 2일자; 12월 4일자; 『勞動者新聞』12월 15일자; 『勞動新聞』12월 20일자.

25) 野武士組란 일본노동총동맹 關西연합회내의 급진분자, 활동분자를 의미한다. 『勞動者新聞』1922년 6월 17일자.

26) 金森襄作, 앞의 글, 1065면.

협회장 이선홍의 의사진행 방해에서 볼 수 있다. 이 행동은 창립대회를 무산시키려는 의도에서 나왔다.

규약에 대해 논의가 분분한 상황에서 방청을 하던 이선홍이 의장에게 발언권을 얻은 후 "이러한 단체를 오사카에서 발회하는데 무슨 이유로 오사카의 조선인 유력자인 나에게 상의하지 않았는가"하고 항의했다. 이에 대해 의장인 송장복이 "오늘날의 유력자는 돈을 가지고 있는 소부르조아지로서 권세와 타협하여 자기의 안전을 도모하는 겁 많고 게으른 자이다. 그런 자와는 상의할 필요가 없다"고 반박하면서 방청석에 있던 이선홍의 지지세력과 발기인측 사이에 소동이 일어났다.[27] 이로 인해 대회는 해산되었고, 결국 며칠을 경과하는 동안, 이선홍의 개입 아래 창립이 이루어지게 되었다.

당시 오사카에서 한약상회를 경영하던 이선홍은 이미 같은 해 7월 24일에 내선융화를 목적으로 하는 조선인협회(또는 조선인회, 조선인구제회)를 결성하고, 10월에는 총지부와 4개 지부를 두는 등 오사카지방의 조선인 세력가로서 군림하였다. 그러나 이선홍이 운영하는 조선인협회는 상애회와 달리 일본정부가 인정하는 정식동화단체가 아니었기 때문에 일본 당국으로부터 동화단체로서의 특권을 부여받지 못했다.[28] 심지어 1924년 2월 21일에는 조선인협회 고문 李重鎬가 경관에게 집단폭행을 당하는 일까지 일어나기도 했다. 물론 가해자들은 후에 면직되었으나 당시 조선인협회 처지의 일면을 잘 나타내주는 예라 할 수 있다.[29] 특히 오사카동맹회는 강령에 나타난 바와 같이 '노동계급의 투쟁'을 목적으로 하였기 때문에, 이선홍이 이끄는 조선인협회와는 이해가 완전히 배치되는 단체였다. 따라서 자신의 세력이 미치지 못할 뿐만 아니라 이해가 다른 대규모 조선인단체의 탄생은 이선홍의 입지를 약화시키는 결과가 예상되므로, 이선홍의 입장에서 실력 행사는 불가피했다.

---

27) 『勞動者新聞』 1922년 12월 15일자 「在阪鮮人勞動者同盟 創立總會」.

28) 대표적 동화단체인 상애회의 경우, 노동자통제권이 가장 큰 특권이다. 상애회는 직업소개라는 명목으로 회사와 노동자에게 각각 이중의 소개료를 받고, 노동자의 이동을 막았다. 또한 노동파업이 발생하면 폭력을 사용해 진압하고 회사측으로부터 그 댓가를 받기도 했다.

29) 『동아일보』 1924년 2월 29일자.

이선홍 등이 결성대회를 해산시킨 결과, 오사카동맹회는 당초 의도와 다른 모습으로 탄생했다. 발기인측은 처음부터 이선홍으로 대표되는 기존세력을 배제하려 하였고, 회의 성격도 상호부조의 차원을 벗어나고자 했다. 그러나 1일 결성대회가 해산되면서 상황은 달라졌다. 2일 밤에 피검자들은 모두 석방되었지만 기존의 발기인들은 다시 모여 회의 구성을 논의할 수 없었다. 토쿄측 발기인들은 그날 밤으로 토쿄로 돌아간다는 단서를 달고 이선홍 등의 보증으로 석방되었기 때문이다.[30] 송봉우와 신원파가 2일 밤에 토쿄로 돌아간 후 김종범과 김약수는 노동사정조사를 이유로 오사카에 남아 있었으나 역시 6일에 다시 검거됨으로써,[31] 6일 밤 결정 사항에는 영향력을 행사할 수 없었다.

오사카동맹회는 토쿄에서 온 발기인들이 완전히 배제된 상태에서 이선홍이 의장이 된 대표자회의를 통해 결성되었다. 거기에 형제회까지 가입하게 됨으로써 오사카동맹회는 한계를 안고 출발하였다. 강령은 원안과 차이가 없었으나 결의와 규약은 친목단체의 성격이 그대로 남아 있었다. 이는 발기인측의 본래 의도에 이선홍 등 오사카기존 세력의 입장이 결합된 것이다. 기존 발기인중 토쿄측이 배제된 상태에서 송장복·지건홍 등 오사카측 집행부는 오사카동맹회 설립에 우선적인 목표를 두고 이선홍 등과 타협을 함에 따라 출발 당시 오사카동맹회의 성격은 매우 애매했다. 그러나 1923년 초부터 본격적으로 전개한 각종 활동내용을 통해 오사카동맹회는 오사카지역의 기존세력과 구별되는 민족운동단체로서 성격을 분명히 했다.

오사카동맹회는 1922년 12월 결성 이후 1923년에는 조직화에 노력을 기울였다. 1923년에 가장 대표적인 조선인밀집지역인 東成區·西成區에 각각 지부가 결성되고, 1924년에는 西成朝鮮勞働同盟會·今福朝鮮勞働同盟會·城東朝鮮勞働同盟會·堺朝鮮勞働同志會[32]가 결성되었으며, 1925년에는 鶴町朝鮮

---

30) 『조선일보』 1922년 12월 8일자.
31) 『勞働者新聞』 1922년 12월 15일자.
32) 堺동지회가 언제 결성되었는지에 대해서는 알 수 없다. 堺동지회는 1924년 4월에 大阪同盟會에 가맹하기로 하고, 4월 16일에 大阪同盟會 제2회 총회에 참석했다.

勞動組合·泉尾朝鮮勞動組合이 신설되었다.[33] 오사카동맹회의 조직화 과정에 대해서는 알려진 내용이 없다. 다만 이 가운데 城東동맹회의 결성대회가 국내 일간지에 보도되어 결성 당시 城東동맹회의 모습을 단편적이나마 살필 수 있다.[34]

城東노동동맹회 결성대회는 1925년 1월 20일밤, 外鶴橋町에서 열렸다. 이 날 채택된 강령은 1. 吾人은 노동자본위의 생산을 획득하야서 생존권의 확보를 기함. 2. (삭제). 3. 吾人은 조선노동자구제와 향상에 최선의 노력을 기함 등 3항이다. 이 강령은 토쿄동맹회의 강령이나 1922년 오사카동맹회 강령의 주요 내용인 계급투쟁이나 신사회 건설 대신, 생존권 확보와 노동자 구제라는 현실적인 문제를 내세운 점이 특징이다. 이는 토쿄동맹회나 오사카동맹회 강령이 사회주의 이데올로기를 분명하게 표방한 것과 큰 차이를 보이는 것으로써 당시 조선인의 당면과제를 잘 나타내준다.

집행위원 선출(黃澤奎·申鉉周·辛基天·김달환·辛承宇·송장복·呂鍾燮·李錫周·車明鎭·金升燮)에서 김달환과 송장복이 포함된 것으로 보아 오사카동맹회 본부에서 城東勞働同盟會 조직화에 직접 관여한 것으로 생각된다.[35] 오사카지역은 송장복과 김달환이 직접 조직화에 나서 지부를 결성하고 운영까지 담당하고 있는데, 이와 같이 몇몇 운동가들이 조직화를 전담하는 현상은 토쿄 조선인사회에서도 흔히 볼 수 있다. 이러한 현상은 개인적인 리더쉽의 결과라기보다 조선인운동가가 극소수로 한정되어 있었던 현실에

『조선일보』 1924년 4월 22일자「大阪조선노동동맹」.『大阪地方勞動運動史年表』, 116면에는 8월에 결성대회를 가진 것으로 기록되어 있으나 1925년 6월에 3회 정기총회를 갖는 것으로 보아 기존에 활동하던 단체가 8월에 정기총회를 개최한 것으로 여겨진다.『조선일보』 1925년 6월 14일자.

33) 일본당국은 1925년 大阪同盟會의 총회원수를 650명으로 파악하였다.『大阪市を中心する勞動組合運動』, 134면; 內務省 警保局,「1925年中における在留朝鮮人の狀況」,『集成』1, 162; 168면.

34)『동아일보』 1925년 1월 26일자.

35) 송장복 등은 오사카 지역뿐만 아니라 1925년 3월에는 코베지역의 조선인노동동맹회(神戸조선노동동맹회) 조직화에 깊이 관여하고, 위원으로 활동했다.『조선일보』 1925년 4월 6일자; 7일자.

기인된다.

(2) 大阪朝鮮勞働同盟會의 운동

비록 한계 속에서 출발했으나 오사카동맹회는 이선홍 등 기존세력의 의도 대로 친목단체에 머물지 않았다. 오사카동맹회의 활동은 친목단체로서 보다 사회운동단체의 성격이 강하였다. 오사카동맹회는 1923년에 조직화에 힘씀과 동시에 그해 3월 일본사회운동단체가 주최하는 3악법반대운동에 참가하는 등 구체적인 활동을 하기 시작했다. 오사카동맹회의 민족운동은 크게 조선인학살 및 차별반대운동 전개·일본사회운동 참가·노동운동의 전개로 대별할 수 있다. 먼저 조선인학살 및 차별에 대한 반대운동을 살펴보겠다.

재일조선인은 피식민지민으로서, 또한 소수민족으로서 민족적 차별상황 아래에서 생활하였다. 따라서 이에 대한 철폐운동은 조선인의 생존권을 확보하는 운동임과 동시에 식민지 구조적 모순을 거부하는 운동이기도 했다. 오사카동맹회는 조선인차별과 박해에 대한 철폐운동을 전개하고 조선인단체가 주최하는 약소민족해방운동에도 참가하여 연대투쟁을 벌여나갔다.

그럼 먼저 관동지진 당시 자행된 조선인학살에 대한 규탄운동을 살펴보자. 이 사건은 일본사회의 조선인차별의식이 극명하게 드러난 대표적인 사례이다. 조선인학살 규탄운동은 토쿄동맹회원인 金泰燁(일명 金突破)의 주도로 전개되었다. 1923년 9월 1일 지진이 발생하였을 때 토쿄동맹회 사무실에 있다가 연행된 김태엽은 李憲·馬鳴 등 동맹회 간부·朴烈부부와 함께 淀橋경찰서에 감금되어 매일 고문을 당했다. 경찰은 김태엽으로부터 '우물에 독을 넣었고, 방화했다'는 자백을 받기 위해 심하게 고문했으나 자백을 받지 못하자 63일만에 석방했다. 김태엽은 이때 유치장 창 너머에서 조선인이 학살되는 현장을 자주 목격하였는데 그 충격으로 몇달간 정신이상 상태에 시달리기도 했다. 이렇게 조선인학살의 현장을 직접 목격한 그는 토쿄동맹회 임시총회의 결정에 따라 오사카에서 개최할 '조선인학살사건규탄대회' 준비공작임무를 맡고, 1923년 12월에 오사카에 왔다. 당시 일본당국으로부터 추방령이 내려져 국내로 호송되던 도중이었으나 기차역에서 도주하여 오사카에 도착한 김태엽은 송장복·지건홍과 대회를 준비했다.

오사카동맹회가 주최한 '조선인학살사건규탄대회'는 1924년 3월 10일 일본노동단체의 지원 속에서 中之島 중앙공회당에서 열렸다. 300명의 경관이 에워싼 가운데 7,000명이 참가한 이 대회는 김태엽의 사회로 시작되어 2시간 동안 진행되었다. 이 자리에서 김태엽이 자신이 목격한 조선인학살사건의 실상을 상세히 보고하자 참석자들은 매우 격앙되었다. 이어서 30여명의 연사가 규탄연설을 하던 중 일본경찰로부터 대회중지를 명령받았으나 참석자의 반발이 거세어지자 일본경찰은 도리어 중지명령을 취소할 정도였다.[36]

이 대회는 형식상으로 오사카동맹회가 주최하였으나 토쿄동맹회의 결정에 따라 토쿄에서 김태엽이 파견되었으므로 토쿄측의 의지가 적극적으로 투영된 행사였다. 그러면 토쿄동맹회가 오사카대회를 개최하고자 한 배경은 무엇인가.

관동지진 조선인학살사건이 일어난 직후 토쿄를 비롯한 關東지역 조선인사회는 심각한 충격 속에서 어려움을 겪었다. 먼저 학살사건의 충격으로 귀국하는 조선인이 속출하였고, 일본지역에서 조선인으로 살아가는 자체에 대한 비관적 인식이 팽배해졌다.[37] 토쿄지방의 조선인운동세력 또한 많은 운동가를 잃고 조선인의 귀국과 이동으로 조직화에 어려움을 겪으면서 운동의 방향마저 잃게 되었다. 물론 이러한 현상은 조선인운동세력만이 당면한 문제는 아니었다. 일본사회운동계도 침체상태에 빠져들었다.

이와 같은 혼미한 상황 속에서 조선인운동세력은 어려움을 극복하고 조선인사회를 결속하기 위한 활동을 전개했다. 그 활동의 하나가 조선인학살사건의 진상규명과 추도회이다. 당시 관동지역 외에는 조선인학살사건이 소문으로만 어렴풋이 알려져 있을 뿐이었다. 그러므로, 조선인학살사건의 진상을 정확히 알리고 규명을 촉구하는 활동은 조선인사회의 결속과 조선인의 생존을 위해서 절실한 일이었다. 이를 위해 1923년 12월 토쿄동맹회는 토쿄 소재

---

36) 金泰燁은 '일본에서 조선인이 계획하고 이러한 종류의 성격을 띠는 대집회를 연 것은 空前에 없던 일'이라고 자평하였다. 金泰燁, 앞의 책, 132~151면.
37) 졸고, 「1910~1920년대 東京한인노동단체」, 『한국근현대사연구』1, 1994년, 68면.

日鮮日華靑年會館에서 '在東京朝鮮人大會'를 개최하고 '조선인박해사실조사회'를 결성했다.38) 이에 이은 후속 활동이 오사카에서 열린 연설회였다.

3월 10일 오사카동맹회가 주최한 연설회를 통해 조선인학살의 진상은 일본의 관서지방에까지 극명하게 알려지게 되었다. 결국 오사카에서 추도회를 개최한 이유는 학살사건의 내용을 알리고 일본지역내 조선인의 인식을 확산하기 위한 대상지로서, 다수의 조선인이 거주하는 오사카가 적당하였기 때문이다. 그러므로 사건의 진원지인 토쿄보다 6일 앞서 오사카에서 개최되었다.39)

오사카동맹회의 민족운동으로써 두 번째 활동은 각종 탄압에 반대하는 대중집회활동이다. 여기에는 재일조선인에 대한 탄압반대운동과 고국을 대상으로 하는 운동이 포함된다. 재일조선인이 당면한 차별문제는 일본당국의 차별정책 외에 고용주와 지역민의 차별인식이 해당된다. 이 차별문제는 재일조선인의 생존과 관련된 문제로서, 재일조선인은 민족차별로 인한 각종 불이익을 통해 식민지라는 구조적인 모순을 인식하고 반일감정을 견지했다. 차별과 탄압에 반대하는 대중집회는 1925년 1월에는 오사카동맹회가 참가한 가운데 재일조선인단체의 차별적 착취문제에 대한 규탄대회가 열린 것을 비롯하여40), 1925년 2월 3일에 오사카동맹회 · 삼일청년회 등 9개 단체 대표 30여명이 모여 일본경찰의 횡포를 규탄하기 위한 대책을 결의하기도 했다.41)

식민 종주국인 일본지역에서 약소민족해방을 주장하는 것은 가장 직접적

---

38) 「在京朝鮮人狀況」, 『集成』1, 147~148면.

39) 토쿄에서는 1924년 3월 16일 토쿄동맹회가 日本勞働總同盟會와 공동 주최한 '關東大震災被日支鮮勞動者追悼會'가 열린 후, 매년 추도회가 열렸다. 朴慶植, 『在日朝鮮人運動史 - 解放以前』, 三一書房, 1979년, 151면. 조선인이 주체가 되지 않았지만 關東조선인희생자에 대한 추도행사는 이보다 앞서 1923년 10월 28일에 열렸다. 『조선일보』 1923년 10월 25일자. 이 추도회는 東京 芝區에 있는 增上寺가 주최하였지만, 당시 東京에 체류중이던 有吉정무총감이 참석한 것으로 보아 일본내 거주하는 조선인을 회유하고 안정시킬 목적에서 마련한 것으로 보인다.

40) 『大阪地方勞動運動史年表』, 123면. 개최장소나 규탄대회에 대한 내용에 대해서는 알려진 바가 없다.

41) 『동아일보』 1925. 2. 11일자.

이고도 강력한 반일민족운동이라 할 수 있다. 오사카동맹회는 1924년 12월 22일에 天王寺공원에서 삼일청년회가 주최한 약소민족해방연설회(식민지해방강연회)에 참가하여 식민지해방을 주창했다.[42]

1924년에 오사카에서는 고국의 언론탄압상황에 직면하고 그 철폐를 도모한 운동(언론탄압반대운동)이 전개되었다. 언론탄압반대운동은 국내운동과 상호 긴밀한 관련 속에 이루어졌다. 국내의 언론탄압반대운동은 일본보다 조금 앞서 6월초부터 시작되었다. 당시 국내는 일본 관동지진 이후 도지사가 내린 특별 內訓에 의해 종교와 학술강연이 일체 금지된 상태였다.[43] 언론탄압반대운동은 各派有志聯盟의 발족과 관련하여 당국이 집회를 금지한 것을 계기로 하여 일어났다. 1924년 국내에서는 각파유지연맹이 발족하는데, 여기에 반대한 국내 민족운동세력은 4월 9일에 민중대회를 발기하고 대규모 집회를 준비했다.[44] 이에 대해 각파유지연맹은 동아일보사가 자신들을 반대한다 하여 동아일보사의 송진우·김성수에게 폭력을 행사하는 등 방해활동을 벌여 물의를 빚었다.[45] 22일에 개최될 예정이었던 민중대회는 대회에 앞서 당국의 개최금지명령을 받았으나 집행부는 대회를 강행하고자 하였다. 그러나 집회는 당일날 당국에 의해 금지당했다.[46] 이 사건 후 5월에는 신흥청년회가 주최한 강연회가 금지되고 노동야학교가 주최한 강연회도 금지되는 일이 일어났다.[47] 민중대회 무산 이후 국내 지도자들은 일본당국을 상대로 언론자유를 요구했으나 부정적인 답변만을 듣게 되었다. 이러한 배경 속에서 6월에 일어난 강연회 금지는 본격적인 언론탄압반대운동의 계기가 되었다. 6월 5일자 『동아일보』는 '3일에 조선청년총동맹과 조선노농총동맹이 개최한

---

42) 『大阪地方勞動運動史年表』, 116면. 식민지해방강연회는 神戸(12월 15일)·京都(12월 29일) 등 일본 각 지방에서 개최되었다. 『동아일보』 1924년 11월 3일자; 『조선일보』 1924년 11월 3일자.
43) 『동아일보』 1924년 6월 5일자.
44) 『동아일보』 1924년 4월 11일자.
45) 『동아일보』 1924년 4월 11일자.
46) 『동아일보』 1924년 4월 23일자; 24일자.
47) 『동아일보』 1924년 5월 5일자; 16일자.

일본도항관계 강연회가 금지된 사건'을 보도했다.[48] 이 강연회가 금지되자 양 단체는 분기하여 법조계와 신문사 등으로 각단체대표회의를 구성하고 8일에 31개 단체가 참석한 가운데 '언론집회압박탄핵회'를 열었다. 이 회의에서는 2개항의 결의문을 채택하고 실행위원과 전형위원을 선출했다. 이날 결정된 결의 내용은 '1. 우리는 언론 및 집회에 대한 당국의 무리한 압박을 혁고한 결속으로써 적극적 항거할 일 2. 언론 및 집회의 압박에 대한 항거방법은 실행위원에게 일임할 일'이다.[49] 또한 탄핵대표회의는 20일 천도교 교당에서 민중대회 개최를 계획했다. 그러나 이 대회도 기마순사까지 동원한 당국의 탄압으로 금지되고, 이종린 등 실행위원 5명이 검거되었다. 이에 대표회의는 26일에 실행위원회를 개최한 결과 28일에 100여명의 각 대표자가 출석한 가운데 단체회의를 열어 결의문을 채택하고 3개항의 실행사항을 결정했다.[50]

이와 같이 시기적으로 볼 때 언론탄압반대운동은 국내에서 먼저 전개되었다. 그런데 국내 운동에 계기를 제공한 인물은 일본지역 조선인운동가인 김종범(토쿄동맹회원)이다. 南鮮勞農同盟을 대표하여 朝鮮勞農總同盟 결성에 중요한 역할을 담당하던 김종범이 1924년 4월 20일에 열린 조선노농총동맹 임시대회에서 각파유지연맹을 반동세력으로 규정하고 '각파유지연맹을 박멸하자'고 한 제의가 만장일치로 채택됨으로써, 각파유지연맹은 반동세력으로 규정되었던 것이다.[51] 이러한 조선노농총동맹의 결의는 이후 언론탄압반대운동 전개에 직접적인 계기로 작용했다.

이러한 국내운동의 움직임은 일본지역에 영향을 주어 오사카에서 언론집회탄핵반대운동이 전개되었다. 국내에서 전개된 언론탄압반대운동은 조선청년총동맹과 조선노농총동맹이 주도하였지만, 양동맹의 주도인물 가운데

---

48) 『동아일보』 1924년 6월 5일자.

49) 『동아일보』 1924년 6월 9일자.

50) 『동아일보』 1924년 6월 19일자; 22일자; 27일자; 30일자.

51) 『동아일보』 1924년 4월 22일자. 김종범은 임시대회에서 이외에도 동아일보배척운동전개를 제의해 일본지역에서 전개되던 동아일보배척운동을 국내에 확산시키기도 했다. 졸고, 「1910~1920년대 東京한인노동단체」, 83면.

에는 일본지역운동가도 포함되어 있었으므로,[52] 이 운동이 일본지역으로 확산되는 것은 당연한 일이었다.

언론탄압반대운동은 오사카동맹회를 비롯한 오사카내 여러 민족운동단체가 연대하여 전개했다는 점 외에도 지역적으로는 오사카에서만 전개되었음이 특징이다. 이 운동이 일본내 다른 지역에서 전개되지 않고, 오사카에서만 일어난 이유에 대해서는 아직 알려진 바가 없다.[53]

이 운동은 오사카 조선인민족운동단체의 공동연대 활동 가운데 주목되는 운동이었다. 6월 28일 조선무산자연맹이 주최하고 오사카동맹회를 비롯한 오사카 조선인민족운동단체가 참가한 가운데 天王寺공회당에서 언론탄압반대연설회가 열렸다. 연설회는 "조선 內地의 소위 문화정치가 나아놓는 언론집회의 압박으로 말미암어 유수한 언론기관이 힘을 합하여 탄핵을 하려는 때를 당하야……"(*원문 그대로) 개최되었는데, 중도에 해산되었다.[54]

그러나 오사카 지역 조선인운동단체는 일회성 연설회에 그치지 않고 운동의 지속성과 효과를 위한 공동연대활동을 전개했다. 1924년 7월 21일 밤 9시부터 오사카동맹회를 비롯하여 조선무산자연맹·학우회·삼일청년회·南興여명회·조선인동지회 등 6단체 간부 30여명이 外鶴橋 소재 金素顯의 집에 모여 '언론자유집회압박탄핵회'를 조직하고, 각 단체에서 1명씩 실행위원(宋章福·崔善明·金淵福·尹性鍾·申鉉柱·金敬善)을 선출했다. 이날 채택된 결의사항은 '1. 당국의 무리한 언론집회의 압박을 규탄키 위하야 필요할 때마다 탄핵연설회를 개최할 일, 2. 널리 사회의 여론을 환기하기 위하야 적당

---

52) 송봉우는 1924년 4월 21일 조선청년총동맹 결성 당시 일본조선무산청년회대표로서 중앙집행위원으로 선출되었다. 조선노농총동맹의 경우는 1924년 4월 결성 당시 일본지역 운동가인 김종범, 마명, 남윤구가 전형위원으로 선출되었고, 특히 김종범은 중앙집행위원과 중앙집행위원회의 상무위원을 역임했다. 김준엽·김창순, 『한국공산주의운동사』2, 청계연구소, 1986년, 93~95면; 140~144면.

53) 이 운동이 일본지역내 조선인 민족운동의 본산지인 토쿄에서 전개되었음을 시사하는 기록은 전혀 보이지 않는다. 또한 오사카에서 이 운동이 전개된 6월부터 8월까지 일본의 다른 지역에서 별도의 조선인민족운동이 전개된 기록도 찾아보기 어렵다. 추가자료발굴이 이루어져야 할 것이다.

54) 『시대일보』 1924년 6월 29일자.

한 방법으로 운동을 일으킬 일' 등이었다.[55]

　언론자유집회압박탄핵회는 이 결의에 따라 8월 5일 오후 6시경, 中之島 공회당에서 탄핵대연설회를 개최했다. 오사카동맹회를 비롯하여 조선무산자사회연맹·남홍여명사·삼일청년회·堺市조선노동동지회·오사카조선학우회가 참가한 연설회는 3,000명의 청중이 모여 경찰 100여명의 감시 속에서 열렸다. 연설회는 연사 28명이 순서에 따라 연설하던 도중에 여러 차례 중지를 명령받아 결국 연사 가운데 지건홍·井上文三郎·金敬善·송장복·魚波·金淚房·藤田一市·李重煥·辛在鎔을 비롯해서 25명이 검속을 당했으나, 청중들은 사회자 崔善鳴의 지도에 따라 11시경에 무사히 해산했다.[56]

　언론탄압반대운동이 오사카에서만 일어난 데 비해 이보다 앞서 전개된 동아일보규탄운동은 토쿄가 중심이 된 운동이다. 1924년 재일조선인단체가 전개한 동아일보규탄운동은 국내에까지 영향을 미쳐 결국 동아일보사 중역전원이 사직하면서 종결되었다. 1월 2일 이광수는 동아일보 사설에 「민족적 경륜」을 발표하였는데 이에 대한 일본지역 조선인의 반향은 매우 컸다. 1월 20일 토쿄에서는 토쿄동맹회 이헌을 대표로 학우회·여자흥학회·조선교육연구회·북성회·형설회·평문사·노우회·조선무산청년회·전진사 등이 단체를 결성하고 동아일보배척운동을 전개했다. 이들 단체는 「민족적 경륜」의 내용을 '조선총독정치를 인정하며 조선의 자치와 참정권 획득을 요망하는 것'이라 규정하여 규탄하고, 동아일보사에 힐문장을 보내어 공개사죄와 논설 취소를 요구했다. 그러나 아무 반응이 없자 2월 20일에 규탄연설대회를 열고 '非買同盟'을 결성하며 성토문을 뿌렸다.[57] 이러한 토쿄지역 운동에 호응하여 오사카동맹회에서도 산하 11개 지부와 함께 성토문에 서명을 하고

---

55) 『동아일보』1924년 7월 22일자;『조선일보』 1924년 7월 24일자.

56) 『동아일보』 1924년 8월 10일자;『大阪地方勞動運動史年表』, 116면.

57) 토쿄조선인 운동세력은 조선노농총동맹 임시대회 참석을 위해 귀국한 김종범을 통해 국내로 운동을 확산시켰다. 이러한 활동의 결과, 동아일보배척운동이 국내에 확산되자 동아일보사는 그해 4월 말 중역 전원을 인책 사직하고 사설을 발표하는 등 진화에 나섰다. 운동의 자세한 내용 및 경과에 대해서는 졸고 「1910－1920년대 東京한인노동단체」, 83면 참조.

이를 살포했다.58)

셋째로 오사카동맹회는 일본사회운동 참가를 통해 일본사회에서 민족운동을 견인해내고자 하였다. 국외에 거주하는 조선인이 고국을 위해서 할 수 있는 활동은 직접 민족운동을 전개하는 일 외에도 국내운동을 직접 지원하는 일과 해당 지역에서 동맹세력을 확산하는 활동이 있을 것이다. 오사카동맹회의 일본사회운동 참여는 후자에 해당한다.

오사카동맹회는 메이데이 참가를 비롯하여 3악법반대투쟁·일본노동총동맹지원활동 등 일본사회운동단체와 함께 대중집회를 참여하고 일본대중의 성원을 유도하였다. 이러한 일본사회운동참여는 오사카동맹회가 조선인의 민족이익에만 우선한 민족단체로서보다는, 일본 내 사회운동단체로서 자리매김하고자 하는 목적을 구체화한 활동이다. 좀더 구체적으로 살펴보면, 두 가지 목적이 동시에 내포되어 있음을 알 수 있다. 첫째는 일본 내 거주하는 조선인의 정주와 안정된 생활을 도모하고자 하는 목적이 강하게 투영된 활동이라는 점이다. 즉 오사카동맹회는 일본사회운동에 참가함으로써 차별구조라는 현실적 모순 상황에 대한 인식을 일본사회에 확산시킬 수 있다고 생각했다. 이들의 활동 결과 '조선인노동자 차별철폐'라는 구호가 일본사회운동단체의 공식 요구사항으로 자리매김할 수 있게 되었으며, 이들이 주도하는 대중시위운동 현장에서 조선인문제가 공식적으로 거론될 수 있었다. 두 번째는 조선인단체가 일본사회운동단체와 공동보조를 취함으로써 일본사회운동을 통해 조선의 민족문제 해결도 도모할 수 있으리라는 생각을 바탕으로 하였다는 점이다. 중국이나 러시아 등 해외 운동사에서 조선인단체나 운동세력들이 해당 국가나 민족의 당면과제에 직접적으로 기여함으로써 궁극적으로 조선의 독립을 이루려는 것은 일반적인 양상이었다. 오사카동맹회의 경우도 여기에서 벗어나지 않는다. 이와 같은 오사카동맹회의 의도와 다수의 조선인을 대중운동의 동력으로 삼으려는 일본운동세력의 이해가 일치함으로써, 사회운동에서 한·일 연대가 이루어지게 되었다.

---

58) 「在京朝鮮人狀況」, 『集成』 1, 148~149면; 『勞動同盟』 1924년 2월 10일자. 『叢書』 5, 35면; 『大阪地方勞動運動史年表』, 116면.

일본사회운동 가운데 가장 대표적인 것은 매년 개최되는 메이데이행사였다. 1923년 메이데이행사 참가는 일본노동총동맹이 조선인 노동운동세력과 연대하고자 하는 목적에서 제의를 해옴으로써 시작되었는데, 양측 모두 한·일 국제연대의 좋은 계기로 생각했다.

오사카동맹회원 600명은 1923년 오사카에서 열린 일본노동총동맹이 주선한 메이데이행사에 참가했다.[59] 일본노동총동맹은 오사카동맹회측에 대해 자기들의 운동은 "먼저 국경이 없고 아울러 세계 각국에 있는 노동자는 너나 할 것 없이 처지가 같을 터이니 같이 악수하고 나가는 것이 어떠하냐"고 제의하였다. 이 제의를 받은 오사카동맹회측은 임시대회를 열어 참가를 결의했다.[60] 조선인측에서 참가를 결의한 배경에는 한·일 연대에 앞서 조선인들의 운동역량을 과시하고자 하는 의도도 자리하고 있었다. 1923년 메이데이에 일본노동총동맹이 내세운 표어는 1. 8시간노동제실시 즉시 실시 2. 실업방지의 철저 3. 식민지의 해방 4. 조선에는 大正8년제령(「정치에 관한 범죄 처벌의 건」, 1919년 4월 15일 제정) 철폐 5. 동척이민 철폐이다. 이 표어는 이후 시기 메이데이의 표어보다 식민지 문제에 많은 비중을 두었다.[61] 이듬해인 1924년에도 中之島공원에서 열린 일본노동총동맹 주최 메이데이행사에 오사카동맹회는 회원 600명과 함께 '동척이민철폐·이상적 사회 건설'의 표어를 앞세우고 참가했다.[62]

일본노동총동맹과의 연대 문제는 메이데이 참가뿐만 아니라 정규입회 문제도 있었다. 1924년 7회 노동총동맹대회에서 오사카동맹회측은 조선인단체도 정규입회의 수속을 마치고 대표자를 선출할 것을 제의했지만, 결국 주최

---

59)『大阪朝日新聞』1923년 5월 2일자.

60)『조선일보』1923년 4월 29일자.

61) 1925년 메이데이에서는 조선인측이 제안한 7개 표어 가운데 '일선노동자 단결하자'와 '조선동척이민 폐지' 등 2개만이 채택되었을 뿐, 식민지 해방에 대한 표어는 채택되지 않았다. 內務省 警保局, 「1925年中における在留朝鮮人の狀況」, 『集成』1, 170면.

62) 이 행사에서는 金仁守가 大阪同盟會의 대표로 연설을 했다.『조선일보』1924년 5월 7일자;『大阪地方勞動運動史年表』, 116면.

측 간사의 반대로 무산되어 시종일관 업저버로 참석하는데 그쳤다.[63] 1924
년은 아직 일본지역 조선인의 독자적인 노동총동맹이 결성되기 이전이므로
조선인의 정규입회문제는 일본노동총동맹 뿐만 아니라 조선인노동운동세력
측에서도 관심을 갖던 문제였다.

1922년 가토(加藤友三郎)내각은 과격사회운동취체법안·노동조합법안·
소작파업조정법안 등 3개 법안을 의회에 제출하기로 했다. 이에 대해 일본공
산당과 노동단체는 이를 3악법이라 규정하고 조직적인 반대운동에 나섰다.
반대운동은 그해 12월 22일 勞動週報社가 주최한 주보간담회에서 노동문제
를 비롯하여 정치운동·과격법안반대 등에 관한 토론이 활발히 이루어진 것
을 필두로 본격적으로 전개되었다.[64]

일본노동총동맹·造機船工勞組合·시계공조합·정진회·신우회·기계노
동조합연합회·芝浦勞動組合 등의 활동가 80여명은 1922년 12월 31일부터
이틀간 토쿄 소재 노동주보사에서 토론회를 열고 3개 악법에 반대하는 전국
노동조합동맹결성을 위한 철야회를 개최한 후 1923년 1월 본격적인 3악법반
대 전국노동조합연합위원회 결성에 나섰다. 일본운동단체는 먼저 1월 5일에
연합위원회(15일에 동맹으로 개칭) 결성을 위한 成立世話人會(*준비회)를 조
직하였는데, 김종범이 오사카동맹회 대표로 참석했다.[65] 여기에서 주목할 점
은 『노동신문』이 김종범을 오사카동맹회 대표로 지칭한 점이다. 이는 아마
도 개최 지역이 토쿄이고, 참석자가 토쿄동맹회원이며, 시기가 오사카동맹회
결성 직후라는 점을 생각해볼 때, 토쿄동맹회가 오사카동맹회의 이름으로
참석한 것으로 생각된다.[66] 오사카동맹회는 2월에 오사카에서 열린 반대연
설회에 참가함으로써 비로소 3악법반대활동을 전개하게 된 것으로 파악된

---

63) 內務省 社會局,「朝鮮人勞動者に關する狀況」1924년, 『集成』1, 446~447면.
64) 犬丸義一, 『日本共產黨の創立』, 東京, 靑木書店, 1982년, 213면.
65) 『勞動新聞』 1923년 1월 20일「過激社會運動取締法案を粉碎せよ」.
66) 『勞動新聞』 1923년 2월 5일자에는 참가단체명단에 조선노동동맹회(東京 및 大阪)
로 명기되어 있다. 이를 보아 당시 주최측이나 일본좌익운동측에서는 토쿄동맹
회와 오사카동맹회를 단일한 단체로 이해하거나 오사카동맹회를 조선인사회운
동단체의 대표로 파악한 듯 하다.

다. 연합위원회는 1월 22일 위원회를 열어 선언문과 결의문을 채택하고 서기 3명·회계 2명·서무위원을 선임했다.[67]

3악법반대동맹은 1923년 2월 4일에 토쿄와 오사카에서 반대집회를 열고 2월 11일에는 시위운동을 전개했다. 오사카동맹회는 4일 오사카 天王寺 공회당에서 열린 반대연설회에 300여명의 회원이 참석하였다. 이 연설회에서 오사카동맹회원은 동맹회 깃발을 앞세우고 일본경찰의 저지선을 뚫는 임무를 완수하는 과정에서 姜道千·姜晋龍 형제가 파출소로 연행되고 깃발도 빼앗겼으나 金正이 깃발을 되찾았다[68]

이외에도 오사카동맹회는 각종 일본사회운동에 참가했다. 1923년 5월 19일에 쿄토 소재 예수교청년회관에서 열린 전일본무산청년대회 석상에서 참석자 가운데 오사카동맹회 간부 송장복·윤명초·김연석이 검거되었다.[69] 또한 1923년 11월에 오사카 중앙공회당에서 일본노동조합 주최로 개최된 '가메이도(龜戶)경찰서사건'[70] 규탄연설회에도 오사카동맹회 간부들이 참석하려 했으나 검속으로 이루어지지 못했다. 지건홍·김연석 등 4명의 조선인은 대회가 열리는 20일 새벽에 검속되어 이튿날 풀려남으로써 대회에 참석하지 못하였던 것이다. 이에 대해『조선일보』는 검속 이유로 연설회에서 지건홍 등이 조선인 문제를 거론할 것을 우려하였기 때문이라고 보도했다.[71]

이와 같이 오사카동맹회는 일본사회운동을 지원함과 동시에, 식민지 조선의 독립문제를 일본인운동가들에게 각인시키고 일본운동세력을 동맹세력화하며 재일조선인의 입지를 강화하고자 하는 목적으로 일본사회운동에 참가

---

67) 『勞動新聞』1923. 2. 5일자. 이 회의에는 東京조선노동동맹회에서 孫永克이 조선인대표로 참석했다.

68) 『勞動者新聞』1923년 2월 15일자;『조선일보』1923년 2월 19일자. 조선일보 기사에서는 이를 11일의 시위운동에서 일어난 사건으로 기록하였다.

69) 『조선일보』1923년 5월 23일자.

70) 이 사건은 1923년 9월 1일 관동지진 당시 전투적 노동단체였던 南葛노동회 지도자를 가메이도(龜戶) 경찰서에 연행하여 군대를 출동시켜 학살한 사건이다. 이때 川合義虎, 平澤討七 등 6명이 살해되었다. 鹽田庄兵衛, 우철민 역,『일본노동운동사』, 동녘, 1985년, 65면.

71) 『조선일보』1923년 11월 24일자.

했다.

넷째는 노동운동의 전개이다. 1920년대 초반은 조선인 노동자들이 식민지의 구조적 모순을 절감하고 이를 개선하기 위한 노력의 일환으로 조직화에 힘쓴 시기이다. 또한 자신들이 속한 노동현장에서 노동파업을 전개하고 각종 대중운동에 참여하기 시작하는 시기이다. 이 시기에 조선인노동자들은 비록 파업건수가 3건에 머물기는 했으나 대규모 참가인원이나 파업기간의 장기화·노동자 단결이라는 점에서 일본사회에 적지 않은 파장을 던졌다. 이하에서는 민족운동의 일환으로 전개된 조선인노동자들의 노동운동의 흐름을 바탕으로 오사카조선인노동운동의 내용과 성격에 대해 살펴보고자 한다.[72]

조선인노동자가 일본 땅을 밟은 이후 1910년대까지 전개한 재일조선인노동운동의 흐름을 약술해보면 다음과 같다. 1897년 8월 조선인 230명이 나가사키현 소재 長耆탄광에 도착하여 조업을 한 이후 도일 조선인 노동자는 일본인 고용주가 기대한 이상의 노동효과를 냈다. 그러나 열악한 탄광의 노동조건, 조선인에 대한 일본인의 차별적인 인식은 조선인 노동자의 도주[73]나 동맹파업[74]·일본인 노동자와의 충돌[75] 등을 초래하였다. 1900년 이전 시기

---

72) 노동운동이나 농민운동 등 피식민국의 대중운동이 민족운동적 성격을 띤다는 점은 이미 잘 알려진 사실이다. 한국의 경우에도 이미 노동운동의 성격을 둘러싼 연구를 비롯하여 많은 연구가 진행되었다. 연구의 결과, 대부분의 연구자들이 경제투쟁과 정치투쟁의 관계설정을 통해 노동운동의 성격을 규정하고자 하는 과정에서 나타나는 한계를 갖고 있으나 노동운동이 갖는 민족운동적 성격에 대해서는 이론의 여지가 없음이 입증되었다. 노동운동의 성격 및 노동운동과 민족운동의 관계에 대해서는 졸고, 「식민지시대 노동운동의 현황과 과제」, 『한국근현대사연구』4, 1996년, 360~368면 참조.

73) 조선인 노동자의 도주사례는 고용 초기부터 나타나기 시작하여 빈번하게 보인다. 1897년 나가사키현 長耆탄광에 고용된 조선인의 경우, 도일 후 2개월부터 도주자가 생기기 시작하여 1898년 1월 22일에는 60명의 조선인 갱부가 도주하기도 했다. 또한 1898년 4월에 九州에 고용된 조선인 370명도 4개월만에 모두 도주했다. 이들은 그동안 임금을 전혀 받지 못한데다가 도리어 심하게 구타를 당하자 모두 도주한 것이다. 그러나 가는 도중에 일부는 잡히고 일부는 굶주려 죽어 결국 10명만이 인천항을 통해 귀국할 수 있었다. 『협성회회보·미일신문』, 1898년 8월 11일자 잡보.

가 도주나 일본인과의 충돌사건이 일반적이었다면, 1900년대 이후부터는 일본인노동자와의 동맹파업형태를 통해 노동파업의 始原을 이룬다.

　일본당국은 도주, 동맹파업 등 조선인 노동자들의 집단적인 움직임을 단순히 관습상의 차이나 '조선인의 나태함'으로 폄하했다. 『大阪朝日新聞』은 다음과 같은 기사내용을 통해 조선인노동파업을 감정적인 충동적 행위로 치부하기도 했다.

　　　언어 관습 등이 다르면서 그들의 쉽게 화내는 성질들이 왕왕 사건을 일으키고, 그들은 복수심이 강하여 작은 일에도 곧 단결해서 복수적 상해 등을 보임으로서 작은 일이 큰 사건으로 이르게 된다. 그들은 단결심이 강해 자주 임금인상 등을 강력히 요구하고 동맹파업 등을 행하여 그것이 소요를 일으키게 된다.76)

　그러나 보다 근본적이고 중요한 원인이 심한 노동·구타·임금 체불·계약위반·차별대우임은 물론이다. 탄광 노동의 경우, 조선인들은 탄광에서 일한다는 사실을 모른 채 도일하였고, 모집 당시의 약속과 다른 대우 및 계속되는 임금 체불에 불만을 품었다. 큐슈지역은 1872년 미이케(三池)탄광이 개발된 이후 죄수를 사역하는 죄수노동으로 노동력을 보충하고 있었으므로, 일반 갱부에 대한 인식이나 대우도 죄수와 별다른 차이가 없었다. 일반 노동자도 도주를 방지하기 위해 족쇄를 차고 있거나 의복도 입지 못한 채 노동하는 경우가 일반적인 상황이었다.77) 따라서 탄광에서 일하던 조선인 노동자

---

74) 1908년 1월 26일 카고시마현에서 발생한 조선인노동자의 동맹파업에는 조선인 노동자 160명이 참가한 것으로 전해진다. 『九州日日新聞』 1908년 1월 30일자.

75) 일본인 노동자와의 충돌 사례는 1898년 1월 22일 나가사키현 長者탄광에서 일어난 조선인 갱부와 일본인간에 충돌사건과 1910년 5월에 兵庫현에 있는 공사장에서 조선인 토공과 일본인 인부 사이에 충돌이 일어난 사건이 대표적이다. 東定宣昌, 「明治期, 日本における最初の朝鮮人勞動者」, 『韓國併合前の在日朝鮮人』, 明石書店, 1994년, 162면; 徐根植, 「山陰線工事と朝鮮人勞動者」, 『韓國併合前の在日朝鮮人』, 明石書店, 1994년, 182면.

76) 『大阪朝日新聞』 1918년 7월 26일자.

77) 森末義彰·寶月圭吾·小西四郎, 『生活史』, 山川出版社, 1969년, 68면.

에 대한 대우나 인식도 죄수·노예와 흡사했다. 이러한 상황은 토목공사장의 경우도 마찬가지였다. 더욱이 조선인 노동자는 가장 힘들고 위험한 작업에 투입되었으므로, 노동사고로 인한 사망도 많았다.[78]

더구나 일본 사회에 만연하고 있던 조선인 노동자에 대한 차별의식은 조선인 노동자들의 분노를 사기에 충분했다.[79] 따라서 조선인 노동자의 집단적인 움직임은 일어나게 되었고, 이후에도 끊임없이 계속되었다.

1910년대 대표적인 재일조선인 노동파업 사례는 다음과 같다.[80]

○ 1917. 6. 11 北海道 소재 北海道탄광기선주식회사 조선인 노동자 165명이 일본인 직원의 불친절과 언어불통을 이유로 파업에 돌입.
○ 1917. 8. 15 靜岡 소재 熱海 迂廻線 철도공사장에서 일본공업주식회사에 고용된 조선인 노동자 80명이 부상자 치료비 지급과 우천시 식비지급문제로 파업에 돌입.
○ 1919. 1 宮城 소재 高田광업에서 조선인 노동자 50명이 파업을 일으킴.
○ 1919. 1 福岡 소재 八幡제철소에서 조선인 노동자 82명이 2일간 파업을 일으킴.
○ 1919. 2 島根 소재 철도부설공사장에서 조선인 노동자 150명이 파업에 돌입.

---

78) 兵庫현에 있는 八幡神社에는 「鐵道工事中職斃病歿者招魂碑」가 세워져 있는데, 여기에 적힌 27명 가운데 7명이 조선인이다. 이 비는 1908년에서 1911년까지 실시된 야마게 西線의 건설공사에서 발생한 순직자를 위령하기 위해 1912년 10월에 건립되었다. 그보다 이른 시기인 1880년대 갱내 사고로 사망한 조선인 노동자의 기록이 筑豊탄광지방의 절에 있는 過去狀에 보관되어 있다. 1898년에는 九州 소재 三井회사 소속 田川탄광에서 조선인 갱부 2명이 사망한 사고가 발생하기도 했다. 또한 1909년에 사가(佐賀)현 貝島탄광에서 발생한 노동사고로 인해 조선인 노동자 方國俊외 수명이 사망한 일도 있다. 兵庫朝鮮關係研究會, 『兵庫と朝鮮人』, 1985년, 33~42면; 金英達, 「在日朝鮮人社會の形成と1899年勅令第352號について」, 98~100면.
79) 조선인에 대한 일본인의 차별적 의식으로 인해 발생한 충돌사건으로는 1910년 11월에 山梨에서 발생한 사건을 들 수 있다. 이 사건은 400여명의 한·일 노동자가 충돌하여 20명의 사상자를 냈다. 자세한 내용은 金浩, 「山梨縣 梁川村の朝日勞動者衝突事件 (1910)」, 『在日朝鮮人史研究』20, 1990년 참조.
80) 朴慶植, 『在日朝鮮人運動史 - 8.15解放以前』, 62면; 姜徹, 『在日朝鮮人史年表』, 24~32면.

○ 1919. 3. 8 福岡현 소재 三菱 新入탄광에서 조선인 노동자가 작업을 거부
  하고 파업을 일으킴.
○ 1919. 6 福岡에서 일하는 조선인 노동자들이 3. 1운동의 영향으로 파업에
  돌입.
○ 1919. 7 門司 소재 관부연락선 下關 선착장 공사장에서 조선인 노동자
  150명이 2일간 파업.
○ 1919. 7 宮城 소재 철도부설공사장에서 조선인 노동자 40명이 2일간 파업
  에 돌입.
○ 1919. 8 福岡 소재 八幡제철소에서 조선인 노동자 33명이 임금인상을 내
  걸고 파업에 들어감.
○ 1919. 9 鳥取 소재 공사장에서 조선인 노동자 30명이 임금인상을 내걸고
  태업을 감행.
○ 1919. 11 兵庫 소재 福島방적공장에서 조선인 노동자 27명이 임금인상을
  이유로 파업을 일으킴.

위의 1910년대 조선인노동파업 내용을 보면, 1917년에 홋카이도와 시즈오
카(靜岡)에서 각각 1건씩 일어났으나, 1919년에는 미야기(宮城)·후쿠오카·
효고(兵庫)·시마네(島根)·돗토리(鳥取)에서 총 10건이 발생했다. 지역별로
보면, 조선인노동자가 밀집한 큐슈지역이 다수를 차지한다. 파업의 원인은
임금인상이나 부상자 치료비 등 경제적인 이유가 많았으나, 1919년 6월의 후
쿠오카 경우처럼, 3. 1운동의 영향 아래 민족운동의 일환으로 전개된 경우도
보인다.

이러한 파업의 형태를 갖춘 것 이외에 단순한 대우개선을 호소한 사례는
이전 시기에도 나타났다. 1914년에는 오사카부에 있는 攝津紡績 野田공장의
조선인여공들이 회사측의 학대를 견디지 못하고 관내 경찰서에 몰려가 해결
을 호소했다.[81] 1918년 6월 30일에는 큐슈 소재 小倉제강소의 조선인 노동자
들이 임금인상을 요구하며 일본인 감독을 구타하여 일본인 노동자와 충돌하
는 사태가 발생하기도 했다.[82]

---

81) 姜徹, 앞의 책, 16면.
82) 朴慶植, 앞의 책, 62면, 재인용.

　이러한 조선인노동운동의 흐름 속에서 오사카동맹회가 활동하던 시기 오사카 조선인 노동운동의 양상과 성격에 대해 1924년까지 일어난 노동파업 사례를 통해 살펴보자.

　오사카지역에서 일어난 최초의 노동파업은 1922년 7월 기시와다방적 春木공장에서 조선인 271명이 차별대우에 반대하여 3일간 전개한 파업이다. 오사카지사가 내무대신에게 보낸 보고서(特秘 제13285호 「鮮人방적공 동맹파업에 관한 건」第1報)에 의하면, "岸和田방적 春木지부 공장의 직공 2,756명 가운데 조선인 직공 271명(남52, 여219)은 평소 저임금에 불만을 품고 있는데다가 이번 상반기 상여금을 일본인직공에 비하여 낮게 지급한데 반발하여 직공 姜聖道의 주도 아래 지난 27일 야근하던 조선인 직공 남12, 여15명 총 27명이 먼저 파업에 들어가고 다음으로 남은 직공들은 출근을 하지 않고 전원 파업에 들어갔다"고 한다.[83] 이 보고서는 "회사측은 업계가 불경기 상태에 있어 파업 발생에도 그다지 타격을 받지 않아 강경한 상태를 취하고 있으므로 해결은 지극히 어려울 것으로 보인다"고 전망했다. 해결이 어려울 것이라는 당국의 예상과 달리 이 파업은 3일만에 타결을 보았다. 파업이 어떤 내용으로 해결되었는지에 대해서는 알려져 있지 않다. 이 파업은 지원하는 노동조합도 없이 전개되었으므로 조선인노동자들만으로 파업을 지속하기는 어려웠을 것으로 보인다. 또한 조선인직공의 수가 소수여서 이들의 파업으로 인해 공장운영이 심한 타격을 받을 것으로 여겨지지 않으므로, 조선인노동자의 요구조건이 만족할 정도로 관철되었다고 보기는 어렵다. 그러나 기시아다 방적의 파업은 열악한 조건 아래에서도 조선인노동자 전원이 단결된 모습을 보였다는 점에서 이후 조선인 노동운동에 미친 영향은 매우 컸다.

　오사카지역에서 조선인노동조합이 지도한 최초의 파업은 1923년 4월 大阪製瓶所파업이다. 이 파업은 조선인 440명이 참가한 대규모 파업으로써 오사카동맹회가 지도한 것으로 나타나 있으나, 위에 언급한 내용 이외에 자세한 경위에 대해서는 내용을 알 수 없다. 다만 10일간이라는 장기간 파업에 해고

---

83) 金贊汀, 『朝鮮人女工のうた - 1930年 岸和田紡績爭議』, 143～144면.

자가 다수 발생한 것으로 보아, 매우 험난한 과정을 거쳐 종료되었음을 알
수 있다.

같은 해 11월 岸和田·和泉·寺田 등 3개 방적공장의 동맹파업 때에도, 조
선인 직공 남녀 천여 명이 참가한 것으로 나타난다. 이 파업은 일본인 노동
자가 중심이 된 파업에 조선인이 참가했는데, 파업이 지역의 동맹파업적인
성격을 갖고 있었으므로, 조선인 노동자들의 요구가 비교적 많이 관철될 수
있었다. 이와 같이 1920년대 초반에 조선인 노동자가 전개한 파업은 수적인
열세와 경험 부족이라는 상황에 놓여 있었다. 그러나 이들은 열악한 상황 속
에서도 휴업 중 일급이나 퇴직수당, 해고수당, 귀국여비 지급이라는 어려운
요구사항을 관철했다. 이는 조선인노동자들이 보여준 투쟁의지와 단결력의
결과였다.

현재 파악되는 재일노총 결성 이전 시기 오사카지역 조선인 파업사례는
위의 3건에 불과하다.[84] 이외에도 파업은 더 있을 것으로 생각되나, 현재로
는 추정에 그칠 뿐이다. 이 3건이라는 수치는 필자가 발굴한 1920년대 오사
카지역 파업 사례 52건(부록)과 비교하면, 지극히 소수이다. 그러나 1920년대
초에 파업사례가 소수인 것은 오사카만의 현상이 아니다. 필자가 파악한 일
본 전 지역의 조선인파업 발생 사례수에서 1917년부터 1924년까지 대표적인
지역의 건수를 비교해보면, 후쿠오카 4건, 효고 3건, 토쿄 4건 등이다.[85] 1917
년부터 1945년까지 파업 발생 순위에서 오사카는 홋카이도에 이어 2위를 차

---

84) 林 博史는 재일조선인노동운동의 범위를 '재일조선인이 질적으로나 양적으로 주
   체인 노동운동'으로 설정하고, 일본인이 주체가 된 운동이나 노동조합에 재일조
   선인이 참가한 경우에는 재일조선인의 노동운동에 포함시키지 않았다. 林 博史,
   앞의 글, 105면. 그러나 본 연구에서는 재일조선인의 노동운동범위를 확대하여
   일본인이나 일본노동조합이 주체가 된 경우라도 요구조건이나 해결사항에 조선
   인노동자문제가 포함되어 있는 경우에는 재일조선인노동운동으로 인정했다. 근
   거는 1920년대 초반에는 조선인노동자들이 노동현장에서 숫적으로 열세였으므
   로 조선인노동자들만이 주체가 되어 노동운동을 전개할 수 있는 여건이 아니었
   고, 조선인노동자들은 일본인이 주체가 된 운동에 참가함으로써 일본노동자의
   이익 뿐만 아니라 조선인 스스로의 권익을 지키고자 했기 때문이다.
85) 1917년부터 1945년까지 파업발생 순위에서 大阪는 北海道에 이어 2위를 차지한
   다.

지할 정도로 노동파업이 활발한 지역이지만, 1920년대 중반까지는 다른 지역과 비슷한 양상을 보이고 있다.

물론 3건의 파업 사례가 당시 조선인파업이 갖는 일반적인 성격을 대변한다고 확신하기는 어려우므로, 총체적인 성격을 규명하는 것은 매우 어려운 작업이다. 그러나 현재로서는 더 이상의 사례 발굴이 어려운 상황이므로 이 3건에 대한 분석과 아울러 노동운동가들의 지향점과 경향성에 대한 이해를 통해, 오사카 조선인노동운동의 성격에 접근해보고자 한다.

먼저 직종별로 살펴보면, 방적공장이 1922년과 1923년에 각각 1건씩 발생하였고, 잡공업에 해당하는 제병소에서 1923년에 1건의 파업이 발생했다. 이들 파업의 원인을 보면, 조선인 단독 파업(사례1, 사례2)에서는 '차별철폐'와 '임금인상'이 각각 1건씩 차지하였고, 사례3의 경우에는 '임금인상·대우개선'을 요구조건으로 내걸었다. 차별철폐에는 감독의 인신적 차별과 임금 차별이 포함되는데, 임금차별 철폐 요구는 실질적인 임금인상으로 이어짐으로써, 3건의 파업이 모두 임금과 관련된 내용임을 알 수 있다.

이러한 원인별 상황의 특징을 1920년대 오사카지역의 파업 원인과 비교해보면, 일반적인 양상에서 벗어나지 않음을 알 수 있다.[86] 즉 1920년대 전 시기의 오사카지역 파업 원인 가운데 임금인상과 해고반대·임금미지불 등 임금과 직결된 내용은 37건 가운데 25건으로 67%를 차지했다.[87]

그러나 이 시기 조선인파업이 식민 종주국인 일본에서 일본인자본가를 대상으로 한 운동이었고, 일자리를 잃거나 강제귀국이라는 위험을 감수하고 일어났다는 점에서 임금 문제 이상의 의미를 갖는다.

그렇다면 이 시기 조선인노동운동가와 노동운동과의 관계는 어떠한가. 1924년까지 전개된 조선인노동운동에 조선인운동가들이 어느 정도로 직접

---

86) 졸고, 「1920년대 오사카지역 조선인노동쟁의」,『근·현대한일관계와 재일동포』, 1999년 참조.

87) 또한 이러한 양상은 大阪지역만이 아니라 일본내 조선인노동파업의 일반적인 특징이기도 하다. 일본지역 조선인노동파업의 가운데 토건의 39.09%, 공장의 37.41%, 기타 직장의 23.81%가 이상 세가지 이유로 파업을 일으켰다. 外村 大, 「1920~30年代在日朝鮮人勞動者の動向」,『史觀』133, 1995년, 18면.

적인 영향을 미쳤는지에 대해서는 알 수 없다. 그러나 이들이 조선인노동자를 조직화하고 노동자들이 파업을 통해 자신들의 이익을 쟁취할 수 있도록 의식화하는데 영향을 준 것은 부인할 수 없다. 그러므로 조선인노동운동가의 지향점과 경향성을 살펴보는 작업은 노동운동 성격에 접근하는데 필요하다고 생각한다.

1910년대 오사카지역의 조선인단체는 나경석·정태성 등 소수의 선진인사들이나 박경도·이치문 등 하숙업자 주도하에 결성되었다. 나경석과 정태성이 일본유학 중 오사카에 와서 조선인단체를 조직, 주도하고 다시 토쿄나 중국·국내로 운동의 공간적 범위를 확대한 데 비해, 박경도와 이치문의 활동내용은 더 이상 확인할 수 없다. 즉 1910년대는 오사카 조선인단체가 통제적 성격이나 노동자 규합정도에 머물러 성격이 분명하지 않은 상태였고, 이에 따라 일부 지도층은 오사카지역에서 조선인노동자와 함께 생활한 경험을 바탕으로 이후 자신들의 활동이나 인식지평을 확장할 수 있게 되기도 했다. 또한 이 시기의 지도층은 조선인노동자 대중을 위한 활동을 전개하기에 역량이 부족한 상태였다.

이에 비해 1922년 오사카동맹회가 결성된 이후 노동조합의 성격이 분명해지면서, 지도층의 입장정리도 어느 정도 이루어졌다. 즉 1922년 결성 당시 '조선인노동자 최초의 노동조합'으로서 평가받은 오사카동맹회는 토쿄동맹회나 일본노동총동맹의 지원 아래 결성되었다. 오사카동맹회의 지도부인 지건홍·송장복·김달환 등은 결성 이후 일본사회운동단체나 토쿄동맹회 활동에 자극 받아 민족운동의 필요성을 느끼고 노동자의 조직화와 함께 노동자대중의 대중시위운동 적극 참가를 주도했다. 그러나 이들은 노동운동에 대한 전문적인 지식이나 나름의 식견을 갖고 있지 못했으므로, 자신들이 모델화하는 단체의 운동방향에 적지 않은 영향을 받았다. 또한 이들은 노동파업의 경험도 적었고, 지역적인 한계에서 벗어나지 못하여 오사카 전 지역에 지도역량을 발휘하지도 못했다. 그러나 이들은 이론적인 운동가에 비해 조선인노동자대중의 현실을 잘 알고 있다는 특장을 가졌다. 그러므로 전문적 지식이나 운동론을 갖고 있지 못함에도 불구하고, 오사카 지역 노동자대중에게 큰 영향력을 미치고 있었고 노동조합에서도 지도적 위치를 유지했다.

오사카동맹회가 국내에서 일어난 노동운동을 지원한 활동은 경성고무여자직공 파업 지원이다. 1923년 7월 3일에 일어난 경성고무여자직공의 파업[88]이 餓死同盟으로 이어지자 오사카동맹회는 동정금 6원과 '어대까지던지 싸오라'는 전보를 보내어 격려했다.[89]

(3) 大阪朝鮮勞働同盟會의 성격

오사카동맹회는 1922년 결성 당시부터 대표적인 조선인 노동조합으로서 일본지역 각종 사회운동세력의 주목을 끌었다. 이는 오사카동맹회 결성에 직접적인 계기를 제공한 토쿄 조선인운동가의 경우도 마찬가지였다. 1922년 12월에 KZS생이라는 필명으로『勞働新聞』에 발표한 김약수의 글(1922년 11월 29일에 집필)이 대표적인 예이다.[90] 이 글에서 김약수는 지금까지 재일조선인 운동이 항상 일부 유학생 운동에 주도되는 상황이었으나, 오사카동맹회의 탄생으로 인해 진정한 무산계급의 정예분자에 의해 운동이 주도된다는 점에서 결성의 의의를 두었다. 또한 오사카동맹회 결성을 직접 주도한 김종범은 김약수의 논지에서 한걸음 나아가 국제주의적 연대의 계기라는 점에서 오사카동맹회에 의미를 부여했다.[91]

일본공산당의 입장은 두 가지 입장을 모두 포괄하는 것이었다. 일본공산당은 '일본에서 조선인노동자의 순수한 노동조합의 第一聲'이라는 말로 재일조선인노동자의 순수한 노동조합의 선구자로서 오사카동맹회를 평가하고 아울러 한·일 노동자의 단결에 대한 기대감을 강하게 나타냈다.[92] 일본공

---

88) 경성고무여자직공파업은 1923년 7월 3일 경성 광희문밖에 있는 해동 등 4개소 고무공장의 여자직공 백수십명이 임금인하를 반대하고 감독의 파면을 요구하면서 일어난 동맹파업이다. 이 파업에 대해 공장측은 직공 전원을 해고하고자 했다. 이에 직공들이 아사동맹을 조직하여 강렬히 투쟁함과 동시에 국내외에서 지원이 계속되자 7월 19일 공장측이 노동자의 요구를 수락하여 파업은 종결되었다. 『동아일보』 1923년 7월 9일자; 7월 19일자.

89) 『동아일보』 1923년 7월 21일자.

90) 『勞動新聞』1922년 12월 5일자.

91) 『勞動者新聞』 1922년 12월 15일자.

산당은 비록 오사카동맹회가 성립되기 전에 이미 토쿄에서 노동동맹회가 결성되었으나 조선인노동조합의 始原은 오사카동맹회에 두었던 것이다. 이러한 입장은 토쿄동맹회가 비록 노동조합임을 표방하고 결성되었지만, 노동조합보다는 사회운동단체라는 인식이 내포된 결과였다.

일본사회운동세력이나 재일조선인운동세력이 오사카동맹회를 최초의 조선인노동조합으로서 국제연대에 기여할 기관으로 평가하고 기대감을 가진 데 비해 일본공안당국의 평가는 큰 차이를 보였다. 결성 당시 일본공안당국은 오사카동맹회가 기존의 오사카지역 조선인단체나 토쿄동맹회와 무관하며, 일본노동총동맹과 공동전선에서는 단체로 파악했다.[93] 그러나 이러한 이해는 실제 사실과 매우 다르다. 앞에서 살펴본 바와 같이 오사카동맹회는 오사카 기존세력과의 타협을 통해 성립되었다. 또한 일본공안당국은 오사카동맹회가 "조선인 동포의 복리를 증진하고 상호부조구제를 목적으로 하고…… 노동조합으로서의 의의보다 구제적 기관의 색채가 농후하고 노동조합으로서는 아무 것도 없다고 해도 좋을 것"이라고 평가했다.[94]

오사카동맹회는 1923년부터 조직화에 나선 결과 지회를 결성하고 회원수를 늘려갔다. 그러나 오사카시 사회부는 1923년 8월말 현재 오사카동맹회의 회원은 23명이고, 총회를 두세 번하고 해산된 것으로 파악했다. 또한 내무성은 오사카동맹회의 일본사회운동참가도 일본노동총동맹의 지시로 이해하여,

---

92) '조선의 노동계급은 일본의 노동계급의 협력없이는 결코 해방의 목적을 성취할 수 없다. 그와 마찬가지로 일본의 노동계급의 운동도 조선노동자의 협력이 없이는 자본의 지배에 대해 결코 유력한 전선을 펼칠 수 없다. 日鮮의 노동계급은 단결하라.'『前衛』1922년 12월 1일자「朝鮮人勞動組合運動의 第一聲」.

93) '기존의 在阪조선인 단체와는 관계없고 일본노동총동맹과 공동전선에 서게 되었다. 처음에는 東京방면의 조선인노동자와 제휴하였으나 양자간에 양해가 부족해서 大阪만의 새로운 단체를 조직하게 되고 京阪神의 근육노동자로 조선인노동자동맹회를 창립하였다.'『大阪市を中心する勞動組合運動』, 109면. 岩村登之夫는 결성대회와 관련한 일본공안당국의 평가를 바탕으로 大阪同盟會가 기존의 大阪 지역 조선인단체와는 아무 관계없이 일본노동총동맹과 공동전선을 펴고 있음을 획기적인 일로 파악했다. 이러한 이해는 정확한 사실 파악이 결여된 평가로 생각된다. 岩村登之夫,『在日朝鮮人と日本勞動者階級』, 1972년, 71면.

94) 大阪市 社會部,『朝鮮人勞動者問題』1924년,『集成』1, 378면.

오사카동맹회를 일본노동총동맹에 종속하는 비주체적 단체로 평가했다.[95] 그러나 공안당국이 조사할 당시, 오사카동맹회는 해산상태가 아니었고, 실제적인 민족운동 및 사회운동을 전개하는 상황이었다.

일본사회운동세력이 오사카동맹회를 최초의 조선인노동조합으로서 무산계급운동의 본산으로 파악한데 비해, 일본공안당국이 구제기관으로 평가한 것은 회칙 제3조에 명시한 구체적 실천과제가 원인이 된 것으로 보여진다. 오사카동맹회는 당면의 구체적인 실천과제로서 '환난상구·직업소개·노동자의 이익의 향상에 관한 필요사항' 등 세 가지로 설정했다. 이로 인해 일본당국이나 일부 연구자들이 민족주의 단체 또는 구제기관으로 평가하게 된 것이다.

이러한 평가는 연구자에게서도 찾을 수 있다. 金森襄作은 오사카동맹회를 '노동조합과는 크게 다른 것'으로 파악하고 이를 식민지 조선에서 결성된 조선노동공제회의 강령(지식계발·저축장려·품성향상·위생사상향상·환상구제·직업소개·일반노동상황의 조사)과 같다고 지적하면서 "조선노동공제회는 노동조합이 만들어지기 직전에 노동자의 계몽을 목적으로 하는 과도기적 단체로서 성격은 민족주의적인 것인데, 오사카동맹회도 같은 경향을 다분하게 갖고 있다"고 기술했다.[96]

또한 金森襄作은 조선인노동조합이 사회운동에 주력하게 된 배경으로서 당시 조선인노동자의 노동상황이나 조건을 들고 있다. 즉 "오사카동맹회나 각 지회는 행정구역을 단위로 조직된 지역적 단체이고 조합원도 다양한 직종을 망라하였다. 그 결과 회원 각자의 임금이나 노동조건이 모두 달랐으므로 당연히 회원간의 요구사항도 일치하지 않았다. 또한 당시 정착조선인의 다수는 노동수입 외에 하숙업이나 다른 수입을 합해야만 생활이 가능했으므로 파업에 큰 관심을 두지 않았다"[97]고 주장했다.

---

95) 內務省 社會局, 『朝鮮人勞動者に關する狀況』1924년, 『集成』1, 531면.
96) 가네모리는 이러한 오사카동맹회의 한계로 인해 창립 후 2년간 구체적인 노동운동은 거의 찾아볼 수 없고, 주로 계몽운동을 통한 조직확대에만 전념했다고 평가했다. 金森襄作, 앞의 글, 1066면.

그러나 이러한 金森襄作의 평가에는 몇 가지 오류가 지적된다. 먼저 강령을 보면, 오사카동맹회 강령은 조선노동공제회의 강령이 아닌 일본노동총동맹 강령의 영향을 많이 받았다.[98] 또한 金森襄作은 민족주의적 단체의 성격을 구체적으로 명시하지 않고 있으나 구제기관과 민족주의적 단체를 동일시하는 듯 하다. 그렇다면 결성 당시 강령과 결의·규약을 볼 때, 오사카동맹회는 구제기관이 아니므로 이를 민족주의 단체로 범주화하는 것은 맞지 않는다. 실천과제란 당시 상황으로서 회원들에게 절실한 것이자 조직화하는데 가장 설득력이 있는 내용을 채택하는 것이 일반적인데, 金森襄作이나 일본공안당국의 평가는 이 점을 간과하고 있다.

오사카동맹회는 명칭이 노동동맹회이고 계급투쟁을 강령으로 내걸고 결성되었음에도 불구하고, 노동자의 일상적 이익을 도모하는데 주력하기보다는 국내운동을 지원하고 일본사회운동에 참가하며 반일민족운동을 전개하는데 더 많은 비중을 두었다. 파업을 주도한 사례는 1923년 4월 大阪製瓶所에서 일어난 파업이 유일하다.[99] 조선인노동조합이 민족운동에 주력한 양상은 토쿄동맹회의 경우에도 마찬가지였다. 이와 같이 노동조합이 민족운동이나 사회운동에 적극적인 이유에 대해서 일본의 연구자들은 다양한 직종의 조선인노동자를 규합하고 조직화에 박차를 가하며 단체의 위상을 높이고 운동의 주도권을 잡는 매개가 반일민족운동이었다고 파악한다. 또한 당시 조선인노동자의 우선 과제는 안정된 직장과 주택확보 등 생활안정문제였으므로, 전

---

97) 金森襄作, 앞의 주.

98) 1912년에 탄생한 우애회를 모태로 한 일본노동총동맹은 1922년에 열린 11주년대회에서 '우리는 노동자계급과 자본가계급이 양립할 수 없음을 확신한다. 우리는 노동조합의 실력으로써 사회 건설을 기한다'는 2개항의 신강령을 채용했다. 이에 비해 조선노동공제회 강령은 '조선노동사회의 지식 계발, 저축의 장려, 품성의 향상, 위생사상의 향상, 환난구제 및 직업의 소개, 일반노동상황의 조사' 등이다. 김준엽·김창순, 『한국공산주의운동사』2, 1986년, 62면; 國史大辭典編纂委員會, 『國史大辭典』11, 吉川弘文館, 1990년, 248면.

99) 大原社會問題研究所, 『日本勞動年鑑』1924년, 200면. 1923년 12월에 일어난 岸和田방적 파업에도 조선인직공이 1,000여명 참가했으나 이는 일본 大阪 3대방적의 동맹파업으로 조선인노동자만의 파업이 아니었으므로 오사카동맹회가 개입할 수 없었다. 『조선일보』 1923년 12월 10일자; 14일자.

회원을 통일하여 추진할 수 있는 운동은 '민족적인 운동'이었다는 것이 다.[100]

　두 번째로, 金森襄作의 주장 가운데, '당시 오사카거주 조선인노동자들의 생활상황이 다양했으므로 노동자간의 요구사항이 일치하지 않는다'는 지적은 필자도 수긍하는 점이다. 그러나 이것만으로 당시 조선인노동자들이 민족운동에 적극 참여한 것을 설명할 수 없다. 당시 조선인이 이러한 생활상황으로 인해 파업의 필요성을 느끼지 않았다고 하지만, 이들이 결코 안정된 생활을 하고 있었던 것은 아니었다. 그럼에도 조선인노동자들은 수백명 또는 수천여명이 차별철폐와 반일·반제를 요구하는 대중집회에 참가하고 가두시위를 벌였다. 이러한 활동은 돈벌이를 위해 도일한 조선인들이 직접적인 이익을 제공해주지 않는 노동조합의 권유나 단순한 호기심에서 참가할 수 있었던 일은 아니었다. 귀중한 하루 임금이나 직장 자체를 포기해야만 하는 결단이 전제된 행동이었다. 또한 당시 오사카에는 조선인들이 민족운동집회에 참가하도록 강제권을 발동할 수 있는 조선인권력기구가 없었다. 즉 조선인노동자들에게 강제권이 행사되지 않는 상황에서 조선인노동자들의 자발성과 적극적인 의지가 없다면 파업 참가는 불가능한 일이었다.

　세 번째로 金森襄作의 주장은 오사카 조선인노동조합과 노동자대중의 몰주체성을 바탕으로 한다. 즉 토쿄동맹회의 지시에 따라 오사카의 노동조합과 노동자들이 수동적으로 행동했다는 주장이다.[101] 물론 노동운동의 초기단계에서 노동단체가 몇몇 운동가의 주도로 결성, 운영되는 것은 일반적이다. 또한 오사카동맹회의 활동 대부분이 토쿄동맹회와 보조를 맞추어 나간 점도 사실이다. 그러나 1920년대 일본지역운동사에서 토쿄는 신진사조의 메카로서, 그리고 각종 사상단체와 대중운동단체가 밀집한 지역으로서 재일조선인운동의 이론 제공이라는 역할을 부여받은 곳이다. 이는 토쿄지역이 신

---

100) 金森襄作, 앞의 글, 1067면. 시기는 다르지만 1927년 재일노총이 전개한 민족운동인 총독폭압정치반대운동에 대한 일본연구자의 시각도 마찬가지이다. 外村 大,「在日本朝鮮勞動總同盟に關する一考察」,『在日朝鮮人史研究』18, 1988년, 54면.
101) 金森襄作, 앞의 주.

진사조의 중심지라는 점 외에도 토쿄지역 거주 조선인과 그 외 지역의 조선인이 직종에서 큰 차이를 나타내는 데에 원인이 있다. 따라서 오사카를 비롯한 기타 지역이 실천적 역할을 담당하는 것을 주체성 존재 여부로 인식하는 것은 타당하지 않다. 이러한 역할분담은 1920년대 후반 조선인운동단체가 해산되면서 깨지게 되어 1930년대부터 오사카는 독자적인 활동을 전개하게 된다.

당시 조선인노동자가 원했던 것은 노동조건을 개선하고 임금을 인상하는 내용의 파업이 아니라 안정된 직장과 주택확보 등이었다. 이러한 문제는 일본사회의 차별적인 시각과 현실 속에서 이루어지기 어려웠다. 따라서 조선인노동자들은 피식민지민으로서 인식을 강하게 갖게 되었고, 이러한 인식의 확산을 바탕으로 지도층의 운동방향이 설정되면서 조선인노동자들이 민족운동이나 일본사회운동에 주도적으로 참가하게 되었던 것이다.

구체적인 실천과제로서 '환난상구·직업소개·노동자 이익의 향상에 관한 필요사항' 등을 내걸고 출발한 오사카동맹회는 1924년 4월 16일에 열린 제2회 총회에서 더 한층 민족운동에 강한 비중을 두게 되었다. 오사카 北區 天神橋 시민관에서 열린 이 회의는 金仁守가 의장이 되어 80여명의 출석자에 대한 40여명의 경관이 경계한 가운데 개최되었다. 이 회의에 대한 일본당국의 단속은 더욱 엄중해서 대회 참가를 유도하기 위해 미리 인쇄한 선전지 3,000장이 대회 시작 전에 압수당하기도 했다.[102] 이날 대회에서는 송장복을 비롯한 21명의 집행위원(송장복·金相永·김연석·周德浩·李德善·文永壽·崔鍾植·崔鎭燮·崔元甲·崔鳳春·지건홍·朴斗衍·金星·張軫七·郭世泳·南相淇·金鍾業·朴養浩·金成集·李義錫·金興波)이 선출되었다.[103]

회의 도중 '일본관헌들이 조선사람에게 차별대우와 무리한 단속을 한다'는 언사에 흥분되어 장내의 공기가 험악해지자 임석경관이 해산을 명하였는데 이때 해산명령에 항의하는 조선인 9명이 검속되었고 다수의 조선인이 경관에게 구타당하면서 회의가 해산되었다. 이날 회의에서는 협의사항으로

---

102) 『시대일보』 1924년 4월 15일자.
103) 『조선일보』 1924년 4월 22일자.

'사상연구부 설치에 관한 일·반대단체 직접행동에 관한 일·조선전국노동연맹에 가맹할 일·조선형평운동과 연락할 일·로동로국을 승인할 일' 등이 언급되었다. 이 가운데 '형평운동과 연락할 일'은 보류되었으나, 기타 안건은 모두 가결되었다.[104]

이 회의내용의 특징은 협의사항이 노동문제나 일본사회운동보다 국내문제와 민족운동에 비중이 높았다는 점이다. 특히 일본지역 노동단체로서 일본지역의 노동총동맹이 아닌 식민지 조선의 전국 노동연맹에 가입한다는 결정은 조선인노동운동의 독자성과 주체성을 확고히 하고자 하는 의지를 표명한 것으로 보여진다. 물론 이러한 결정이 일본노동운동세력과의 연대를 포기한다는 의미는 아니다. 일본노동총동맹과 긴밀한 관련 속에서 한·일 연대를 추구하면서도 독자적인 조선인운동을 전개하고자 하는 의지는 1925년 재일노총의 결성으로 이어졌다.

2) 在日本朝鮮勞働總同盟 오사카지역 조직체의 결성

1925년 2월 22일 토쿄 日華日鮮靑年會館에서는 재일노총 결성대회가 열려 오사카동맹회를 비롯한 오사카지역의 7개 단체가 가맹했다.[105] 1925년 7월 1일 재일노총 산하 오사카연합회가 발족한 이후 오사카동맹회는 산하노동조합과 함께 오사카연합회에 소속되어 활동했다.[106] 재일노총의 결성과 뒤이은 오사카연합회의 발족은 오사카지역 조선인민족운동에 새로운 장을 여는 계기가 되었다. 오사카지역의 조선인민족운동이 지역 운동의 규모를 벗어나 재일노총을 조선인운동의 구심점으로 삼은 전국적 규모의 운동으로 발돋움하게 되었기 때문이다. 또한 민족운동의 내용도 좀더 적극적이고 구체적인

---

104) 『동아일보』 1924년 4월 18일자; 『시대일보』 1924년 4월 17일자; 『大阪地方勞働運動史年表』, 116면; 『조선일보』 1924년 4월 22일자.
105) 「大正14年中二於ケル在留朝鮮人ノ狀況」, 『集成』 1, 166~168면.
106) 大阪연합회가 발족한 이후에 '大阪同盟會' 라는 이름으로 활동한 기록은 많이 나타나지 않으나 1927년에 조선인단체가 중심이 된 반일운동인 총독폭압정치반대투쟁에 참가한 것으로 나타난다. 『조선일보』 1927년 9월 8일자.

양상을 띠게 되었다. 재일노총 결성 이후 오사카동맹회 산하 노동조합의 활동을 재일노총 산하 노동조합의 활동으로 파악하여, 조직의 변천과 민족운동의 내용을 살펴보자.

(1) 오사카연합회 결성 및 조직화

1922년 토쿄동맹회와 오사카동맹회가 결성된 이후 일본지역 조선인운동가들은 일본지역 조선인노동자를 위한 전국적 조직 결성의 필요성을 절감했다. 두 노동조합이 결성 이후 전개한 각종 민족운동의 성과로 인해 조선인운동가들은 조선인노동자 대중의 역량을 높이 평가하고 노동운동을 민족운동의 부문운동으로서 자리매김하고자 하였다. 아울러 이를 바탕으로 독자적인 조선인운동의 지휘기관이 탄생해야 한다는 필요성을 인식하기에 이르렀다.

이러한 인식은 국내와 일본의 운동세력의 동향과 무관하지 않다. 먼저 일본지역을 살펴보면, 토쿄와 오사카의 조선인운동가들은 일본사회운동세력과 보조를 함께 하는 과정에서 조선인운동의 독자적 전개에 대한 필요성과 조선의 민족문제는 조선인 스스로 방향을 설정해야 한다는 인식이 강해졌다. 일본노동총동맹이 보여주는 전국적 연대체제도 조선인운동가에게 자극제로 작용했다. 국내를 보면, 1924년 노동자조직의 전국적 기관인 조선노동총동맹이 결성되었고, 노농운동단체와 청년운동세력의 전국적 통일이 진행되었다. 오사카동맹회는 국내와 연계하면서 운동을 전개하였고, 토쿄동맹회의 간부들은 국내 청년운동세력이나 조선노동총동맹 결성에 중요한 역할을 담당했다. 이러한 국내 민족운동세력의 동향은 일본지역 조선인노동총동맹 조직 결성에 영향을 미치지 않을 수 없었다.

관동과 관서지방 조선인노동단체 대표들은 1925년 1월 21일 이헌의 집(토쿄 中野町 602번지 소재)에 모여 '레닌1주기 추도행사'를 연 자리에서, 재일노총 창립준비회 조직을 가결하고 창립대회 일시(2월 15일)와 준비위원(송장복・지건홍・金峰・權均・金鎔・林虎・어파・金相哲・李智昊・池學根・朴洙鳳・盧超・金學東・金革・朴長吉・黃白平・이헌)을 선임했다.[107] 그후 창립날짜와 장소가 몇 차례 연기된 끝에 17일의 긴급위원회와 20일 마지막 준비회를 거쳐[108], 1925년 2월 22일 재일노총 창립대회가 열렸다. 이 대회는 아나키즘단체인 흑우회 대표 金正根이 참석하여 "우리들은 경제적 운동만 할 것이 아니라"고 발언하는 과정에서, 검속자가 발생하고 해산을 명령받았으나 무사히 폐회되었다.[109] 재일노총은 3개항의 강령과 5개항의 주장을 통해 노동자계급의 대동단결과 자본주의 타도를 표방했다.[110]

창립대회에 참가한 오사카지역 단체는 오사카동맹회를 비롯하여 堺朝鮮勞働同志會・西成朝鮮勞働同志會・大阪廣濟會・今福朝鮮勞働組合・鶴町朝鮮勞働組合・城東朝鮮勞働同盟會 등 7개 단체였다. 이들 7개 단체는 재일노총 가맹단체 외에 大阪朝鮮勞働義誠會・大阪中道朝鮮勞働組合・大阪十三朝鮮勞働組合 등 3개 단체와 함께, 海老江 1218번지에 오사카연합회창립준비사무소를 두고, 3월 31일 재일노총 산하조직으로 오사카연합회를 결성하려 했다. 그러나 이 계획은 이루어지지 못해 오사카연합회는 7월 1일에 이르러서야 결성되었다.[111] 오사카연합회가 3월에 결성되지 못한 것은 재일노총 가입에 따른 가맹단체간 의견 통일이 이루어지지 못하였기 때문으로 여겨진다. 7월 1일에 결성한 오사카연합회에는 10개 단체가 아니라 7개 단체로 출발하였다.

오사카연합회는 同友社에서 결성준비작업을 한 끝에, 堺朝鮮勞働同志會・西成朝鮮勞働同志會・泉尾朝鮮勞働組合・今福朝鮮勞働組合・鶴町朝鮮勞働組合・城東朝鮮勞働同盟會 등 7개 단체로 7월 1일 결성대회를 개최했다.[112] 이

---

107)『조선일보』1925년 1월 26일자.
108)『조선일보』1925년 2월 8일자; 19일자; 21일자.
109)『조선일보』1925년 2월 24일자.
110) 강령 : (1) 우리는 단결의 위력과 상호부조의 조직으로 경제적 평등과 지식의 계발을 기한다. (2) 우리는 단호한 용기와 유효한 전술로 자본가계급의 억압과 박해에 대해 철저히 항쟁할 것을 기한다. (3) 우리는 노동자계급과 자본가계급이 양립할 수 없다는 것을 확신하고 노동조합의 실력으로 노동자계급의 완전한 해방과 자유평등의 신사회의 건설을 기한다. 주장 : (1) 8시간노동 및 1주간 48시간제의 실시 (2) 최저임금의 설정 (3) 악법의 철폐 (4) 메이데이의 일치적 휴업 (5) 경제적 행동의 일치적 협력. 內務省 警保局,「大正14年中に於ける在留朝鮮人の狀況」1925,『集成』1, 166~168; 217~220면.
111)『동아일보』1925년 3월 30일자;『조선일보』3월 30일.
112)「大正14年中ニ於ケル在留朝鮮人ノ狀況」,『朝鮮統治史料』7, 856면;『조선일보』

후 1927년 9월 1일 大阪朝鮮勞組가 탄생할 때까지, 오사카동맹회는 재일노총 오사카연합회라는 이름으로 활동하게 된다.[113] 5천여명의 회원과 대의원 160여명이 참석한 가운데 天王寺공회당에서 개최된 결성대회에서는 15개 안건을 논의하였다. 토의 안건의 내용은 다음과 같다. 1. 유지방침에 관한 건 2. 사무소에 관한 건 3. 무조직노동자에 관한 건 4. 異類단체에 관한 건 5. 실업자에 관한 건 6. 기관지에 관한 건 7. 교양에 관한 건 8. 노동파업에 관한 건 9. 일반노동자 상황조사에 관한 건 10. 年限노동자에 관한 건 11. 직업소개에 관한 건 12. 조선노동자 임금차별에 관한 건 13. 일본노동단체에 관한 건 14. 여공보호연맹회에 관한 건 15. 재외동포위문금 2천원의 거처불명에 관한 건.[114]

1925년 말 일본공안당국이 파악한 오사카연합회 조합원수는 750명(거주 조선인의 2.7%)이다. 그러나 실제 조합원수는 이보다 많았던 듯 하다. <표 3 - 1>에 의하면, 신문기사의 보도내용대로 조합원이 3,000여명에 이른다고 보기는 어려우나 사카이 지역 조선인들의 호응도는 쉽게 짐작할 수 있다. 조선인 밀집지역인 東成區가 西成동맹회와 城東동맹회 등 2개 지부에 305명의 회원수를 갖는 등 조선인밀집지역과 노동조합 회원수가 상관관계에 있다는 점, 堺市의 조직화와 활동이 주목된다는 점이 특징이다. 특히 堺市의 활동상은 두드러져서 1925년 6월에 개최된 제3회 정기총회에는 3,000여명의 회원이 참석하였고[115], 하부조직으로 청년단을 두었다.

1925년에 750명이었던 오사카연합회의 조합원수는 이듬해에 1,005명으로

1925년 6월 28일자.

113) 金森襄作는 大阪연합회가 1928년 이후부터 京都와 神戶조선동맹회를 합해 關西연합회로 불리웠다고 기술했다. 金森襄作, 「大阪朝鮮勞動同盟會」, 『大阪社會勞動運動史 - 戰前』1, 1070면. 그러나 국내 일간지에는 1926년부터 關西연합회라는 명칭으로 보도되고 있다. 關西연합회는 1927년 4월 20일 재일본조선노동총동맹 제3회 대회 결정에 따라 탄생했다. 아마 국내에서는 1925년에 결성된 大阪연합회와 1927년에 조직되는 關西연합회를 동일시한 것으로 여겨진다.

114) 임원선출 : 위원장 어파, 위원 김상구 · 김연복 · 金鉉泰 · 金鍾業 · 崔鍾□ · 金鍾根 · 김달환 · 신재용 · 鄭昌雨 · 權□達 · 文南均 · 權八龍 · 權寧夏 · 송장복 · 尹明初. 『조선일보』 1925년 7월 6일자.

표 3-1. 오사카연합회 소속 조선인노동조합 조직 상황 (단위:명)

1925년(조합원 총수 750명)			1926년(조합원 총수 1005명)		
노동조합	임원	인원수	노동조합	임원	인원수
大阪同盟會	송장복 지건홍	50	堺조선노동동지회	김현태, 河祥鎬	160
堺동맹회	金鉉泰	160	大阪同盟會	송장복, 지건홍	50
堺동맹청년단	張 震	50	鶴町조선노동조합	송장복, 尹肯斗	70
西成동맹회	김달환	250	泉尾조선노동조합	지재근, 鄭昌南	60
城東동맹회	신재용	55	今福조선노동조합	김달환, 崔炳台	55
鶴町동맹회	송장복	70	西成노동동맹	김달환, 朱德鄕	250
泉尾동맹회	池在根	60	浪速조선노동조합	姜佑泊, 金光海	180
今福동맹회	김달환	55	天王寺조선노동조합	金琪永, 姜錫勳	80
			조선노동連珠會	申千万, 韓相探	100

※ 자료 內務省 警保局,「大正14年中における在留朝鮮人の狀況」,『集成』1, 162면,「大正15年中における在留朝鮮人の狀況」,『集成』1, 116면

증가하고, 浪速朝鮮勞組·天王寺朝鮮勞組·朝鮮勞働連珠會 등이 새로 가맹하였다. 또한 1925년에 김달환·송장복·신재용·지건홍 등이 8개 노동조합 가운데 5개 조합의 임원을 담당하는데 비해, 1926년에는 새로운 인물의 등장도 두드러진다. 이는 초기에 김달환을 비롯한 오사카 토착운동가들이 조직화를 담당했으나 시간이 경과하면서 지역에 기반을 둔 새로운 지도자들이 성장하였음을 의미한다. 여기에는 김달환 등의 노력이 중요한 역할을 했음은 물론이지만, 오사카지역의 조선인노동조합이 위로부터의 조직화라는 초기 단계를 탈피하고, 발전의 토대를 확립했다는 점에서 주목할 만하다.

그러나 오사카연합회 산하 조선인노동조합이 조직화해나가면서 지역과 조선인노동자대중에 기반을 둔 노동운동가를 배출한데 비해, 오사카연합회 집행부는 제2회 정기대회부터 오사카지역 노동자대중과 별다른 관련성을 갖지 않는 새로운 인물들로 채워지기 시작했다.

재일노총 오사카연합회는 1927년 3월 25일 제2회 정기대회를 개최했다. 대회는 鄭淳鍾의 사회로 개회하여 결의사항 논의와 임원개선(집행위원장 신재

___
115)『조선일보』1925년 6월 14일자.

용, 집행위원 김수현·김영수·윤계진·崔一無·崔建·박철·白烈·지건
홍·鄭東波·金然馥·정순종·金瑢台·강철·朝日俊雄·咸承奎, 회계감독
朴永萬·金溶) 순으로 진행되었는데, 그 과정에서 토쿄에서 참석한 재일노총
상무 安鍾吉·재일노총 關東聯合會 상무 金荒波·大衆신문사 權大衡·趙才龍
등이 검거되었다. 당시 국내 일간지에 보도된 결의사항은 다음과 같다. 1) 정
치운동에 관한 건 2) 年收 기금적립의 건 3) 악법반대의 건 4) 노동농민당 적
극적 지지의 건 5) 대중신문과 무산자신문 적극적 지지의 건 6) 전민족적 단
일당수립촉진의 건 7) 조합정리의 건 8) 도일노동자 제지의 건 9) 중외, 조선,
동아 3신문간 특파원주재교섭의 건 10) 중국 민정부지지 북경정부배격의
건.116) 이 가운데 반제반일에 관련된 내용은 1·3·4·5·6·10항이고, 조직
화에 관한 내용이 2·7항이며, 기타 노동자 도일과 특파원교섭의 내용으로
이루어져 있다. 이 가운데 제1항 '정치운동에 관한 건'은 正友會 선언과 관련
한 내용으로 파악된다.

오사카연합회의 정기대회에서 논의된 내용을 비교함으로써, 오사카연합
회가 파악하는 현안과 운동방향을 파악할 수 있다. 1·2회 정기대회에서 토
의된 내용을 비교해보면, 창립총회의 토의안건이 조직화와 단체의 위상 확
립 등 거주 조선인문제에 집중되고 있는 것과 달리, 2회 대회의 결의사항은
대중운동참여가 두드러진다는 점이 특징이다.

오사카연합회 2회 정기대회의 두 번째 특징은 운동방향을 민족운동에 두
는 것과 김달환과 송장복이 배제되고 김수현·김영수·정동파·강철·박영
만 등 새로운 인물들이 집행위원으로 등장한다는 점이다. 이들은 이후에도
오사카연합회와 大阪朝鮮勞動組合(이하 오사카조선노조)의 주역으로 활약한
다. 새로운 인물의 등장은 2회 대회가 시발점이라고 할 수 있다.

그렇다면 이들은 왜 갑자기 등장하게 되었으며 오사카 조선인사회와 어떤
관련성 속에서 등장하게 되었는가 하는 점이 규명되어야 한다. 먼저 이들과
오사카 조선인사회와의 관계를 찾아보면, 1927년 오사카연합회 집행부에 등

---

116) 『동아일보』 1927년 3월 31일자.

장하기 전까지 오사카지역에서 활동상 뿐만 아니라 조선인노동자대중과의 긍정적 관련성은 확인할 수 없다. 더구나 김수현은 1923년 5월 相愛會 오사카본부가 출범할 당시 외무부장에 취임했던 인물이다.[117] 상애회는 조선인노동자를 억압하고 착취하는 기관이었다. 김수현이 언제까지 상애회에서 활동했는지는 모르지만 조선인노동자의 이익에 반하고, 조선인사회에 해악을 미치는 역할을 했음은 확실하다.[118] 그러므로 상애회 임원이었던 김수현이 조선인노동자사회에서 어떠한 존재였고, 노동자대중이 김수현을 어떻게 인식했는가 하는 점은 쉽게 상상할 수 있다. 정동파와 강철은 조선공산당원으로서 후에 검거되었다. 이들이 구체적으로 어떠한 경로를 통해 집행부를 장악하게 되었는지에 대해서는 알 수 없으나 역시 노동자대중과 무관한 상태였다.

이와 같이 2회 대회에서 갑자기 집행부가 대폭 개편되었고, 새로운 인물의 등장과 함께 오사카연합회의 운동방향이 변화를 보이는 배경은 재일노총 본부에서 찾을 수 있다. 새로운 인물들이 조선인사회에 기반을 두지 않았고, 후에 조선공산당에 소속되는 인물들이 많았다는 점은 오사카지역의 조선인노동조합이 갖는 성격을 변화시키고자 하는 의도로 이해할 수 있기 때문이다. 오사카조선인운동세력은 오사카동맹회의 결성과 함께 주요한 민족운동의 동력으로서 역할을 담당하였고, 활발한 연대운동을 전개했으나 재일노총의 지시에 맹목적으로 추종하는 존재는 아니었다. 오사카지역은 대규모 조선인사회가 운영되고 있었으며 조선인노동자의 이동이 활발한 지역이었으므로 토쿄와 동일한 운동방향을 고수할 수는 없었다. 또한 송장복으로 대표되는 오사카지역의 토착운동세력은 오사카동맹회 결성 시기부터 노동운동가로 활약하기 시작하여, 오사카조선인사회의 요구와 문제점을 수용하면서 운동의 방향을 이끌어갔다. 따라서 재일노총 본부가 오사카지역의 민족운동을 자신들의 의도대로 이끌어 나가기 위해서는, 조선인들에게 강한 영향력을 미치고 있는 토착세력에 대체할 만한 세력의 부식이 필요하였고, 그 결과

---

117) 相愛會總本部, 『相愛會事業槪要』, 1923년, 21면.
118) 김수현은 1926년에 재일본배달소년단을 결성한 것으로 알려져 있다.

로 정동파를 비롯한 새로운 인물이 대두하였던 것으로 생각된다.

(2) 大阪朝鮮勞働組合의 결성과 조직의 변화

1927년 4월 20일에 개최된 재일노총 제3회 정기대회는 규약 제2장 5조에 "동일지방에 2개 이상의 단체가 있을 때에는 지방연합회를 조직하고 중앙집행위원회의 통제 아래 그 지방내 조합의 행동을 통일하고 공통의 사무와 문제를 처리시킨다"[119]고 명문화했다. 이 규약에 의거해 제3회 정기대회 이후 재일노총은 '1府縣 1조합 원칙'을 수립했다.[120] 조직의 편제는, 班 → 支部 → 府縣 組合 → 協議會 → 總同盟체제이다. 즉 재일노총 중앙이 최고기관으로 자리하고, 산하에 각 부·현조합이 있으며 부·현조합 아래 지부를 설치하고, 지부는 반으로 나누어진다. 또한 관동과 관서는 연합회로 구성했으며, 지방별 협의회는 관동과 관서를 비롯해 큐슈·시코쿠(四國)·홋카이도로 나뉘도록 했다.[121] 이러한 원칙에 따라 1927년 4월 재일노총은 조직을 지역별 일반조합으로 개칭하고, 지부로서 토쿄·오사카·카나가와(神奈川)·쿄토·코베·中部·도야마(富山) 등에 조선노동조합을 결성키로 했다.[122]

재일노총의 결정에 따라 오사카지역도 준비위원회를 구성하여 재일노총 관서연합회 산하 오사카조선노동조합결성을 준비한 결과,[123] 1927년 9월 1일 창립대회가 열렸다. 難破亭에서 대의원 80여명이 참석한 가운데 열린 이 대회는 전형위원 18명을 선출하고 10개항을 결의했다(사회 안종길). 이 대회에서 채택한 결의는 1) 조선총독**정치전국반대동맹조직 촉성의 건 2) 노동

---

119) 「在日本朝鮮勞動總同盟 第三回大會 宣言, 綱領, 規約」(1927년 4월 20일), 『在日朝鮮人史研究』1, 1977년, 99면.

120) 이러한 움직임은 1926년부터 태동했다. 1926년 2월에 토쿄와 요코하마에 거주하는 조선인 노동단체들이 통합기관을 조직하기로 하고, 국내에까지 각종 선전문을 배부하였다. 선전문의 내용은 "자본가를 파괴하고 노동자의 공고한 단결을 기하자"는 것으로서 국내 노동단체 및 사상단체와의 연대를 명기했다고 한다. 『조선일보』 1926년 2월 23일.

121) 「東京朝鮮人諸團體歷訪記」21, 『朝鮮思想通信』 1927년 11월 29일.

122) 崔雲擧, 「在日本朝鮮勞動運動의 最近의 發展」, 『勞動者』2~9, 1927년 9월, 44면.

123) 『동아일보』 1927년 9월 2일자.

자 교육방침의 건 3) 對中비간섭운동 적극적 지지의 건 4) 신간회 지지의 건
5) 공장대표자회의 건 6) 조직원 양성의 건 7) 실업자조직의 건 8) 실업노동자
획득의 건 9) 관동진재 당시 慘禍동포추도의 건 10) 오사카경찰탄핵의 건 등
이다.124)

　　오사카조선노조는 창립대회에서 본부를 西成지부에 두고 西成지부 대표인
김달환을 위원장으로 집행위원 김한경·김수현·金文準·朴永根·朴永万을
선출했다.125) 이 가운데 특기할 점은 역시 주도층의 변동이다. 이 대회에서
오사카의 기존 노동운동가인 송장복과 지건홍·신재용의 이름이 집행위원
명단에 없고, 김한경과 박영근이 오사카운동세력에 처음 등장하며, 토쿄의
운동가인 김한경이 집행위원에 선출되었다. 물론 신재용이 제1회 집행위원
회에서 정치교육부장에 선임되었지만,126) 오사카에 지역기반을 둔 기존운동
가들이 배제되었다는 것은 오사카연합회가 오사카조선노조로 개편되는 과
정 자체에서 개편결정에 순응하지 않았음을 추측하게 한다. 그 외 이후 오사
카 최고의 지도자로 활동하는 김문준이 이때부터 오사카지역 노동조합에서
활동을 시작했다는 점도 특징의 하나이다.127)

　　이 임원구성에 대해, 이들은 계급운동을 주장해온 인물들로서 중앙과는
대립적이었다고 파악한 견해가 있다.128) 그러나 김한경과 김수현 등이 계급
운동을 주장해서 중앙과 대립적이라는 인식은 사실을 잘못 파악한 것이다.
계급운동을 주장한 인물이라고 생각되는 김한경·김수현 등은 중앙과 대립
적이 아니라, 도리어 중앙의 지도노선을 추종하는 인물들이다.

---

124) 『동아일보』 1927년 9월 8일자.
125) 岩村登志夫, 앞의 책, 119면.
126) 신재용은 집행위원 명단에는 누락되었지만 9월 3일 열린 제1회 집행위원회에서
　　정치교육부장으로 등장한다. 『조선일보』 1927년 9월 9일자.
127) 김문준은 이후 大阪지역 조선인민족운동에서 중요한 역할을 한다. 그는 현재까지
　　도 재일조선인의 파업을 지도하고 노동자를 조직화하는데 헌신적인 노력을 기울
　　임은 물론이고 노동자 일상투쟁에도 주도적인 역할을 담당하여 조선인민족운동
　　의 균형을 이룬 점 등으로 인해 높이 평가받고 있다.
128) 金森襄作, 「在日本朝鮮勞動總同盟　大阪朝鮮勞動組合」, 『大阪社會勞動運動史 - 戰
　　前』, 1367면.

오사카조선노조는 창립대회가 끝난 직후인 3일 제1회 집행위원회를 개최하고 서무부(부장 윤동명[129]), 부원 박영만·강철), 정치교육부(부장 신재용, 부원 김수현·박영근), 조직선전부(부장 정동파, 부원 김병국·전춘섭), 조사쟁의부(부장 남영우, 부원 東革[130]·沈荒波[131])), 부인부(부장 김종업, 부원 김영하·김현태) 등을 조직한 후 본부를 浪速區 稻河町 959번지에 두기로 했다.[132]

오사카조선노조는 해산될 때까지 3차례의 정기대회를 개최했다. 1928년 4월 23일[133]에 열린 오사카조선노조의 제2회 정기 대회는 상임집행위원장 송장복을 선임하고 상임집행위원(정동파, 魏京龍, 秋大□, 尹廉奎)을 구성했다.[134] 이 대회에서는 신집행위원(집행위원장 송장복, 서성지부 김영수, 동남지부 김병국, 此花지부 鄭光澤, 동북지부 李豊基·김상구, 북부지부 김문준·東革也·김달환, 住吉지부 裵哲, 港區지부 정동파·위경영, 港지부 秋炳煌, 泉州지부 어파, 河泉지부 宋忠信, 서부지부 金建五·윤혁제, 浪速지부 尹庠奎·김광)을 선임하고[135] 13개 안건(1. 규약개정에 관한 건, 2. 실업반대운동에 관

---

129) 윤동명은 1927년 10월에 大阪조선청년동맹 간부로 처음 등장을 한다. 특히 윤동명은 大阪고려무산청년회를 大阪조선청년동맹으로 전환하는데 일익을 담당한 인물로 알려져 있다.

130) 동혁은 이동혁을 의미하는데, 東革也로 기술되기도 한다.

131) 심황파가 김황파를 지칭하는지에 대해서는 분명치 않으나, 동일인물로 추정한다. 김황파는 大阪聯合會 2회 대회에 關東연합회 상무 자격으로 참석했다. 자료에 따라서는 姓을 기재하지 않은 채 荒波로 기록된 경우도 있다.

132) 『조선일보』 1927년 9월 9일자.

133) 제2회대회개최 날짜에 대해 제3회 대회의 일반정세와 투쟁의 개략내용에서는 12일로 명기하고 있으나 이는 誤記인 듯 하다. 『日本勞働通信』69호는 4월 23일에 열릴 예정이라고 보도하였다. 勞働問題硏究會 通信部, 『日本勞働通信』69호, 1928년 4월 24일자 「'內紛淸算'を期し第二回大會決定す」; 日本社會運動通信社, 『日本社會運動通信』48호, 1929년 4월 29일자 「在日本朝鮮勞働總同盟 大阪朝鮮勞働組合 第三回大會」.

134) 제2회 대회에 대한 내용은 제3회 대회에 보고된 일반정세와 투쟁의 개략내용에 의거한다. 1929년 4월 29일자 「在日本朝鮮勞働總同盟 大阪朝鮮勞働組合 第三回大會」.

135) 『日本勞働通信』69호, 1928년 4월 24일자 「'內紛淸算'を期し第二回大會決定す」.

한 건, 3. 조선인 내지 도항 자유에 관한 건, 4. 조선인거주권확립에 관한 건,
5. 8시간노동제 확립의 건, 6. 일선노동자차별대우반대의 건, 7. 건강보험법
개정운동에 관한 건, 8. 최저임금법 획득에 관한 건, 9. 부인과 유년공보호법
제정에 관한 건, 10. 3총본부집회금지반대운동에 관한 건, 11. 재만동포구제
동맹 적극적 지지에 관한 건, 12. 신간회 지지의 건, 13. 일본무산계급과 공동
전선에 관한 건)이 논의될 예정이었으나, 실제 논의된 안건은 알려져 있지
않다.136) 13개 항목 가운데 10·11·12항을 제외한 10개항이 모두 거주조선
인노동자의 일상투쟁이나 권리옹호와 관련되었다는 점은, 1927년에 개최된
지부 결성대회 결정사항과 큰 차이를 보인다.

그러나 1928년 신의주와 평양에서 일어난 제4차 조선공산당 검거사건으로
인해 정동파·신재용·위경룡(영)이 검거되고, 추대□가 행방불명이 되어 조
합의 상임집행위원은 송장복과 윤염규만이 남아 있는 상태에서, 위원장 송
장복이 재일노총 전국대회가 끝난 직후인 5월에 병으로 사임하게 되자 조직
재편이 불가피했다.137) 오사카조선노조는 6월 3일 상임집행위원보선과 재일
노총대회의 신정책과 경과를 보고 받기 위한 임시대회를 열고, 집행위원을
선출했다.138) 이 때 선출된 집행위원은 위원장에 박영만, 서무부장 이호
석139), 조직부장 김영수, 정치부장 김수현, 교육부장 김문준, 파업부장 남영
우, 조사부장 정광택, 부인부장 박영만이었다. 오사카조선노조는 본부를 西
成지부에 두고, 가맹조합으로 此花·北部·東北·港·西成·堺·泉北지부
등을 산하에 두었다.

---

136) 이 날짜는 정확하지 않다. 『日本勞働通信』60호는 4월 14일에 열릴 예정이라고 보
　　도하였다. 『日本勞働通信』60호, 1928년 4월 13일자 「大阪朝鮮勞動組合大會 內紛
　　を如何に處理するか」.
137) 『日本社會運動通信』48호, 1929년 4월 29일자 「在日本朝鮮勞動總同盟 大阪朝鮮勞
　　動組合 第三回大會」.
138) 이 때 집행위원의 사임사태는 이른바 오사카조선노조제명사건(일명 '大阪사건')
　　이라고 부르는 大阪朝鮮勞組 내부의 문제와 관련이 깊다. 이에 대해서는 다음 절
　　에서 자세히 언급한다.
139) 얼마 후 이동혁으로 교체된다. 『日本勞働通信』115호, 1928년 6월 16일자, 「大阪朝
　　鮮勞動組合 內紛淸算さる」.

그러나 새롭게 개편한 진용도 문서상에서만 존재할 뿐이었다. 제3회대회 보고에 의하면, 8월 15일 이후 정치부장 김수현이 활동하지 않았고 위원장은 서부지부를 지도하며 조직부장 김영수도 사임하고 쟁의부장인 남영우도 병중으로 인해 활동을 하지 않았다. 이로 인해 서무부의 이동혁과 교육부의 김문준이 임시로 이동본부를 정하고 문서활동을 통해 삐라와 격문을 산포했으나 경비부족과 교통두절로 곤란을 겪었다.[140] 김수현과 김영수는 모두 御大典 탄압(*11월 10일 천황 즉위식기념행사에 앞선 대대적인 검거선풍)을 피해 잠적한 것으로 생각된다.

이러한 어려움 속에서 오사카조선노조의 제3회 정기 대회가 1929년 4월 16일 열렸다. 이 대회는 지난 1928년 4월 12일 제2회 정기대회 이후 1929년 3월까지를 4기(1기 : 4월 12일~6월 3일, 2기 : 6월3일 임시대회~8월말, 3기 : 9월~12월, 4기 : 1월~3월)로 나누어 정세와 투쟁내용을 보고하고, 泉洲지부와 서부지부의 활동을 보고 받은 후, 6개항의 결의사항을 채택했다. 각 시기별 투쟁내용을 보면 1기에는 4월 25일에 제주도민대회가 열려 제주도어용공제조합에 대한 박멸을 결의하였고, 5월 1일 메이데이 행사에 1만여명의 조선인 노동자가 참석했다. 2기에는 일상투쟁 매진이라는 목표 아래 폭압반대주간투쟁 · 악법반대투쟁을 전개하였고, 津田법랑공장동맹파업[141]을 지도했다. 그 외에도 김문준이 담당한 주택분쟁의 승리와 8월 12일에 열린 조선인대회가 대표적인 투쟁내용이다. 3기에는 관동지진기념일 행사와 국내 수해이재동포 구제회 조직 활동, 오사카 지역의 여공을 대상으로 한 삐라 살포활동이 전개되었다. 4기에는 원산총파업 지원활동이 대표적인 투쟁내용이었다.

이 대회에서 채택된 결의사항은 1. 해방운동희생자 구원운동에 관한 건, 2. 범태평양노동조합회의 지지에 관한 건, 3. 건강보험법개정 실업수당법 최

---

140) 『社會運動通信』48호, 1929년 4월 29일자 「在日本朝鮮勞動總同盟 大阪朝鮮勞動組合 第三回大會」.

141) 보고에 의하면 津田공장파업은 파업부장 남영우의 지도 아래 40일간 지구전을 펼쳤는데, 3회에 걸친 시위운동과 13회 교섭, 20회의 응원연설, 9회 격문 살포활동 등을 통해 70%의 승리라는 자체 평가속에 막을 내렸다고 한다.

저임금법 획득운동에 관한 건, 4. 부인, 청소년, 노동자특별보호법 획득운동에 관한 건, 5. 7시간노동제 획득운동에 관한 건, 6. 政獲노농동맹 지지의 건 등이다. 이 결의내용은 반제투쟁(1,2,6)과 정치투쟁(3,4,5)으로 이루어져 있는데, 이 가운데 특기할 점은 '7시간 노동제 획득'을 거론했다는 점이다.

노동자의 노동시간은 1866년 제1차 인터내셔널[142]이 '8시간 노동제'를 국제적 노동운동의 요구로 내건 이래, 세계노동운동계는 8시간 노동제의 관철을 위해 총력을 기울여왔다.[143] 여기에 식민지 조선이나 일본이 예외일 수는 없었다. 당시 식민지 조선의 실제 노동시간은 최소 12시간 이상이었다. 1924년 4월 20일 조선노동총동맹 임시대회는 1일 8시간 노동을 결의하고 8시간노동제를 주장하였고,[144] 일본지역 조선인노동단체 역시 1928년 5월 재일노총 대회 결의에 8시간노동제를 포함시켰다. 8시간노동제는 1928년 소련에서 7시간노동제로 이행하기 시작하면서 세계노동기구의 슬로건에서 사라지고, 이후에는 7시간노동제의 관철이 세계노동기구의 새로운 슬로건으로 등장했다.[145] 일본도 일본공산당이 7시간노동제를 당면슬로건으로 제시한 이후 1928년 12월 23일에 발표한 전협 행동강령에 7시간노동제가 선을 보였고, 25일에 열린 전협 전국대표자회의에서 '7시간노동제의 확립'이 공식적으로 결정되었다.[146]

재일노총 산하 노동조합도 1929년에는 7시간 노동제를 주장했다. 오사카 조선노조 북부지회는 1929년 2월 23일에 열린 지회반회의에서 3월 17일로 예정한 제3차 정기총회 제출안건을 논의하는 과정에서 '7시간노동제 확립운

---

142) 1864년에 조직된 국제노동자동맹으로 영국노동자의 발기에 의해 런던에서 열렸다. 田所輝明, 『社會運動辭典』, 白羊社, 1928년, 239면.
143) 1927년 5월 25일자로 발표된 「범태평양노동조합회의 경제강령」에는 8시간노동일 제정이 명시되어 있으나 1929년에 열린 제2회 태평양노동조합회의에서 발표된 「전쟁과 제국주의에 반대하는 투쟁에서 태평양 연안국가들의 노동조합의 임무에 대하여」에는 '7시간 노동일 쟁취'가 명시되어 있다. 村田陽一 編譯, 『コミンテルン資料集』4, 大月書店, 1982년, 517면; 『コミンテルン資料集』5, 450면.
144) 『동아일보』 1924년 4월 22일자.
145) 內海義夫, 백원담 譯 『노동시간을 중심으로 본 세계노동운동약사』, 108면.
146) 渡部徹, 『日本勞動組合運動史』, 靑木書店, 1954년, 365면.

동에 관한 건'을 정식 안건으로 제출했다.[147] 그러나 3월 28일에 열린 북부지회 제3차 정기총회에서는 7시간노동제가 정식 의안으로 채택되지 않았다.[148] 그 후 6월 토쿄조선노조 本所지부는 창립대회에서 "자본가들은 우리 노동자들을 우마나 기계로 생각하고 헐한 값에 하로 열두 시간 내지 열다섯 시간씩이나 혹사한다"고 비판한 후, '현재 소련의 형제들도 6시간제를 실시'하고 있는 국제상황을 소개하면서 인간다운 생활을 위해 7시간 노동제가 절실하다고 주장하였고,[149] 니카타현(新潟縣)조선노조도 '비인간적인 생활을 현대적, 문화적 생활로 향상시키기 위해서는' 7시간 노동제가 필요함을 강조했다.[150]

오사카조선노조가 3회 대회에서 언급한 '7시간노동제 획득'은 이러한 배경 아래 출현한 것이다. 그러나 1920년대 후반에 들어서 일본지역 조선인노동자의 실업률이 높아가고 임금은 낮아지는 상황에서 7시간노동제 주장은 실제 노동자의 현실과 유리된 구호에 불과했음도 간과할 수 없다. 이는 재일노총 산하 노동조합이 갖는 한계이자, 1930년대 오사카지역에서 좌익노동조합의 영향에서 벗어난 조선인 노동운동이 활발히 전개된 이유의 하나이기도 하다.

오사카조선노조의 조직화와 지부의 활동을 알 수 있는 것은 지부단위에서 발간하는 인쇄물을 통해서이다. 그러나 현재 오사카조선노조 지부의 인쇄물은 거의 발굴되지 못한 상황이다. 또한 지부의 활동은 본부와 연대하여 이루어지므로, 본장에서는 지부의 세부적인 활동상을 오사카조선노조 활동내용에 포함하여 기술했다.

오사카조선노조는 창립 직후 지부 조직화에 나서 10월 1일에는 河泉지부가 결성되는 것을 필두로 지부 결성이 이어졌다. 1927년 10월 1일 결성대회

---

147) 「大阪朝鮮勞動組合 北部支部 第3會 大會」, 『식민지시대 민족운동사자료집』4, 국학자료원, 1997년, 364면; 『조선일보』 1929년 3월 4일자.
148) 『조선일보』 1929년 4월 7일자.
149) 在日本朝鮮勞動總同盟 東京朝鮮勞動組合 本所支部, 「創立大會報告及議案」, 1929년 6월 6일자, 일본 早稻田대학 MF 자료 3139.
150) 「新潟縣朝鮮勞動組合 第2回大會報告議案附規則」, 『在日朝鮮人史硏究』18.

를 개최한 南河內郡과 泉北郡의 노동자를 조직화한 河泉지부(지부장 高聖根, 위원 宋忠臣·尹梅花 외 23인)는 결성대회가 끝난 후 오사카조선노조본부와 勞農黨 오사카支部 聯合會 후원으로 기념연설회(사회 金榮洙)를 개최하기도 했다.151)

또한 1927년 10월 18일에는 今福노동조합을 東北지회(지회장 金相求, 위원 權寧夏·李康鎬·南一火·李漠海·荒波·尹乙忠)로 개편하고, 11월 1일에는 住吉지부를 결성했다. 今福노동조합 개편대회에서는 1) 조선공산당 암흑공판에 철저히 항쟁할 것 2) 횡포경관고문고소에 경기지방법원재판장의 태도를 엄중히 감시할 것 3) 간도공산당사건 금후 진전과 경찰의 태도를 철저히 감시할 것 4) 모든 행동은 본회지령에 준응할 것 등 4개항을 결의했다.152)

같은 해 住吉區에 거주하는 2천여 조선인노동자를 조직화한 住吉지부는 결성대회에서 임원을 선출하고 '공산당공판 공개에 관한 건, 공산당원 고문에 관한 건, 간도공산당사건에 관한 건, 봉천교육당국 대항책에 관한 건' 등을 건의안으로 채택했다.153) 두 지부의 결성대회 건의안은 국내에서 당시 현안이 되던 사건이 주축을 이루었다.

1929년 3월 27일에 열린 港區지부 제3회 정기대회는 '동일노동에는 동일임금, 최저임금제 확립, 유년 및 부인노동자보호법 제정, 민족적 임금차별철폐, 日鮮노동자는 굳게 단결하자, 노동자는 노동조합에로, 打倒 조선총독폭압정치'(원문 그대로) 등 7개항을 안건으로 올렸다. 3월 28일에 열린 북부지부 제3회 대회의 안건도 '제국주의전쟁반대, 단결권 파업권 교섭권 획득, 공장폐쇄반대, 해고절대반대, 거주권 획득, 7시간 노동제 획득, 도항금지, 언론집회결사의 자유 획득, 조선총독폭압정치반대'였다.154) 이들 두 지부의 안건은

---

151) 3시간 반 동안 연설회가 진행되는 동안 7명이 검속당하고 해산을 명령받았다. 『조선일보』 1927년 10월 9일자.
152) 『동아일보』 1927년 11월 6일자.
153) 선출된 임원은 다음과 같다. 지부장 陳錫柱, 부지부장 孫佰冕, 집행위원 裵權三·崔逢綠·洪在澤·朴正祚·梁辛吉·康珠方·文瑞南·尹太勳·禹逢業·吳君保·權鎬芝·白漣洙·裵敬祚·李德奎·朴在豪. 『조선일보』 1927년 11월 10일자.
154) 「大阪조선노동조합 북부지부 제3회 대회」; 「모히라 오라 직히라」, 『식민지시대

총독폭압정치 반대를 명시하면서, 아울러 노동자의 권익을 도모하는 안건의
비중이 높았다는 공통점을 보인다. 특히 단순한 '임금인상이나 수당 지급'을
요구하는 것이 아니라, 법적인 권리 획득을 요구하며 요구사항을 구체화한
점이 특징이다. 또한 조선총독폭압정치반대투쟁이 점차 쇠퇴하는 상황에서,
총독폭압정치반대투쟁을 지속적으로 제기하였다는 사실도 주목된다.

　1929년 4월 16일에 열린 오사카조선노조의 제3회 정기 대회 지부보고 내
용을 통해, 지부의 활동을 살펴보면 다음과 같다. 泉洲지부(지부장 皇甫陌)는
1929년 4월 현재 조합원이 공장노동자 200명(여공 50명), 자유노동자 100명
등 300명이, 미조직노동자는 450명 정도였다. 활동내용을 보면, 泉洲지부의
경우 서무부·정치교육부·조직선전부·조사파업부·부인부가 각각 25건
의 각종파업 주도, 국내운동지원(원산총파업기금과 격문 발송·대구공업보
통학교동맹휴교사건 관련 격문 발송), 수평문제강연·일본3단체해산반대운
동·주택문제대연설회 등이다.[155]

　서부지부(지부장 金敬中)는 조합원 총수 245명, 미조직노동자 4,350명으로
서 조직화가 활발히 이루어지지 않은 편이었다. 서부지부의 활동내용도 泉州
지부와 마찬가지로 서무부·정치교육부·조직선전부·파업부·부인부가
국내운동지원(원산총파업·대구공업보통학교 동맹휴교사건·함경북도 수
해지원)과 반제민족운동(3.1운동기념행사·일본3단체해산반대운동) 11건의
각종 파업 주도·조직화·槿友會 오사카지회 창립준비활동 등이었다.

(3) '오사카조선노조 제명사건' 발생[156]

　오사카지역의 재일조선인은 재일노총이 전개하는 민족운동의 실천세력으
로서 중심 역할을 담당해 왔다. 그러나 오사카 지역 재일노총 산하 조선인노

　민족운동사자료집』4, 1997년, 364~366면.
155) 『日本社會運動通信』48호, 1929년 4월 29일자 「在日本朝鮮勞動總同盟 大阪朝鮮勞
　　動組合 第三回大會」.
156) 金森襄作를 비롯한 일본 연구자들은 이를 '大阪사건'이라 기록하고 있는데, 본고
　　에서는 사실의 구체성을 위해 '大阪朝鮮勞組 제명사건'이라 지칭한다. 金森襄作,
　　「在日朝鮮勞總 '大阪事件'에 について」, 『在日朝鮮人史研究』20, 1990년,

동조합은 재일노총 회원의 다수를 조합원으로 보유하면서도,[157] 운동지도층의 다수가 이론가가 아닌 운동가라는 점, 오사카 토착조선인으로서 국내운동세력과 교류가 활발하지 못한 점, 거주 조선인의 다수가 노동자라는 점 등으로 인해 - 비록 독자적인 운동의 방향을 제시하지는 못했으나 - 재일노총 본부로부터 외압의 소지를 보였던 지부였다.

오사카에 기반을 둔 지도부의 활발한 활동으로 유지되던 오사카연합회는 1927년 이후 새로운 인물들이 등장하면서 내부 갈등이 시작되었다. 그 대표적인 사건이 '오사카조선노조제명사건'이다.

이 사건은 재일노총본부가 오사카지역에 영향력을 확대하고자 하는 의도에서 비롯된다. 이 사건의 주도인물인 등장한 남영우·김수현·안종길 등은 1927년 3월 오사카연합회 2회 대회와 오사카조선노조 결성대회에서 집행위원으로서 실질적인 권력은 행사했다. 그러나 노동자대중에 기반을 두지 못해 '간부파' '소부르조아주의자'로 불렸다.

1928년 3월 16일자 『日本勞働通信』은 「大阪朝鮮勞働組合內紛激化」라는 제목의 글에서, '간부파'와 비간부파의 갈등내용을 좌우익 갈등으로 표현했다.[158] 『日本勞働通信』은 "오사카조선노조내에 좌익이 80%, 우익(*남영우 등)이 20%의 지지율을 차지하였는데, 11개 소속조합 가운데 9개 조합이 현 집행부에 대해 불신임을 성명했다"고 밝히고 '간부파'의 진출과정을 다음과 같이 기술했다. 즉 토쿄의 좌우익 갈등 여파가 오사카에도 미쳐 좌익계인 오사카조선노조 내부에 '一月會'계가 침투하여, 1927년 9월에 좌익계 간부들을 축출했다는 것이다. 아울러 오사카조선노조 집행위원회[159]의 결의로 제명된 동북지부 상임집행위원인 金光의 성명서 「오사카조선노동조합본부의 태도에 대해 만천하동지 제군에게 성명한다」를 게재했다. 그러나 김광의 제명사

---

157) 1929년 9월말 현재 在日勞總 총수 23,530명 가운데 大阪지역의 조합원이 17,000명 인데 비해, 東京지역 조합원은 3,140명이다. 『朝鮮獨立運動』4, 955∼956면.

158) 『日本勞働通信』38호, 1928년 3월 16일자, 「大阪朝鮮勞働組合內紛激化 果して右翼 系が多數を占めるか」.

159) 자료에는 '일본부'로 기재되어 있으나 大阪朝鮮勞組의 誤記로 생각된다.

건에서 비롯된 오사카조선노조 내부의 갈등문제는 『日本勞働通信』이 파악한 것과 같이 좌우익의 갈등이라기보다는 토쿄세력의 진출로 인한 지도부내의 갈등으로 이해하는 것이 옳다고 생각된다.[160]

이 성명서 내용을 통해 김광 제명사건의 발단을 살펴보면 다음과 같다. 오사카조선노조 집행위원회는 2월 23일 김광의 제명을 결정하였는데, 제명 이유는 김광이 토쿄에 있을 당시 평의회와 노농당으로부터 제명당했고, 비계급적인 행동을 많이 했다는 사실이었다.[161] 이에 대해 김광은 위의 성명서에서 자신이 동북지부에 상임집행위원으로 취임하기 이전인 2월 22일 동남지부의 김수현이 자신을 불러 오사카조선노조 집행부의 불신임 사실을 알려주고, 자신이 중립을 취하고 있으므로 "우리 일파와 손을 잡는다면 명예를 회복시켜 조합본부의 위원이나 총동맹의 중앙위원으로 취임시켜 주겠다"고 제의하였으나 이를 김광이 받아들이지 않자 23일에 제명 조치했다고 폭로하였다.

그는 4월 13일에 발표한 또 다른 성명서에서, 토쿄에서 자신의 행적을 다음과 같이 해명했다. 즉 일본노동조합평의회 토쿄硝子노동조합의 정치부장으로 활동하다가 재일노총 토쿄동부조선노동조합에 입회하기 위해 평의회를 사임한 것이지, 제명 당한 것이 아니라는 점과 노동농민당 城東지부의 상임위원을 사임한 이유는 생활 빈곤과 자택과의 거리가 멀었기 때문이라는 것이다. 김광의 제명에서 발단이 된 이 '오사카조선노조 제명사건'은 이렇게 시작되어 집행부의 사퇴를 야기하기에 이르렀다.

김광이 제명되자 東北지부는 이에 반발하고 즉각 「오사카조선노동조합본부 불신임안 제출의 건」 9개항을 발표했다.[162] 東北지부의 이러한 움직임은

---

160) 『日本勞働通信』의 이러한 인식은 김광의 성명서에 의존한 때문으로 여겨진다. 김광은 성명서에서 일월회와 신간회를 '우경적 단체'로, '일월회계'를 '우익'이라 명기했다. 在日勞總 자체가 사회주의노동조합이며 당시 사회주의세력내에서 일월회계가 갖는 비중 등을 볼 때 김광의 이 표현은 사실과 다르다. 결국 김광은 일월회계를 우익으로 규정함으로써 이들이 在日勞總의 방향이나 이익을 저해하는 세력임을 강조하고자 했던 것이다.

161) 『日本勞働通信』61호, 1928년 4월 14일자, 「幹部派の非難はあたらめ金光氏再び聲明す」.

162) 『日本勞働通信』38호, 1928년 3월 16일자, 「大阪朝鮮勞働組合內紛激化 果して右翼

다른 지부에도 영향을 미쳐 6개 지부가 불신임안을 제출하였다. 남영우·김수현·윤동명·안종길 등은 23일 사임서를 제출했다. 그후 26일에 확대집행위원회가 열렸으나 격론 끝에 폐회되었다. 29일에 속회된 회의에서는 불신임안에 반대하는 西成지부 조합원 수십 명이 찬성파에 폭력을 행사하여 다수의 중상자를 내고 폐회되는 일까지 발생했다.[163] 곧 이어 4월 2일의 집행위원회는 방청을 엄금한 가운데 남영우 등 4명을 제명했다.[164] 14일에는 오사카조선노조 명의 성명서 「統制와 秩序를 어지럽혀 本部常任團幹部에서 除名된 大阪朝鮮勞動組合聲明書」를 발표했다.[165] 이 회의에는 불신임안 반대파인 西成·東南·河泉지부와 중립적 지부인 泉州·住吉지부가 참석하지 않았다.[166] 2일 오사카조선노조가 밝힌 4명의 제명이유는 다음과 같다.

남영우 : 쟁의부장으로서 파업과 관련한 각종 부정행위(북부지부 소속 小川분회원 14인에 대한 車費사건에 관해 부정행위를 한 일, 본부가 서부지부에 교부한 파업기금을 횡령한 일, 鳴尾파업단에 송부하는 동북지부의 응원기금을 횡령한 일)에 대해 다른 지부에 역선전을 하고 반대를 선동하여 자기옹호에 이용하며 西成지부원의 폭력적 행동을 유도하여 조합을 분열시킴.

윤동명 : 서무부장으로서 동지를 박해 중상하여 간부 내부의 분쟁을 격화시켰고, 사무에 태만하여 조합의 발전을 저해했으며, 파벌적 행동을 하여 운동전선을 교란시킴.

김수현 : 부인부장으로서 이전에도 어용이었을 뿐만 아니라[167] 현재에도 혐의가 충분하고, 앞의 2인과 함께 이번 폭력사태와 같은 반동적 음모를 꾀함.

系が多數を占めるか」.

163) 『日本勞働通信』54호, 1928년 3월 29일자 「大阪朝鮮勞動組合本部の紛糾と暴力沙汰」.

164) 이에 대해 金森襄作은 4월 11일에 열린 확대집행위원회에서 제명을 결정했다고 기술했으나 이는 잘못된 기술이다. 金森襄作, 「在日朝鮮勞總 '大阪事件'について」, 103면.

165) 『日本勞働通信』62호, 1928년 4월 15일자 「統制と秩序を亂すとて本部常任回幹部 除名さる大阪朝鮮勞動組合聲明書」.

166) 『日本勞働通信』55호, 1928년 4월 7일자 「大阪朝鮮勞動組合本部 擴大委員會續會」.

167) 김수현이 상애회 간부였음을 지칭하는 듯 하다.

안종길 : 정치교육부장으로서 불신임간부를 옹호하고 앞의 3인과 함께 폭력사태와 같은 것을 도모함.

또한 집행위원회는 西成지부원의 폭력행동에 관해서도 사과를 명함과 동시에 제명된 간부의 축출을 지령하고, 토쿄에서 파견된 재일노총 특파조사위원 권대형을 "'모든 사람들의 의사를 무시'하고 노동조합을 분열에 빠트렸다"는 이유로 규탄했다.[168]

이러한 집행위원회의 처리에 대해 남영우 등은 대의원들에게 제명반대를 호소하면서 4월 14일에 열린 오사카조선노조대회에서 사태를 반전시키고자 했으나 실패했다.[169] 이들은 4월 14일에 열린 대회에서 '종파적 분열주의란 무엇인가'를 주장하고, '제명이유에 대한 재설명'을 요구했으나 의장인 송장복이 산회함으로써 목적을 이루지 못했던 것이다.[170]

'오사카조선노조 제명사건'은 4월 23일 港區 三軒家 金水館에서 열린 오사카조선노조 제2회 정기대회에서도 중요한 안건이었다. 오전 11시에 열린 대회는 위원장 송장복이 의장으로 선출되어 남영우 등의 제명문제를 논의했다. 의장은 남영우와 윤동명을 등단시켜 제명공소이유를 설명하도록 한 후, 찬반토론에 붙였으나 역시 결과는 제명 결정의 확인이었다.[171] 또한 김광의 제명공소문제에 대해 논의를 시작해 김광에게 제명부당 이유를, 남영우 일행 가운데 1명에게는 김광제명의 정당론을 각각 진술하도록 한 후, 토론 결과 김광에 대한 제명취소가 결정되었다.

이로써 '오사카조선노조 제명사건'은 표면적으로는 종료되었으나, 실제로 분쟁의 불씨는 그대로 남았다. 남영우 등 4명이 이 결정에 불복하고 재일노

168)『日本勞働通信』55호, 1928년 4월 7일자「大阪朝鮮勞働組合本部 擴大委員會續會」.
169)『日本勞働通信』60호, 1928년 4월 13일자「大阪朝鮮勞働組合大會 內紛を如何に處理するか」.
170)『日本勞働通信』68호, 1928년 4월 22일자「大阪朝鮮勞働組合大會遂に混亂し議事未了のま閉會」.
171) 이날 안종길은 참석하지 않았고, 김수현의 이름은 거론되지 않았다. 그러나 결석한 대상자가 1명으로 기록된 것으로 보아 김수현도 참석은 했으나 공소이유를 설명할 기회가 주어지지 않은 것으로 생각된다.『日本勞働通信』75호, 1928년 5월 1일자「反幹部派の勝利に期し內紛問題遂に淸算さる」.

총 전국대회에 상신한 한편, 오사카조선노조의 새 집행부가 남영우 등과 관련된 지부 단위의 간부를 제명하면서 하부조직정비에 나섰기 때문이다.[172] 이러한 양측의 전열정비로 인해 사건은 새로운 국면에 접어들었다. 이제 이 사건의 해결은 재일노총 전국대회에서 기대할 수밖에 없게 되었다.[173]

김광 제명(2월 23일 오사카조선노조 집행부 결정)에서 시작된 '오사카조선노조 제명사건'은 5월 13~14일 양일간에 걸쳐 토쿄시 柳島本町 帝大에서 열린 재일노총 제4회 전국대회에서 종결되었다. 오사카·카나가와·쿄토·中部·도야마·코베·호쿠리쿠(北陸) 등지의 대의원 60명이 출석한 이 대회에 오사카지역에서는 10명의 대의원이 참석했다. 대회는 송창렴, 金天海(이상 의장)·姜駱爕·김두진·이상조(이상 서기)·鄭輝世·송윤서·權一宣·김창익(이상 자격심사의원)·박형채·서진문·이우진(이상 의안심사위원)·김정홍·文澈·윤동명(이상 법규·선언심사위원)·서진문·李鎰·이성백(예산결산심사위원) 등의 주도하에 의해 진행되었다.[174]

'오사카조선노조 제명사건'은 대회가 열리기 직전까지 논의한 결과, 표면상으로는 둘째 날인 14일에 종결되었다. 10~11일에 도착한 관서지방 대의원 10명은 전국대회 의안 논의 과정에 참가하여 '오사카조선노조 제명사건'을 거론했다.[175] 먼저 김문준이 이 사건의 진상을 설명하고 제명의 정당성을 주장했으나 남영우와 윤동명이 반론으로 맞섰다. 집행부는 이 사건이 전국대회의 당면문제가 아니라는 이유로 의제에서 제외하고 의장이 임명한 5인의 소위원회에 일임할 것을 결정했다.[176] 따라서 이 사건은 전국대회 의안에

---

172) 『日本勞働通信』75호, 1928년 5월 1일자 「反幹部派の勝利に期し內紛問題遂に淸算さる」.

173) 당시 오사카조선노조 내에서 가장 많은 조합원을 거느린 西成지부를 비롯한 3개 지부가 남영우 일행에 대한 불신임안을 반대하였고, 2개 지부가 중립을 취한 것으로 보아 오사카조선노조 내에서도 이들에 대한 제명이 완전한 합의에 이르지 못한 상태였던 것으로 여겨진다.

174) 『日本社會運動通信』2호, 1928년 5월 24일자 「在日本朝鮮勞働總同盟 第四回全國大會會錄」.

175) 『日本勞働通信』83호, 1928년 5월 10일자 「戰鬪的議案を提出して在日本朝鮮勞働總同盟 第四回大會決定す」.

상정되지 않았다.[177] 이후 대회 직전에 남영우, 윤동명, 김수현, 김달환, 송장복과 김문준 사이에 타협이 이루어지고, 그 내용이 둘째 날 회의에서 진상소위원회 보고라는 명목으로 제시되었다. 그 내용은 윤동명과 남영우의 제명을 취소하고, 鄭南局은 무기정권에 처하며, 김광은 제명하는 것이었다.[178] 그 결과 '오사카조선노조 제명사건'은 종결되었다. 정남국이 무기정권에 처해진 이유는 재일노총의 중앙위원장이면서도 토쿄와 오사카에서 각각 파벌적 행동을 자행했다는 것이다.[179] 결국 정남국과 김광만이 처벌을 받은 채 종결된 것이다. 결정사항에서 안종길과 김수현에 대한 언급은 없으나, 김수현이 6월 3일 임시대회에서 정치부장에 취임하는 것으로 보아 남영우나 윤동명과 같이 복권된 것으로 여겨진다.

이상과 같은 과정을 겪은 '오사카조선노조 제명사건'의 성격과 오사카조선노조와 오사카지역 조선인민족운동에 미친 영향은 어떠한가. 이를 위해서는 먼저 이와 관련한 연구성과를 재평가해볼 필요가 있다.

'오사카조선노조 제명사건'이 이와 같이 종결된 배경에 대해, 金森襄作은 "지역적 사상계몽단체(각지의 의식 있는 유지와 지식인들이 자유노동자를 중심으로 조직한 단체)에 불과한 오사카조선노조가 민족주의적 계몽주의의

---

176) 그러나 소위원회의 구성이나 회의가 열렸음을 알 수 있는 근거는 없다.

177) 안내장에 실린 「의안프로그램」에는 운동방침大綱, 강령폐지 신정책채용의 결의안, 규약개정의 건, 班확립에 관한 건, 최저임금법 획득의 건, 8시간노동제확립의 건, 조선노동자임금차별철폐의 건, 이민반대에 관한 건, 『조선노동』속간에 관한 건, 전위양성에 관한 건, 삼총집회해금에 관한 건, 적색노동조합지지에 관한 건, 도일조선노동자저지반대에 관한 건, 재만동포옹호에 관한 건, 대중신문지지에 관한 건, 척식성 설치반대에 관한 건, 중국혁명운동적극지지에 관한 건, 희생자구원회설치에 관한 건, 메이데이에 관한 건, 일본노동계급과 공동투쟁에 관한 건, 청년부설치에 관한 건, 조선총독폭압정치반대동맹지지에 관한 건, 산업별노조조직에 관한 건, 신간회지지에 관한 건 등이 제시되어 있다. 『日本勞働通信』83호, 1928년 5월 10일자 「戰鬪的議案を提出して在日本朝鮮勞動總同盟 第四回大會決定す」.

178) 그러나 김광이 그 해 8월 오사카조선노조에서 실시하는 조합원 대상 교화운동에 교육부장 김문준과 함께 강사로 참가하는 것으로 보아 곧 복권된 듯하다. 『日本社會運動通信』12호, 1928년 8월 3일자 「在日本大阪朝鮮勞動組合の教化運動」.

179) 『日本勞働通信』83호, 1928년 5월 10일자 「戰鬪的議案を提出して在日本朝鮮勞動總同盟 第四回大會決定す」.

색채를 농후하게 나타내면서 노동자회원으로부터 신뢰를 잃는 과정에서 일어난 과도기적 현상"[180]이라고 지적했다.

이 주장에 대한 필자의 견해를 밝혀보고자 한다. 첫째, 오사카조선노조의 성격에 대한 문제이다. 金森襄作은 지역적 사상계몽단체를 각지의 의식있는 유지와 지식인들이 조직한 단체로 정의하고, 오사카조선노조를 '지역적 사상계몽단체'로 규정했다. 그러나 오사카조선노조는 몇몇 지식인 계층에 이끌리는 사상계몽단체가 아니다. 토쿄지역 노동조합의 지도자들이 지식인인데 비해 오사카는 노동자출신이 다수였다. 김광은 앞에서 인용한 성명서에서 "일월회계는 학교출신이 다수"[181]라고 지적하여 양측간의 차별성을 강조하기도 했다.

또한 金森襄作의 주장대로 '당시 조선인노동자들이 여전히 계몽의 대상이었고, 몇몇 지식인 계층에 이끌리는 수동적인 존재'였는가 하는 점도 검토의 대상이다. 일본지역에서 큐슈와 같이 나야(納屋)제도로 조선인노동자를 통제하는 지역을 제외한다면,[182]* 일반적으로 조선인노동자가 계몽의 대상이 되

---

180) 金森襄作,「在日朝鮮勞總 '大阪事件'について」, 107면.
　　식민지시대 국내의 노동조합이나 일본지역의 조선인노동조합을 민족주의단체나 계몽단체로 평가하는 것, 단체 내부의 문제를 모두 파벌적인 시각에서 파악하는 것 등은 金森襄作가 발표한 연구성과에서 나타나는 일관된 견해이다. 즉 그는 활동내용 가운데 반일과 반제운동의 비중이 높으면 민족주의단체로, 단체지도층에 지식인계층이 다수를 차지하거나 강령에 상호부조적인 내용이 포함되어 있으면 계몽단체로 분류해왔다. 또한 단체 내부 문제가 갖는 多技한 요인에 대한 분석에서도 전체를 좌우익의 파벌이라는 측면에서 논지를 전개한다. 이러한 분류기준은 연구자가 일관성을 견지한다는 점에서 示唆적이기는 하지만 노동조합의 성격이나 활동의 내용이 갖는 多義性을 파악하지 못하고 顯像性에 머문다는 점에서는 바람직한 연구자세로 평가할 수 없다. 더구나 1920년대 초반과 1920년대 후반의 노동자 의식정도를 동일한 것으로 파악하거나 식민지지배정책의 내용변화상을 간과한 점은 오히려 일본지역 조선인운동사연구 발전에 걸림돌로 작용한다고 생각한다.
181)『日本勞働通信』61호, 1928년 4월 14일자,「幹部派の非難はあたらめ金光氏再び聲明す」.
182) 나야제도는 일본광산업에서 널리 쓰이는 노무관리제도로써 1차 세계대전후 일본노동조합이 폐지투쟁을 전개한 이후인 1920년대에 급속히 해체되었으나 九州에서는 1930년대에서 여전히 사용되었다. 이러한 나야제도의 실시와 임금의 金券

는 시기는 1910년대에 한정한다고 볼 수 있다. 1920년대에 조선인노동자들이 지식인 계층과 완전히 분리되어 독자적인 운동방향을 수립하고 민족운동을 직접 주도할 정도로 성장했다고 보기는 어렵다. 그러나 이들이 단지 소수 지도층의 지시만으로 생업을 포기하고 수천명씩 모여 군중집회를 열 정도로 수동적인 존재는 아니었다. 토쿄와 오사카지역에 거주하는 조선인노동자 가운데에는 직업과 학업을 동시에 가질 수 있다는 점을 이점으로 생각하고 도일한 경우가 적지 않았고, 실제로 도일노동자는 진학을 하곤 했다.[183] 더구나 오사카에는 노동자가 일본노동조합이나 사회운동단체가 경영하는 노동야학과 야간학교를 통해 세계노동자의 계급의식 성장과 세계노동시장의 정황, 일본사회운동의 현상을 습득할 기회가 적지 않았다.[184] 따라서 이들 조선인노동자를 계몽의 대상으로서, 또 수동적으로 집회에 동원되는 존재로만 이해하는 것은 올바른 인식이라 보기 어렵다.

둘째는 사건 자체에 대한 성격의 문제이다. 먼저 金森襄作가 지적한 '오사카조선노조가 노동자회원으로부터 신뢰를 잃는 과정에서 나타난 현상'이 당시 상황에 대한 정확한 설명인가 하는 점이다. 1927년부터 오사카지역의 조선인노동파업은 수적인 증가와 함께 조선인노동조합의 지원 증가라는 특징을 보인다.[185] 특히 오사카조선노조의 파업 개입은 가장 두드러진 현상이었

지급은 조선인노동자의 개인생활을 강하게 압박하여 이 지역 조선인노동자는 노동조합운동은 물론이고 공동이해증진을 위한 어떠한 활동도 전개하지 못하였다. 九州지방의 나야제도와 조선인노동자 통제제도에 대해서는 졸고, 「식민지시대 麻生탄광 재일한인노동쟁의」, 『한국정신문화연구원 대학원 논문집』7, 1992년, 74~77면 참조.

183) 제주도에서 소학교를 졸업한 후 도일하여 오사카에서 노동을 하다가 1932년에 토쿄로 간 고준석은 硏修學館이라는 예비교를 거쳐 와세다에 입학했다. 高峻石, 『越境』, 社會評論社, 1977년, 144~147면.

184) 金泰燁은 1915년에 도일하여 오사카에서 노동을 하면서 야간에는 우애회가 경영하는 야간강좌에서 공부를 하였지만, 1921년경에는 이러한 노동야학이 일본전국에 100여 개소에 달했다고 한다. 노동자를 대상으로 하는 이와 같은 강좌는 자격이나 연령의 제한 없이 이용할 수 있었는데, 이 강좌를 통해 김태엽은 세계노동운동사에 대한 지식을 습득할 수 있게 되었고, 勞資관계와 자본주의 모순에 대해 자각하였다고 한다. 金泰燁, 앞의 책, 50~52면.

185) 이에 대해서는 후술함.

다. 또한 1927년은 오사카조선노조의 조직화 활동도 활발했던 시기이다. 즉 1927년은 오사카조선노조가 '노동자 회원으로부터 신뢰를 잃은' 시기가 아니라 노동자대중의 지지 아래 활발히 민족운동을 전개한 시기에 속한다. 이러한 두 가지 점 외에도 노동자대중의 신뢰를 잃은 단체가 각종 대중운동에 노동자를 수 천명씩이나 동원할 수 있는지 여부를 생각한다면 金森襄作의 주장은 적합하지 않다.186)

한편, 이와 달리 '오사카조선노조 제명사건'의 과정에 대해 다른 견해를 제시한 연구성과도 있다. "오사카의 남영우·윤동화·정남국·김광 등은 재일본조선노동총동맹이 일상적인 요구투쟁보다 조선해방에 투쟁을 집중시킨 것에 대해 공공연히 비판했다. 한편 새롭게 오사카조선노동조합 집행위원장에 취임한 김문준은 그들을 관헌의 스파이로 낙인찍어 제명처분한다. 이렇게 제명처분을 받은 사람들은 부당하다고 즉시 처분취소를 중앙에 제기하였지만 이것이 이른바 '大阪사건'의 빌미"라는 언급이 바로 그것이다.187)

그러나 필자는 이 주장은 사실적 측면에서 실제로 전개된 '오사카조선노조 제명사건'과 많은 차이점을 가지고 있다고 생각한다. 가장 큰 차이는 남영우·윤동명 등이 재일노총의 투쟁 방향을 비판했다는 내용과 김문준의 역할에 대한 부분이다. 남영우 등은 재일노총의 지원세력이었지 결코 반대세력이 아니었다. 또 '오사카조선노조 제명사건'에서 김문준의 역할도 사실보다 과장되어 있다. 김문준은 이 사건 당시 오사카조선노조의 집행위원으로

---

186) 이외에도 金森襄作은 남영우, 윤동명, 정남국을 노동운동지도형 인물(일상적으로 노조활동을 성실히 전개해나가면서 노동자의 생활안정이나 지위향상, 계급적 해방운동을 실천하는 타입이 아니라 운동초기에 많이 나타나는 타입, 즉 파업이 발생하면 나타나 이를 선동, 지도하거나 자본가와 교섭하여 다수의 보상금을 받은 후 일부를 자신의 생활비로 충당하는 노동브로커적 인물)로 규정하고 이들이 오사카에서 활동하기 위해 오사카노동조합의 간부자리가 필요했으나 일단 요직에 앉은 후에는 파업자금의 횡령이나 중간착취, 주색잡기 등에 충당했다고 비판했다. 金森襄作, 「在日朝鮮勞總 '大阪事件'について」, 107~108면. 이러한 비판은 『日本勞働通信』에서 거론되는 간부파에 대한 반간부파의 비판내용을 그대로 수용한 결과이다. 그러나 이러한 평가를 위해서는 비판내용에 대한 좀더 면밀한 분석과 근거 제시가 필요할 것이다.

187) 김인덕, 『재일조선인민족해방운동연구』, 국학자료원, 1996년, 289면.

서, 이 사건이 종결되기 전까지 오사카조선노조 내에서 강력한 권한을 행사할 수 있는 위치는 아니었다. 이 사건의 종결과정에서 부각된 김문준은 8월 이후 일시 침체상태에 빠진 오사카조선노조를 회생시키고 東成구의 조선인 노동자를 조직화하는 과정에서 확고한 위치를 확보하게 되는 것이다.

『日本勞働通信』은 '오사카조선노조 제명사건'과 관련하여, 오사카조선노조가 "재일노총으로부터 분리 독립하고 전국의 불만분자를 규합하여 독립 內鮮노동조합을 설립하고 재조선전선통일파괴의 오명을 쓸 것인지 아니면 간부파의 세력을 포용하여 실천을 통해 자파의 영향 아래 탈취할 것인가 하는 점이 자본가에 대한 투쟁보다 더욱 중요하고도 곤란한 일"이라고 평가하였다.[188] 이 평가내용으로 볼 때, '독립 內鮮노동조합'은 비재일노총계를 의미하는 것으로 여겨진다. 결국 『日本勞働通信』은 이 사건을 오사카조선노조가 중심이 된 조선인노동조합 포용운동의 일환이라는 성격으로 인식한 것이다.

'오사카조선노조 제명사건' 이후 6월 3일에 열린 오사카조선노조대회에서, 김수현과 남영우는 각각 정치부장과 쟁의부장이라는 요직에 재취임함으로써 이른바 '간부파'의 위상은 흔들리지 않게 되었다. 이 사건을 해결하는 과정에서 김문준이 중요한 역할을 담당함으로써 그의 입지가 강화되는 계기가 되기도 했다. 그러나 '오사카조선노조 제명사건'으로 표면화된 지도층의 불화는 재일노총의 해산과정에 영향을 미쳤을 뿐만 아니라, 1930년대 오사카 조선인운동이 독자적으로 전개되는 배경이 되었다. 즉 이 사건은 오사카 지역 조선인 운동에 대한 영향력을 확대하고자 한 재일노총 본부의 의도에서 시작되었으나, 오사카 지역 조선인운동의 독자성에 대한 필요를 확인시켜준 계기가 되었다.

3) 大阪聯合會와 大阪朝鮮勞働組合의 운동

재일노총의 결성 이후, 오사카 조선인민족운동은 전국적 규모의 운동세력

---

188) 『日本勞働通信』75호, 1928년 5월 1일자 「反幹部派の勝利に期し內紛問題遂に淸算さる」.

을 구심점으로 구체적이고 다양한 운동양상을 나타냈다. 1920년대 초반을 통해 조선인들의 조직화가 일정 수준에 올라섬에 따라, 운동의 방향이 명확해지고 참가자들의 열의도 고조되었다. 이와 더불어 강화되는 일제식민통치의 탄압상도 재일조선인 민족운동의 방향 설정에 적지 않은 영향을 미쳤다.

이 시기 오사카 조선인민족운동의 가장 큰 특징은 재일조선인들이 식민통치의 폐해를 정확히 인식하고, 국내운동과의 깊은 관련성 속에서 지속적으로 운동을 전개했다는 점이다. 대표적인 예는 총독폭압정치반대투쟁이다. 또한 조선인민족운동을 방해하고 폭력을 통해 노동자를 통제하던 친일동화단체 상애회를 민족운동의 저해세력으로 규정하여 지속적인 배격운동을 전개한 점도 특징이었다.

(1) 총독폭압정치반대투쟁

재일노총 산하에서 오사카연합회와 오사카조선노조가 전개한 민족운동은 오사카동맹회 시기의 활동과 마찬가지로 식민통치 자체를 반대하는 투쟁과 재일조선인 탄압·차별에 반대하는 투쟁으로 이루어졌다.

재일조선인의 민족운동 가운데 가장 대표적인 운동은 1927년 6월부터 전개한 총독폭압정치반대투쟁이다. 오사카에서 시작된 총독폭압정치반대투쟁은 1925년 11월 검거된 조선공산당원에 대한 가혹행위, 전남 완도군 소안도 소안학교 강제폐쇄사건 등 국내에서 벌어진 식민통치정책의 모순을 배경으로 일어났다. 소안학교강제폐쇄사건은 1927년 5월 10일, 당국이 갑자기 학교를 폐쇄한 사건이다.[189] 이 가운데 소안학교 강제폐쇄는 전남 지역민이 다수

---

189) 『동아일보』 1927년 5월 17일자; 『조선일보』 1927년 5월 17일자. 소안사립학교는 도민의 의연금으로 1923년에 개교하여 교육목표를 항일민족운동가 양성에 두고 민족교육을 실시하였다. 송내호·송기호·김경천 등 소안학교 교원들은 사회주의를 바탕으로 항일민족의식을 교육한 결과, 소안학교 출신들이 국내와 일본에서 비밀결사(守義爲親契, 일심단)·청년단체(배달청년회)·사상단체(살자회)를 조직하고 사회운동과 민족운동을 주도하는 등 소안학교는 민족운동의 양성소로서 중요한 역할을 담당하였다. 당국은 학교 바로 옆에 주재소를 학교를 감시하였으나, 송내호 등이 중심이 된 항일민족교육이 그치지 않음에 따라 폐쇄를 명하게 된 것이다. 손형부, 「식민지시대 송내호·기호 형제의 민족해방운동」, 『국사관논

거주하는 오사카조선인사회에 큰 영향을 미쳐, 1927년 5월 10일에 오사카완도향우회·在東京완도향우회·在横濱완도향우회가 합동으로 격문 4천 매를 발송하였으며, 특히 오사카완도향우회는 21일 오사카 시내 金水館에서 소안사립학교 폐교반대동맹을 조직하고 반대연설회를 개최하였다.[190]

소안학교는 교육목표를 항일민족운동가 양성에 두고 학교건물에 일장기를 달지 않음은 물론, 일본 국경일에도 학교 문을 여는 등 반일의식을 노골적으로 표출하면서 교육목표 달성을 위해 노력했으므로 항상 당국의 경계대상이었다고 한다.[191]

1927년 6월 1일에 이르러 소안사립학교 폐교에 반대하는 운동은 총독실정 공격대회로 확대되었다. 5월 21일, 소안사립학교 폐교반대연설회를 개최한 주최측은 이 문제를 '전 조선적으로 확대시키는 동시에 지난 4월부터 일어난 경성제일고보사건(*경성 제2高普사건의 誤記), 해남·영흥사건, 통영김기정 사건을 대상으로[192] 오사카에 거주하는 전 조선사람을 망라하여 當局失政탄

총』40, 1992년, 107면.

190) 『조선일보』 1927년 6월 6일자.

191) 김진택옹(1996년 8월 18일 소안도) 구술자료(면담자 : 정혜경).

192) 경성제2고보사건은 6.10만세사건 이후 이 사건과 관련된 학생은 모두 자진휴학을 하였는데, 학교당국이 직접 관계가 없는 학생들에게도 사상이 불온하다는 이유로 전학을 권유하고 응하지 않는 학생은 출학 처분한 사건이다. 이에 학부형들이 학교와 당국에 부당성을 진정했으나 해결이 되지 않자 신간회에서 조사위원회를 조직하는 등 사회문제로 확대되었다. 해남·영흥사건은 함경도 영흥과 전남 해남지방에서 1927년 3월 디스토마를 예방하기 위해 도당국이 예방접종을 실시하는 과정에서 당국이 극약을 주사하여 사망자가 속출한 사건이다. 사건이 확대되자 서울의 각 사회운동단체도 위원과 의사를 파견해 대책을 협의하기에 이르렀다. 이 사건이 발생하자 함경도당국은 문제를 은폐하고자 하였으나 격분한 주민들이 시위운동을 하고 경찰서에 돌팔매질을 하는 등 격렬히 규탄했다. 함남과 전남지방의 사회운동단체도 시민대회를 개최하여 진상을 보고하는 등 사회적으로 문제를 확대시켰다.
통영김기정 사건은 1926년 경남도 평의원회 석상에서 평의원 尹炳浩의 一面一校制 제안에 대해 경남도 평의원이자 변호사인 金淇正이 "현재에 잇는 학교만으로도 넉넉할 뿐 아니라 조선 안에서는 보통학교 교육이 필요치 안타. 보통학교를 마치고 나면 여러 가지로 사상이 악화되어야 위험함이 많은 즉 보통학교를 더 둘 필요가 업다. 현재 있는 학교도 폐지하여야 한다"고 발언한데 분개한 마을 청

핵운동실행위원회'를 발족한 후, 6월 1일에 대회를 개최하게 된 것이다.[193]

6월 1일의 대회는 일본지역에서 전개된 총독폭압정치반대투쟁의 始原으로서 중요한 의미를 갖는다. 재일노총 오사카조선노조가 주최하고, 일본노동조합·노동당 오사카지부·전국청년동맹·수평사 등 일본사회운동단체 40여개가 후원한 가운데 열린 대회에는 4천여 청중이 참가했다. 이 대회는 소안도 출신으로 당시 재일노총 중앙집행위원장을 맡고 있던 정남국의 진상보고[194]와 일본노동조합평의회 본부집행위원장 野田律太의 「제국주의 국가의 식민지에 대한 정책이면 폭로」라는 연설의 뒤를 이어, 泉尾노동조합 소년부 소속 조선인 소년 소녀들의 「우리 조선 약소민족과 우리 소년의 비애」라는 연설로 진행되던 중, 800여 경찰의 해산령으로 폐회되었다.[195]

이후 오사카조선노조는 7월 11일과 8월 20일, 10월 7일 등 3회에 걸쳐 총독폭압정치반대시위에 참가하고, 정치비판회를 개최했다. 1927년 7월 11일에 西成區 소재 조선노동조합회관에서 개최된 총독실정공격비판연설대회는 오사카조선노조가 주최하고 노동당 오사카지부, 水平社 후원으로 개최되었다. 이

년 金元錫이 1927년 3월 15일 「賣族상습범김기정을 징토하노라」는 징토문 수백 매를 뿌리고 김기정을 방문하여 항의하던 도중 폭행한데서 발단이 되었다. 이 사건은 김기정이 김석원을 명예훼손혐의로 고소하여 김석원이 피검되고, 이에 대해 지역민들이 진상조사회와 懲討시민대회를 개최하면서 확대되었다. 시민대회는 5개항의 결의문을 채택하고 김기정의 공직 사퇴와 전조선민중에게 사과할 것을 촉구했다. 또한 도의원들도 김기정에게 사직을 권고하고 다른 지역에서도 연설회가 개최되는 등 사태는 좀처럼 진정되지 않았다. 이 사건은 당국이 김원석 검거에 이어 지역청년회원을 검속하면서 악화되어 수천 군중이 김기정의 집을 습격하고, 경찰이 기관총을 동원하여 진압할 정도였다.『동아일보』1927년 4월 17일자; 20일자; 22일자; 23일자; 25일자; 27일자; 3월 31일자; 4월 1일자; 4월 4일자; 5월 13일자; 15일자; 16일자; 12일자; 20일자.『조선일보』1927년 3월 19일자.

193)『조선일보』1927년 6월 3일자.

194) 이월송 회고록에 의하면, 이 때 정남국은 소안학교 폐쇄사건과 관련하여 조선총독부 '문부대신을 단독 면접하고 항의' 했다고 한다.『이월송 회고록』, 연도 및 발행처 미상, 59면. 또한 정남국의 순회보고는 조선공산당 중앙의 '조공일본부가 이 사건을 맡아 팜플렛을 작성, 배포함으로써 선전을 강화해 나간다'는 지시에 따른 것이었다. 姜德相, 梶村秀樹,『現代史資料』29, 105면.

195)『조선일보』1927년 6월 6일자.

대회에도 역시 수천여명의 참석자가 모인 가운데, 30여명의 검속자를 내고 종료되었다.196) 또한 8월 20일 오사카공회당에서는 오사카조선노조가 주최하고 조선총독**(폭압)정치반대실행위원회와 노동농민당 오사카지부연합회가 후원한 조선총독**정치반대연설회가 개최되었다. 1,000여명이 참석한 이날 연설회는 300명의 경관이 경계하는 가운데 개회한 지 30분이 못되어 청중과 경관대간에 격투가 일어나 30여명이 검거되었다.197) 10월 7일 오사카조선노조는 對支非干涉關西地方同盟과 공동주최로 또 다시 연설회를 개최하고 천여명의 군중과 함께 시위행렬을 벌이다가 80여명이 검속되기도 했다.198)

이와 같이 오사카조선인운동세력은 소안사립학교 폐교조치를 비롯하여 국내에서 일어난 각종 사회문제를 모두 총독정치의 산물로 파악하고 총독폭압정치반대투쟁을 전개하기에 이르렀다.

총독폭압정치반대투쟁은 오사카 조선인노동조합이 반일반제운동을 적극적으로 전개하는 계기가 되었다. 오사카조선노조를 비롯한 오사카지역의 조선인노동조합 8개 단체(오사카동맹회·西成·港區·大阪合同·今福·浪速·堺·東大阪勞動組合)는 9월 1일 노동조합대회를 열고 전형위원 선출(위원장 김달환, 위원 황보윤·김성태·金光海·신재용·정동파·윤동명·김종업·심황파·박영근·박영만·권영하·全春爕·김병국·남영우·革東也·강철·김수현·김현태), 규약 선언 결정에 이어 '조선총독 폭압정치 반대동맹 조직촉성에 관한 건·신간회지지의 건'을 비롯한 현안을 토의하고 결의문을 채택했다. 이 대회는 '과거 분산적이고 부분적 할거적이며 조합주의적이었던 활동내용을 비판 청산'하고, 금후 운동의 방향으로 '전민족적 정치투쟁'을 견지한다는 점을 결정한 대회199)로써, 이후 오사카지역 조선인민족운동의 구체적인 방향을 제시했다는 의미를 갖는다. 특히 소안사립학교 폐쇄문제를 계기로 각 지방에서 분산적으로 전개되고 있던 총독정치 반대투쟁을

---

196) 『조선일보』 1927년 7월 17일자.
197) 『동아일보』 1927년 8월 26일자;『조선일보』 1927년 8월 26일자.
198) 『조선일보』 1927년 11월 17일자.
199) 『조선일보』 1927년 9월 8일자.

전체적으로 결합시킬 것을 결의함으로써 총독정치 반대투쟁이 일시적 운동이 아닌 지속적인 상설운동으로 정착되고, 노동조합이 민족운동에 총매진하는 계기를 제공한 것이었다.

이와 같이 소안사립학교폐쇄반대운동에 기원을 둔 오사카조선노조의 총독폭압정치반대운동은 토쿄 등 여타지역의 민족운동에 도화선을 제공했다. 오사카 조선인운동세력이 총독정치반대투쟁의 始原을 제공하자, 토쿄 조선인운동세력은 총독정치반대투쟁을 상시적인 민족운동으로 정착시켜 나아갔다. 그 산물은 상설기관인 총독정치탄핵동맹 결성이었다. 그해 9월 17일 재일노총을 비롯해 학우회·신간회 토쿄지회 등 토쿄의 대표적인 조선인운동단체는 이 투쟁을 상설운동화하기 위해 총독정치탄핵동맹을 결성하고 창립총회를 개최한 후 본격적인 활동에 들어갔다.[200] 이로써 총독정치반대투쟁은 반일반제운동으로서 확산되었다. 1927년 1년간 토쿄지방에서는 재일노총의 주최로 조선총독폭압정치폭로 연설회와 강연회가 23회 개최되었고, 데모가 14회, 삐라가 40여회 살포되었다.[201] 이러한 활동은 1928년에도 이어졌다.[202]

오사카지역의 총독폭압정치반대투쟁은 1928년에 들어서 '조선인대회'라는 명칭으로 개최되면서 의안도 식민통치철폐를 비롯해 일본사회운동과 재일조선인의 거주권 문제 등을 포괄했다.[203] 이는 오사카지역 조선인 민족운동의 성격이 확대되었음을 의미한다. 1928년 2월 16일 新幹會大阪支會·在大阪朝鮮靑年同盟·오사카조선노조 공동주최로 天王寺 공회당에서 열린 在오사카조선인대회는 수천명의 청중이 참여하여 300명 경관의 경계 아래 개회

---

200)『조선일보』1927년 9월 20일자;『동아일보』1927년 9월 20일자; 24일자.

201) 김인덕, 「재일조선인민족해방운동연구 - 1925~1931년 시기 사회주의운동을 중심으로」, 88면.

202) 오사카지역의 총독폭압정치반대투쟁이 始原을 제공한데 비해 토쿄지역은 투쟁 횟수도 많을 뿐만 아니라 투쟁의 내용도 격렬하고 지속적이었다. 토쿄지방 운동의 내용에 대해서는 졸고, 「1910~1920년대 東京지방 한인노동단체」, 참조.

203)『동아일보』1928년 2월 21일자;『조선일보』1928년 2월 21일자; 大阪市,『勞働月報』83호, 1928년 3월, 12면.

가 선언되었다. 이 대회에서 채택한 결의문은 1) 조선노농청년총동맹집회금지에 관한 건 2) 신간회전국대회금지에 관한 건 3) 재만동포옹호동맹을 적극적 지지에 관한 건 4) 재일본조선동포의 거주권 확립에 관한 건 5) 노동농민당 적극적 지지에 관한 건 6) 금릉학원 폐교[204]에 대하야 절대반대에 관한 건[205] 7) 민족적 박해에 항쟁할 것 8) 조선인을 압제하는 모든 악법을 철폐할 것 9) 조선공산당 유죄판결을 반대하자 10) 척식성 신설계획을 반대하자 11) 조선총독폭압정치를 매장하자 등이다.[206] 결의문은 국내문제와 관련된 조항이 6개항, 식민통치 자체를 부정하는 조항이 2개항, 재일조선인의 일반적인 문제가 2개항, 일본사회운동관련 조항이 1개항으로 구성되었다. 이 대회를 개최하는 과정에서 연사 30여명이 검속되었는데, 이들은 경관의 저지에도 불구하고 피검속자동맹을 조직하여 경찰당국의 무리한 압박을 규탄했다. 결의문이 '총독정치반대'라는 포괄적인 내용이 아니라, 식민통치의 폐해를 구체적으로 거론했다는 사실은 이 투쟁이 반일반제투쟁으로서 확립되었음을 의미한다.

1927년 재일노총이 전개한 총독정치반대투쟁에 관해서는 결성 이후 부진했던 활동의 停滯性을 탈피하고 조선인 사회에서 재일노총의 위치를 확립하고자 하는 의도로 파악하는 경향도 있다.[207]

그러나 이 보다는 국내상황에 대한 재일조선인의 관심과 사상단체의 움직

---

204) 금릉학원폐쇄는 56년의 역사를 가진 김천 소재 금릉학원에 대해 당국이 학원측에서 낸 허가원을 5~6차례나 반려한 끝에 "사설강습소로는 경비수입이 불확실하고 규모가 창대하다"는 이유를 들어 폐쇄한 사건이다. 이에 대해 조선일보와 동아일보는 각각 사설을 발표하고 당국 조처의 부당성을 지적했다. 『조선일보』 1928년 2월 13일자;『동아일보』 1928년 2월 12일자; 13일자.

205) 이 항목이 『勞働月報』에는 '조선인교육의 자유를 승인할 것'으로 기재되어 있다. 大阪市 社會部, 『勞働月報』83호, 1928년 3월, 12면.

206) 『동아일보』 1928년 2월 21일자; 大阪市 社會部, 『勞働月報』83호, 1928년 3월, 12면. 대회에서 채택한 의안은 자료에 따라 순서상 차이가 있다. 또한 신문기사에는 6개항만이 나와 있고, 기타 안건이 논의되었다고 보도되었으나 『勞働月報』에는 11개항이 기재되어 있다.

207) 外村 大, 「在日本朝鮮勞動總同盟に關する一考察」, 『在日朝鮮人史研究』18, 1988년, 50~54면.

임속에서 이해하는 것이 바람직할 것이다. 1926년 여름, 국내에서 正友會선언이 발표된 이후 일본지역에서도 11월에 一月會가 해산을 결정하였고, 재일노총 정치부 또한 1927년 1월 12일자로 발표한 「방향전환에 관한 선언」을 통해 정우회 선언 지지를 표명했다.208) 이와 같은 국내와 일본지역 사상단체의 정치투쟁 매진이라는 방향은 재일노총에도 영향을 주어 1927년 4월 제3회 대회에서 '민족해방의 정치투쟁'을 새로운 방향성으로 설정하고,209) 그 첫번째 활동으로 총독폭압정치반대운동을 전개한 것이다.

즉 총독폭압정치반대투쟁 전개의 배경에는 운동의 침체성을 극복하고자 하는 재일노총의 의도보다는 국내의 식민지 구조 모순의 노정과 정우회 선언 이후 국내외 사회운동단체 및 재일노총의 운동방향 설정이 큰 비중을 차지하였던 것으로 생각된다. 이는 폐교반대대회가 총독실정공격대회로 전환한 모습을 통해서도 입증될 수 있다. 이러한 재일노총의 총독폭압정치반대투쟁 주도는 조선인사회의 운동력을 결집시키고, 민족해방운동의 주체로서 자리매김하는 결과로 이어졌다.

(2) 상애회 반대투쟁

相愛會는 대표적인 동화단체로서 사회사업단체를 표방하면서 1921년 결성되어 조선인노동자를 통제하고 이익을 추구하던 단체였다. 따라서 조선인 노동자가 좌익노동조합에 가입하거나 조선인 노동조합이 조직화를 전개하는 것은 상애회의 이익과 직접 관련이 있는 일이었다. 조선인 노동조합이 민족운동을 전개하는 한, 상애회와 조선인 노동조합과의 충돌은 불가피했다. 재일노총 또한 상애회를 일본제국주의세력과 동일한 존재로 인식하였다.210)

---

208) 『政治批判』제2호, 1927년 3월 13일자 「在日本朝鮮勞動總同盟 泥治部の方向轉換に關する宣言」, 191～193면.
209) 제3회 대회에서 채택한 강령은 1) 본 동맹은 조선무산계급의 지도적 정신에 따라서 정치투쟁을 전개하고 민족적 해방을 도모한다. 2) 본 동맹은 일본 각지에 산재한 미조직 조선 노동대중의 조직을 도모한다. 3) 본 동맹은 일본노동계급과 국제적 단결을 도모한다. 등 3개항이다. 「在日本朝鮮勞動總同盟 第三回大會 宣言, 綱領, 規約」(1927년 4월 20일), 『在日朝鮮人史研究』1, 1977년, 97면.
210) 在日本朝鮮勞働總同盟 東京조선노동조합 남부지부, 「투쟁뉴쓰」1928년 12월 12일

상애회는 조선인노동자를 폭행하고, 파업을 강제 해산하며 조선인노동조합을 습격했다. 이 가운데 몇 가지 사례를 소개하면 다음과 같다.

ⓐ 1925년 1월 9일 상애회원 20여명이 오사카부 기시와다 방적공장 직공 金秉瑗의 집을 습격해 김병원이 좌경단에 가입했다는 이유로 가족을 폭행하여 눈알이 빠지는 중상을 입혔다.211)

ⓑ 1926년 4월 25일에는 상애회가 회원 40여명을 동원하여 오사카 관서연합회와 勞動連珠會를 습격하고, 연주회의 宋南燮 등 4명과 관서연합회 金鏞泰를 상애회 사무실로 끌고 가 폭행하는 사건이 발생했다.212) 상애회가 이들 단체를 습격한 이유는 오사카에서 열린 재일노총 제2회 대회에서 상애회를 겨냥하여 '異類단체박멸의 건'을 결의했기 때문이다.

ⓒ 1926년 5월 하마마츠(浜松)市에서 일어난 일본악기회사파업에 대해 상애회원들이 파업본부를 습격했다. 상애회원들은 파업현장에서 李範玖라는 조선인이 연설을 했다는 이유로 하마마츠시 소재 일본악기회사 파업본부를 습격하여 수십명의 중상자를 냈다.213) 재일노총은 5월 20일 조사부장을 하마마츠에 파견하였다.214)

ⓓ 1926년 6월 13일 상애회가 재일노총 사무실을 습격하여 朴泉 등 9명에게 중경상을 입혔다.215) 이 사건으로 인해 재일노총과 상애회의 대립이 본격적으로 개시되었다.

ⓔ 1926년 6월 14일에는 야마나시현(山梨縣)에서 상애회에 입회하지 않는

자. 일본 早稻田대학 MF자료.

211) 『동아일보』 1925년 1월 11일자.

212) 사건이 발생하자 關西연합회 산하 노동조합은 200여명의 회원이 모여 논의한 끝에 배상금 13,200원을 청구하고 사과를 받기로 했으나 상애회측은 이기동과 박춘금이 사과하는 것으로 사건을 마무리하고자 했다. 이에 關西연합회는 대표자회의를 열어 상애회박멸을 더욱 적극적으로 전개하기로 결정했다. 『동아일보』 1926년 5월 28일자; 『조선일보』 1926년 5월 27일자.

213) 『동아일보』 1926년 5월 24일자.

214) 『동아일보』 1926년 5월 22일자. 이 사건으로 파업은 더욱 파급되어 그 지역의 다른 공장에도 파업이 확산되었다

215) 『동아일보』 1926년 6월 15일자; 『조선일보』 1926년 6월 15일자.

다는 이유로 취로중인 조선인토공들을 습격하여 3명이 즉사하고 50명이 중상을 입었다.[216]

ⓕ 1926년 6월에 오사카연합회 今福노동조합에 대한 상애회의 습격에서 발단이 되어 쟁투사건이 일어났다. 이 사건으로 金相求 등 9명이 검거되었다.[217]

ⓖ 1927년 2월 하순에는 상애회원이 시즈오카현(靜岡縣) 金谷町에서 상애회 입회를 거절한 조선인노동자 십여명을 집단폭행하여 이 가운데 2명이 사망하고 10여명이 중상을 입혔다.

이외에도 1926년 5월 白基衡·金鎭哲 등 후쿠오카 소재 상애회 간부 5명은 조선 소년 1명을 납치하여, 옷을 벗긴 후 묶어놓고 폭행을 가하여 혼수상태에 빠트렸다.[218] 시즈오카현(靜岡縣)에서는 1926년 9월부터 상애회 간부 3명이 일선융화를 가장하고 부녀자를 유인하여 토쿄와 나고야(名古屋) 등지에 매매한 사실이 발각되기도 했다.[219]

1926년에 일어난 상애회의 재일노총본부 습격과 각종 만행(ⓑⓒⓓⓔⓕ)에 대해서는 국내에서도 반향이 컸다. 국내 각 단체는 前進會 주최로 6월 27일 연합토론회를 열어 대책을 강구하였는데, 특히 인천노련은 상애회 박멸을 결의하고 재일노총을 위문하기 위해 특파원 2명을 파견하기까지 했다.[220] 일본의 관서연합회도 이 사건과 관련하여 1927년 1926년 6월 14일 긴급조합대표회의를 열고 17일 朴哲·金永植·崔永善(여)·兪根實·朝日俊雄·尹桂珍·崔和益 등 7명을 토쿄로 파견했다.[221]

(3) 조선인 탄압 철폐 운동

조선인 탄압 철폐운동은 일본지역에서 발생한 학살사건에 대한 철폐운동 외에 일본 외 지역에서 발생한 탄압에 대한 철폐운동이 포함된다. 먼저 일본

---

216) 『조선일보』 1926년 6월 16일자.
217) 『조선일보』 1927년 12월 17일자.
218) 『조선일보』 1926년 5월 21일자.
219) 『조선일보』 1926년 12월 8일자.
220) 『동아일보』 1926년 6월 24일자; 6월 19일자; 『시대일보』 1926년 6월 24일.
221) 『시대일보』 1926년 6월 23일자.

지역에서 발생한 탄압철폐운동을 보면, 1926년 1월 2일 미에현(三重縣) 木本町에서 일본인 주민이 조선인 노동자를 습격하여 많은 사상자를 냈다. 1924년 10월 미에현 木本町~泊村간 터널공사의 입찰이 이루어져, 이듬해 1월 16일부터 공사가 시작되었다. 이 공사에 종사한 조선인 노동자는 200여명으로 알려져 있는데 사건 당일에는 47명이 있었다. 사건은 1926년 1월 3일 밤, '조선인의 태도가 傍若無人하다'는 이유로 일본주민들이 木本町 함바에서 잠을 자던 조선인 노동자를 습격하였는데, 여기에 일부 조선인 노동자가 대응하면서 일어났다.222) 이 사건으로 李基允과 裵相度가 주민들에게 학살되었는데, 경찰은 가해자를 체포하기는 커녕 도리어 조선인 피해자를 검거하는 편파성을 보였고223), 이 사건의 여파로 미에현에 거주하던 조선인이 추방되는 사태까지 발생했다.224)

학살사건이 발생하자 토쿄동맹회는 1월 3일에 열린 제4회 대회에서 조사를 결의하였고, 18일에는 토쿄에서 재일노총을 비롯한 12개 단체가 모여 진상조사회를 결성하여 활동하는 등 적극적인 조사활동과 규탄대회를 열었다.225) 재일노총 오사카연합회에서도 진상규명을 위해 중앙위원 김달환을 조사위원으로 현장에 파견했다. 김달환은 1월 22일 토쿄에서 파견된 신재용·辛泰嶽과 함께 조사작업을 벌였다. 이 조사에는 변호사 布施辰治·水平社집행위원장 上田音一·일본농민조합 미에현본부 교육부장 河合秀夫 등 일본사회운동세력이 합류했다.226) 오사카연합회는 조사위원 김달환의 보고를 들은 후 회의를 통해 2월 5일 天王寺 공회당에서 규탄연설회를 개최하기로 결정했다.227)

· 1927년은 재만동포문제가 본격화된 시기였다. 이해 5월부터 시작된 재만

---

222) 『조선일보』 1926년 1월 5일자; 7일자.
223) 『조선일보』 1926년 1월 5일자; 10일자. 이후 재판과정에서도 일본검찰당국과 지역주민이 편파적으로 대응함으로써 양국민간의 갈등은 더욱 깊어졌다.
224) 『시대일보』 1926년 1월 10일자.
225) 자세한 내용은 졸고, 「1910~20년대 東京한인노동단체」, 91~92면 참조.
226) 『동아일보』 1926년 1월 29일자; 『조선일보』 1926년 1월 28일자.
227) 『동아일보』 1926년 2월 1일자; 『시대일보』 1926년 2월 10일자.

동포에 대한 탄압과 구축사태[228]는 조선인이 경영하는 학교를 폐쇄하거나 조선인을 타살하는 사건[229]으로 이어졌고, 1927년 11월에는 1개월 동안 2,000명이 귀향하기에 이르렀다.[230] 이 사건은 격증하는 중국노동자의 조선 유입에 대한 반감과 어우러져 조선인의 반감을 고양시켰다. 이를 타개하기 위해 12월에 국내에서는 中貨배척운동과 在滿同胞擁護同盟을 결성하고 거국적인 반대투쟁에 돌입했다. 12월 6일 전북 이리에서 시작된 中貨배척운동은 전국적으로 확산되었고, 12월 9일 조선교육협회에서 결성한 재만동포옹호동맹도 상설기관화되어 조사위원을 파견하는 등 적극적인 활동에 나선 것이다.[231] 이러한 반대투쟁의 결과 조선인에 대한 강제퇴거령은 완화되었지만[232] 재만조선인에 대한 탄압이나 구축 움직임이 완전히 사라진 것은 아니었다.

이러한 사태에 대해 1927년 12월 在東京朝鮮人團體協議會는 「2백만 동포를 구축하는 북경관헌의 횡포에 대하여 海내외 동포형제에 격함」이라는 격문을 발표하였고, 오사카지역의 조선인 운동단체도 1927년 12월 말 오사카조선노조를 비롯한 신간회오사카지회 · 在오사카조선청년동맹 · 在오사카학우회 등 오사카 재류 조선인단체는 합동위원회를 열고, '재만동포 옹호 · 오사카조선인대회 개최' 등을 결의했다.[233] 이 합동위원회는 1928년 2월 16일에 열린 오사카조선인대회 준비회의의 성격을 띠었다. 또한 오사카조선노조 서부지부는 1928년 1월 13일 재만동포문제대연설회를 개최하였는데, 김달환 등 20여명의 연사가 연설했으며, 항의문을 제출하고 '재만동포옹호동맹을 적극 지지할 것' 등을 결의했다.[234]

---

228) 『동아일보』 1927년 5월 21일자; 28일자.
229) 『동아일보』 1927년 6월 4일자; 26일자; 9월 18일자.
230) 『동아일보』 1927년 11월 17일자.
231) 『동아일보』 1927년 12월 8일자; 12월 11일자.
232) 『동아일보』 1927년 12월 18일자.
233) 『동아일보』 1927년 12월 22일; 『조선일보』 1927년 12월 22일.
234) 『조선일보』 1928년 1월 22일자.

(4) 일본사회운동 참가

메이데이 참가와 3악법반대투쟁, 일본사회운동지원 삐라 산포 등도 조선인노동자가 전개한 중요한 활동 가운데 하나였다. 조선인민족운동세력은 일본사회운동 참가를 통해 조선인의 입지를 강화함과 동시에, 식민지 조선의 민족문제를 일본사회운동세력에 환기하고 일본사회운동의 현안과제로 포함시키고자 했다. 1925년 오사카동맹회[235]는 일본노동총동맹과의 긴밀한 협의 아래 370명의 회원이 메이데이 행사에 참가하였다.[236] 일본공안당국 자료를 바탕으로 메이데이 참석 과정을 살펴보면 다음과 같다.

오사카동맹회의 간부 지건홍 등은 1925년 메이데이 참가를 협의하기 위해 4월 17일 일본노동총동맹 오사카연합회 사무소를 방문하여 시위운동참가에 합의한 후 泉尾·西成·城東·今福 등 각 조선노동조합의 간부를 방문하여 메이데이 참가를 권유했다. 이어서 18일에는 일본노동총동맹 오사카연합회 측으로부터 메이데이시위운동에 관한 위원회 및 打合會에 조선인위원도 참가하라는 권유를 받고 집행위원인 지건홍·黃世平·金稔 등이 참석했다.[237] 20일 오사카동맹회는 5개 우의단체 연합회간부회를 열어 "노동자 형제들이여. 메이데이에 참가하자!"는 제목의 선전문 초안을 작성하고, 지건홍 등 간부 6명은 다시 22일 메이데이에 사용할 표어를 다음과 같이 결정했다. 표어는 '약소민족 및 식민지 해방. 치안유지법의 철폐. 日鮮노동자 단결하자. 大正8년제령[238] 철폐. 생존권의 획득을 기한다. 日鮮노동자임금차별 철폐. 조선인 집회 및 언론에 대한 부당 취체를 철폐하라' 등 7개 항목이었다.[239] 그러

---

235) 在日勞總 大阪聯合會는 7월 1일에 결성되므로 1925년 메이데이에는 大阪同盟會라는 이름으로 참가했다.

236) 內務省 警保局, 「1925年中における在留朝鮮人の狀況」, 『集成』1, 169~170면.;『조선일보』1925년 5월 7일자; 朴慶植, 『在日朝鮮人運動史 - 解放前』, 153~154면.

237) 21일 집행위원 황세평은 위 선전문 약 400매를 가지고 泉尾조선노동조합간부 池在根, 鄭昌南 등의 도움 아래 각 회원을 대상으로 동정금 모금활동을 벌였다.

238) 1919년 4월 15일에 공포된 조선제령과 '정치에 관한 범죄처벌의 건'. 奧平康弘, 『治安維持法小史』, 筑摩書房, 1977년, 270면.

239) 이 가운데 '약소민족 및 식민지 해방'과 '日鮮노동자 단결하라'만이 大阪同盟會에서 단독 제안한 것이고, 그외는 모두 준비타합회에서 제시한 내용이다. 內務省 警

나 주최측은 이 가운데 '日鮮노동자 단결하자, 조선동척이민의 폐지'만을 슬로건으로 채택했다.[240]

1925년의 표어는 식민지해방문제에 대한 직접적인 언급이 없어서 1923년의 표어보다 식민지 문제 해결이라는 면에서 후퇴한 듯 여겨진다.[241] 그럼에도 조선인측은 '일본인노동자와 공동선상에서 일어난다면 우리는 실력을 나타내 보이게 되므로 1년 중 유일한 좋은 기회'라고 생각하여, 메이데이에 참가하기로 했다. 1925년 메이데이 참가를 통해 오사카동맹회는 메이데이 행사를 한·일 연대의 중요한 계기로 생각함과 동시에, 일본인노동자에게 조선인노동자의 위상을 과시할 기회로 생각했다.[242]

堺동맹회는 사카이(堺)시에서 별도로 개최된 메이데이에 800명의 조선인노동자와 함께 참가했다. 사카이시의 메이데이 행사에는 堺동맹회가 제안한 표어 가운데 '동척이민폐지·大正8년제령철폐·조선노동자 임금차별철폐'의 세 항목이 채택되었다.[243]

保局, 「1925年中における在留朝鮮人の狀況」, 『集成』1, 169면.

240) 토쿄지방의 경우는 토쿄경시청이 메이데이 표어 가운데 '식민지 해방'과 '노동자 해방' 등을 삭제하고, '노동자전국총연맹의 촉진, 실업방지, 치안유지법반대'의 3조항만을 허락했다. 『조선일보』 1925년 4월 11일자.

241) 이러한 추세는 더욱 강화되어 1928년 大阪무산단체회의 제4회 협의회에서 결정한 표어에는 식민지 해방문제가 전혀 거론되지 않았다. 그 내용을 보면, 1. 임시해고절대반대, 2. 해고절대반대, 3. 건강보험법의 철저한 개정, 4. 실업보험의 제정, 5. 단결권 파업권의 확립, 6. 무산단체폭압 諸법령의 철폐, 7. 보통선거법의 철저한 개정, 8. 경작권의 확립 등이다. 『日本社會運動通信』47호, 1928년 4월 22일자 「メ-デ-對策に關する大阪無産團體會議」.

242) 지건홍은 1925년 메이데이 참가를 앞두고 참여를 권유하기 위해 泉尾, 西成, 城東, 今福 등 각 조선노동조합의 간부를 방문한 자리에서 메이데이에 참가해야 하는 필요성에 대해 "同族노동단체는 결속해서 자본가에 대항할 뿐만 아니라 일본인노동자에 대해서도 시위할 필요가 있으므로 이 때 긴급연합간부회의를 열어서 제휴를 확고히 하고 메이데이에 다수가 참가해야 한다"고 주장하였고 그 외 간부들도 메이데이를 '조선인의 실력을 나타내는 유일한 기회'로 파악하였다. 內務省警保局, 「1925年中における在留朝鮮人の狀況」, 『集成』1, 169~170면.

243) 일본공안당국은 堺 동맹회의 메이데이 참가를 '민족적 편견이 취해진 폭이 좁은 일본의 노동운동에 대해 조선인노동자계급이 그것을 시정하고 늘 국제프로레타리아주의의 입장에 서서 활동하고 있었던 一端을 나타내주는' 적극적인 행동으로

1926년 2월 7일 오사카의 中之島 공원에서는 3악법 반대시위가 개최되었다. 1천 여명의 경관이 경계하는 가운데 中之島 공원에서 天王寺 공원에 이르는 가두시위를 벌였고, 이어 天王寺 공원에서 연설회를 개최한 후 해산되었는데, 가두시위 도중 20여명이 검거되었다.[244] 오사카연합회도 이 시위에 참가했던 것으로 여겨진다.

1929년에는 勞農大議士 山宣 노농장과 관련하여 「故山宣대의사 노농장에 관한 건」(大勞朝發 제5호)을 발표하고 다음과 같은 내용을 결의했다. ① 3월 15일 오후 1시를 기하여 직장, 공장에서 일제히 10분간 스트라이크를 일으킨다 ② 15일 밤 7시 天王寺 공회당에서 데모를 일으킨다 ③ 같은 시각에 山宣 勞動葬歌를 고창한다 ④ 일본동지와 함께 끝까지 唱歌 데모를 한다 ⑤ 弔辭에서 백색테러를 폭로한다.[245]

오사카조선노조는 1929년 11월 7일자로 러시아혁명운동을 기념한 격문「로서아혁명기념일은 도라왔다. 11월 7일」을 산포했다. 이 삐라에는 '데모?쓰트라이키로서 勞動者農民政府를 死守하자! 帝國主義戰爭絶對反對다! 朝鮮共産黨被告即時釋放하라! 治維法其他一切의 惡法을 即時撤廢하라! 打倒朝鮮總督暴壓政治! 勞動者農民의 政府를 樹立하자!'가 적혀 있었다.[246]

그 외 1926년 7월에 일어난 아세아민족대회 개최를 둘러싼 반대운동도 일본제국주의의 침략 의도를 폭로한 운동이다. 아세아민족대회는 日本代議士 今里準太郎이 주도하에 중국과 일본 공동주최의 형식으로 8월 1일부터 나가사키에서 개최한 대회이다. 이 대회는 '1. 諸般을 共同且主義에 基하야 眞實한 世界恒久平和에 努力할 事, 2. 階級幷皮膚色及宗敎 等의 差別이 없이 모든 人類는 自由幸福을 增進할 運動을 繼續할 事' 등 2개항을 잠정 규약으로 정하여 평화를 지향하는 대회인양 표방했다. 그러나 이 대회는 주최측이 조선의

파악했다. 內務省 警保局, 「1925年中における在留朝鮮人の狀況」, 『集成』1, 170면.

244) 『동아일보』 1926년 2월 9일자.

245) 大阪朝鮮勞動組合委員長 朴永万, 「故山宣대의사 노농장에 관한 건」(1929년 3월 13일), 일본 早稻田대학 MF 자료.

246) 「露西亞革命紀念日은 도라왔다」1929년 11월 7일, 일본 早稻田 대학 M.F 자료 3385.

대표로 이기동·박춘금을 비롯한 친일인사를 지명하는 것에서도 알 수 있듯이, 지역블록 형성을 목적으로 한 대회였다. 당시 국내 언론은 이러한 표방이 영국이나 일본이 타민족을 식민화할 때 항시 내세우던 명분임을 내세워 의문을 제기하고, 이 대회가 '약소민족의 이익을 착취하는 조직적 폭력의 원인'으로 작용할 것을 우려하였고, 조선청년총동맹을 비롯한 국내 사회운동단체들은 일제히 대회개최의 기만성을 폭로하며 반대운동을 벌였다.247)

이러한 국내 운동세력의 움직임에 발 맞추어 7월 30일 오사카동맹회를 비롯한 조선인노동조합 13개와 조선인신진회·계림청년동맹·고려무산청년동맹 등이 연대하여 성명서를 발표했다. 성명서는 아세아민족대회를 '아세아피압박민족들을 농락하고자 하는 일본제국주의적 야심의 산물'이라고 규정하고, 회의의 허구와 기만성을 폭로했다.248) 또한 이들은 같은 날 토쿄지역 조선인노동단체와 연명으로 반대 결의문을 채택했다.249)

(5) 국내수해구제운동

수해구제운동의 전개과정을 보면, 다음과 같다. 오사카연합회 소속 오사카동맹회는 朝鮮留學生大阪學友會·大阪朝鮮基督敎會 등과 연대하여 국내에서 일어난 수해와 관련하여 1925년 7월 21일 東淀川區 여자신학원에서 협의회를 개최했다. 이날 참석자 16명은 朝鮮內地水害救助會를 조직하고 일반인을 대상으로 의연금을 모금하기로 결정했다. 같은 시기에 사카이시에서 조선일보지국장을 하던 高順欽도 조선일보의 후원 아래 자유노동조합 제1연맹·西成동맹회·堺동맹회·城東동맹회·조선일보 神戸지국·개벽사 關西지부 등 6개 단체로 구성된 조선대수재동포구원단을 조직했다.

이 두 단체는 취지도 같고, 오사카연합회의 각 지회가 분산 참가하였으므로 오사카연합회는 통일된 단체로 활동할 것을 교섭했으나 고순흠의 반대로 별도의 모금운동을 벌이게 되었다. 이에 따라 오사카동맹회는 두 단체의 모

---

247) 『동아일보』 1926년 7월 19일자; 20일자; 21일자; 26일자; 29일자.
248) 「성명서」, 1926년 7월 30일자, 『식민지시대 민족운동사자료집』4, 358~359면.
249) 『동아일보』1926년 8월 5일자.

금운동에 모두 참가하였다. 이 때 두 단체가 모금한 금액과 물품은 동정금 140원과 의복 170점이다.[250] 그 외 泉尾노동조합 구제부에서도 구제금 110원을 모금했다.[251]

(6) 조선공산당 공판 지원

1925년 11월 22일 일본공안당국은 조선공산당원을 검거하였는데(제1차 검거), 피의자를 조사하는 과정에서 6.10만세운동계획이 발각되어 1926년 6월 6일 조선공산당원 2차 검거가 단행되었다. 이들에 대한 공판은 1927년 9월 13일부터 개정되었는데, 공판이 진행되는 도중인 1927년 10월 3일에 간도공산당원 검거사건이 일어났고[252], 이어서 1928년 1월에 3차 조선공산당원 검거, 1928년 7월 제4차 검거, 1929년 6월 제5차 등 검거선풍이 계속 이어졌다. 일본공안당국은 구속 피의자를 신문하는 과정에서, 가혹행위를 자행하였고, 공판은 비공개, 재판중지와 폐정이 거듭되는 가운데 진행되었다.[253]

위법적인 공판진행과 고문사건에 대해 森井與一郎·이인 등 16명의 변호인단은 심리거부·입회불응과 고문당사자 고소로 맞섰고,[254] 일본지역의 재일노총(정남국·李東宰)과 新幹會 東京支會(강소천·권대형), 대중신문사(최익한) 등 조선인단체와 일본사회운동단체에서도 농민조합대표 古屋·자유법조단 布施辰治·中村 등을 파견하여 공판을 감시했으나,[255] 상황은 개선되지 않았다. 공산당사건 공판이 이어지는 동안 다수의 피의자들이 질병에 시달

---

250) 內務省 警保局, 「1925年中おける在留朝鮮人の狀況」, 『集成』1, 173~174면;『동아일보』1925년 8월 22일자;『조선일보』1925년 9월 8일자. 동정금 140원 가운데 고순흠이 모금한 것은 20원이다.

251)『조선일보』1925년 8월 27일자.

252)『동아일보』1927년 10월 8일자.

253) 당시 일간지는 연일 이 사건을 보도하였다. 동아일보 기사 가운데 대표적인 몇몇을 보면 다음과 같다.『동아일보』1927년 9월 12일자; 14일자; 15일자; 16일자; 18일자; 21일자; 10월 1일자.

254) 피의자들 가운데 권오설 외 4명은 三輪을 瀆職凌虐폭행죄로 고소했다.『동아일보』1927년 11월 1일자;『동아일보』1927년 9월 23일자; 24일자.

255)『동아일보』1927년 9월 8일자.

리거나 종로경찰서 三輪 고등계 주임 등에게 당한 고문의 후유증으로 피의자 가운데 백광흠이 사망하기도 했다.[256]

이러한 상황에 대해 국내와 일본의 사회운동단체와 일본지역 조선인민족운동단체는 맹렬한 반대운동과 공판지원활동을 전개했다.[257] 오사카조선노조도 항의문 발송과 아울러 재판경비를 제공하고 격문을 산포했다.[258]

1927년 9월 12일 밤 오사카경찰당국은 조선공산당공판과 관련하여 대규모 시위운동을 준비하던 오사카조선노조 간부인 신재용·정동파·鄭東明을 비롯한 80여명을 검거하고 선전 삐라 수천매를 압수하였으며, 다시 15일에는 오사카지역 노동조합 간부를 검거하여 조선인피검자가 100여명에 이르렀다.[259] 그러나 총검거에도 불구하고 조선인들은 비판대연설회를 개최하였으며[260], 10월 18일에는 오사카조선노조 소속 西成노동조합 西成區 조선청년대 주최로 조선공산당사건 담당 변호사에게 격려문을 발송함과 동시에 田中내각과 조선총독·경성지방법원장 등에게 보내는 항의문을 발송했다.[261]

이러한 활동에는 14일에 공판을 방청하고 오사카에 도착한 재일노총 중앙집행위원장 정남국의 진상 보고가 영향을 미친 것으로 생각된다. 정남국은 오사카에 체류하면서 오사카지방 조선노동조합과 지부대표자회의를 열고 공산당 공판의 진상보고와 국내 각 지방의 운동정세를 강연하였다.[262] 재일노총은 정남국의 순회 보고가 있은 후 10월 30일 집행위원회를 열고 '조선공산당사건**(암흑)공판에 대하야 전국적으로 제2차 일대항의운동을 전개하되 방법을 집행부에 일임할 것' 등 5개항의 결의사항을 채택하여 조선공산당공판 반대운동의 의지를 천명하는데 노력했다.[263] 오사카조선노조 河泉지부도

---

256) 『동아일보』 1927년 12월 14일자.

257) 『조선일보』 1927년 11월 6일자.

258) 1927년 8월 12일 오사카조선노조는 지방조합집행위원장 30명이 참가한 가운데 위원회를 개최하고 조선공산당사건 공판시에 변호선임 및 대표파견비용으로 關西지방에서 3백원을 부담할 것을 결정했다. 『동아일보』 1927년 8월 18일자.

259) 『동아일보』 1927년 9월 20일자;『조선일보』 1927년 9월 20일자.

260) 『조선일보』 1927년 9월 20일자.

261) 『동아일보』 1927년 10월 23일자.

262) 『동아일보』 1927년 10월 25일자;『조선일보』 1927년 10월 25일자.

1927년 10월 30일에 집행위원회를 열고 다나카(田中)총리와 조선총독, 경성지방법원장 등에게 항의문을 보내기로 결의하고, 연설회도 개최하기로 했다.[264)

또한 이어서 속개될 간도공산당공판에 즈음하여 오사카조선노조는 1928년 11월 22일자로「間島共產黨公判은 臨迫하엿다!! 全被壓迫者!! 戰鬪的 勞動者農民은 일어나라!!」는 제목의 격문을 발표했다. 이 격문은 "가장 權利업는 사람은 朝鮮의 勞動者農民大衆이다! 이번 大典奉祝에 際하야 멋도 몰으고 資本家地主의 술지게미에 醉狂하는 者는 例外로 하고 一般으로 朝鮮놈은 사람取扱 밧엇더냐? 우리는 가장 貴重한 經驗을 싸흔 것이다. 日本資本家地主의 밧밋(*발밑)에서 呻吟하는 朝鮮勞役大衆은 全人類 中에 가장 權利도 自由도 업는 사람인 것을 이번에야 속속드리 깨달엇쓸 것이다!! ……우리는 아무 權利도 自由도 업는 '日本帝國主義의 奴隸民族'인 탓으로 굶고 쫓기고 짓발히고 천대밧고 배척밧는 **을 쓰거운 피눈물로 洗禮하고 잇다.(원문 그대로. 인용자)"고 식민지민으로서 조선민족의 현실을 갈파한 후 "우리 被壓迫大衆의 解放을 爲하야 身命을 鴻毛갓치 녀이고 海內海外에 戰線不息하는 간도공산당원의 공판에 즈음"하여 9개항의 결의문(우리의 前衛를 우리의 鬪爭으로 奪還하자! 間島共產黨員의 無罪를 絶對로 主張하자! 鬪爭的 拷問警察에 抗爭하자! 公判을 監視하야 우리의 代表를 보내자! 制令第七號及治安維持法을 撤廢식히자! 戰鬪的勞動者農民의 絞殺政策에 抗爭하자! 言論·出版·集會及結社의 自由를 獲得하자! 打倒朝鮮總政治! 朝鮮××帝國主義!)을 실었다.[265)

---

263)『동아일보』1927년 11월 6일자;『조선일보』1927년 11월 6일자.

264)『조선일보』1927년 11월 15일자.

265)「間島共產黨公判은 臨迫하엿다!! 全被壓迫者!! 戰鬪的 勞動者農民은 일어나라!!」
1928년 11월 22일자, 일본 早稻田 대학 소장 MF 자료 2949.

(7) 노동운동266)의 전개

(a) 파업 전개

오사카지역에서 일어난 조선인노동운동은 조선인노동자의 밀집 정도와 궤를 같이 한다. 이 지역의 파업은 일본내 전체조선인 가운데에서 오사카의 비중이 높아지는 1920년대 초부터 시작된다.

재일노총이 결성 이후 해산시 때까지 오사카지역에서 전개되었던 파업은 어떠한 내용을 이루고 있었을까. 조선인파업에 대한 정확한 사건 수효 추정은 현재로써는 불가능하다. 조선인파업의 기록은 일본노동운동사 자료에서 찾을 수 있으나, 조선인노동자들이 일본노동자와 공동 투쟁했거나 일본노동조합이 파업을 주도한 경우에는 조선인 참여여부를 확인하기 어려운 경우가 많기 때문이다. 여기에서는 조선인 노동파업의 극히 일부이기는 하지만, 필자가 조사한 사례(부록 참조)를 중심으로 원인과 해결내용을 분석하고 그 성격을 규명해보겠다. 사례 중에는 자세한 경위와 해결과정을 알 수 있는 것도 있으나, 파업의 명칭만 알 수 있는 경우도 적지 않다. 먼저 파업사례를 연도별 직종별로 살펴보겠다.

표 3 - 2. 1925~1929년간 오사카 조선인파업 연도별 · 직종별 상황 (단위 : 건)

			1925	1926	1927	1928	1929
직종	공장	금속	1			2	6
		방적			2	2	3
		고무					8
		雜공업		3	3	6	9
	토목건축			1	2	1	
총건수			1	4	7	11	26

※ 자료『日本勞働年鑑』;『勞働月報』;『日本勞働通信』;『日本社會運動通信』:『동아일보』;『조선일보』;『大阪每日新聞』:『大阪朝日新聞』;『大阪地方勞動運動史年表』.
* 잡공업은 染物, 洋傘, 유리(硝子), 법랑, 양말, 피혁, 제지 등

---

266) 노동운동은 광의로는 노동자의 해방운동을 총칭하는 개념으로 사용되고, 협의로는 노동조합운동을 의미한다. 본 연구에서는 노동자의 직접적이고 적극적인 의사표시인 파업을 비롯하여 소비조합운동, 주택분쟁, 교육운동 등 노동자의 현실적 이익을 위한 모든 운동을 노동운동의 대상으로 한다.

  연도별로 볼 때, 오사카 조선인파업은 1922년에 처음 발생하여 1926년부터 증가했으며 1929년에 가장 많다. 직종별로는 오사카지역에서 가장 많은 조선인노동자를 수용하고 있는 雜공장(染物·洋傘·유리·법랑·양말·피혁·제지 등)이 가장 많다. 고무공장의 경우, 분류상으로는 잡공장에 해당되지만 1929년 이후 급증하는 특징을 나타내기 위해 별도로 분류했다. 고무공장의 파업이 1929년에 증가하는 것은 그해 가을 김문준이 제주도 출신 조선인을 중심으로 결성한 오사카고무공조합[267]과도 관련이 있는 것으로 보인다. 토목건축노동자는 오사카지역의 토목건축노동시장이 활발하지 않은 것과 관련하여 소수로 나타났다.

  이들 사례 가운데 한·일 노동자간의 입장 차이를 나타내주는 대표적인 사건으로 1928년에 발생한 津田법랑파업을 들 수 있다. 1928년 5월 28일 일본인 직공 야마시타(山下信一) 법랑기를 고의로 파손했다는 혐의로 징계 해고된 것이 발단이 되어 6월 2일에 발생한 이 파업은 일본인노동자의 파업과 조선인노동자 파업들로 두 단계로 나누어지고, 이에 따라 지원단체도 일본노동총동맹 오사카금속노조와 오사카조선노조 서부지부의 두 단체로 나누어진다.

  제1단계는 6월 2일에 일본인노동자들이 5가지 조건을 제시한 후 이튿날 파업을 종료할 때까지이다. 6월 2일 '해고수당의 제정, 임시휴업시 일급전액 지급, 목욕탕 건설, 춘추 2회 운동회 개최, 취업시간 단축' 등 5가지 조건을 내걸고 시작된 파업은 회사측의 강경 방침으로 조기에 종료되었다. 회사측이 해고자에 대한 수당으로서 금일봉을 주기로 약속하는 대신 직공규약 18조를 제정하고, 공장위원회를 통해 노사간의 문제를 해결하기로 합의를 함에 따라 하루만에 종료되었다. 파업이 조기에 종료된 것은 파업을 기회로 직공 대정리를 단행하고자 하는 회사측의 입장에 대해 파업단이 더 이상의 실

---

267) 이 조합은 1929년 10월 16일 결성되어 1930년 5월 全協 일본화학산업노동조합 大阪지부로 개편되었는데, 김문준은 8월에 고무노동자파업을 준비하던 중 검거되었다. 『조선일보』 1929년 10월 23일자; 강만길, 성대경편, 『한국사회주의운동 인명사전』, 창작과 비평사, 1996년, 70면.

업자를 내지 않기로 한, 1928년 오사카합동노동조합대회 결정을 준수하기로
함에 따라 조기에 종료한 것이다.

그러나 이 과정에서 한·일 노동자간의 불화가 발생했다. 파업이 일어났
을 때, 75명의 직공 가운데 35명을 차지하는 조선인노동자들은 모두가 동조
파업에 들어갔는데, 일본인노동자들이 조선인노동자에게 아무런 통지도 해
주지 않고 일방적으로 종료를 선언한 것이다. 조선인측은 이를 민족적 차별
이라고 인식하고 오사카조선노조 서부지부의 응원 아래 별도의 파업단 본부
를 구성하고 파업종료를 인정하지 않았다. 이들은 6월 3일 '친애하는 町民제
군에게 호소한다'는 격문을 뿌리고, '평화로운 町內를 소요시키는 津田공장
주를 추방하자' '무산계급노동자의 흡혈귀를 마을에서 장례 지내자'를 당면
의 표어로 삼았다. 격문 중에는 일본노동조합 총동맹측의 태도를 비난하는
내용도 들어있었다.

조선인노동자의 투쟁대상은 공장주만이 아니라 파업과정에서 조선인노동
자를 소외한 일본인노동자 및 일본노동조합 총동맹으로까지 확대되었다. 6
월 13일부터 시작된 조선인노동자 대 일본노동총동맹측의 교섭에 이어 7월
10일에 관할 경찰서 히라이(平井)조정관보에 의한 조정에 의해 3가지 조건
(본건에 대해 해고자를 내지 말 것, 제출요구조건을 철회할 것, 파업단원 35
명 전원에 대해 175원을 공장주가 지급하고 무조건 취직시킬 것)에 합의함으
로써, 파업은 종료되었다.268)

이렇게 파업이 두 단계로 나누어 전개된 원인에 대해, 일본인노동자들은 파
업본부에 모인 조선인노동자의 수가 적었으므로 조선인이 중립적인 입장에서
파업에 참가하지 않았다고 주장한데 비해, 조선인노동자들은 공동전선의 입장
에서 파업에 돌입했으나 아무런 통지도 받지 못했다고 주장했다. 그러나『日
本勞働通信』의 기사에 의하면, 조선인노동자는 청부자에게 고용된 존재이므로
일본인노동자측에서 조선인노동자를 파업에서 제외시켰다고 한다.

이 파업은 한·일 양국노동자 사이의 인식과 입장 차이를 보여준다. 조선

---

268)『日本勞働通信』114호, 1928년 6월 15일자; 140호, 1928년 7월 15일자.

인노동자는 일본인노동자의 해고로 인해 일어난 노동파업에 공동전선의 입장에서 적극적으로 참여하였으나, 일본인노동자는 조선인들을 동지로 인식하지 않았다. 그들에게 조선인노동자들은 단지 일본인 청부자에게 고용된 존재였을 뿐이다.[269]

<표 3 - 2> 가운데 파업 과정이 나타난 사례를 중심으로, 원인을 살펴보면 다음과 같다.

표 3 - 3. 오사카조선인파업 원인별 상황[270]   (단위 : 건)

		1922	1923	1925	1926	1927	1928	1929
원인별	임금미지불				1	1		
	임금인상, 인하반대		1			2	3	11
	해고반대					1	2	3
	대우개선				1		2	7
	차별철폐	1						3
총 수		1	1		2	4	7	22

* 대우개선 : 해고수당, 퇴직수당, 휴업수당 지급
　차별철폐 : 감독의 인신적 학대, 임금차별철폐

원인별 상황의 특징은 임금인상과 해고반대·임금미지불 등 수입과 직결된 내용이 67%를 차지한다는 점이다. 이는 오사카지역만이 아니라 일본내 조선인파업의 일반적인 특징이기도 하다. 일본지역 조선인파업의 가운데 토건 39.09%, 공장 37.41%, 기타 직장 23.81%가 이상 세 가지 이유로 파업을 일으켰다.[271]

파업 원인 가운데 수입과 관련된 내용은 민족차별과도 연관성을 갖는다. 파업에서 거론되는 차별은 감독의 인신적 학대와 함께 임금차별이 내용을 이루고 있기 때문이다. 1928년 3월에 일어난 塩山양산공장파업도 내세운 요

---

269) 조선인노동자들은 공장노동자라고 해도 조선인노동자만의 작업장이 아닌 경우에는 대부분 청부관계에 놓여 있었다.
270) 자료는 <표3 - 2>와 같음.
271) 外村 大, 「1920~30年代在日朝鮮人勞動者の動向」, 18면.

구조건은 임금인상이지만, 파업이 일어난 배경은 임금의 민족차별에서 출발했다. 동일산업능률이 높음에도 불구하고 조선인노동자의 임금이 일본인노동자에 비해 저렴하다는 것이 직접적인 이유였다.[272] 따라서 파업에는 조선인노동자 20명만이 참가했다.

또한 대우개선을 요구하며 1928년 8월 2일 일어난 內海방적주식회사 조선인여공파업은 상애회의 횡포를 근절하기 위한 목적에서 전개한 파업으로 유명하다.[273] 이들이 요구한 대우개선을 보면, 6개 조항 가운데에서 상애회 관련 내용이 '상애회 간부 전택근의 폭행을 인정하고 추방할 것, 상애회 취체(단속)를 철폐할 것, 상애회와는 모든 관계를 끊을 것' 등 3개 조항에 달한다. 100명의 조선인여공이 벌인 이 파업은 15일간의 지구전 끝에 회사측이 노동자의 조건을 모두 받아들임으로써 종료되었다.

이에 앞서 먼저 <부록>의 구체적인 파업내용을 바탕으로 오사카지역 조선인파업 사례의 특징을 살펴보겠다. 첫째, 파업은 1926년부터 증가하기는 하지만 1928년을 기점으로 활발히 전개된다. 이는 노동조합이 노동자의 일상투쟁에 중점을 두고, 파업 지원에 주력한 점도 있지만 그보다는 조선인노동자에 대한 임금인하와 해고가 더욱 빈발했다는 당시 상황에 원인이 있었다. 둘째, 1928년을 기점으로 이후 시기가 이전 시기에 비해 노동조합의 지원, 특히 조선노동조합의 지원 아래 조직적으로 전개한 양상이 두드러진다. 1925년부터 1927년까지 노동조합의 지원 아래 파업을 전개한 사례는 총 사례 12건 가운데 5건이었다. 이 가운데 조선노동조합의 지원을 받은 사례는 5건이다. 그러나 1928년 이후는 총 사례 37건 가운데 31건이 노동조합의 지원 받은 경우이고, 그 가운데 20건은 조선노동조합의 지원을 받았다. 20건 가운데 5건은 한·일 노동조합이 연대하여 지원한 경우였다. 직종별로 보면, 고무공장의 경우 대부분이 조선노동조합의 지원 아래 전개된 데 비해 금속의 경우는 일본노동조합의 지원이 다수를 차지했다.[274]

---

272) 『日本勞働通信』1928년 3월 23일자.
273) 『日本勞働通信』 1928년 8월 4일자.
274) 특히 김문준의 주도로 1929년 10월 16일에 결성된 大阪고무공조합의 경우, 창립

그 외 오사카지역의 조선인들은 1929년에 원산총파업을 후원하는 활동도 전개했다.[275)]

(b) 오사카지역 조선인노동자의 주택분쟁

1920년대 중반부터 오사카지역의 조선인노동자와 노동조합은 조선인의 주택문제를 구조적인 문제로 파악하고 공동 대처해 나갔다. 조선인노동자들이 주택을 확보하지 못하거나 거주지에서 퇴거당한다는 사실은 일본지역에서 생활하는 자체가 불가능하게 되는 결과로 이어질 수 있기 때문이다. 또한 주택분쟁은 일반적으로 공권력 개입에 의해 주택분쟁의 대상이 일본인 집주인이라는 개인적인 차원이 아닌 일본당국으로 귀착되었다. 따라서 노동조합은 주택문제를 개인적인 불이익의 차원을 넘어선 노동운동으로 인식하고 주택분쟁을 직접 지원하거나 차가조합을 결성해 주택문제 해결에 앞장섰다.[276)]

오사카지역에 조선인이 밀집하면서 일자리와 함께 중요한 현안으로 떠오른 것 가운데 한가지는 주거문제였다. 모든 고용주들이 함바(이하 합숙소)나 기숙사를 제공하지 않았으므로 조선인들에게 주거지 확보는 일자리 획득과 아울러 시급한 문제였다. 시당국도 조선인들의 주거문제를 심각하게 받아들였다. 1923년 8월 오사카시는 오사카汎愛扶植會를 후원하여 50여명의 수용능력을 가진 천막공동숙박소를 泉尾町에 설치하거나 직영숙박소를 운영하기도 했다.[277)] 泉尾町에 설치한 숙박소는 府가 관계한 최초의 공동숙박소이다.

대회에서 채택한 14개 의안에 '최저임금제 확립, 실업수당법 제정, 8시간 노동법의 즉시 실시, 청부임금제 철폐, 민족적 임금차별 철폐, 민족적 차별철폐특수**근절, 부인 및 청소년노동자 특별보호법 실시, 건강보험법의 철저적 개정' 등을 포함하여 노동현실을 개선하고 노동자의 이익을 고수하기로 결정하고 이를 관철하기 위한 투쟁을 전개하기로 함에 따라 조선인노동조합에 대한 지도와 지원은 적극적이고도 활발히 전개되었다. 『조선일보』 1929년 10월 23일자.

275) 『조선일보』 1929년 3월 1일자.

276) 현재 일본학계에서 주택분쟁은 민중운동사의 일환으로 연구되고 있다. 그러나 식민지시대에 일본에서 차가인운동을 전개하던 布施辰治는 차가인운동에 대해 "경제적으로 우월한 家主들과 이를 심히 노골화시키는 경찰사법당국관헌의 **적 계급공동전선에 의해 고통받고 있으므로 조선과 臺灣의 차가인 운동은 일상경제 투쟁임과 동시에 필연적인 정치투쟁"이라고 규정했다. 布施辰治, 「朝鮮臺灣の借家人運動に就て」, 『法律戰線』30~1, 1930년, 50면.

오사카지역에 조선인 밀집정도가 강화되면서 합숙소나 기숙사가 제공되지 않는 조선인들은 하숙이나 폐선을 주거지로 이용했다. 그러나 이러한 방법이 조선인의 주거문제를 해결하는데 근본적인 방안은 될 수 없었다. 하숙은 비용이 많이 들었고[278], 폐선은 생활상 불편함이 많은데다가 수요도 충분하지 않았다. 따라서 조선인들은 일반주택을 구해야만 했다. 그러나 일본인의 임대기피현상으로 인해 일본인 마을에서 집을 구하는 것은 쉬운 일이 아니었으므로, 조선인들은 자신들만의 공간(朝鮮町·猪飼野町 등 조선촌)을 선호할 수 밖에 없었다.

1920년대 초반 조선인은 단신이주가 다수를 차지했으나 중반에 접어들어 세대이주가 증가하고 정주화가 강해지면서 조선인의 주택문제는 심각도를 더해갔다. 주택문제가 발생하게 된 원인은 두 가지로 정리할 수 있다. 첫째는 일본인의 기피현상이고,[279] 두 번째는 인구증가와 신축 가옥수 간의 불균형이다. 일본인의 임대기피현상은 부정적인 조선인 인식을 바탕으로 한다. 일본인들은 기피의 근거로 집세체납을 지적하였지만, 실제로는 같은 地區에 거주하는 일본인 세입자보다 조선인의 체납률이 낮았다.

둘째 원인인 가옥부족현상은 현저했다. 일본당국이 조사한 오사카 내 인구증가와 신축가옥수 증가분이 이를 뒷받침해준다. 1925년 441,811호였던 호수가 1928년에는 484,455호로 증가하고 세대수 또한 1925년에 483,990세대에서 545,500세대로 증가하여 1925년부터 1928년까지 연평균 14,214호(호수)와 20,500세대(세대수)의 증가수를 나타내고 있다. 그러나 신축호수의 경우, 1926년부터 1928년까지 연평균 증가수는 18,020채이다. 오사카시 당국은 호수와 세대수의 증가분을 수용하기 위해서는 매년 27,700호가 신축되어야 한

---

277) 佐佐木信彰, 앞의 글, 175면, 178~179면.
278) 토목건축노동은 청부업자인 什長이 하숙업을 겸하면서 노동자들의 임금에서 하숙비를 공제하는 경우가 일반적이었다.
279) ‘일본인들은 대개 조선인을 환영치 아니하야 하숙을 구함에도 주인이 “네가 조선인인가” 물어본 후에는 잘 응락치 아니할 뿐만 아니라 세집을 구할 때에는 일본인 행세를 하지 아니하고 조선인의 본색을 보히면은 도져히 구하기가 극난하야’ 『조선일보』 1925년 11월 29일자.

다고 파악하였다.[280] 시당국의 필요량과 당시 연평균 신축가옥 증가수를 비교해보면, 매년 8천여 채가 부족한 것으로 나타난다.

일본당국은 이와 같은 가옥수의 부족이라는 구조적인 문제를 인정하고 있음에도 불구하고, 조선인의 주택분쟁에 대해서는 집세미납이나 계약위반 등 조선인측의 개인 과실로 인식하는 모순을 나타났다. 즉 "조선인노동자의 주택문제는 단지 수급조절의 문제에 그치지 않고 조선인노동자의 경제적 무력과 차가인으로서의 악질성 등 복잡한 요소가 개제되어 문제를 악화하고 분규화……"한다고 파악하는 것이다. 이러한 근거로 일본당국은 1929년 1월부터 9월까지 발생한 주택분쟁의 원인 분석을 들고 있다. 주택분쟁 발생 총건수 1,610건 가운데 집세불납(917건)과 부금불납(157건)이 1,074건으로 66%를 차지한다고 밝히고, 그 원인을 지불의지의 결여로 결론지었다.[281]

일본인 집주인도 집세체납이 발생하면 "內地人에 대해서는 어쩐지 기분이 나빠도 본성을 숨긴 부드러운 목소리로 거절하지만, 대상이 鮮人이 되면 태도를 돌변하여 머리 속에서 아무 생각 없이 혹시 도둑일지도 모른다는 생각에 함부로 다루고 너무 지나친 표정을 보이는……"[282] 등 편견을 숨기지 않았다. 그러나 조선인들은 처해진 상황 속에서 최선의 방법을 강구하고, 일본인 집주인의 조건을 최대한 수용하면서 주거지를 확보하고자 했다. 그 가운데 하나는 조선촌의 형성이고, 또 다른 하나는 주택분쟁의 전개이다.

조선인들은 집을 구하기 위해 일본인의 이름을 빌리거나 일본인보다 높은 집세와 임대조건을 수용했으나 일본인 집주인은 집단합숙, 건물의 지저분한 사용, 임대료의 체납, 계약위반 등을 들어 조선인의 임대를 거부하고 퇴거를 원했으므로 주택분쟁은 끊임없이 발생했다. 또한 조선인 마을의 토대인 저지대·습지대·하천부지 등이 대부분 市有地였으므로, 시당국과의 분쟁도

---

280) 大阪市, 「本市における朝鮮人住宅問題」, 『集成』2, 1193면.
281) '물론 경제적으로 조선인 차가인은 약자의 입장에 있지만 사실에서는 그들의 불량성으로 인해 집주인을 곤란하게 하는 입장에 있는 경우가 적지 않다'. 「朝鮮人勞動者の近況」, 『集成』5, 806면.
282) 神戶市 社會課, 「在神半島民族の現狀」1926년, 『集成』1, 666면.

불가피했다. 조선인의 주택분쟁은 1924년 오사카에서 처음 발생하여 1927년 에는 전국적인 문제로 확산되었다.[283]

  조선인주택문제와 관련한 분쟁사례를 연도별로 소개하면 다음과 같다.
  ⓐ 南오사카 강제퇴거사건(1926년 11월) : 1926년 11월 신진회 회장이던 李春植이 南오사카방면에서 집을 빌어 조선엿 제조업을 하였는데, 주인이 집을 더럽힌다는 이유로 퇴거를 명하였으나 이춘식은 급작스런 퇴거는 곤란하다고 퇴거하지 않았다. 이에 집주인이 阿部野 경찰서에 고발하여 11일 府특고과에서 이춘식과 동료들을 검거하였다.[284] 이 경우는 퇴거 이유가 집세체납이 아니라 '집을 더럽힌다'는 명분이었다.
  ⓑ 港區 船町 9,10,11번지 토지명도사건(1928년 1월) : 1928년 1월 24일 오사카시장은 港區 船町 9,10,11번지에 움집을 짓고 사는 조선인 金城坪 외 13명을 상대로 오사카지방재판소에 土地明渡소송을 제기하는 사건이 일어났다. 이 토지는 시유지였는데 국제비행장 기지로 편입되었으므로 1927년 2월부터 허가 없이 움집을 짓고 살아온 조선인들이 퇴거해야 하는 상황이 되었다. 오사카시장은 4월까지 이 토지를 처분하기로 하고, 가집행처분을 구함과 동시에 조선인들에 대해 1평당 1개월 15전씩 손해배상도 청구했다.[285]
  ⓒ 東成주택분쟁(1928년 6월)[286] : 東成구 蒲生町 거주 조선인차가입퇴분쟁이 발생하였는데, 6월 27일 오사카차가인동맹본부 이시토요이치(飯石豊市)의 알선에 의해 집주인측이 ① 모씨의 물건을 전부 반환할 것 ② 종전대로 거주를 인정할 것 ③ 이후에는 절대로 불법행위를 하지 않을 것 등 세 가지 조건을 수용하여 해결되었다. 분쟁과정에서 집주인이 폭력단을 동원하자 23일에는 東大阪借家人同交會·재일노총 오사카조선노조 東北支部, 大阪借家人同盟

---

283) 慶北 警察部,『高等警察要史』1934년, 144면.
284)『조선일보』1926년 11월 15일자.
285)『동아일보』1928년 1월 27일자.
286)『日本勞働通信』130호, 1928년 7월 4일자「東成借家爭議解決」;『日本社會運動通信』
    9호, 1928년 7월 13일자「東成借爭議家主의 謝罪にて解決」.

本部 町內借家人有志 연명으로 격문 「친애하는 町民제군에게 호소한다」를 발표하고 대응했다.[287]

ⓓ 堺市 今池町 주택분쟁(1929년 6월)[288] : 1929년 6월 23일 사카이시 今池町 사격장 부근에 거주하는 조선인 200여명에 대해 관할경찰서가 철거명령을 내렸다. 이 지역은 조선인들이 10여년 전에 지주의 승낙을 얻어 1년에 6원씩 지세를 내고 거주하고 있었는데, 지주가 바뀜에 따라 철거명령이 내려지게 된 것이다. 이에 거주민 대표 李奇進·金尙善은 철거하겠다는 서약서를 거절하고 오사카조선노조 사카이시지부에 격문을 돌리고 반대하는 한편, 日鮮慈善모범조합의 간판을 파손하여 5명이 검거되기도 했다.

ⓔ 港區 국제비행장 거주 조선인 강제철거(1929년 7월)[289] : 1929년 7월 17일 조선인노동자가 거주하는 임시가옥 15호(60가구, 200명 거주)를 비행소 당국에서 철거했다. 당국은 10월 31일 內鮮協和會의 주선으로 조선인들을 恩加島町에 강제 이전시켰다.

ⓕ 港區 小林町 거주 조선인 강제철거(1929년 7월)[290] : 1929년 7월 21일 지주인 토지회사가 일본인노동자를 파견하여 92명이 거주하는 조선인의 바라크를 철거했다.

조선인노동자에게 주택문제는 중요한 비중을 갖고 있었으므로, 재일노총 산하 노동조합의 관심은 적지 않았다. 조선인 주택문제와 관련한 조선노동조합의 활동으로는 오사카부 사카이시의 조선인노동동지회가 1925년 1월 5일 임시총회에서 기근압박을 면하기 위해 차가인동맹의 조직을 결의한 것이 시초였다.[291] 그 후 재일노총도 주택문제를 노동운동의 주요한 대상으로 파

---

287) 『日本社會運動通信』8호, 1928년 7월 6일자 「家主の暴力団と抗爭する大阪借家人同交會」.
288) 『조선일보』 1929년 7월 14일자.
289) 『조선일보』 1929년 9월 26일자; 11월 1일자; 11월 2일자; 『동아일보』 1929년 11월 3일자.
290) 『조선일보』 1929년 9월 26일자.
291) 『조선일보』 1925년 1월 10일자.

악하고 적극적으로 대응했다. 오사카조선노조는 조직내에 차가인운동을 지원하는 부서를 설치하고[292], 조선인대회를 개최하며 관할 지역의 주택분쟁에 대한 지원을 아끼지 않았다.[293]

오사카조선노조는 1928년 8월 12일 天王寺 공회당에서 '악질지주퇴치 조선인대회'를 개최했다.[294] 이 대회에는 오사카조선노조 외에 在日本朝鮮靑年同盟·新幹會 大阪支會 등 조선인 단체뿐만 아니라 新黨準備會 大阪支會, 借家人同盟 大阪支部 등 일본사회운동단체도 참가했다. 또한 1929년 3월 6일에는 사카이시 大濱 공회당에서 오사카조선노조 泉州支部와 住吉支部가 공동주최하고 無產者구락부, 大阪借家人同盟이 후원하는 '조선인주택문제대연설회'가 열렸다.[295] 이 연설회에서는 주택문제뿐만 아니라 국내에서 전개되던 원산총파업에 대한 후원을 결의하였다.[296]

1929년 8월 2일에도 '조선인주택문제 대책강구 준비회'가 조직되어 활동에 들어갔다.[297] 이러한 준비회나 연설회 등은 현안에 대한 해결책의 일환으로 조직 개최되었는데, 이 준비회의 경우에도 무관하지 않다.

앞의 사례 ⓔ의 경우에 대한 조선인의 대응과정을 살펴보자. 船町·小林町·南恩加島町 등 木津川변 매립지 일대의 조선인촌에 1929년 7월 9일 화재로 인해 15호가 전소되자, 재해를 입은 조선인들이 천막생활에 들어간 사건이 발생했다. 그러자 수년 전부터 퇴거를 요구하던 소유주는 이를 퇴거의 좋

---

292) 1929년 大阪朝鮮勞組 港區지부에 차가인동맹 분회가 설치되었다. 內務省 警保局, 「特別高等警察資料」1929, 『集成』2, 98면.

293) 일본지역의 차가인동맹조직에 힘입어 국내에서도 노동운동가들이 중심이 되어 1926년 12월 22일 평양에서 借家借地人동맹을 결성했다. 이 동맹에 대한 호응은 대단하여 발족 당시에 신입회원이 1000여명에 달할 정도였다. 국내와 일본지역 주택분쟁의 차이는 국내가 집세 인하운동 중심이라면 일본지역은 주택확보운동이 중심이라는 점이다. 『조선일보』 1926년 12월 22일자.

294) 『無產者新聞』 1928년 8월 20일자; 박경식, 앞의 책, 186면.

295) 『조선일보』 1929년 3월 14일자.

296) 이외에도 신간회 大阪지부가 중심이 되어 1928년 7월, 조선인거주권획득동맹을 결성하고 거주권 문제에 대한 비판연설회를 개최했다고 한다. 朴慶植, 『在日朝鮮人 - 私の靑春』, 1981년, 삼일서방, 165면.

297) 『동아일보』 1929년 8월 11~14일자; 9월 26일자.

은 기회로 생각하여 천막을 철거할 뿐만 아니라 화재를 당하지 않은 조선인들에 대해서도 퇴거를 요구했다. 여기에 內鮮協和會가 개입하자 신간회 오사카지부를 비롯한 조선인단체와 주민대표는 '조선인주택문제대책강구준비회'를 조직하였다. 이 지역은 1920년부터 조선인들이 거주하던 곳으로서 1927년이래 수천원의 소송비를 마련하여 소송을 제기하면서 삶의 근거지를 지키고자 하였으나 퇴거를 당하게 된 것이다. 이에 '조선인주택문제 대책강구 준비회'는 조선인의 거주권을 지키기 위한 활동에 들어갔으나, 결국 퇴거당하였다.

오사카조선노조 외에 조선인 차가인의 권익을 도모하기 위한 독립 단체도 1928년부터 결성되었다. 1928년 6월 東大阪借家人同交會(서기장 김광)가 결성되었고, 1929년 9월 31일에는 泉州朝鮮人借家人組合(조합장 鄭駿)이 결성되어 창립총회를 갖고 활동에 들어갔다.[298]

泉州朝鮮人借家人組合이 창립총회에서 채택한 결의사항은 1. 집세 3할 인하 2. 부금, 권리금 철폐 3. 강제입퇴 절대반대 4. 차가법 철저 개정 5. 朝鮮人주택문제에 관한 건 6. 회비문제 7. 일본거주 조선인거주권박탈행위에 대해 철저하게 투쟁할 것 등이었다.

東大阪借家人同交會는 1928년 7월 1일 大阪借家人同盟[299]과 합동을 조건으로 해체하는 대신 大阪借家人同盟本部내에 새로이 東成분회를 설립하여 종전과 같은 방면으로 활동할 것을 결의했다. 또한 동교회 서기장인 김광은 大阪借家人同盟本部의 상임으로 7월 1일 취임했다.[300]

또한 조선인단체는 아니지만 1928년 여름부터 東大阪借家人組合의 활동이

---

298) 內務省 警保局, 「特別高等警察資料」 1929년, 『集成』 2, 98면; 『조선일보』 1929년 10월 7일자.

299) 大阪차가인동맹은 '우리 차가인은 일치 협력하여 집세 인하 단행을 기하고 우리는 집주인관리인의 탐욕횡포를 규탄하여 그들의 각성을 기한다'는 슬로건 아래 1921년 2월에 발족하여 차가인의 법률상담, 차가소개, 파업중재, 차가인위안친목회 등 사업을 전개했다. 설립자는 賀川豊彦, 今井嘉幸이다. 松下孝昭, 「1920年代の借家爭議調停と都市地域社會」, 『日本史硏究』 299, 1987년, 12면.

300) 『日本勞働通信』 130호, 1928년 7월 4일자 「東大阪借家人同交會は合同により解體」.

확인된다.[301] 東大阪借家人組合(고문변호사 小岩井淨)의 결성대회는 1929년 5월에 東成區 狎野町 716번지에서 개최되었으나, 결성대회 이전에도 東大阪借家人組合의 이름으로 활동하였던 것으로 추정된다. 東大阪借家人組合은 결성 당시 5개항의 취지서와 8개항의 강령을 발표하였는데, 그 내용을 보면 다음과 같다.[302]

취지서의 주요내용은 ① 집세 3할 인하 즉시 실시 및 인상 절대반대 ② 부금권리금의 철폐와 권리금 즉시 반환 ③ 강제입퇴 절대 반대 ④ 借家法의 철저한 개정과 전국적 실시 ⑤ 재일조선인거주권 확립 등이었다. 또한 취지서에는 조선인차가문제에 대해 "조선인이므로 집세를 지불하고도 집을 빌릴 수 없었다. 만약 일본인을 사용해서 집을 빌리더라도 강제 入退되었다. 우리는 먼저 借家관계에서 민족적 차별 절대반대를 주창함과 동시에 일본재주 조선인의 거주권 박탈행위를 박멸하기 위한 투쟁과 日鮮人거주권 확립을 위한 투쟁을 전개해야 한다"고 언급하였다.[303]

東大阪借家人組合은 강령을 통해, 거주권확립을 주장함과 동시에 치안유지법을 비롯한 제도적인 탄압구조를 투쟁의 대상으로 설정했다.[304]

조선인들이 차가인동맹이나 조합을 통해 주택분쟁에 조직적으로 대응한데에는 일본차가인운동의 영향도 적지 않았다. 특히 오사카지역은 일본차가인운동의 중심지이기도 했다. 따라서 조선인들은 일본차가인운동세력의 영향과 협조 아래 조선인주택분쟁에 대처하고, 조직을 운영했다.[305] 이하에서

---

301) 東成區를 중심으로 결성된 東大阪차가인조합은 차가법 개정, 강제입퇴반대 외에도 재일조선인의 거주권문제가 포함된 슬로건을 내걸고 각종 주택분쟁을 지원했다. 『日本社會運動通信』7호, 1928년 6월.
302) 『日本社會運動通信』49호, 1929년 5월 6일자 「東大阪借家人組合の結成」.
303) 강령 : ① 집세 3할 인하 즉시 실시 ② 賦金 權利金철폐 ③ 인상 절대반대 ④ 강제 入退 절대반대 ⑤ 借家法의 철저한 개정과 전국적 실시 ⑥ 직업적 차별철폐 ⑦ 치안유지법폭압취체법 기타 무산자탄압법 즉시 철폐 ⑧ 일본在住조선인에 대한 거주권 박탈행위에 대해 철저히 투쟁.
304) 이외에도 1928년 7월 김문준이 大阪조선인거주권획득동맹을 조직하고 연설회 등을 개최했다는 기록이 있다. 박경식, 앞의 책, 374면.
305) 오사카 지역에서 주택분쟁이 일어났던 지역은 猪飼野를 비롯해 후에 조선촌이 형성된 지역과 근접한 곳이 많다. 『大阪地方社會運動史』2, 695면.

일본차가인운동의 발전과 조선인주택분쟁의 관련성에 대해 간략히 살펴보고자 한다.

일본의 차가인운동은 주택부족현상을 바탕으로 쌀 소동 이후 발전한 일본민중운동과 발 맞추어 전개되었다. 오사카지역에서는 1921년에 賀川豊彦과 逸見直造가 각각 大阪借家人同盟(2월)과 借家人同盟(1월)을 결성한 이후 조직의 발전을 이루어 왔다. 이들이 조직한 단체는 법률상담·주택소개·차가인위안친목회 등 활동을 통해 주택분쟁을 해결할 뿐만 아니라, 관련법안의 제정을 도모하고 나아가 보통선거운동까지 대상으로 하였다.306)

이 두 단체가 조직되기 이전에도 주택분쟁과 이를 해결하기 위한 조직체는 있었으나, 성격은 매우 제한적이었다. 1918년 5월에 西區 築港에서 집세인하운동이 있었는데, 이때는 지역의 유력인사인 樋口伊之助 대의사가 지주인측과의 조정에 나섰다. 이 운동이 기폭제가 되어 오사카시의 주택분쟁과 차가인운동은 고양되었다.307)

그러나 차가인동맹이 조직되기 이전에 주택분쟁은 집주인과 차가인간의 협조를 바탕으로 해결을 도모하는 식이어서 주도권은 집주인측이 갖고 있거나 주도권을 차가인들이 갖고 있는 경우에도 관주도적 성격은 여전했다. 이들 단체는 주택분쟁을 지역사회관리 및 유지 차원에서 생각하여 관변단체인 방면위원회에 일임하여 해결하고자 했다.308)

오사카지역의 일본 차가인운동세력이 조선인주택문제에 관심을 갖기 시작한 것은 1928년경부터이다. 1926년 3월에 성립한 노동농민당이 정책 가운데 '거주권 확립'을 제시한 이후 좌파정당운동내에서 차가인운동은 주요한 위치를 차지했다. 따라서 오사카시 東成區를 중심으로 활동하는 東大阪借家人組合이 1928년 여름에 조선인의 거주권문제를 슬로건으로 내건 이후 일본

---

306) 松下孝昭, 「1920年代の借家爭議調停と都市地域社會」, 4면; 11~12면.
307) 이외에도 1920년에 오사카에서 家賃불납동맹, 南和會, 조절기성동맹회가 결성되었으나 이는 특정한 집주인을 대상으로 한 차가인의 일시적인 단결일 뿐이었다. 大原社會問題硏究所, 『日本勞働年鑑』1920년도판, 402~405면.
308) 大原社會問題硏究所, 『日本勞働年鑑』1923년판, 361면.

차가인운동세력은 본격적으로 조선인주택분쟁을 지원했다.309)

(c) 조선인 소비조합운동310)

노동자의 이익과 권리를 유지하기 위해서는 임금의 획득과 아울러 분배도 중요한 의미를 갖는다. 파업이 노동현실을 개선하고 임금을 획득하며, 노동자의 기본적인 권리를 보장받기 위한 운동인데 비해, 소비조합운동은 분배구조를 효율화하여 노동자들이 더 많은 이익을 얻고자 하는 운동으로 분배조합운동으로 불리기도 한다. 소비조합운동은 협동조합운동의 일환으로 17세기에 구상되어 산업혁명기에 사회운동으로서 탄생한 후 대자본에 대한 빈민들의 방어활동으로서 오랜 역사를 갖고 있었다.311)

조선인 사이에서 소비조합운동의 필요성이 제기된 시기는 1910년대로 거슬러 올라간다. 1910년대 유학생들은 在日朝鮮留學生學友會의 기관지인『學之光』을 통해 조합조직을 소개하고 노동자의 생활 향상을 위한 소비조합운동을 제창했다. 그러나 이 시기에 각종 조합에 대한 유학생들의 논의는 유럽에서 시행되던 제도를 소개하는 정도로서 인식 수준은 빈민을 위한 지원 차원에 머물렀다.312)

유학생들이 소비조합운동을 제창하게 된 배경에는 일본에서 전개된 소비조합운동의 영향이 적지 않았다. 1858년 철공노동조합인 일본철도교정회가 노동운동의 한 부분으로 共働店이라는 소비조합을 조직하면서 시작된 일본

---

309) 松下孝昭, 앞의 글, 28면.

310) 소비조합이란 협동조합의 일환으로서 소비자가 조합을 만들어 구매력을 결성하고 도매로 구매하여 중간상인의 이익을 배제함으로써 생활난을 완화시키는 것을 목적으로 한다. 소비조합은 생산조합과 함께 개량사회주의의 무산자해방수단이지만, 전투적 노동운동은 이를 투쟁의 보조기관으로 삼으며, 이를 통해 무산자를 조직화하는데서 발생하는 효력을 중시한다. 田所輝明편,『社會運動辭典』, 178면.

311) 한국 협동조합운동의 창시자인 전진한은 1030년대에 세워졌다는 '롯시델우애조합'을 소비조합운동의 문헌적 기원이라 주장했다. 전진한,『자유협동주의』, 국회타임즈사, 1959년, 76면. 유럽 협동조합운동의 발전에 대해서는 정진성,「일본의 새로운 사회운동」,『한국사회사연구회논문집』32, 1991년 참조.

312) 자세한 내용은 졸고,「1910년대 재일유학생의 경제문제인식 -『학지광』을 중심으로」,『청계사학』13, 1997년 참조.

소비조합운동은 1879년에 여러 개의 구매생활협동조합이 설립되고, 1900년
에 산업조합법이 공포되면서 발전하여 1차 대전 이후 노동운동의 발전기에
는 본궤도에 올랐다.313)

　일본의 소비조합운동은 자본주의 경제의 중간착취를 배제하고 미래사회
의 이상을 목표로 하는 유력한 분배기관의 구축을 목적으로 활동했다. 중핵
적 존재는 關東소비조합연맹(1920년 설립)으로 1924년 말에 가맹연합이 21
개, 조합원수는 5천여 명에 달했다. 關東소비조합연맹은 무산자의 계급적 임
무와 요구를 인식하고 투쟁하고자 하는 좌파와 자본주의 경제기구를 침식할
것을 주장하는 우파의 견해 대립으로 1929년에 분열되었다. 이후 우파는
1930년에 소비조합회를 조직하였고, 關東소비조합연맹도 조직을 확대하여
1932년 3월에 일본무산자소비조합연맹을 결성하여 1938년 해산될 때까지 활
동을 전개했다. 1932년 발족 당시 일본무산자소비조합연맹의 집행위원에는
김태욱·김경중·윤혁제 등 조선인운동가들도 포함되었다.314)

　국내에서도 1921년 조선노동공제회가 소비조합운동을 노동조합의 여러
사업 가운데 하나로 전개한 이후 다양한 형태로 운영되었다. 1920년대초 노
동조합이 전개한 대표적인 소비조합을 보면, 1922년 2월 조선노동공제회 대
구지회가 창립한 소비조합, 1923년 8월 인천邵城노동회가 설치한 구매조합,
1924년 6월 함흥노동동무회가 설립한 소비조합 등을 들 수 있다.315) 이 가운
데 조선노동공제회 대구지회의 경우에는 1구에 5원씩 모집한 결과 2천여 구
의 기금이 마련되었다고 하고, 인천소성노동회의 구매조합은 1구당 6원씩을
10개월에 분납한 후 이를 기금으로 일용품을 공동 구매하기로 했다고 한다.
　·일부 연구자들은 재일조선인의 소비조합운동을 정주화현상과 결부지어
'민족적 생활권 투쟁' '생활옹호투쟁' 등으로 지칭하고, '재일노총의 해산 이
후 민족적인 문제에 대한 관심이 증가하면서 전개된 자주적 운동의 하나'로

---

313) 정진성, 앞의 글, 249면.
314) 堀內 稔, 「阪神消費組合について - 1930年代」, 『在日朝鮮人史硏究』7, 1980년.
315) 『동아일보』 1922년 2월 11일자; 1923년 8월 29일자; 『조선일보』1924년 6월 13일
　　자; 『동아일보』 1924년 8월 11일자.

평가하기도 한다.[316] 여기에서 언급한 '민족적인 문제'는 조선인생활의 이익과 관련한 문제로 이해된다.

이에 대한 필자의 견해를 밝히면 다음과 같다. 재일조선인의 소비조합운동이 활성화되는 배경으로 조선인 사회의 자체역량 강화를 들 수 있다. 물론 오사카지역 조선인의 소비조합이 결성된 것은 1920년대 후반이지만, 이미 1920년대 초반부터 조선촌을 중심으로 공동구매나 契 형식의 소비조합운동은 전개되고 있었다. 1920년대 중반 이후 정주화현상의 강화가 소비조합운동에 미친 영향은 간과할 수 없으나, 자체역량의 성장도 큰 영향을 미쳤다고 보아야 할 것이다.

또한 재일노총의 해산과 관련한 논의에서도, 재일노총의 해산으로 인해 조선인운동의 구심점이 상실되었음은 사실이지만, 이로 인해 재일조선인노동자의 파업이 약화되었다고 보는 시각은 시정되어야 한다. 앞에서 살펴본 바와 같이 조선인의 파업은 1931년에 483건(75,079명 참가)과 1932년 414건(15,524명 참가) 등 1930년대 초반에 더욱 활발히 전개되었다. 특히 1931년은 식민지시대 최대의 파업사례를 나타내주는 해이다.

조선인의 소비조합운동이 1920년대 후반이나 1930년대에 활발히 전개된 이유는 소비조합운동 자체가 대중적 기반과 자체역량의 확충이라는 선행조건이 마련되어야 가능하기 때문이었다. 특히 무료진료의 경우에는, 기금의 마련뿐만 아니라 의료진도 구비되어야 가능하므로, 일반적인 소비조합운동보다 더욱 많은 자체 역량이 필요했다. 또한 정식으로 소비조합이라는 이름의 단체를 결성하지 않았다 해도 조선촌에서는 공동구매나 契 형태의 소비조합이 실제적으로 운영되고 있었으므로, 소비조합이라는 명칭에 대한 필요성이나 요구는 강하지 않았다고 생각된다. 공동구매나 契는 1920년대 후반부터 활발히 전개되는 소비조합운동의 토대를 이루었다. 즉 1920년대 재일조선인노동자는 조선인

---

316) 外村 大, 「大阪朝鮮無産者診療所の鬪爭 - 1930年代」, 『在日朝鮮人史研究』20, 1990년, 113면; 「1930年代中期の在日朝鮮人運動」, 『朝鮮史研究會論文集』28, 1991년, 91면. 外村 大는 민족적인 생활상의 과제에 대해 민족 독자의 조직으로 대처했다는 점을 들어 '민족적 생활권 투쟁'이라 명명했다.

노동조합을 통해 조직화되고, 노동자 파업과 주택분쟁, 각종 반제반일운동을 통해 의식화되면서 이러한 선행조건을 구비하게 된 것이다.

1920년대 오사카 지역의 대표적인 조선인소비조합은 朝鮮勞働消費組合(또는 在大阪朝鮮勞働消費組合)이다. 조선노동소비조합은 1930년에 大同消費組合으로 명칭이 바뀜에 따라 대동소비조합이라는 이름이 더 많이 사용되었다. 朝鮮勞働消費組合은 1929년 6월부터 '일반소비자의 일상생활을 보장할 것과 중간착취자에게 박탈되는 이윤 철폐'를 목적으로[317) 1929년 6월 15일 오사카조선노조 泉州지부사무실에서 소비조합준비회가 조직(임시상임부 李壽永·李鍾萬·李雲金·朴道源·朴聖模)되어 7월 20일 창립총회를 개최하였다.[318)

조선노동소비조합은 1929년 10월 26일 임시총회를 열고, 150여명 조합원의 자격심사를 한 후, 임원(조합장 金麟洙, 이사 金應斗·宋章福·愼惟範·李浩鉉·金建五·鄭在英, 감사 金宇奎·金振坤·尹赫濟)을 선출하고 6개항을 결의했다.[319) 이때 결의된 사항은 1. 미불입자금월부금에 관한 건, 2. 조합원탈퇴에 관한 건, 3. 신용대부범위제정에 관한 건, 4. 상임 增選 및 보수에 관한 건, 5. 조합확장 및 조합원교양에 관한 건, 6. 再渡공급방지에 관한 건 등이었다. 조선노동소비조합은 1930년 4월 22일 제2회 정기대회에서 大同消費組合(조합장 李堤用)으로 명칭을 변경했다.[320) 제2회 대회는 송장복의 개회사로 시작되어 윤혁제(의장), 曹秉一·정재영(이상 서기)을 선출하고, 西淀川區를 승인한 후 10개 안건을 토의했다. 대동소비조합 이사에는 송장복과 정동파·윤혁제 등이 포함되었다.

(d) 조선인노동조합의 교육

이외에도 조선인노동조합이 중점을 둔 사업에는 노동자를 대상으로 한 교육활동이 있었다. 이 활동은 재일본조선청년동맹 오사카지부와 오사카조선

---

317) 중외일보는 조선노동소비조합이 4월부터 창립 준비에 들어간 것으로 보도하였다. 『중외일보』 1930년 4월 29일자.
318) 『조선일보』 1929년 7월 18일자.
319) 『동아일보』 1929년 11월 1일자.
320) 『중외일보』 1930년 4월 29일자.

노조와 협력체제 아래 진행되었다. 오사카조선노조는 재일본조선청년동맹 오사카지부와 함께 東成구 鴨野町에 東光학원[321](학생수 30명)과 西淀川區 浦江에 浦江학원(학생수 40명)을 설립하여 노동자를 대상으로 교육을 실시했다. 이들 학원은 노동자 공동출자로 설립되었으나 경영난에 직면하자, 1928년 3월 4일 청년동맹유지 간담회를 열고 회원 30여명이 의무적으로 1인 1원 이상을 납부하도록 결정하기도 했다. 이 학원들은 원래 야간부만을 개설했으나 '日鮮동화정책반대'의 차원에서 주간부를 개설하고 노동자의 의식화와 반일반제의식을 고취했다.[322]

또한 1928년 7월 15일에 오사카조선노조는 東城區 浦生町 1번지 동북지부 浦生분회 내에 浦生야학부(포생야학원)를 설립하고 7월 23일부터 수업을 시작했다. 교장은 馬贊奎이고 상무는 權寧夏·沈荒波·崔末龍·成福基, 보조교사 趙奎春 강사 馬喜奎·李東華·金相求·김광·김문준 등 오사카조선노조 간부들이 맡았다. 浦生夜學院은 교육부가 연구회와 간담회·변론회 등 교화운동을 전개해 나가는 과정에서 노동자교육을 강화할 목적으로 설치되어,[323] 東光학원 및 浦江학원과 함께 오사카 지역의 대표적인 노동자교육기관으로 자리잡았다.

(e) 오사카지역 조선인 노동운동의 성격

1920년대 오사카지역 조선인노동운동의 성격은 다음의 세 가지를 들 수 있다.

첫째는 일본사회운동세력과의 관계 및 노동운동지도층의 성격을 바탕으로 한 이해이다. 조선인민족운동이 일본사회운동세력과 어떤 관계 속에서 전개되었는가 하는 점은 일본지역운동사에서 자주 제기되는 문제이다. 특히 노동운동에서 양국 대중의 연대 정도는 연구자들의 주요한 논의의 대상이 되어 왔다.

1920년대에 조직적인 조선인노동운동이 태동할 당시 일본사회운동세력이

---

321) 『靑年朝鮮』 1928년 7월 31일자, 早稻田대학 MF 자료 2754.
322) 『日本勞働通信』32호, 1928년 3월 9일자 「鮮人勞働者の敎化運動」.
323) 『日本勞働通信』147호, 1928년 7월 24일자 「大阪朝鮮勞働組合の敎化運動」.

미친 영향은 매우 컸다. 조선인운동가들은 일본사회운동단체의 조직이나 활동을 조선인민족운동에 적용하는 경우가 적지 않았고, 일본운동가나 단체의 지원은 조선인노동운동이 정착하는데 큰 힘이 되었다. 그러나 상층 지도부간 교류가 활발한데 비해 노동자 대중간의 교류는 민족차별의식 속에서 아직 눈뜨지 못한 상태였다.

파업에서 지도하는 노동조합을 보면, 일본노동조합의 지원도 일정한 비중을 차지하였다.[324] 그러나 파업 지도 조합의 한·일간 비율을 놓고 한·일연대를 이야기하는 것은 무리가 있다. 노동자들이 파업이 발생하기 이전부터 노동조합과 사전준비를 통해 파업본부를 설치하는 경우가 일부 있었다. 그러나 대부분의 노동자들은 파업이 발생하였을 때 노동조합의 지도이념이나 국적을 염두에 두고 지원해 줄 노동조합을 결정하지 않았다.[325] 파업현장과 가깝거나 인적 관련이 있는 노동조합에 도움을 청하기도 하고, 파업이 발생했다는 사실을 알고 찾아와 지원을 약속한 노동조합의 지도 아래 파업을 전개하는 경우가 대부분이므로, 반드시 노동조합과의 관련성이 긴밀하였다고 보기 어렵고, 또 관계가 지속적으로 이루어지는 것도 아니었다.

노동자들간 한·일 연대투쟁의 사례도 두드러지지 않는다. 도리어 대립적인 양상이 나타나기도 한다. 이는 노동조합의 민족운동 참여 당시에 보여주는 한·일간 연대활동이나 각종 선언 및 슬로건과 실제노동현장의 현실은 적지 않은 차이를 보임을 의미한다. 한·일간 지도층은 기회가 있을 때마다, 그리고 대중운동을 전개할 때마다 '한·일 연대'와 '계급적 연대'를 주창하고, 메이데이나 각종 반제시위운동현장에서 조선인노동자는 항상 선두에 서서 경관의 포위망을 뚫고 나아갔다. 또한 일본인노동자가 파업을 일으켰을 때 조선인노동자가 방해하는 일은 드물다. 그러나 조선인파업이 발생했을 때 일본인노동자가 투입됨으로서 파업 자체가 실패로 돌아가는 경우는 적지 않았다. 노동현장에서 조선인의 몫을 요구하는 것을 일본인 몫의 감소로 인식하는 풍조는 대

---

324) <부록>의 52건 가운데 7건이 일본노동조합의 지원을 받았다. 7건 가운데 5건은 한·일연대투쟁이다.

325) 外村 大,「1920~30年代在日朝鮮人勞動者の動向」, 24면.

중시위에서 양측의 연대가 아무리 활발하다 해도 사라질 수 없었던 것이다. 결국 한·일연대는 연구자들의 주요한 논의의 대상인데 비해 실제 양쪽의 관계는 선언적이거나 원론적인 의미에 그쳤다는 점을 지적할 수 있다.

두 번째 성격은 오사카지역의 노동운동 지도부에서 찾을 수 있다.

1920년대 중반까지 오사카 노동운동 지도자들은 토쿄와 달리 새로운 사조에 뛰어난 이론가도 아니었고, 노동운동을 전문화할만한 역량도 갖추지 못했으며 학력도 높지 않았다. 오사카에서 소규모 자영업을 운영하거나 하숙업으로 생계를 유지하면서, 또는 노동자로 일하면서 주변 조선인들을 규합하며, 토쿄의 조선인노동조합과 일본사회운동단체의 지원을 받아 노동조합을 결성하고 민족운동을 전개했다. 또한 이들은 오사카 이외 지역이나 국내로 활동의 폭을 넓히지도 않았고, 前衛黨에서 활동한 경력도 보이지 않았다. 별도의 운동론을 수립하기보다는 오사카의 노동현실을 바탕으로 재일노총 본부의 지시를 수행할 뿐이었다. 그 후 1920년대 중반부터 토쿄의 운동가들이 오사카노동조합에 진출하면서 전문적인 운동가들이 등장하게 되었고, 오사카의 기존 운동가들도 전위당에서 활동하는 등 활동범위가 확대되었다. 그러나 토쿄에서 파견된 운동가들도 별도의 운동론을 수립한 존재는 아니었다. 시기별로 조선인노동단체를 주도한 지도층의 성향에 대해 살펴보자.

1910년대 오사카 조선인단체가 통제적 성격이나 노동자를 규합하는 정도에 머물러 성격이 분명하지 않았고, 이 시기의 지도층이 조선인노동자대중을 위한 활동을 전개하기에는 역량이 부족한 상태였다. 이에 비해 1922년 오사카동맹회가 결성된 이후에는 노동조합의 성격과 아울러 지도층의 성격도 어느 정도 선명성을 띠었다. 이들은 노동운동과 민족운동에 대한 전문적인 지식이나 나름의 식견을 갖고 있지 못했으므로, 자신들이 모델화하는 단체의 운동방향에 적지 않은 영향을 받았다. 또한 이들은 파업의 경험도 적었고, 지역적인 한계에서 벗어나지 못하여 지도역량을 발휘하지도 못했다. 그러나 이들은 전문적인 지식이나 운동론이 부재함에도 불구하고, 이론적인 운동가에 비해 조선인노동자대중의 현실을 잘 알고 있다는 특장을 바탕으로 노동자대중에게 큰 영향력을 행사하면서 노동조합을 주도하였다.

재일노총이 결성되고, 오사카동맹회가 오사카연합회로, 다시 오사카조선노조로 바뀌면서 더욱 활발해진 민족운동 참가는 오사카지역 노동자대중의 실천력을 중요한 운동역량으로 평가하던 토쿄 운동가들을 고무하기에 적당했다. 토쿄측은 운동에서 이론적인 역할을 담당하면서 오사카지역의 노동자대중을 민족운동에 동원하는데 만족하지 않고, 직접 영향력을 행사하고자 했다. 이는 오사카의 조선인이 다수라는 점도 있지만, 오사카운동지도층의 역량이 강화되면서 토쿄의 지도 노선에서 이탈하는 상황으로 이어질지도 모른다는 우려도 적지 않게 작용했다.

실제로 오사카운동가들은 노동자대중의 수입에 의존하는 직업적 운동가이기보다는 실제로 노동현장에 참가하는 생활인이 많았으므로 노동자대중에게 쉽게 다가갈 수 있었고, 민족운동에 참가하면서 실전에서 쌓은 경험은 독자적인 운동노선을 수립하는데 부족함이 없었다. 특히 이들이 다년간 노동현장에서 노동자대중과 호흡을 함께 하면서 노동자를 조직화하고, 노동파업을 주도하는 과정에서 노동자대중에게 얻은 신망과 역량은 토쿄측 운동세력에게 큰 부담으로 작용할 수 있었다. 그 가운데 김문준의 활약은 두드러졌다. 김문준은 위기에 처한 조선인노동조합을 지키고 오사카의 지역적 특성에 맞는 조직화와 운동노선을 제시함으로써 오사카조선인노동자의 지지를 받았다. 이러한 노동자 대중의 신망을 바탕으로 오사카지역의 조선인노동조합은 지속적이고 활발한 민족운동을 전개할 수 있었던 것이다.

그러나 1920년대를 통해 오사카운동지도부가 토쿄측과 대립관계에 서거나 재일노총 중앙의 지시를 직접적으로 거부하는 극단적인 모습은 보이지 않았다. 1920년대에 전개한 조선인운동의 핵심인 민족운동은 오사카와 토쿄측 운동세력의 가장 큰 운동방향이었으므로 그 정당성에 대해서는 그 어느 누구도 의문을 제기하지 않았기 때문이다.

세 번째 성격은 노동운동이 갖는 지속성과 치밀함이다. 오사카거주 조선인의 노동운동은 일본노동운동과 다른 배경 속에서 전개되었으나, 일본노동운동에 비해 지속성을 보였다. 즉 파쇼체제의 강화와 함께 일본노동운동이 심각한 침체상태에 빠진데 반해, 조선인노동운동은 해방을 맞을 때까지 지속적으로 전개되었다. 특히 파업의 경우, 조선인노동자는 일본인보다 해고의 부담이 가중된 상태였으므로, 조선인노동자가 파업을 일으킨다는 것은 매우 큰 결단과 모험을 수반하는 것이었다. 조선인노동자는 가능한한 고용주의 명령에 순응하고 성실히 근무함으로써 취업의 기회를 잃지 않으려 했다. 따라서 절대불가피한 상황이 아닌 경우를 제외하고는 노동운동에 참여하지 않았다. 조선인노동자가 바라는 것은 많은 임금을 받고, 생활을 향상시키는 것이었으므로, 고용주가 원치 않는 행동을 할 이유가 없었기 때문이다. 이는 피차별민의 일반적인 양상이다.[326] 그러나 조선인노동자가 바라는 이러한 상황이 파괴되고 생존권이 보장되지 않았을 때, 조선인노동자 파업은 불가피했던 것이다. 그러므로 조선인파업의 전개상황은 수치상 나타난 이상의 필연성과 중요성을 내포한다.

운동의 양상을 보면, 주택분쟁의 경우에 조선인은 기본적인 생활권 보장의 목적을 위해 일본인의 차별의식에 맞서 싸워야 했다. 또한 노동현장에는 차별적인 구조가 도처에 자리하였다. 결국 조선인노동자의 투쟁대상은 일본 자본가 뿐만 아니라 일본인 일반도 포함하였다. 이러한 차별의식은 단지 집을 구하거나 임금 차이에만 작용하지 않았다. 당시 조선인노동운동의 양상을 보도하는데 많은 지면을 할애하던 『日本社會運動通信』의 시각도 여기에서 벗어나지 않았기 때문이다. 『日本社會運動通信』의 파업기사 가운데에는 자본가적 입장이 분명히 드러나 있다. 파업 원인을 소개한 내용 곳곳에는 조선인노동자들이 '무역부진을 이해하지 못하거나 공장주의 입장을 이해하지 못하여' 파업을 일으키거나 또는 '다른 공장의 파업에 자극을 받거나 노동조합의 세력확장을 위해' 파업을 일으켰다는 기술이 눈에 띤다.[327] 즉 조선인노동자가 개인적인 이익에만 급급하여 국가경제를 저해하거나 외압에 의해

---

326) 일본에서 피차별 부락민이나 오키나와 출신자 등 평소에 학대받는 사람들은 파업에 대해 소극적인 태도를 취하는 것이 일반적이다. 外村 大, 「1920~30年代在日朝鮮人勞動者の動向」, 17면.

327) 『日本社會運動通信』66호, 1929년 9월 2일자; 『日本勞働通信』414호, 1929년 6월 21일자.

좌우되는 몰주체적 존재인양 묘사되었다. 그러나 당시 조선인노동자들은 다른 파업에 부화뇌동하여 어렵게 구한 일자리를 잃어버릴 정도로 우매하거나 경제적 여유가 있는 존재가 아니었다.

　오사카지역의 조선인노동운동은 일본사회의 조선인인식과 차별적이고 모순적인 구조를 바탕으로 한다. 여기에 조선인노동조합의 지원이 활발해지면서 노동운동은 계획성과 지속성을 보여주었다. 이러한 조선인노동운동은 일본노동운동에 자극제로 작용함과 동시에, 조선인에 대한 일본사회의 반감을 가중시키는 결과도 가져왔다. 조선인노동자들은 일용노동자로써 불안한 취업상태에 놓여 있었음에도 불구하고, 각종 민족운동에 적극적으로 참여하였음은 물론, 파업에서도 임금차별과 구조적 모순에 대해 끊임없이 문제를 제기하였다. 이러한 활동은 일본노동운동에 자극을 주기도 했으나, 일본사회에 식민지 종속민으로서 체제에 순응하지 않는 모습으로 비춰진 것도 사실이었다. 그 결과 조선인노동운동의 활발함은 노동현장에서는 조선인노동자 구축운동으로 이어졌고, 파업 현장에서도 일본인 노동자의 협조를 기대하기 어려운 상황을 맞게 되었다. 이러한 모습은 모두 이들이 식민지의 구조적 모순을 절감하고 그 해결책으로써 노동운동을 택한 결과이다.328)

---

328) 오사카를 비롯해 일본 전역의 조선인파업을 주도하고 노동조합을 조직했던 金泰燁은 자신이 노동운동에 몸을 담기 시작했던 1920년대 초기에는 노동자를 조직화하기 위해 '당시 우리 노동자들의 의식수준이 어려운 사상이나 이론이 먹혀 들어갈 여지가 없었으므로 다만 우리가 이렇게 고생하는 것은 나라를 잃고 식민지 백성이 되었기 때문이다. 우리가 단결하여 우리의 권익을 지키고 되찾아야 한다는 호소만이 노동자들을 조직으로 묶을 수 있는 유일한 방법'이라고 생각하였으나 노동운동을 전개하면서 자신의 노동운동은 '민족투쟁'이라고 깨달았다고 한다. 그래서 1924년에 일본우익의 거두인 頭山滿과 만난 자리에서도 김태엽은 당당히 자신은 '민족투쟁으로써 노동운동을 한다'고 밝혔던 것이다. 김태엽의 이 진술은 실제로 대부분의 조선인노동운동가들이 민족의식을 통해 노동자를 조직화하고자 하였으나 이는 단지 노동자를 조직화하기 위한 수단으로 끝나지 않고 노동자 자신은 물론 운동가까지도 노동운동을 민족운동으로 인식하게 되었음을 보여준다. 金泰燁, 앞의 책, 89면; 129면; 133면.

2. 조선공산당과 오사카재일조선인운동

1) 조선공산당 일본부와 일본총국 오사카야체

(1) 조선공산당 일본부의 설치

조선공산당은 1925년 4월 17일 창건 후 조직의 활성화와 통일적인 운동의 추진을 위해 해외기관을 설치했다.329) 일본부는 조선공산당 1차당 시기에 崔元澤의 지도로 설치되어 최원택・김찬・李顐・金正奎로 구성된 야체이카를 조직했다. 2차당 시기에는 책임비서 강달영이 만주와 일본에 지부를 설치하였고, 1926년 2월 26일 제3회 중앙집행위원회에서 김정규를 일본부 책임자로 선정했다. 김정규는 4월 4일 강달영으로부터 일본부 조직사업을 인계 받았는데, 일본부는 중앙집행위원회의 지도와 감독 아래에 놓여 있었다. 조선공산당 2차당은 일본부의 주요사업을 '조선공산당의 사업을 하기 위해 조선 내 기타와 연락하며 아울러 일본의 공산주의자들과 연락'하는 것으로 설정했다.330) 김정규는 이러한 지시에 따라 야체이카(崔桂善・吳基成・金漢卿・이석・정운해・李相昊)를 조직해 활동했다.331)

그후 조선공산당 2차당 검거 당시 김정규가 검거됨으로써 해체상태에 처했던 일본부는 3차당(안광천 책임비서) 시기에 재조직되었다. 3차당은 1927년 4월 하순경 박락종의 집에서 조선공산당 일본부를 재조직했다.332) 책임비

---

329) 「朝鮮共産黨事件ノ檢擧顚末」, 梶村秀樹・姜德相 編, 『現代史資料』29, 三一書房, 1977년, 39면.

330) 「被疑者訊問調書」, 『姜達永外 47人調書(8‑1)』, 336면; 1431면; 2412면. 김인덕, 『식민지시대 재일조선인운동 연구』, 85~86면; 88면 재인용.

331) 「朝鮮共産黨事件ノ檢擧顚末」, 『現代史資料』29, 39면; 「被疑者訊問調書」, 『姜達永外 47人調書(8‑1)』, 2412면.

332) 경성지방법원 검사국의 자료는 일본부가 조직된 일시를 '4.15일 이전'이라 명기했다. 京城地方法院 檢事局, 「第3次朝鮮共産黨・高麗共産靑年會事件檢擧」(문서번호055) 1928년, 고려대 아세아문제연구소, MF자료 R8, 0074; 「在留朝鮮人ノ運動狀況」, 『集成』2, 1157면; 「日本に於ける朝鮮人共産主義運動」, 金正明, 『朝鮮獨立運動』4, 36면; 「金漢卿外29名治安維持法違反被告事件豫審終結決定書寫」, 김준엽・김

서 박락종, 조직부장 崔益翰, 조직부원 姜小泉, 선전부장 韓林, 선전부원 김한경, 검사위원 姜徹, 당원 權大衡·정남국·鄭益鉉으로 구성된 일본부[333]는 조직화에 나서 1927년 12월에는 토쿄에 동부(深川·本所區 방면)와 서부(早稻田·戶塚·高田·落合 방면)야체이카를 두었다.[334]

12월 초순에는 박락종의 방에서 당대회 건의안 작성을 위한 간부회의를 개최하고 강철을 일본부 대표로 파견하기로 했다. 또한 이 자리에서 박락종은 책임비서직을 사임하는 대신 同聲社와 대중신문사를 경영하기로 했다. 그러나 이날 결정된 안건을 휴대하고 1928년 1월 하순 고향을 거쳐 서울에 도착한 강철이 2월 2일 검거되었고, 박락종도 이튿날에 검거되어 국내로 호송되었다.[335]

일본부는 4차당 시기인 1928년 4월 日本總局으로 전환되었다. 조선공산당 4차당(차금봉 책임비서)은 중앙집행위원회에서 일본총국과 만주총국의 설치를 결정하기로 하고, 제2차 중앙위원회에서 일본총국을 설치했다.[336] 책임비서 : 김한경, 위원 : 한림·李友狄·印貞植으로 구성된 일본총국은 김한경이 도피하여 임무를 수락하지 않아 활동이 정지되었다. 이에 차금봉은 일본총국을 책임비서 한림 체제(위원 : 이우적·김상혁·강소천)로 개편했다. 당시 당원은 19명이었다.[337]

(2) 일본총국 오사카야돌 조직

한림책임비서체제 아래 일본총국은 1928년 야체이카가 조직되지 않은 오사카와 토쿄에 야돌(초기 조직)을 조직하고 조직화에 나섰다.[338] 尹상奎와 위

창순, 『한국공산주의운동사(자료편2)』, 고려대 아세아문제연구소, 1980년, 810면.

333) 이기하는 검사위원회를 최익한(책임), 강철(위원)로 구성된 것으로 기술하였다. 이기하, 『한국공산주의운동사』, 국토통일원 조사연구실, 1976년, 509면.

334) 「金漢卿外29名治安維持法違反被告事件豫審終結決定書寫」, 810~811면.

335) 京城地方法院 檢事局, 「第3次朝鮮共産黨·高麗共産靑年會事件檢擧」(문서번호055) 1928년, 0075~0076;『조선일보』1928년 2월 5일자;『동아일보』1928년 2월 7일자.

336) 「在留朝鮮人ノ槪況」, 『集成』2, 1158면;「秘密結社朝鮮共産黨竝ニ高麗共産靑年會事件檢擧ノ件」, 『現代史資料』29, 111면.

337) 「車今奉調書」, 한국역사연구회, 『일제하 사회운동사자료총서』8, 고려서림, 1992년, 194면 ;『朝鮮獨立運動』4, 37면.

338) 「朝鮮共産黨事件ノ檢擧顚末」, 『現代史資料』29, 112면.

경영으로 구성된 오사카 야돌은 1928년 5월에 2회에 걸쳐 오사카조선노조에서 회합을 갖고 1. 비밀 엄수, 2. 노동자를 권유하여 가능한 다수의 동지를 규합할 것, 3. 유물사관, 제국주의, 자본주의의 안정과 국가사회, 마르크스학설에 대한 서적을 강독, 연구할 것 등을 결정했다. 그러나 일본총국은 오사카 야체이카 결성에 성공하지 못했다.

한편, 서울파의 春慶園당[339)도 일본부를 설치했다. 1928년 4월부터 시작된 제4차 조선공산당(일명 신의주공산당)검거로 인해 밝혀진 내용에 의하면 다음과 같다.[340] 1927년 12월 서울구파에 속하는 許一·李雲赫·李英 등이 조선공산당을 조직한 후[341], 1928년 1월 3일 허일은 토쿄부 下戶塚 450번지 소재 以信館에 吳相哲·洪淳起·文三賢 등을 소집하여 일본부 결당식을 하고, 책임비서에 文達, 조사부(담당자 불명), 선전부 洪陽明, 조직부 오상철을 선임했다. 이어서 8일에는 下戶塚 397번지 三井館에 文拳(조선노조)·李哲·오상철과 모여 일본부 청년당을 조직하고 책임비서 오상철, 조직부 이철, 검사부 홍양명, 선전부 문권을 선임했다. 이들은 토쿄에 조선운동사 본부를 설립하고 기관지『朝鮮運動』을 발행하며 노동농민당과 제휴하기로 했다.[342] 또한 춘경원당은 朴衡秉을 위원장으로 한 공산청년회를 조직하고 활동했다.[343]

4차 조선공산당검거 관련자에는 오사카조선노조의 핵심간부인 정동파와 金大郁·신재용·위경영이 포함되어 있었다.[344] 이로 인해 춘경원당이 오사카部를 조직했을 가능성이 제기될 수 있다. 이 사건에 대한 공판이 개정되었을 때, 오상철은 일본부 설치를 시인했다. 그러나 오사카부 조직에 대해서는 신재용·정남국·위경영 등이 모두 부인하여 실체가 확인되지 않았다. 이를

---

339) 일본공안당국은 서울파가 주체가 된 춘경원당을 '비이론파 조선공산당'이라 칭했다. 朝鮮總督府 警務局,『最近ニ於ケル朝鮮治安狀況』1933년, 13~14면.

340)『日本社會運動通信』55, 1929년 6월 17일자「朝鮮共産黨 日本部」;『동아일보』1929년 7월 18일자.

341) 朝鮮總督府 警務局,『高等警察報』2, 12면.

342)『조선일보』1929년 7월 17일자.

343)『동아일보』1929년 7월 18일자.

344)「조선일보』1929년 7월 19일자.

규명하기 위해 오사카의 김문준과 윤혁제 등 8명이 증인으로 채택되기도 했으나[345] 신재용과 정동파 위경영이 집행유예로 석방된 것으로 보아, 오사카부결성 여부를 규명하는 데에는 실패한 것으로 보인다.[346]

1929년 6월 5일자 신문기사와 예심결정서 전문(1928년 1월)에 의하면, 도일한 허일이 귀국 길에 재일노총 오사카지부 사무실에서 신재용·정동파를 만나 오사카부 조직을 협의하고 결당식을 준비하던 중, 평양사건이 발각되어 중단하였다고 한다.[347]

여기에서 주목되는 점은 재일노총위원장인 정남국과 조선공산당 일본총국의 소속원인 위경영이 재일노총이나 조선공산당 일본총국과 대립되는 서울파 공산당원으로서 거되었다는 점이다.[348] 이는 정남국·정동파·위경영이 고향인 소안도의 사회운동과 긴밀히 연결되어 있음을 의미한다.[349] 또한

---

345) 『동아일보』 1929년 7월 18일자; 「조선일보」 1929년 7월 19일자.

346) 1929년 12월 11일 신재용, 위경영, 정동파 등 3인은 집행유예로 석방되었고, 정남국은 1930년 5월 15일 징역 1년 8개월을 언도받았다. 『동아일보』 1929년 12월 15일자; 1930년 2월 20일자; 『중외일보』 1930년 5월 16일자.

347) 『조선일보』 1929년 6월 5일자.

348) 「제3차 조선공산당 고려공산청년회사건검거」(1928년 3월 경성지방법원 검사국)에 따르면 정남국은 1927년 4월 5일 토교에서 조직된 조선공산당 일본부 당원으로 참여하였다. 그러나 1927년 12월 21일 춘경원 공산당이 조직될 때 여기에도 참가하여 1928년 2월에는 완도조직책에 임명되었다. 「第3次朝鮮共産黨·高麗共産靑年會事件檢擧」(문서번호055) 0075~0076. 송내호와 함께 완도와 소안도에서 청년운동, 노농운동에 종사했던 위경영도 서울파와 조선공산당에 각각 활동기록을 남기고 있다. 이월송의 회고록에서도 정남국과 위경영은 서울파와 함께 활동한 것으로 기술되었다. 정남국이 조선공산당에 가입한 후 춘경원당으로 옮긴데 비해 위경영은 춘경원당이 조직된 후에도 조선공산당에서 활동한 것으로 나타나고 있다. 이들이 두 조직(조선공산당과 춘경원당)에 중복 가입하여 활동했는지 여부에 대해서는 알 수 없으나 현재 학계에서는 정남국을 서울파공산당세력으로 파악한다. 「이월송 회고록」, 연도 미상, 43, 45, 53, 55면.

349) 소안도는 완도출신의 운동가 송내호의 영향으로 서울계가 활발히 활동한 지역이다. 특히 정남국은 송내호의 동서로서 일찍부터 송내호와 함께 청년운동, 노농운동을 전개했다. 송내호의 활동 내용과 정남국, 위경영, 정동파의 관계에 대해서는 소안항일운동사료편찬위원회, 『소안항일운동사료집』, 1990년을 비롯하여 이월송, 「독립투사들의 행적을 중심으로」, 『청해진』1, 1976년; 이균영, 「해방의 땅 소안도」, 『사회와 사상』89년 3월호; 손형부, 「식민지시대 송내호, 기호 형제의 민족

조선공산당 일본총국이 야체이카 설치에 성공하지 못한 오사카조선노조의 임원들이 춘경원당검거사건의 관련자라는 점도 주목된다. 물론 신재용·정동파 등이 정식으로 춘경원당에 가입하여 활동했는지 여부는 아직 규명되지 않았으나 뒤에서 살펴보게 될 재일노총 해산과정에서 토쿄측이 오사카의 김문준에 대해 '서울파'라고 공격한 것으로 보아 오사카조선인 운동가들이 서울파와 일정한 교류를 가졌음을 짐작할 수 있다. 오사카운동가들이 소안도, 제주도 등 특정지역에 기반을 둔 관계로 이들 지역의 운동성향이 미친 영향 또한 배제하기 어렵다.

2) 고려공산청년회 일본부 오사카야체이카

(1) 오사카야체이카의 조직

고려공산청년회는 조선공산당이 결성된 다음날인 1925년 4월 18일 서울 훈정동 박헌영의 집에서 박헌영·임원근·김단야·조봉암을 비롯한 18명이 참가한 가운데 결성되었다.[350]

일본공안당국은 고려공산청년회 일본부가 1927년 3월 토쿄 한림의 방에서 설치되었다고 파악하였다. 이 때 조직된 기구는 책임비서 한림, 조직부장 정익현, 조직부원 金相嗛, 선전부장 이우적, 부원 朴泉 등이다. 그 후 11월 다시 간부를 재선한 결과 책임비서 김상혁, 조직부장 정익현, 부원 송창렴, 선전부장 이우적, 부원 金桂林이 선출되었다.[351] 또한 1927년 11월말 현재 토쿄에는 동·서·북 지역에 3구의 야체이카가 조직되어 있었다.[352]

야체이카 책임자와 회원의 이름은 증언자에 따라 약간의 차이가 있다. 일본공안당국은 야체이카 조직을 제1구 책임 朴炯采, 회원 林燕(또는 無), 李愚震, 제2구 책임 김계림, 회원 정익현·李仁秀·송창렴, 제3구 책임 康守盛, 회

해방운동」, 『국사관논총』40, 1992년 등이 있다.

350) 『治安槪況』1929년, 85면; 「金洛俊調書」48면; 「朴憲永外 10人調書」64면; 34~35면; 221면.

351) 「第3次朝鮮共産黨·高麗共産靑年會事件檢擧」(문서번호055), 0091~0092.

352) 「金俊淵外 31人調書」 1239~1243면; 1251~1252면.

원 이우적·김상혁, 후보회원 李載裕로 파악하고 있는 데 비해[353], 정익현은 제1구 책임 강수성, 회원 송창렴, 후보회원 이재유, 제2구 책임 김계림, 회원 정익현·이인수·이우적, 제3구 책임 박형채, 회원 임무·이우진이라 증언했다.[354]

한림 책임비서 당시에는 간부회가 2회 개최되었는데, 제1회는 1927년 5월에 한림의 집에서 한림, 정익현, 이우적, 김상혁, 박천, 강수성이 참석한 가운데 열렸다. 이 때 논의된 사항은 1) 회원모집에 관한 건, 2) 공산주의자로서 책임에 관한 건 등이었다. 또한 이 회의에서는 7월에 간부회를 열기로 하고 한림의 하기 귀국 중에는 정익현이 책임비서를 대리하도록 했다. 2회 간부회는 그 해 12월 박락종의 하숙에서 열렸다. 한림, 정익현, 박형채, 김상혁, 윤도순, 송창렴, 이우적, 김계림, 강수성 등이 참석한 이 회의는 조선공산당 일본부 책임비서인 박락종의 사회로 열렸다. 이 회의에서는 1) 고려공산청년회 기관지 발행의 건, 2) 고려공산청년회 전국대회 대표파견과 건의안 제출의 건 등이 논의되었다.[355] 이날 작성된 의안은 전국대회출석대표자인 정익현이 휴대하고 1928년 1월 토쿄를 출발했다.[356]

조선공산당은 1928년 3월 고려공산청년회 제2회 중앙집행위원회를 열고 고려공산청년회 일본부 간부를 임명했다.[357] 책임비서 인정식·김계림·윤도순·송을수·李啓心(이상 위원), 김강·秦柄魯·김월성(이상 후보) 등 임명된 간부들은 그 해 5월 고려공산청년회 중앙의 지시에 따라 간부를 책임비서 인정식·선전부 책임 이재유·조직부 책임 윤도순으로 개편하고 關東部와 關西部를 설치했다. 관동부는 다시 토쿄區와 橫濱區로 나누어지고 토쿄區(서무부 책임 진병로·선전부 책임 김강·조직부 책임 이계심)에는 本所1,2구·

---

353) 그외 야체이카에 소속되지 않거나 소속이 정확하지 않은 인물은 한림, 박천, 陳秉魯, 인정식, 김강, 박균 등이다. 「第3次朝鮮共産黨·高麗共産靑年會事件檢擧」(문서번호055), 0093~0094.

354) 「金俊淵外 31人調書」, 982~985면.

355) 앞의 주, 1247~1249면; 1257~1259면.

356) 「第3次朝鮮共産黨·高麗共産靑年會事件檢擧」(문서번호055), 0094.

357) 「秘密結社朝鮮共産黨並二高麗共産靑年會事件檢擧ノ件」, 『現代史資料』29, 84면.

目黑・深川・神田・高田・日暮里・戸塚 등 8개의 야체이카가 조직되었다. 관서부는 오사카야체이카를 조직했다.

조선공산당 일본부와 일본총국은 다수의 노동대중을 보유한 오사카지역에 야체이카를 설치하고자 했으나 성공하지 못했다. 이에 일본총국은 하부조직인 고려공산청년회 일본부를 통해 1928년 7월 고려공산청년회 오사카야체이카 구성에 성공했다. 고려공산청년회 박득룡은 재일본조선청년동맹본부 특파원으로서 1928년 6월 23일 오사카에 파견되어 7월 하순에 윤동명・김우섭・김병국을 포섭하고 이들을 통해 다시 남영우와 김수현・안종길을 포섭했다.358)

이러한 조직화 과정을 통해 1928년 7월 박득룡(책임자)・김병국・윤동명(尹守岩 또는 尹守巖)・김우섭(金興燮)(이상 구성원)으로 조직된 오사카야체이카는359) 東成區 野鴨町 21번지 동광학원에서 3인에게 피선사실을 전달하고, 얼마 후 다시 동광학원 부근에서 회의를 열어 '기록을 남기지 말 것, 음주를 하지 말 것, 두발을 단정히 할 것, 야체이카회의를 열흘에 1회씩 열 것, 청년동맹기관지 『靑年朝鮮』을 확장할 것, 청년동맹 오사카지부에 공장반을 확립할 것' 등을 논의했다.360)

조선공산당 일본부와 고려공산청년회는 상호 유기적 연결 속에서 조직의 강화와 계급의식 고양을 꾀하는 동시에 반일사상 고취에도 주력했다. 이들 단체는 표면단체 내의 프락션 조직에 노력하는 한편, 합법대중단체인 재일노총・재일본조선청년동맹과 연대하여 국치기념일・관동지진・간도공산당 공판사건에 관한 격문을 살포하는 등 각종 민족운동을 전개했다.

(2) 고려공산청년회 일본부의 재건 활동

조선공산당과 고려공산청년회 일본부는 1928년 8월 29일 국치기념일 투쟁을 전개하는 과정에서 조직이 노출되어 검거됨으로써 일시 활동이 정지되었

---

358) 「金漢卿外29名豫審終結決定書寫」, 833면.
359) 「金漢卿外29名治安維持法違反被告事件豫審終結決定書寫」, 815면.
360) 앞의 주, 833면.

다. 조선공산당과 고려공산청년회 일본부는 1928년 8월 29일 국치기념일을 맞아 선전운동을 계획하고 26일부터 在東京朝鮮人團體協議會와 재일노총 명의로 다음의 선전문서를 작성 배포했다. 「국치기념일에 즈음하여 전조선 이천삼백만 동포는 일제히 무장하고 일대폭동을 일으키자」, 「관동진재 당시 학살동포추도기념에 즈음하여 조합원에 檄한다」, 「간도공산당공판은 임박했다. 전조선노동자농민은 전투전위의 학살정책을 분쇄하기 위해 전민족대중투쟁을 일으키자」[361]는 것 등이 주요내용이었다. 또한 29일 당일에는 오후 9시경 토쿄시 四谷區 新宿 소재 武藏백화점 옆 공터에서 조선인 500여명을 동원하여 혁명가를 부르면서 대중시위운동을 전개했다. 그 결과 23명이 검속되었는데 취조 과정에서 조직이 발각되어 11월 초순까지 재일노총 중앙집행위원장이자 조공일본부 책임비서인 김천해를 비롯한 36명의 관계자가 검거되었다. 36명은 검사국에 송치되었고, 1929년 12월, 31명이 치안유지법위반으로 기소되었다.[362]

고려공산청년회 중앙도 1928년 검거로 인해 활동이 정지되었다가, 1929년 1월 상순 블라디보스톡에서 재건되었다. 1928년 2월 해외로 도주한 高光洙는 블라디보스톡 金光恩의 집에서 姜鎭·元泰熙·朴文秉과 함께 재건을 협의하고 ML파 고려공산청년회 중앙을 결성했다. 이때 결성된 조직의 내용을 보면, 책임비서 고광수, 조직부 강진(책임), 원태희(조선조직 지도책임), 선전부 박문병(책임, 일본부 조직책임), 백인석, 만주총국 책임비서 이기석(혹은 김병률)이다.[363]

이때 일본부를 책임 맡은 박문병은 ① 기관지 및 팜플렛을 발행할 것 ② 일본내 조직원의 이론적 지도에 노력할 것 ③ 김한경, 송언필, 송창렴의 동정을 조사하여 기관지 편집부를 조직할 것 ④ 일본정세를 조사 보고할 것 ⑤ 조선

---

361) 일본 早稻田대학 MF 자료 2829; 2833; 2846.
362) 『朝鮮獨立運動』4, 37~39면. 「豫審終結決定書全文」에는 피고가 30명으로 기술되어 있다. 『조선일보』 1930년 8월 30일~9월 24일자.
363) 「高麗共産黨組織計劃其他檢擧に關する件」 1929년 8월 10일자, 『朝鮮共産黨關係雜件』3, 고려서림, 1990년, 187면.

내의 동정을 조사 보고할 것 등의 지시를 하달받았다. 아울러 인정식은 박문병의 토쿄 활동을 지원하기 위해 먼저 토쿄에 가서 조직사업을 수행할 것을 지시받았다.364)

1928년 검거 당시 도주하여 국내로 잠입했던 인정식은 김병률·원태희 등과 연락을 취하면서 재기를 도모하고 있었으므로, 박문병의 조직사업을 도와주라는 지시를 받을 수 있었던 것이다. 인정식은 1929년 2월 먼저 경성을 떠나 쿄토에서 朴濟煥과 접선에 성공한 후 박제환을 책임으로 하는 야체이카 구성을 의뢰했다. 쿄토와 오사카의 조직원들과 연락을 취한 후, 토쿄로 돌아와 토쿄시외 練馬村에 잠복하던 인정식은 3월 토쿄에서 박문병과 접선하여 활동내용과 김한경과 송창렴이 검거된 것 등을 보고했다. 이들은 陸學林과 張俊錫 등을 입회시키고 4월 중순에 토쿄區域局을 설치하여 제1회 구역국회의를 열어 조직을 구성했다. 또한 인정식은 다시 쿄토에 가서 鄭輝世·박제환을 만나 조직부원 박제환(京都야체이카 책임을 겸함), 선전부원 정휘세로 이루어진 關西구역국을 설치했다.365)

일본부의 구성을 보면, 중앙 조직부와 토쿄구역국·관서구역국으로 나누어진다. 중앙의 조직부는 인정식, 선전부는 박문병, 토쿄구역국의 조직부는 金東訓, 선전부는 육학림, 관서구역국은 조직부 박제환, 선전부 정휘세로 구성되었다. 토쿄구역국은 4개의 야체이카(深川·本所·大崎·日暮里 야체이카)로 이루어졌고, 관서구역국은 쿄토와 오사카의 두개 야체이카로 조직되었다.366)

관서구역국은 박제환이 同志社대학을 졸업 후 귀국함에 따라 정휘세가 관서구역국의 조직부원과 쿄토·오사카의 야체이카 지도자를 겸하였다. 이 가운데 오사카야체이카는 정휘세의 추천으로 조선청년동맹 오사카지부 집행위원 朴應淳(책임)을 선임하고, 다시 金仙龍과 함께 오사카에 온 인정식이 박

---

364) 『朝鮮獨立運動』4, 42면.

365) 앞의 주, 43~44면.

366) 京城地方檢事局, 「高麗共產靑年會日本總局關西區域加入者檢擧ノ件」, 『內地檢事局情報綴』 1928~1930년, 109면; 「在留朝鮮人ノ運動狀況」 1929년, 『集成』2, 49~53면.

응순의 추천으로 權穆龍·宋允瑞를 입당시켰다.[367]

박문병과 인정식은 그해 8월 검거될 때까지 쿄토 지방에 머물면서 11회에 걸쳐 구역국회의를 열어 운동방침을 시달하고 조직화를 도모했다. 일본부의 활동내용을 보면, 쿄토야체이카의 경우 쿄토조선노조 내에 청년부 설치에 노력한 결과 창립대회를 개최했다. 오사카야체이카는 박응순이 회원 획득을 위해 재일본조선청년동맹 오사카지부 각 반에서 대표자를 선정하여 규합하고, 지부집행위원회 명의로 강좌를 개설하며 연구회를 운영하기도 했다.[368]

그러나 재건된 고려공산청년회 일본부도 역시 대중단체인 재일노총을 내세워 각종 민족운동을 전개하던 중 조직이 발각되어 1929년 5월부터 연말 사이에 관계자 25명이 검거되고 이 가운데 16명이 치안유지법위반으로 기소됨으로써 또 다시 궤멸되었다.[369] 고려공산청년회 일본부는 1929년 2월 재일노총 토쿄조선노조 명의의 「파업전위대의 조직에 관한 지령」을 비롯하여 6월까지 지령과 격문[370]을 통한 활동 과정에서 조직이 노출되었던 것이다.[371]

3. 청년운동단체의 활동

1920년대에 오사카에서 활동한 청년운동단체는 오사카동맹회 외에도 三一無産靑年會·南興黎明社·大阪朝鮮留學生學友會·鷄林無産靑年同盟·朝鮮無産者社會聯盟·大阪朝鮮人新進會·朝鮮人同志會·大阪高麗無産靑年會·大阪朝鮮靑年同盟·在日本朝鮮靑年同盟 大阪支部 등이 알려져 있다. 이 가운데 실제 활동내용을 파악할 수 있는 단체는 三一無産靑年會와 朝鮮無産者社會聯盟·大阪朝鮮人新進會·大阪高麗無産靑年會·大阪朝鮮靑年同盟·在日本朝鮮

---

367) 『朝鮮獨立運動』4, 44면.
368) 앞의 주.
369) 『조선일보』 1929년 8월 3일자; 9월 2일자;『동아일보』 1929년 11월 30일자.
370) 일본 早稻田대학 MF 자료 3020; 3021; 3107.
371) 앞의 주, 45면.

靑年同盟 大阪支部 등이다.

1) 삼일무산청년회

삼일무산청년회는 1921년 3월 코베에서 阪神지방의 조선인 기독교신자로 조직된 삼일청년회(일명 관서조선인삼일청년회)의 후신이다[372]. 삼일청년회는 기독교의 예배전도를 구실로 결성한 후 반일사상선전에 노력했으나, 별다른 활동이 없었다. 1924년 이중환(神戶초등학교 생도)이 새로 발회식을 거행하고[373] 총본부를 오사카에 두었다.

삼일청년회는 1924년 8월에 사상선전부를 설치하고 '사상선전에 노력할 것'을 결의한 후, 10월의 최고간부회의에서 '명실상부한 사상단체'로 활동할 것을 결정했다. 이후부터 삼일청년회는 활동 방향을 '장래 조국을 독립시키는 것'으로 설정하고 식민지 해방운동을 개시했다. 대표적인 활동은 식민지해방강연·연설회 개최였다. 1924년에는 삼일청년회는 '약소민족 및 식민지해방강연연설회'를 11월 15일 코베시에서 열었다. 그 후 이 연설회는 11월 22일 오사카, 11월 29일 쿄토로 파급되었다.[374]

삼일청년회는 1924년에 오사카에서 활동하는 사회주의자 키모토 마사타네(木本正胤)·사토 토이치(佐藤藤一)와 관련을 맺고, 하나다 덴고로(和田傳五郎)·후지타 이치로(藤田一郎)의 후원으로 수평사와 노동단체, 사회주의일파와도 제휴하였다.[375] 이후 삼일청년회는 청년단체로서의 활동에 만족하지 않고 조선노동자의 규합에 노력하여 근로대중 해방을 고창하고 1925년 2월 재일노총 결성에 참가하여 재일조선인단체와 함께 본격적인 연대투쟁을 전개하였다.

---

372) 姜徹, 『在日朝鮮人史年表』, 36면.
373) 『동아일보』에는 '1923. 4. 3 大阪 남구 勝通소재 여학교에서 조선인 30여명이 청년회 발회식을 거행했다'는 기사가 나오는데 이것이 삼일청년회의 발회식과 관련이 있는 것으로 여겨진다. 『동아일보』 1923년 4월 5일자.
374) 『동아일보』 1924년 11월 3일자.
375) 警保局, 「大正14年中ニ於ケル在留朝鮮人ノ狀況」, 『集成』1, 165~166면.

삼일청년회는 1925년 2월 재일노총 결성에 참가함과 동시에, 지부 설치에도 나서 2월 16일에 中道지부 창립총회를 개최하고(상임집행위원 李中冠, 金致國, 집행위원 吳大漢 외 5명, 방면위원 金亨潤 외 5명), 17일에는 中野町지부 기성회(집행위원·裵敬藤·文春和·金浩鎭·魏根浩)를 조직했다.376) 이러한 조직화의 뒤를 이어 삼일청년회라는 명칭을 삼일무산청년회로 개칭하고, 본격적인 사회운동단체임을 천명했다.

1925년 3월 1일, 회원 50여명이 참석한 가운데 열린 삼일무산청년회 개편대회377)에서 채택된 강령은 '1. 세계무산청년의 조직적 단결의 운동을 기한다. 2. 합리적 협력사회를 실현하고 조선 신인의 교양 및 투사의 수련을 도모한다. 3. 同族 특수한 처치에 鑑應하고 신흥계급의 모든 종류의 운동을 기한다' 등이었다.378) 이날 선출된 임원은 이중환·朴茫·김달환·辛基天·金碩·신재용·殷黑海·어파 등 8명이었다.379) 여기에서 주목할 만한 점은 선출된 임원의 대다수가 오사카지역에서 운동기반을 확립한 인물로 채워져 있다는 점이다. 박망(朴成俊)은 1923년에 關西韓人互助會를 조직하고, 같은 해 삼일청년회에 가입해 활동한 인물이었고380), 김달환과 신재용, 어파는 오사카동맹회와 재일노총 오사카연합회 임원이다. 즉 삼일청년회는 1921년 종교단체의 성격으로 창립했으나, 오사카지역의 사회운동 및 노동단체와의 교류를 통해 민족운동을 전개하면서 민족운동단체로 변신하게 된 것이었다.381) 이는 당시 시대적 요구나 재일조선인의 적극적인 민족운동전개로 볼 때 특

---

376) 『조선일보』 1925년 2월 23일자.

377) 개최장소에 대해 警保局은 佐藤藤太의 방으로, 조선일보는 民衆社(大阪시 東區 小橋元町 124번지)로 기재하였다. 警保局, 「大正14年中二於ケル在留朝鮮人ノ狀況」, 『集成』1, 165면;『조선일보』 1925년 3월 7일자.

378) 警保局, 「大正14年中二於ケル在留朝鮮人ノ狀況」, 『集成』1, 165~166면.

379) 『조선일보』 1925년 3월 7일자.

380) 박망의 자필 이력서 「항일반공사회운동약력」(1963년 10월 작성).

381) 일본공안당국은 삼일무산청년회를 사상단체로 분류하면서도, 1925년 현재 회원이 10명에 불과하고 이중환도 자금조달을 위해 국내에 가 있어서 활동이 정지된 상태로 파악했다. 警保局, 「大正14年中二於ケル在留朝鮮人ノ狀況」, 『集成』1, 165~166면.

이한 현상은 아니었다.

2) 大阪朝鮮靑年同盟과 在日本朝鮮靑年同盟 大阪支部

大阪朝鮮靑年同盟은 大阪高麗無産靑年會의 후신으로 여겨진다. 먼저 大阪高麗無産靑年會에 대해 살펴보겠다. 大阪高麗無産靑年會는 1926년 7월 1일 吉野町 大阪勞働學敎에서 창립대회를 개최했다. 이날 채택된 결의사항은 1. 교양문제에 관한 건 2. 기관지 발행에 관한 건 3. 선전방침에 관한 건 4. 국내운동통일촉진에 관한 건 5. 이류단체박멸에 관한 건 6. 소년문제에 관한 건 7. 도일동포제지에 관한 건 8. 사무소 설치에 관한 건 9. 마크제정에 관한 건 등이었다. 이 대회에서는 姜哲(집행위원장)·金蕚鮮·金一觀·김연복·김종오·김영식·박갑룡·權澤·권영하·李學宰·李赤震·李康鎬(이상 위원)을 선임했다.382) 곧 이어 7월 5일에는 大阪高麗無産靑年會 집행위원회가 열렸는데, 이 자리에서는 '東京無産靑年同盟會와 全日本無産靑年同盟이 제휴할 것을 협의하고, 주의 선전에 힘씀과 동시에 국내운동의 통일촉진에 노력할 것' 등이 논의되었다. 이 내용을 통해, 당시 大阪高麗無産靑年會의 당면과제를 알 수 있다.383)

일본공안당국은 大阪高麗無産靑年會를 지건홍·金相求·金永植 등이 조직한 단체로 인지하고 결성 취지를 다음과 같이 파악했다. 즉 지건홍 등은 "근래 일부 조선인단체가 과격사상에 현혹되어 평의회·수평사·오구시 고노스케(大串孝之助)일파에 추수하여 이용되는 경향이 있음은 우리의 전선을 교란시키는 일이고, 우리의 운동은 一身 一家의 경지를 넘어서 조국의 독립무산계급 해방 등 심원한 목적을 갖는다. 따라서 실력의 함양에 힘써 주변의 환경을 되돌아보고 근대적 사조에 순응할 뜻을 갖고자……" 무산청년의 계급의식 자각 촉진과 해방을 표방했다는 것이다.

大阪高麗無産靑年會는 조선공산당 세력이 구성원으로 들어옴에 따라 大阪

---

382) 『동아일보』 1926년 7월 26일자.
383) 「大正15년二於ケル在留朝鮮人ノ狀況」, 『集成』1, 214면.

朝鮮靑年同盟(오사카조선청년동맹)으로 명칭을 개편하고 집행부도 바뀌었다.[384] 1927년 10월 16일 大阪勞働學敎 대강당에서 열린 大阪高麗無産靑年會 제2회 정기대회에서 高麗無産靑年會를 해체하고 在大阪朝鮮靑年同盟(이하 오사카조선청년동맹)을 창립하기로 결정하였다.[385] 대회는 준비위원 위경영의 사회로 진행되어 임원을 선출하고(위원장 위경영, 위원 김우섭·愼熙宗·金宇·심황파·李康鎬·朱斗九·柳澤·김병국·김영수·裵□三·박영만·金抗·김여제·金興燦·윤동명) 14개항의 강령과 8개항의 건의안을 채택했다. 이 대회에서 새로 합류한 인물은 위경영·심황파·김영수·박영만·윤동명 등이었다. 이들 가운데 심황파와 박영만은 1927년 3월 오사카연합회에, 윤동명은 1927년 9월 오사카조선노조에도 처음 등장한다.

이날 채택한 결의안과 건의안을 통해, 오사카조선청년동맹은 '전민족적 단일당 수립'을 위해 '新幹會를 적극적으로 지지'하기로 하고, 아울러 신간회와 대립적 성격의 단체를 박멸하기로 했다. 오사카를 비롯한 京都·東京朝鮮靑年同盟은 1927년 11월 국내 朝鮮靑年同盟에 가맹하여 지부로서 활동했다.[386]

오사카조선청년동맹은 결성 이후 조직화에 힘써 1928년 1월 16일 東光학원에서 동성반(반장 金泰福) 발회식을 거행하였다.[387] 동성반은 '재만동포구축문제에 관한 건·3총해금에 관한 건·조선공산당 사건에 관한 건·동광학원에 관한 건' 등 4개 항목의 결의사항을 채택하고 임원을 선출했다. 오사카조선청년동맹의 활동내용도 대부분 반일반제운동으로써 대중단체인 재일노총 오사카연합회(오사카조선노조)와 연대투쟁을 전개했다.

1925년 1월 東京朝鮮靑年同盟의 전신인 東京朝鮮無産靑年同盟會가 결성된 이후 토쿄·쿄토·오사카 등 일본 각지에 조직된 조선인청년동맹조직은

---

384) 大阪조선청년동맹 창립의 산파인 위경영은 이후 조선공산당 일본총국 오사카 야돌로, 김우섭은 고려공산청년회 일본부 오사카야체이카 조직원으로 활동했다.

385) 『조선일보』 1927년 11월 12일자.

386) 『日本勞働通信』44호, 1928년 3월 24일자 「總本部の反對にあひ創立大會が有耶無耶」.

387) 『조선일보』 1928년 2월 6일자.

1926년 이후 통일기관의 필요성을 절감하고,[388] 1928년에 재일본조선청년동맹을 결성하였다.[389]

오사카조선청년동맹은 東京朝鮮青年同盟·京都朝鮮青年同盟의 구성원과 함께 1928년 2월 2일 오사카 浪速區 水津川町 소재 오사카청년동맹회관에 모여 재일본조선청년동맹 결성을 위한 삼청년동맹공동위원회를 구성했다. 위원회 출석위원은 印貞植(토쿄)·위경영·김우섭·윤동명(이상 오사카)·金正斗·조재홍(이상 쿄토)이다. 이 회의에서는 3월 1일 재일본조선청년동맹을 창립하기로 하고, 조직과 관련하여 다음과 같이 결의했다.

1. 조직은 단일동맹을 구성하고 각 지방에 지부를 두며 각 동맹의 의사를 수렴할 것과 본부의 위치는 토쿄로 한다. 2. 대회는 1928년 3월 11일 쿄토에서 열기로 한다. 3. 대의원은 단체마다 5명씩 선출하기로 한다. 4. 의안 인쇄비로 100원을 계산하고 기타 대회경비는 보류하기로 한다. 5. 선언과 의안의 작성은 東京朝鮮青年同盟에 일임한다. 6. 연락위원으로 東京朝鮮青年同盟의 인정식, 오사카조선청년동맹의 김우섭, 京都朝鮮青年同盟의 조재홍을 선출한다.[390]

그러나 3월 11일 쿄토에서 대회를 열기로 한 결의사항과 달리, 재일본조선청년동맹 결성대회는 1928년 3월 21일에 오사카 天王寺공회당에서 열렸다. 여기에서는 행동강령 20개항이 채택되고, 신간회 지지 등 13개 안건이 논의되었다.[391] 이와는 별도로 오사카지부에서 열린 제1회 집행위원회에서는 全일본무산청년동맹과 공동위원회를 설치할 것·일본의 조선증병반대에 관한 격문발송·연설회 개최·항의운동을 전개할 것을 비롯한 13개항의 결의문

---

388) 「在留朝鮮人ノ運動狀況」, 『集成』2, 137면.

389) 1926년 7월 5일에 열린 大阪고려무산청년회 집행위원회는 東京조선무산청년동맹회와 전일본무산청년동맹 두 단체와 제휴를 결정하기도 했다. 「大正15년二於ケル在留朝鮮人ノ狀況」, 『集成』1, 214면.

390) 『조선일보』 1928년 2월 17일자; 『중외일보』 2월 11일자.

391) 결성대회의 상황에 관해서는 『大衆新聞』 1928년 4월 1일자, 『叢書』5, 388면; 『조선일보』 1928년 3월 29일자; 『동아일보』 1928년 3월 31일자; 『青年朝鮮』 1928년 7월 7일자, 『叢書』5, 397면.

을 채택하고, 관서특파원에 金明容과 宋在洪을 선출했다.[392] 그러나 『日本勞働通信』은 이 대회가 신문기사와 같이 순조롭게 진행되지 않았음을 보도하였다. 여기에서 잠시 그 내용을 살펴보면 다음과 같다.

沈荒波(오사카조선노조 정치부장, 오사카조선청년동맹 위원)가 『日本勞働通信』에 제공한 자료를 근거로 보도한 내용에 의하면,[393] 토쿄 5명, 쿄토 15명, 오사카 15명 등 대의원이 출석한 가운데 개최된 대회는 대회선언을 둘러싸고 반대의견이 개진되어 순조롭게 진행되지 못했다는 것이다. 즉 집행부는 2월에 열린 쿄토회의에서 경성에 있는 총본부에 사전승인 없이 대회를 개최하고 사후승인을 받기로 하였지만, 오사카조선청년동맹에서 절차를 무시한 이러한 행동을 반대하여 심황파가 대회석상에서 문제제기를 하였고, 오사카조선청년동맹 집행위원장 위경영이 대회가 위법임을 선언하여 규약과 의안이 토의되지 못한 채 폐회했다는 것이다.

그러나 관서특파원인 金明容과 宋在洪이 밝힌 경과는 이와 다르다. 준비위원 김우섭의 개회사로 시작된 대회는 임시의장 정희영, 부의장 김정두, 서기 김오찬(자료에 따라 金興燦으로 표기되기도 함)을 선출하고 의사진행을 하던 중 방청석에서 자칭 조선청년총동맹 특파원 李晃이 발언권을 요구하였으나, 그대로 진행되어 선언, 강령, 규약이 통과되었다는 것이다.[394]

관서특파원의 보고내용이 신문기사와 일치하는 것으로 보아 약간의 문제제기가 있었으나 결성대회는 무사히 종료되었던 것으로 여겨진다. 심황파의 제보는 재일본조선청년동맹 결성이 조선공산당 일본부 오사카야돌(초기조직)과 고려공산청년회 오사카야체이카 조직원인 김우섭과 위경영 주도 아래 전개됨에 따라, 자신이 배제된 데서 발단이 된 듯 하다.

1928년 결성대회가 개최된 이후 4월 20일부터 오사카조선청년동맹은 재일

---

392) 『조선일보』 1928년 3월 29일자; 『동아일보』 1928년 3월 31일자.
393) 『日本勞働通信』37호, 1928년 3월 15일자 「世界戰爭反對を叫しで 朝鮮靑年運動統一成功」; 44호, 1928년 3월 24일자 「總本部の反對にあひ創立大會が有耶無耶」.
394) 『日本勞働通信』48호, 1928년 3월 29일자 「關西特派員の ‘朝鮮靑年同盟大會’ 再發表」.

본조선청년동맹 오사카지부로 활동하였다. 1928년 4월 20일 창설된 오사카 지부는 7개반 470명으로 구성되었다.[395] 이후 본부의 지령에 따라 오사카지부는 반을 공장반·직장반·거주반으로 나누고, 동일구역 내에 지구위원회를 조직하여 미조직 청년의 조직과 교양사업에 주력했다. 그해 8월에는 혼합반이 지역반으로 지역반은 공장반으로 정비되었다.[396] 당시 재일본조선청년동맹은 반조직의 강화를 운동의 주요한 토대로 생각했던 것이다. 蘇生이란 필명의 작자는 7월 31일자 기고문에서 반조직의 필요성을 조직의 대중적 기초 확립에 두었다. 그는 "우리의 투쟁과 조직이 과연 확고한 대중층의 深底에까지 다리를 심으며 우리투쟁이 대중의 *에서부터 궐기되는 힘잇는 투쟁이 될랴면 우리는 우리의 투쟁 쏘 조직의 기본단위인 반이 공장 광산 농촌 학교 등 청년대중이 일상으로 압박 당하고 착취 밧고 잇는 모든 집회장을 중심으로 확립되어야 할 것임은 우리의 조직문제의 가나다이다"(원문 그대로)라고 밝히고, 공장반의 강화를 주장했다.[397]

이러한 본부의 입장에 따라 오사카지부 조직의 정비는 효과를 나타내어, 浦江반의 경우 1928년 5월부터 조직화에 힘쓴 결과 8월에는 100여명의 동맹원을 획득할 수 있었다.[398] 오사카지부의 주요 활동을 보면, 3.1기념식 행사를 비롯한 반일반제운동·교육사업과 『청년조선』 기금마련 등 조직화 활동 전개 등으로 나타난다. 在日本朝鮮靑年同盟 大阪支部의 활동은 오사카지역의 조선인민족운동단체와 연대투쟁의 형태를 취함으로서 더욱 효과를 거두었다. 大阪高麗無産靑年會에서 오사카조선청년동맹으로 바뀐 이후부터 전개된 각종 활동에 대해 시기적으로 살펴보기로 하겠다.

먼저 재만동포구축반대운동이다. 1927년 5월부터 중국에서 재만동포에 대한 탄압과 구축사태가 시작된 이후,[399] 국내 운동세력의 규탄운동으로 완화

---

395) 『靑年朝鮮』 1928년 7월 7일자, 早稻田대학 MF 자료 2752.
396) 『靑年朝鮮』 1928년 7월 31일자, 早稻田대학 MF 자료 2754.
397) 앞의 주.
398) 「朝鮮靑年總同盟 在日本朝鮮靑年總同盟 大阪支部 浦江班班報」 제1호, 1928년 8월 2일자, 早稻田 대학 MF 자료 2773.
399) 『동아일보』 1927년 5월 21일자; 28일자; 1927년 6월 4일자; 26일자; 9월 18일자; 11

되기는 하였으나 재만조선인에 대한 탄압이나 구축 움직임이 완전히 사라진 것은 아니었다. 이러한 사태에 대해 1927년 12월 在東京朝鮮人團體協議會는 「2백만 동포를 구축하는 북경관헌의 횡포에 대하여 海내외 동포형제에 격함」이라는 격문을 발표했다. 그러자 오사카조선청년동맹 긴급집행위원회(1927년 12월 13일)는 재만동포 축출문제에 대해 협의한 후 다음과 같은 내용을 결의했다.[400] 1. 만주주재동포사건에 대하야 오사카 각 노동단체와 연합하여 공동위원회를 열고 긴급구제책을 강구할 것 2. 신년을 기하야 1월 1일과 2일에 天王寺공회당에서 오사카 각 단체와 연합하여 조선노동자위안회를 개최할 것. 이를 위한 실행위원은 위경영·김홍찬·김우섭 등 3명이 결정되었다. 또한 12월 말에는 오사카조선청년동맹을 비롯한 오사카지역 4단체(오사카조선청년동맹·新幹會 大阪支會·오사카조선노조·在大阪朝鮮學友會)가 개최한 합동위원회(장소: 오사카조선노조 회관)에 참석하여, 재만동포옹호와 사망한 조선공산당원 백광흠의 추도행사에 관해 결의하였다.[401] 이 합동위원회는 1928년 2월 16일에 열린 在大阪朝鮮人대회 준비회의의 성격을 띠었다.

　1928년 2월 16일 오사카조선청년동맹은 新幹會大阪支會·오사카조선노조와 공동주최로 天王寺 공회당에서 在大阪朝鮮人大會(金守顯[402] 사회)를 개최했다.[403] 조선인대회는 총독폭압정치반대투쟁이 확산된 형태이다. 수천명의 청중이 참석하고 300명 경관의 경계 아래 열린 대회에서 채택된 결의문은 다음과 같다. 1) 조선노농청년총동맹집회금지에 관한 건 2) 신간회전국대회

　월 17일자.

400) 『동아일보』 1927년 12월 20일자.

401) 『동아일보』 1927년 12월 22일자.

402) 김수현이 1923년 상애회 간부로 활동하다가 언제부터 민족운동에 투신하게 되었는지에 대해서는 알 수 없으나 1925년 3월에 大阪조선노동학교를 설립한 이후부터는 줄곧 민족운동단체에서 활동하였다. 1925년 3월 김수현은 김태엽, 高天仇 등과 함께 大阪조선노동학교를 열어 주로 자녀 교양에 힘썼는데, 1926년 3월 의견충돌로 폐교에 이르게 되었다. 「大正15年中ニ於ケル在留朝鮮人ノ狀況」, 『集成』1, 214면

403) 『동아일보』 1928년 2월 21일자; 『조선일보』 1928년 2월 21일자; 大阪市 社會部, 『勞働月報』83호, 1928년 3월, 12면.

금지에 관한 건 3) 재만동포옹호동맹 적극적 지지에 관한 건 4) 재일본조선동포의 거주권 확립에 관한 건 5) 노동농민당 적극적 지지에 관한 건 6) 금릉학원 폐교에 대하야 절대반대에 관한 건(조선인교육의 자유를 승인할 것) 7) 민족적 박해에 항쟁할 것 8) 조선인을 압제하는 모든 악법을 철폐할 것 9) 조선공산당 유죄판결을 반대하자 10) 척식성 신설계획을 반대하자 11) 조선총독폭압정치를 매장하자 등이다.[404] 그리고 대회과정에서 연사 30여명이 검속되었는데, 이들은 경관의 저지에도 불구하고 피검속자동맹을 조직하여 경찰당국의 무리한 압박을 규탄했다. 이 대회 결의문에는 '총독정치반대'와 같은 구절이 명시되지는 않았다. 이 점은 이제 이 투쟁이 선언적인 내용에서 벗어나 구체적인 총독식민통치의 失政을 대상으로 하였음을 의미한다.

오사카지부는 일제하 최대의 반일민족운동인 총독폭압정치반대투쟁도 전개했다. 1928년 6월 18일부터 25일까지를 총독폭압반대주간으로 정하고, 삐라와 포스터를 뿌렸다. 또한 회원들은 20일 정오를 기해 작업을 중지하였고, 연설회까지 개최하였지만 이 연설회에서 7명의 회원이 검거되었다.[405] 浦江班도 1928년 6월 1일부터 7일까지를 조선총독폭압정치반대주간으로 설정하고 삐라와 포스터를 뿌렸고, 10일에는 6.10만세운동을 기념했다고 하는데, 구체적인 활동내용은 알려져 있지는 않다.[406] 이듬해 11월 7일에는 오사카지부 명의로 「혁명기념일을 15분간 스트라이크로」라는 제목의 격문을 발표했다. 이 격문에는 '노동자·농민정부를 건설하자' 등 6개항의 내용이 적혀 있다.[407]

오사카지부는 1928년 3월 1일 東光학원에서 기념음악회를 구실로 삼일운동기념식을 개최하였다.[408] 조선인동포 700명이 모인 가운데 개최된 음악회

---

404)『동아일보』1928년 2월 21일자; 大阪市,『勞働月報』83호, 1928년 3월, 12면.

405)『靑年朝鮮』1928년 7월 7일자, 早稻田대학 MF 자료 2752.

406)「朝鮮靑年總同盟 在日本朝鮮靑年總同盟 大阪支部 浦江班班報」제1호, 1928년 8월 2일자, 早稻田대학 MF 자료 2773.

407) 조선청년총동맹 재일본조선청년총동맹 大阪지부,「혁명기념일을 15분간 스트라이크로」. 일본 早稻田대학 MF 자료 3384.

408)『조선일보』1928년 3월 6일자.

는 음악 연주가 몇 곡 흐른 후 오사카지부의 간부인 김병국이 등단하여 '삼일기념일'에 관한 연설을 시작하면서 삼일운동기념식으로 바뀌었다. 이에 흥분한 청중들이 만세삼창을 부르며 연단으로 뛰어오르자 연주회는 경관에 의해 해산되었고 이로 인해 김병국 등 5명이 검거되었다.

또한 1929년 6월에는 **총동원반대격문살포사건을 전개하였는데, 그로 인해 6월 20일과 26일에 오사카지부 본부와 海老江반 사무실이 수색을 당하고, 지부 상임위원 孟南哲, 海老江반장 宋生九 외 다수가 체포되었으며, 30일에도 격문과 등사판을 압수당하고 李點得이 검거되었다.409)

그외 재일본조선청년동맹 오사카지부는 기관지『靑年朝鮮』을 위한 활동도 전개했다. 오사카지부 동성반은 1928년 6월 30일에『靑年朝鮮』에 5원을 보내며 독자확보를 호소하였다.410) 오사카지부 신문위원회는 1928년 8월 1일부터 7일까지『靑年朝鮮』8백 독자 획득과 200원 기금모집운동을 전개했다.411) 오사카지부의 권택은『靑年朝鮮』창간호에「靑年朝鮮 萬歲」라는 글을 통해 기관지『靑年朝鮮』을 거인으로 표현하고, 이 거인을 사수하기 위한 투쟁에 나서자고 호소했다.412)

재일본조선청년동맹 오사카지부가 전개한 교육활동으로는 전위적 청년을 양성하고 소년들에게 공산주의를 선전할 목적으로 大阪無産兒童學院을 설치하여 운영한 활동이 있다.413)

---

409)『조선일보』1929년 7월 15일자; 28일자.
410)『靑年朝鮮』1928년 7월 7일자, 早稲田대학 MF 자료 2752.
411)『靑年朝鮮』1928년 8월 30일자, 早稲田대학 MF 자료 2848.
412)『靑年朝鮮』1928년 7월 7일자, 早稲田대학 MF 자료 2752.
413) 金正明,『朝鮮獨立運動』4, 937면.

4. 아나키즘 단체의 민족운동[414)

1) 아나키즘 단체의 결성과 활동

(1) 오사카지역의 아나키스트

1920년대 초반 식민지조선에서의 아나키즘은 이론적 심화가 선행되지 않은 상태에서 민족운동의 수단으로서 채용되었다.[415) 일본지역의 경우도 마찬가지였다. 3.1운동 이후 유학생 가운데 일부는 만세운동만으로 독립을 이룬다는 것에 한계를 느끼고 다양한 사조를 받아들이며, 사회·노동문제에도 관심을 기울이기 시작했다.[416)

1919년 4월 白南薰·卞熙鎔·金俊淵·崔承萬 등이 요시노(吉野作造)와 후쿠다 코지(福田狂二)가 주도하는 黎明會에 출입하였고, 元鍾麟·鄭泰成·權熙國·李增林·金鴻基·林世熙 등이 사카이 토시히코(堺利彦)가 주도하는 코스모스 구락부와 타카츠 마사미치(高津正道)의 曉民會·카토 카즈오(加藤一夫)의 自由聯盟에 출입하면서 사회주의사상과 접촉하였다. 朴烈·원종린·金若水 등은 大杉榮·岩佐作太郎과 자주 교류하는 가운데 아나키즘의 영향을 받았다.[417) 이러한 선진분자들의 활동 결과, 1921년 11월 21일 黑燾會가 창립하였다.[418) 이 시기에는 아직 사회주의와 아나키즘간의 명확한 구분 없이 두

---

414) 일본지역 조선인아나키즘운동의 전반적인 내용에 대해서는 부록논문 참조.

415) 존 크럼은 식민지시대 한국아나키즘의 투쟁방향을 ①일본식민통치로부터 나라의 독립을 성취 ②모든 사람을 착취로부터 해방하고 계급 또는 사회를 쟁취하는 투쟁 등 두가지로 설정했다. 존 크럼, 「동아시아에 있어서의 아나키즘과 민족주의」, 『아나키즘연구』1, 1995년, 100면. 식민지조선의 민족운동과 아나키즘의 관계에 대해서는 함용주, 「민족해방운동과정에서 아나키즘의 역할에 대한 연구」, 서강대학교 정치외교학과 석사학위논문, 1994년 참조.

416) 박애림은 이 시기 사상조류를 '사회주의가 아나키즘을 포함한 다양한 분파와 이론을 무차별적으로 뒤섞은 광의의 사회주의'로 표현했다. 박애림, 「조선노동공제회의 활동과 이념」, 연세대 석사학위논문, 1992년, 63면.

417) 무정부주의운동사편찬위원회, 『한국아나키즘운동사 - 전편』, 형설출판사, 1978년, 753면.

418) 『독립운동사자료집 - 별집3』은 결성 시기를 1920년으로 기술하였고, 坪江汕二는

사조가 식민지해방논리를 담고 있는 혁신적인 신진사조라는 점에서 젊은이
들에게 공감을 주고 있었다.[419] 흑도회도 마찬가지로 사회주의·아나키즘·
민족주의 등 각 사상조류가 합류하고 있었는데, '흑도회'라는 명칭으로 보아
아나키즘이 우세한 것으로 보여진다.

오사카지역의 아나키즘 운동은 高順欽·최선명·김태엽의 활동이 중심을
이룬다. 그러나 이 가운데 오사카지역에서 장기간 체류하면서 아나키즘운동
을 주도한 인물로는 고순흠을 들 수 있다. 최선명은 동양대학 철학과를 나온
후 南興黎明社를 조직한 인물로 알려져 있는데, 소련국경을 넘어 함북지방으
로 돌아오다가 피체된 이후 소식이 전해지지 않는다.[420] 김태엽은 오사카에
만 국한하지 않고 토쿄·나고야(名古屋) 등 일본 각지에서 활동한 노동운동
가이다.

제1장에서 살펴본 바와 같이 오사카지역은 제주도지역민의 도일이 많은
곳으로서, 제주도 출신 아나키스트 고순흠의 활동무대이기도 했다. 따라서
고순흠이 오사카지역의 아나키즘운동에 미친 영향력은 적지 않았다. 오사카
지역의 아나키즘운동을 살펴보기 위해서는 고순흠의 활동내용에 대한 고찰
이 선행되어야 한다.

제주도 출신 최초의 아나키스트인 고순흠의 아나키즘은 소규모 공동체의
연합으로 이루어지는 체제를 꿈꾸는 크로포트킨 사상의 아나르코 코뮤니즘

1921년 11월 29일로 기술했다. 독립운동사편찬위원회,『독립운동사자료집 - 별집
3』, 1971년, 29면; 坪江汕二,『朝鮮民族獨立運動秘史』, 巖南堂서점, 1959년, 284면.
흑도회에 관해서는 김명섭,「흑도회의 결성과 활동」,『사학지』31, 1998년 참조.
419) 이는 일본의 경우도 마찬가지여서 1920년 12월 결성된 일본사회주의자동맹은 아
나키스트, 맑시스트, 사회민주주의자, 국가사회주의자, 노동조합주의자 등 각파
의 대표자들이 망라되어 있었다. 이러한 사상적 미분화현상은 민주주의 사상의
대두와 노동운동의 발전 등으로 인해 분화의 과정을 거치게 되었다.『한국아나키
즘운동사』, 68~69면.
420) 金泰燁, 앞의 책, 88면; 무정부주의운동사편찬위원회,『한국아나키즘운동사』, 284
면. 金泰燁은 최선명을 민족주의자로 규정하였으나 최선명이 오사카지역에서 아
나키즘단체를 결성하여 활동한 내용을 바탕으로 본고에서는 아나키스트로 설정
하였다.『한국아나키즘운동사』에서는 최선명을 여성이라 기술했으나 金泰燁의
책을 비롯해 다른 자료에서는 여성임을 나타내는 기록이 없다.

과 제주도가 갖는 경제적 역사적 특성에 바탕을 두었다. 러시아 아나키스트 크로포트킨(1842~1921)은 다년 간의 동물과 시베리아 원시부족 관찰을 통해 상호부조의 원리를 발견하고 이를 인간 역사에 적용하여 아나키즘을 체계화하였다.[421] 즉 동물계가 당시 일반적으로 알려져 있는 약육강식의 세계가 아니어서 동물들 사이에서 자발적인 협동이 잔인한 경쟁보다 더 중요한 역할을 하며, 상호부조의 습성을 터득한 동물이 자연에 더 잘 적응하고 생존한다는 사실을 발견하고, 이를 바탕으로 소규모 공동체로 이루어진 자치적 사회 조직을 이상적인 사회로 설정한 것이다. 이 사상은 고순흠의 개인 상황과 접목을 이루면서 제주도 아나키즘 성격에 큰 영향을 미치게 되었다.

자신의 의지와는 무관하게 전통적인 관습에 역행하면서 출생하게 된 고순흠[422]은 7세 때 부친을 여의고 어머니로부터 정통 孔孟의 道를 공부하였으나[423] 17세 때 성선, 성악 양설을 부정하고 '性本無色透明'을 깨달았다. 그 뒤 노장의 性素說을 믿어 治平之道로는 인위적인 것을 배격하는 것이 최고임을 확신하였다.[424] 이러한 무위자연사상에 크로포트킨의 사상이 접맥되면서 고순흠은 동양 노장사상에서 점차 근대적 아나키즘으로 전환하게 된 것이다.[425]

여기에 제주도가 갖는 공동체 지향적인 성격이 일정한 영향을 미쳤음은 물론이다. 제주도는 1920년대 초부터 제주해녀조합이나 도민기업설립운동

---

421) 폴 애브리치, 『러시아 아나키스트 1905』, 예문, 1989년, 44~45면.

422) 고순흠은 제주의 이름난 유학자 高性謙의 아들이었으나, 어머니 송씨가 파평 윤씨댁의 며느리로서 고성겸의 아이를 가짐으로서 파란속에서 출생하게 된 것이다. 일찍이 남편을 잃고 수절하여 열녀 칭송을 받았던 송씨가 나이 40이 지나 임신을 하게 되자 儒家에 변괴가 일어났다고 분개한 친척들이 송씨를 심하게 박해하여 해산 당일에는 10여군데를 피신해야 할 정도였다. 출산 후 떠돌이 생활을 하던 모자에게 고성겸이 찾아 왔으나 고성겸이 7세때 화재를 당해 사망하자 고순흠은 편모의 손에서 자라게 되었다. 김찬흡, 「애국지사 죽암 고순흠의 생애1」, 『교육제주』57, 1986년, 165면.

423) 김찬흡, 「애국지사 죽암 고순흠의 생애4」, 『교육제주』60, 1987년, 205~206면.

424) 고순흠, 「무정부주의자가 된 동기」(염인호, 「일제하 제주도에서 전개된 아나키즘운동」, 『한국근현대지역운동사 - 호남편』, 여강, 1993년, 287면 재인용).

425) 고순흠은 1921년부터 『공제』에 「따원설과 맑스설」 등 크로포트킨의 글을 번안해 실고 있다.

등 소생산자층 공동의 이익을 도모하고자 하는 움직임이 활발한 지역이다. 전근대시대부터 중앙정부로부터 무시되고 중앙정부의 장악력이 미치지 못했던 제주도는 토지가 척박하였고, 경지의 대부분이 국가소유 아래 있었으므로[426] 지주나 자본가로 성장하는 사람은 있을 수 없었다. 따라서 개항 이후 근대화의 물결을 타고 밀려오는 일본이나 육지자본에 대항하기 위해서는 제주도의 소생산자들이 결속할 수밖에 없었다.[427] 이러한 제주도의 역사적 경제적 특성은 고순흠의 아나키즘 내용에 중요한 비중을 갖게 되었다.

고순흠은 서울에서 1914년 3월 경성전수학교를 졸업하고 비밀결사인 大同靑年團을 조직했다. 1919년 3월에는 朴重華·朴耳圭와 함께 경성 태화관에서 조선노동문제연구회를 개최하였고, 1920년 2월 박중화·徐延禧·李恒發 등과 함께 서울에서 조선노동공제회를 조직하고 강령과 헌장을 기초했다.[428] 조선노동공제회는 산하에 인쇄공조합·전차종업원조합·이발사조합·양복직공조합 등을 포섭했다.[429] 회장인 박중화가 대한독립단 관계로 투옥되어 예심에 회부된 후[430] 고순흠은 1922년 사기공산당 자금 건을 빌미로 7월 9일에 열린 위원회에서 신백우를 공격했으나 실패하자 노동공제회를 탈퇴했다. 고순흠은 탈퇴 이유를 '민족운동을 위해 조직한 조선노동공제회가 …점차 볼쉐비키계가 침투하게 되어 고질적인 사대주의가 발생되고 공산당선전비 쟁투에 민족적 추태가 노골화되어 창립책임감에 분노를 금치 못하고 부득이 파괴를 감행한 것'이라고 밝혔다.[431] 11일에는 노동공제회 사무실에 가서 尹

---

426) 1901년 당시 제주도 경지의 99.3%는 목장토, 궁방전, 각 아문토 등 公土였고, 민유지는 밭과 화전을 합해 30.257결로서 0.7%에 불과했다. 강창일, 「1901년 제주민란에 대하여」, 1984년, 미간행논문(이영훈, 「일제하 제주도의 인구변동과 경제사회구조」, 『제주항쟁』1, 1991년, 139면 재인용).

427) 제주도는 1915년 島制가 실시되어 전라남도 제주도가 된 이후, 1916년 1월부터 토지측량고시가 시행되었고, 서귀포항을 중심으로 한 일본인 어업이민단의 활동이 증가했다. 제주도지편찬위원회, 『제주도지』, 1982년, 385 ; 388면.

428) 고순흠은 조선노동공제회를 명목은 노동운동이나 실질은 민족해방운동을 겸행할 의도에서 결성했다고 진술했다. 고순흠, 「조선노동공제회 창업의 동기와 전말」.

429) 『한국아나키즘운동사』, 155면.

430) 1921년 3월 13일에 열린 조선노동공제회 제2회 정기총회 대표명단에 박중화는 빠져 있지만 고순흠은 포함되어 있다. 『한국공산주의운동사』2, 65면.

憲炳·李逢榮 등 간부들을 폭행하여 중상을 입히고 관련서류와 간판에 석유를 부어 태웠다. 이 사건으로 고순흠은 2주간 구금되었다.[432]

이같이 고순흠은 중앙에서 활동하면서도 제주도를 대상으로 한 활동을 게을리하지 않아 1920년에는 제주해녀조합 설립운동에 참가하였고, 1923년 12월에 창립된 노동회 결성을 주도하기도 했다.[433] 그는 1924년 3월 오사카로 건너가 최선명·김태엽이 결성한 남흥여명사에 기식하면서 이들과 교류하고, 6월 2일 朝鮮人無産者社會聯盟 결성에 참여했다.[434] 고순흠은 조선일보 코베지국장을 하면서 朝鮮女工保護會를 조직하고 제주도출신 여공들의 권익옹호에 노력했으며, 堺朝鮮自由勞動者聯盟, 大阪自由勞動者聯盟을 조직했다.[435] 朝鮮人新進會 조직에 관계하고 朝鮮人協會와 대항했으며, 自我聲民報社, 朝鮮民衆社 등 언론사업에도 투신했다. 함께 활동한 동지는 최선명·김태엽·孫無·金秉勳·高民友·金彰煥·金宗鎬·朴永徽·이윤희·金演秀·高永禧·康箕贊·金時均·金時星·韓碩一·韓明淑·尹龍錫·金時淑·韓錫順·金永才·金昌喜 등이다.[436] 고순흠의 이러한 활동에 힘입어 제주도는 많은 아나키스트를 배출하였고[437] 아나키즘운동의 본산으로 역할하였다.

그러나 고순흠의 활동은 제주도출신 조선인을 대상으로 하는 제한적인 운동에 치우쳤으므로, 오사카조선인운동이라는 전체적인 시각에서 볼때 한계를 갖는 운동가로도 평가된다.[438] 이는 같은 고향 출신의 운동가 김문준이

---

431) 고순흠, 「조선노동공제회 창업의 동기와 전말」, 즉 고순흠은 좌익세력의 침투로 인해 노동공제회가 창립 당시의 의의가 훼손된다고 생각한 것이다.

432) 『동아일보』 1922년 7월 13일자.

433) 염인호, 앞의 글, 290면.

434) 坪江汕二, 『朝鮮民族獨立運動秘史』, 1986년, 289면.

435) 이외에도 재일여공노동소비조합, 浮硼社, 고려평민기업사 등에 관여한 것으로 나타나는데 근거를 찾을 수 없다. 김찬흡, 「애국지사 죽암 고순흠의 생애2」, 『교육제주』58, 1986년, 167~168면.

436) 고순흠, 「신진회를 중심으로 한 반민족단체 소탕」, (김찬흡, 『애국지사 죽암 고순흠의 생애(Ⅶ)』, 『교육제주』63, 1988년, 305면 재인용).

437) 고순흠이 동지 趙大秀를 추모해서 쓴 비문에 의하면 자신이 1925년 가을 제주도에 왔을 때 크로포트킨 사상 신봉자가 65명이나 되었다고 한다. 염인호, 앞의 글, 290면.

지역적인 한계를 넘어서 오사카 조선인민족운동의 전체를 운동의 대상으로 확대한 것과 대비되면서 고순흠의 역할에 대한 평가가 폄하되는 결과를 낳았다.[439] 여기에는 고순흠 개인의 성향이나 역량보다는 아나키즘운동이 갖는 특성이 더 큰 요인으로 작용했다고 생각된다.[440]

아나키즘은 그 자체만으로는 사회운동으로서 방향성을 제시하고, 새로운 국가건설의 목표를 제시하는 데 취약한 이론구조를 갖고 있다. 1793년 윌리엄 고드윈이 「정치적 정의」를 통해 '권력에 의존하는 모든 사회제도를 거부'한 후 부루동과 바쿠닌·크로포트킨을 거쳐 '자각적 이론체계'로 정착한 아나키즘은 자유와 자율·자유의사와 자유연합을 공통적인 기본개념으로 한다. 이러한 개념은 계층 구조적 조직의 거부를 의미하기 때문에 중앙집권적인 당조직의 체계 아래 움직이는 맑시즘운동에 비해 조직력이 약한 것은 당연하다.[441]

더구나 아나키즘 사상 가운데에서도 크로포트킨의 사상은 격렬한 총파업이나 테러보다는 선진분자에 의한 선전 계몽, 소생산자의 상호부조를 통한

---

438) 오장환은 오사카지역의 아나키즘이 1927년 7월 도일한 김문준이 활약하면서 공산주의운동에 잠식당하였다고 이해했다. 오장환, 「1920년대 재일한인 아나키즘운동 소고」, 『한국민족운동사연구』18, 1998년, 174면. 이 주장은 오사카지방 조선인사회에서 아나키즘과 맑시즘이 상호 대립적인 관계로 일관하였다는 인식을 바탕으로 한다. 그러나 오사카지역의 아나키즘운동은 운동의 보편적 경향보다는 이 지역 조선인 운동이 갖는 지역적 특성에 대한 이해를 바탕으로 고찰되어져야 할 것이다.

439) 현재 이들의 활동을 기억하거나 동시기에 같은 공간에서 활동했던 제주도의 운동가들이 회고하는 김문준과 고순흠의 차이에서도 개인적인 역량보다는 아나키스트였으므로 활동의 지평이 좁았다는 점이 가장 크게 작용한다. 김진주 구술자료(1997년 9월 13일, 제주도 북제주군 조천면 소재 자택에서), 신기성 구술자료(9월 14일, 제주도 북제주군 조천면 소재 자택에서) (면담자 : 정혜경).

440) 고순흠 아나키즘활동의 성격은 제주도 아나키스트의 활동 양상과도 상통한다. 제주도의 경우는 외부조직으로부터 지원을 받지 못하기 때문에 고립된 상태에서 운동을 전개해야 하는 한계가 분명히 있었고, 아나키스트들 자신도 소생산자운동을 제외하고는 노동자를 조직화하거나 대중운동을 전개하려는 어떤 노력도 하지 않았다.

441) 죠지 우드콤, 하기락역, 『아나키즘』, 형설출판사, 1972년, 70면.

소비기관 및 생산기관의 장악이라는 실천노선을 취했다. 이 사상은 제주도의 경우에는 지역적인 상황과 일치했으나, 노동자가 다수를 차지하는 지역에서는 적당한 운동 이론으로 자리할 수 없었다. 그러므로 고순흠의 활동은 오사카 내에서도 제주도민을 위한 활동 이상으로 확대되기 어려웠다.

2) 오사카지역의 아나키즘 단체

(1) 조선무산자사회연맹

최선명과 김태엽이 조직한 것으로 알려져 있는 조선무산자사회연맹은 1924년 6월 28일에 결성되었다.[442] 결성자인 최선명과 김태엽이 아나키스트로 알려져 있으므로 일본공안당국은 조선무산자사회연맹을 아나키즘단체로 분류했다. 그러나 구체적인 활동 내용에서는 민족운동단체와 큰 차이를 보이지 않고 있다.

조선무산자사회연맹은 '朝鮮人의 自力에 의해 현재 지위로부터 절대적으로 탈출하여 신문화 건설을 위한다'는 목적 아래 결성되었는데 결성 당시 회원은 소수에 불과했다. 그러나 키모토(木本正胤)와 관련을 갖고, 오사카동맹회 간부인 송장복과도 연계하면서 오사카지역내 조선인민족운동단체들과 연대활동을 전개하였다.[443]

조선무산자사회연맹의 주요 활동내용으로 1924년 6월 28일 天王寺공회당에서 조선인차별문제에 대한 연설회를 개최했다는 기록이 보인다. 이 연설회에서는 최선명과 고순흠·김태엽이 연설했다.[444] 7월 20일에는 삼일청년회·오사카朝鮮留學生學友會·조선무산자사회연맹·오사카동맹회 공동주최로 조선인문제대회를 개최했다. 또한 조선무산자사회연맹은 8월 5일에도 오사카朝鮮留學生學友會·남흥여명사·삼일청년회·堺朝鮮同志會 등과 함

---

442) 內務省 警保局, 「大正14年中二於ケル在留朝鮮人ノ狀況」, 『集成』1, 166면. 『朝鮮民族獨立運動秘史』, 293면과 『한국아나키즘운동사』, 285면에는 결성일이 6월 2일로 되어 있다.
443) 內務省 警保局, 「大正14年中二於ケル在留朝鮮人ノ狀況」, 『集成』1, 166면.
444) 『조선일보』 1924년 6월 28일자.

께 조선집회압박탄핵대회를 개최하였는데, 이 자리에는 일본노동총동맹 오
사카聯合會와 수평사 등이 지원하기도 했다.[445]

(2) 조선인 신진회

오사카 아나키즘단체 가운데 자료상 결성과정이 비교적 잘 알려진 단체에
朝鮮人新進會(이하 新進會)가 있다. 신진회는 1926년 1월 16일 此花區 孝(曉)구
락부에서 회원 500여명이 모인 가운데 발회식을 가졌다. 이 자리에서는 회장
(李春植)을 비롯한 임원선거가 있었고 선언과 강령을 통과시켰다. 임원은 회
장 외에도 高濟均(부회장)·尹赫濟·金東仁·玄斗錫·金思鎰·李元根·梁達
寬·尹景圭·康震七·宋禹春·尹應士(이상 이사)·康錫範·金秉訓· 嚴載鎭
(이상 감사)·金津紳·金東仁(이상 회계)·金時贊(서기)·李元根·金奉春·金
達三·梁佑天·宋迎春·高基平·申鍾殷·朴泰善·吳仁奉·金尙洙·李奉輝·
金命春·金仁準·安己煥·文昌權·金恒仁·金季根·成子鉉·宋君和·李元佑
·李順權·曹德順·金安奉·李方泰·李奉采·林先春·夫元化·姜己生·宋官
石·洪在平·金斗錫·金學寬·梁主平·尹奉柱·尹首王·高永熏·金才有·姜
庚能·朴宗律·朴宗杓·姜海珉·金承平·金汝贊·許寬·高漢範(이상 간사)
등이 선출되었다.[446] 강령은 1) 우리들은 동포의 상호부조적 정신과 일치단
결한 행동에 의하여 절대적 해방을 기한다. 2) 우리들은 민족적 특종지위에
서시 불합리한 환경을 타파하고 경제적 자유획득에 노력한다. 3) 우리들은
문맹적 지위로부터 신문화창조에 돌진한다는 것 등이었다. 이후 「회보」를
발행하고 회원 확보에도 나섰다.[447]

간부의 면면을 살펴보면, 회장 이춘식은 조선인협회 지부장으로 선우회
발회식에서 임시회장을 맡았고, 부회장 고제균과 이사 윤혁제는 선우회 발
회식에서 일선융화를 고취하는 연설을 하던 인물로서, 윤혁제는 1927년 12

---

445) 內務省 警保局,「大正14年中ニ於ケル在留朝鮮人ノ狀況」,『集成』1, 166면.
446)『동아일보』1926년 1월 22일자;『시대일보』1926년 1월 22일자;『조선일보』1926
    년 1월 22일자.
447) 內務省 警保局,「大正15年中ニ於ケル在留朝鮮人ノ狀況」,『集成』1, 214면

월 신간회 오사카지회 결성대회에서 서기장으로 선출되기도 했다.[448] 또한 고영희, 강기찬, 김시균, 김시숙 등은 제주출신으로 고순흠으로부터 지도를 받아 아나키스트가 된 인물이다.[449]

일본공안당국은 1926년 5월 11일 새벽 4시에 自我聲社[450]와 신진회 사무실을 포위하여 결의록과 關西黑旗聯盟宣言書를 비롯한 중요 서류를 압수하였다. 이때 신진회 간부 윤혁제 등 60여명이 검거되었는데, 이 가운데 이춘식을 비롯한 신진회 간부 2명은 10일의 구류 후에 검사국으로 송치되었다. 당국이 압수한 구실은 신진회가 오사카 조선인의 주택분쟁에 관여하여 협박을 했다는 것이다.[451]

사건의 자세한 내용에 대해서는 더 이상 알려지지 않았다. 이 사건으로 신진회의 조직체계는 변화를 가져왔다. 이 사건으로 회장 이춘식의 영향력이 실추되자, 상무위원 윤혁제는 고순흠과 같이 아세아민족대회반대운동을 제창하고 조직을 위원제로 바꾸었다. 이후 계속 「회보」를 발간하고, 합방과 자본주의 비판·무산계급의 단결을 주장하면서 회원 확보에 노력했다.[452]

신진회의 주요 활동은 순종황제 추모와 朝鮮人中央協議會에 참여한 것이다. 조선인중앙협의회는 관서지방에 거주하는 조선인노동자대중의 당면문제를 해결하기 위해 大阪自我聲社, 京都白衣人社, 和歌山朝鮮人自由勞動組合, 大阪朝鮮人信友會, 新進會, 오사카水平社本部, 大阪文明批判社 등이 참가한 단체였다. 조선인아나키즘단체뿐만 아니라 수평사나 문명비평사와 같은 일본인단체도 포함되어 있었다.[453]

---

448) 『시대일보』 1926년 1월 8일자; 『동아일보』 1926년 1월 12일자.
449) 염인호, 앞의 글, 289면.
450) 자아성사는 신진회 사무실이 있는 此花區 吉野町에 본사를 두고 大阪 최초의 조선인신문인 『自我聲』(1926년 3월 20일 창간)을 발간하였는데, 안녕질서를 문란케 한다는 이유로 창간후 이틀만에 발매중지와 반포금지를 당하였다. 『조선일보』 1926년 3월 27일자.
451) 『시대일보』 1926년 5월 26일자.
452) 일본공안당국은 신진회가 재일노총 관서연합회와 제휴하려는 목적에서 조직을 개편했다고 파악했다. 內務省 警保局, 「大正15年中二於ケル在留朝鮮人ノ狀況」, 『集成』1, 214면.

조선인중앙협의회는 결성 직후 상애회의 재일노총습격을 조사 규탄하는 것을 활동목표로 삼았다.454) 신진회는 1926년 5월 순종황제의 사망과 관련하여 신진회 간부와 『自我聲』 동인들과 함께 구한국융희황제 망곡식과 봉도회를 거행했다.455)

국내신문들은 신진회 탄생이 1926년 1월 3일에 있었던 善友會 발회식 소동과 관련이 있는 것으로 보도하였다.456) 선우회 발회식 소동은 김태엽이 高永漢과 함께 조양회관 2층에서 500명의 청중이 모인 가운데 열린 발회식에 참석하여 '일선융화'를 취지로 한 연설을 하던 이선홍에게 화로를 던져 발회식을 중단시키고 조선인협회원 5~6명에게 집단 폭행을 당한 사건이다.457) 이날 참석자들은 선우회가 어떤 성격의 단체인지 모르는 상태에서 신년회나 친목회인 줄 알고 모인 노동자들이었는데, 김태엽이 화로를 던져 단상에 불이 붙자 모두들 퇴장해버렸던 것이다. 그런데 이날 임시회장으로 단상에 있던 이춘식은 회장을 사직하고458) 김태엽과 의논하여 활동방향을 바꾸게 된다. 이춘식은 조선인협회가 시대에 역행하는 단체라는데 인식을 같이하고 '명실상부한 투쟁적으로 하여 민족을 위해 참된 이익을 목적으로 한 단체'로서 신진회를 결성했다.459)

---

453) 조선인중앙협의회는 1927년 2월에 조선청년동맹사무실에서 일본지역의 조선인 민족운동단체들이 중심이 되어 탄생한 재東京조선인단체협의회 결성에 영향을 미친 것으로 여겨진다. 조선인중앙협의회가 관서지방의 모든 조선인단체를 망라하지도 못하였고, 지속적인 연대투쟁을 전개하지는 못했으나 아나키즘단체가 중심이 되어 오사카, 쿄토, 와카야마 등 관서지방에 산재한 조선인단체간의 결속을 도모한 점은 관동지방에 영향을 미쳤다고 생각한다. 또한 재東京조선인단체협의회가 갖는 의미 가운데 중요한 것은 사회주의조직이 중심이 된 關東지방 조선인 운동계에서 아나키즘단체를 포괄한 기구가 출범했다는 점이다. 조선인중앙협의회 역시 아나키즘단체가 중심이 되었으므로 이 점에서도 양 단체는 공통점을 보인다.

454) 『조선일보』 1926년 5월 13일자.

455) 『시대일보』 1926년 5월 26일자.

456) 『동아일보』 1926년 1월 22일자.

457) 金泰燁, 앞의 책, 167 ~ 173면 ; 『조선일보』 1926년 1월 7일자. 金泰燁은 이 사건이 발생한 시기를 1924년 11월 중순이라고 기술했다.

458) 『시대일보』 1926년 1월 8일자.

신진회의 결성시기는 자료에 따라 차이를 보인다. 姜徹의『재일조선인사연표』에는 1924년 大阪朝鮮人新進會가 결성된 것으로 기록되어 있다.[460] 그러나 국내 일간지를 통해 신진회 발회식 내용이 알려진 시기는 1926년이다. 또한 조선일보 기사는 "1920년에 이춘식이 조선인협회 野田지부장으로 있다가, 그 후 此花區 吉野町에서 신진회라는 아나키즘단체를 조직하여 동지 수십명과 함께 아나키즘을 선전하다가 1923년에 당국에 의해 해산명령을 받은 후, 다시 南오사카방면으로 근거지를 옮겨서 엿제조업을 하였다"고 보도했다.[461]

이상의 여러 내용을 종합해보면, 이춘식은 조선인협회와 관련 속에서 1920년부터 1923년 사이에 신진회를 조직하였고, 1926년 1월 선우회 발회식에서는 임시 의장을 맡아보았다. 이로 미루어 보아, 신진회는 1923년 이후에도 조선인협회와 관계를 유지한 듯하다. 그러나 1926년 조선인 신진회 결성 이후에는 조선인협회와 관련성을 찾을 수 없다.

즉 1923년 혹은 1924년에 결성된 신진회와 1926년의 신진회는 同名이기는 하지만 성격 면에서는 큰 차이가 있었던 것으로 여겨진다.[462] 그 차이는 1926년에 결성된 신진회가 선우회 발회식을 무산시킨 산물로 탄생했다는 점에서도 알 수 있다. 선우회 발회식이 무산된 후 조선인협회와 단절된 상태에서 1926년에 탄생한 신진회는 결성 직후 이춘식이 이탈하면서 점차 조선인 사회운동단체로서 자리잡게 되었다.

(3) 기타 단체

그 외 오사카조선인아나키즘단체로는 남흥여명사를 비롯해 다수 있었다고 알려져 있다. 1925년에 조직된 朝鮮堺自由勞動者組合(고순흠·최선명·김

---

459)「大正15年中二於ケル在留朝鮮人ノ狀況」,『集成』1, 214면.
460) 姜徹, 앞의 책, 44면.
461)『조선일보』1926년 11월 15일자.
462) 염인호는 고순흠의「신진회를 중심으로 반민족단체 소제」라는 문건과 강철의 『재일조선인사연표』내용을 바탕으로 신진회를 1924년에 창립하여 상애회 및 조 선인협회와 투쟁한 단체로 파악했다. 염인호, 앞의 글, 289면. 그러나 1924년에 결성된 신진회는 아직 조선인협회와의 관계를 청산하지 못한 상태였다.

태엽 결성), 大阪自由勞動者聯盟(1925년, 고순흠·최선명·김태엽 결성), 鷄林無産靑年同盟(김창호·고천구 결성) 등이 그 예이다.[463] 그러나 이 가운데에서 실제로 활동이 확인되는 단체는 朝鮮工女保護會 정도이다.

조선공녀보호회(조선공녀보호연맹, 조선여공보호회)는 고순흠이 1925년 1월 6일에 결성하여(회원 50명) 1929년까지 활동한 단체로서 제주도 출신 여공을 대상으로 했다.[464] 2월 10일에는 사카이조선노동동지회 청년단 간부 張震이 조선공녀보호회의 분소를 세웠다(회원 30명). 조선공녀보호회는 여공의 대우개선과 그 권리 옹호를 목적으로 방적여공의 대우개선과 기타 분쟁문제의 해결에 힘썼다. 관련자료에서는 조선공녀보호회가 고순흠이 중심인물이었기 때문에 아나키즘 단체로 분류되는데,[465] 분소를 세운 장진이 재일노총에 소속된 사카이조선노동동지회 청년단의 간부인 것으로 보아 결성 당시에는 이데올로기적 색채가 강하지 않았던 것으로 여겨진다.[466] 조선공녀보호회는 제주도여공의 권익을 옹호하기 위한 단체라는 지역적인 한계로 인해 소수의 회원을 조직화하는데 그쳤다.

3) 오사카지역 아나키즘 민족운동의 성격

오사카지역에도 토쿄지역에 못지 않은 아나키즘단체가 결성되었다. 그러

---

463) 內務省 警保局, 「大正14年中二於ケル在留朝鮮人ノ狀況」, 『集成』1, 166면; 內務省 警保局, 「大正15年中二於ケル在留朝鮮人ノ狀況」, 『集成』1, 214면; 『朝鮮民族獨立運動秘史』, 293면; 『한국아나키즘운동사』, 285면.

464) 坪江汕二는 결성시기를 1924년으로 보고 있다. 그러나 일본공안당국은 1925년 조선무산자사회연맹이 대중활동으로 주의를 받게 되자 조선공녀보호회를 조직하였다고 한다. 또한 그는 고순흠이 오사카동맹회를 통해 조선공녀보호회를 조직했다고 기술했는데, 근거를 찾기 어렵다. 內務省 警保局, 「大正14年中二於ケル在留朝鮮人ノ狀況」, 『集成』1, 166면 ; 『朝鮮民族獨立運動秘史』, 289면 ; 293면.

465) 이순애는 조선공녀보호회를 아나키즘단체로, 분소는 민족주의 단체라고 이해했다. 李順愛, 「在日朝鮮女性運動」, 『在日朝鮮人史硏究』3, 1978년, 23~24면.

466) 장진이 속해 있던 堺조선노동동지회의 경우도 오사카동맹회에 즉시 가입하지 않았으므로 1920년대 중반까지는 조선인노동조합이 어떤 하나의 이데올로기에 따라 부침하지 않았다고 생각한다.

나 이 지역 아나키즘단체의 활동은 그리 활발하지 않다. 조선무산자사회연맹이 조선인의 차별문제와 관련하여 연설회를 개최한 것을 비롯해 대부분 거주 조선인의 당면문제 해결을 활동의 중심축으로 삼았다. 이들 단체가 비록 소규모이기는 하지만 지속적으로 운영되었음에도 불구하고 다른 단체들에 비해 일본공안당국의 주목을 받지 못한 것은 바로 운동의 방향에서 차이가 있었기 때문이다. 이는 아나키즘운동세력이 갖는 특성이기도 하다. 따라서 오사카지역 아나키즘 민족운동의 성격을 이해하기 위해서는 토쿄지역 아나키즘운동과 비교하는 방법이 필요할 것이다.

두 지역에서 나타나는 가장 뚜렷한 차이는 오사카지역 아나키즘운동 단체들의 성격이 분명하지 않다는 점이다. 자료상에서 식민지시대의 아나키즘단체를 분류할 경우, 그 기준은 매우 불분명하다.467) 아나키즘단체로 분류된 단체들은 강령이나 실천사항 등에서 대중들에 대한 아나키즘 전파와 아나키즘의 이상사회 구현을 분명히 표방한 경우도 있지만 대부분은 다른 이데올로기의 영향 아래 있는 단체와 큰 차별성을 보이지 않는다. 물론 이러한 평가는 제한된 자료를 바탕으로 한 연구의 한계이기도 하지만, 1920년대 중반까지 오사카지역의 조선인민족운동단체들이 이데올로기에 따른 운동방향의 차별성이 크지 않았다는 점을 의미한다. 이는 오사카동맹회 결성과정에서도 나타나는 사실인데, 아나키즘단체의 경우도 결성 당시에는 사회주의적 색채를 띠는 오사카동맹회와 재일노총 오사카연합회의 도움을 받거나 연대활동을 전개하는 것이 일반적이었다. 이러한 점은 아나키즘운동사나 현재적인

---

467) 그러나 아나키스트로 알려졌고, 직접 아나키즘 단체를 결성한 인물이 스스로 아나키스트임을 부인하는 경우도 있다. 김태엽이 대표적이다. 그는 회고록에서 최선명을 민족주의자라고 칭하고, '자신은 민족주의자였으나 일본사회주의자와 교류가 활발하기 때문에 최선명은 운동노선이 다른 사람으로 경계하였고, 양자간에는 불화도 있었다'고 쓰고 있다. 즉 최선명은 김태엽에게 '노동운동이 프롤레타리아독재를 실현하기 위한 정치운동의 일종이라면 집어 치우라'고 이야기했다는 것이다. 또한 김태엽은 '자신은 사회주의나 아나키즘 모두를 비판하는 이론'을 갖고 있으며 '페비아니즘 이론에 동조하였다'고 주장했다. 金泰燁, 앞의 책, 88면. 그러나 김태엽과 최선명이 오사카지역의 많은 아나키즘단체를 결성하고 함께 활동한 인물임은 분명하다.

이데올로기 구분기준 아래에서 볼 때, 오사카지역 아나키즘운동의 성격이 불분명하게 비춰지게 할 수도 있을 것이다.

또한 이러한 성격으로 인해, 일반적으로 나타나는 아나키즘단체와 사회주의단체간의 충돌 양상도 오사카에서는 찾기 어려웠다. 토쿄지역이 재일노총이나 신간회가 아나키즘단체로부터 습격당하고 노동자대중들이 일터에서 충돌하여 많은 사상자를 내는데 비해, 오사카지역의 경우에는 신간회 발회식에서 '신간회 타도' 삐라를 뿌리는 정도에 그쳤다.468)

둘째, 활동의 내용에서 나타나는 차이이다. 토쿄지역의 아나키즘단체들이 비록 맑스계 단체와 충돌을 빚으면서도 반일민족투쟁 전개에서는 연대투쟁의 모습을 보이는데 비해, 오사카지역 아나키즘단체들의 활동 모습은 거주 조선인의 당면문제에 치우쳤다.469) 물론 상애회 박멸운동에는 다른 조선인단체들과 함께 참여했으나, 이 역시 거주 조선인의 이익을 해치는 존재인 상애회에 대한 응징이라는 점에서 거주조선인의 당면이익과 밀접한 활동이었다.

5. 1920년대 오사카 조선인 민족운동의 성격

1920년대 오사카 지역 조선인민족운동의 성격은 다음과 같이 정리될 수 있다. 첫째, 송장복·지건홍·신재용·김달환·김문준 등 운동가들이 노동자 대중에 기반을 두고 운동을 전개했다는 점이다. 학생 및 지식층의 비율이 현저히 낮은 오사카지역 조선인의 직종별 특성으로 인해, 노동자출신의 운동가들이 지역적 기반 위에서 일관된 지도노선을 취할 수 있었던 것이다. 오

---

468)『조선일보』1927년 12월 18일자.
469) 堀內稔은 논문에서 재일조선인아나키즘운동이 민족적인 것보다는 사상운동적인 성격이 강하게 나타난다고 지적하였다. 그러나 이러한 지적은 무엇을 기준으로 한 것인지에 대해서 명확하지 않을 뿐만 아니라 재일조선인민족운동선상에서 보여주는 연대쟁의 양상이 결코 아나키즘운동세력이 민족적인 것을 등한시했다고 보기 어려운 점이 많으므로 이에 대해서는 재고할 필요가 있다. 堀內稔,「재일조선인아나키즘노동운동(해방전)」,『재일조선인사연구』16, 1986년, 39면.

사카동맹회 결성 당시부터 토착조선인세력을 망라하여 결속을 도모했던 지역 운동가들은 노동자와 함께 취로를 하면서, 노동자를 규합하고 운동을 주도해갔다. 따라서 일반적으로 직업적 운동가들이 보여주는 노동자 대중과의 괴리성을 극복한 상태에서 운동이 전개되었다. 물론 1927년 이후부터 오사카에는 토쿄를 활동무대로 했던 윤동명·김영수·김수현·남영우·심황파·김광을 비롯한 다수의 운동가들이 노동조합 위원으로 활동을 시작했다. 이 가운데에 지속적으로 오사카에서 활동한 인물도 있었지만 이름만 올렸을 뿐 운동상황에 따라 잠적과 이동을 거듭하는 인물도 적지 않았다. 이들의 진출로 인해 송장복·지건홍·신재용·김달환 등 기존 운동지도층들이 배제되는 결과를 낳기도 했고, 이들의 잠적으로 인해 노동조합의 기능이 정지되는 결과도 발생했다. 그러나 이러한 조선인운동조직의 어려움은 기존 운동가들의 노력으로 인해 극복됨으로써, 노동자 대중과 운동가와의 결속력은 더욱 강화되어 현재까지도 재일동포들 사이에 깊은 인상을 심어주고 있다.

둘째, 민족운동참가층이 구조적 모순을 자각하고 자발적으로 운동에 참가했다는 점이다. 오사카지역은 토쿄와 달리 노동자가 조선인의 대다수를 차지한 결과, 1910년대까지는 친목도모나 노동자의 결속을 도모하는 성격의 조선인단체가 결성되는데 그쳤으나 1922년 12월 토쿄의 조선인운동가 및 오사카지역의 일본운동단체의 협조 아래 오사카동맹회를 결성한 이후, 조선인은 민족운동 전면에 나서게 되었다. 이들은 대부분이 불안정한 취업 상태에 놓여 있었으면서도 대중시위·연설회 참가와 격문 살포 등을 통해 적극적으로 운동에 참가했다. 그 이유는 일본내 차별구조체제 속에서 식민지의 구조적인 모순을 자각하고, 이를 위해 근본적이고 거시적인 해결방법을 취하고자 했기 때문이었다. 그 결과 오사카 조선인민족운동은 조선인의 경제적 이익과 권익 옹호를 위한 운동에 앞서, 식민지 통치체제 자체를 거부하는 총독폭압정치반대투쟁을 비롯한 각종 반일운동을 장기간 전개할 수 있었던 것이다.[470]

---

470) 조선인들은 일본내 피차별민인 부락민들과 연대를 통해 차별 구조를 극복하고자 하는 노력도 기울였다. 이러한 노력은 조선인이 일본수평사대회에 참가하는 것을 비롯해 국내 형평운동에 대한 공감으로 이어지기도 했다. 조선인들은 형평운

셋째, 민족운동이 국내운동 및 일본 전지역 운동의 흐름 속에서 전개되었다는 점이다. 즉 오사카 조선인들은 국내민족운동이나 일본의 사회운동세력과 긴밀히 연결되어 공동보조를 취하였고, 지원을 아끼지 않았다. 조선인들은 국내 실상을 정확히 인식하고 신속하면서도 적극적으로 대응했으며, 토쿄와 쿄토 등 일본 전지역의 조선인운동세력과 공동 투쟁을 전개함으로써, 운동의 성과를 높이고자 했다. 또한 일본사회운동에 대한 지원을 아끼지 않음으로써 일본사회운동에 기여함과 동시에, 조선인민족운동의 정당성과 타당성을 일본사회운동세력에 확산시키고 공감대를 형성하는 효과를 거두기도 했다.

이외 특정 이데올로기나 사조를 초월해 민족운동을 전개했다는 점도 특성으로 들 수 있다. 조선인단체가 맑시즘이나 아나키즘 등 특정한 이데올로기나 사조를 주지로 삼아 결성·운영되었으나, 민족독립이라는 큰 목표 아래에서 이질적인 세력들과도 공동보조를 취함으로써, 조선인민족운동의 결속력을 과시하였고, 나아가 운동의 성과를 배가시킬 수 있었던 것이다.

동을 통해 '사회의 구석 구석에 자리한 차별의식이 제거'된다고 믿었던 것이다. 일본 부락민들도 역시 피살 위험에 처한 조선인노동자의 도주를 돕는 등 조선인노동자를 도와 주었다. 그러나 일본내에서 재일 조선인은 부락민과 동등한 피차별민이 아니라 부락민의 하위에 놓인 피차별의 대상이었다. 재일 조선인과 일본 부락민과의 관계에 대해서는 小林末夫, 『在日朝鮮人勞動者と水平運動』, 部落問題研究所, 1974년; 辛基秀, 「형평사와 수평사의 교류」, 『형평운동의 재인식』, 솔, 1993년 참조.

제5장 1920년대 후반 재일조선인 운동단체의 해산과 재일조선인운동 (1929~1930)

"재일조선인 노동자들은 1925년 재일본조선노동총동맹이 결성된 이래 그 깃발 아래 결집하여 모든 희생을 지불하면서 지배계급의 탄압과 싸우며 용감한 투쟁을 계속하여 왔다. 이러한 투쟁에 있어 조·일 노동자 계급은 재빨리 서로 손을 맞잡고 모든 일상적인 혁명투쟁을 실천하여 왔다. 그러나 조선인 노동자들이 받는 차별임금과 민족차별 대우, 이에 동반하는 특수한 형태의 폭압을 이유로 해서, 그 혁명적 투쟁을 조선 내에서의 민족적 투쟁으로 결합시켜 노동자계급이 혁명적 에네르기를 이러한 민족적 투쟁선상으로 해소시켜 버렸다.…… 재일조선인 노동자들의 일상적인 노동조건은 일본인 노동자들의 그것과 완전히 일치하는 것이며, 일본 내의 전 노동자계급의 관계는 진정으로 형제관계인 것이다.…… 재일본조선총동맹은 일체의 민족해방투쟁을 그만두고 좌익노동조합으로서 철저하게 권력획득 투쟁을 전개하는 것만이 진실로 조·일 노동자계급의 이익을 대표하고 가장 충실하게 싸우게 되는 길인 것이다."

 ― 재일본조선노동총동맹의 해체 선언(1930년) 중에서

1. 在日本朝鮮勞働總同盟과 대중단체의 해산

1) 프로핀테른 제4회 대회와 재일본조선노동총동맹의 해산

　1929년 중반부터 일본지역 내 조선인운동세력은 해산[1]의 길을 밟게 된다. 일본지역 조선인운동세력의 해산은 프로핀테른 제4회 대회·코민테른 제6회 대회와 깊은 관련을 갖는다. 후자는 일국사회주의론[2]에 의거하여 전위조직의 합동을 결정했고, 전자는 노동조합의 합동을 거론했기 때문이다. 물론 노동조합의 합동문제를 처음 거론한 것은 1924년 7월에 열린 프로핀테른 제3회 대회였다.[3] 그러나 구체적으로 조선인노동조합과 일본좌익노동조합의 합동이 논의된 것은 1928년 프로핀테른 제4회 대회가 처음이다.

---

1) 일반적으로 1920년대 후반 조선인세력의 해산은 발전적인 의미에서 '解消'라는 용어로 사용되었다. 이는 조선인세력의 해체가 단순한 해산이 아니라 일본세력과의 합동과 운동의 발전을 목표로 하기 때문이다. 그러나 일본지역 노동조합의 경우는 극히 일부세력만이 일본운동세력으로 전환했다. 따라서 본 연구에서는 '해산'으로 통일하여 사용했다.

2) 일국사회주의론은 1923～24년 시기에 일국인 소련의 사회주의혁명이 성공하는 것을 전망한 논리로써 1923년 독일혁명이 실패하고 난 이후에 자본주의가 상대적으로 안정되는 것에 대한 패배적 대응으로 스탈린에 의해 수용되었다. 일국사회주의론은 코민테른을 '소련의 국경 수비대'나 '소련외교 정책의 도구'로 전락시키는 역할을 담당함과 동시에 코민테른 정당들에 민족주의 경향을 불러일으켰다. 최규진,『코민테른 6차대회와 조선공산주의자들의 정치사상 연구』, 성균관대학교 사학과 박사학위논문, 1996년, 31면.

3) 3회 대회에서는 모든 민족의 노동자를 통일시키는 것을 노동조합 통일운동의 성공여부로 인식하여, 노동자계급의 대열속에 내재해 있는 민족주의와 배외주의 이데올로기를 일소하는데 주력했다. 민족적 분리가 세계 프로레다리아 세력을 약화시킨다고 파악한 것이다. 프로핀테른의 노력에 따라 체코인, 슬로바키아인, 독일인의 노동조합이 별도로 존재하던 체코슬로바키아의 민족간 통일일반노동조합이 결성되었고, 폴란드에도 유태인과 폴란드 노동자가 단일한 노동조합으로 통일되었다. 김영준,『적색노동조합 인터내셔널의 역사』, 거름, 1988년, 71～72면.

모스크바에서 열린 프로핀테른 제4회 대회 총회(1928년 3월 27일)에서 조직문제의 副보고자인 프랑스 대표 듀디리에의 문제제기와 일본대표 코쿠료 고이치로(國領五一郎)의 토의 발언을 통해 재일본조선노동총동맹과 일본노동조합평의회의 합동문제가 대두되었다. 코쿠료(國領五一郎)는 총회 토의 발언을 통해 "무리하게 기계적으로 합동해서는 안 된다"는 점을 전제하기는 했으나 양자간 합동을 주장하고 합동 후 조합에 조선부를 설치해야 한다고 보고했다.4) 29일에 베라는 「植民地半植民地諸國의 勞動組合運動」이라는 보고를 통해 당시 일본노동자와 재일조선인노동자의 관계를 "지극히 비정상적이고 노동운동에 극히 유해한 영향을 끼치고 있다"고 평가하고, 조선인노동자의 종속성을 해결하기 위한 방안의 하나로 양자간 합동을 주장했다.5) 또한 그는 "조선인의 노동운동이 일본인 노동운동과 긴밀히 결합되기 위해서는 조선에서 노동운동의 비정상적인 경향, 조선인노동자 사이에 본질적으로 명확히 존재하는 일본인노동자에 대한 계급적 감정을 타파하고 이를 극복하는 것이 필요하다"고 하여 조선인노동자의 불철저한 계급의식이 조선인노동운동의 발전 방향에 걸림돌이 되었다고 주장했다. 이러한 발언은 베라의 식민지문제에 대한 낮은 식견을 바탕으로 당시 일본지역 내에서 전개된 조선인운동이나 조선인노동자의 현실을 간과한 인식이었다.

베라의 발언에 대해 조선대표 韓海는 반론을 제기했다. 그는 "현재 30만의 재일조선인노동자들은 재일노총에 결집하여 조선해방을 위해 활동하고 있으며 계급투쟁도 수행했다"고 현 운동상황을 보고했다. 이어서 재일노총이 좌익적인 일본의 노동조합조직과 기본적으로 함께 행동했으며 비록 양단체가 합동에 이르지는 못했으나 "조선인노동자가 일본노동자의 스트라이크를 파괴하는 활동에 참가하지 않았음"을 들어 베라가 주장하는 '유해한 영향론'을 반박했다.6)

---

4) 「國領五一郎豫審訊問調書」, 『社會主義運動』6, みすず書房, 1965년, 366면.
5) 베라는 "일본의 경영자와 부르조아지는 스트라이크를 하는 일본인 노동자를 대신해 스트라이크를 파괴하기 위해 조선인노동자를 이용한다"고 발언했다. 岩村登志夫, 『在日朝鮮人と日本勞動者階級』, 170면.

그러나 4월 3일 대회가 채택한 「植民地半植民地諸國에서 노동조합운동에 대한 테제」 가운데에서 「조선의 노동조합운동에 대하여」는 재일조선인노동자가 일본노동조합운동으로부터 유리되어 자신들의 의지와는 달리 일본노동자의 생활수준을 저하시키는 도구로 자본가에게 이용되고 있음을 지적하였다.[7]

이 테제에서 양자간 합동이 언급된 것은 아니다. 양자간 합동은 4월 5일부터 3일간 열린 일본문제소위원회(國領五一郎·베라·에이두스·일본통역 木村 참석)에서 결정되었다.[8] 소위원회는 대회에서 결정된 모든 테제는 예외없이 일본에 적용된다는 사실을 확인한 후 조선과 臺灣의 노동조합과 평의회는 밀접히 제휴함과 동시에 재일노총과 합동의 방침을 취해야 함을 결정했다. 이와 같이 그러나 프로핀테른의 방침은 일본노동조합평의회가 해산됨에 따라 실시되지 못한 채 1928년 12월 23일 결성된 전협에 임무를 넘기게 되었다. 이와 같이 재일노총의 해산은 내적인 필요성보다는 외부 상황에 의해 시작되었다.

재일노총의 해산작업은 金斗鎔·李義錫·金浩永의 주도로 1929년 9월부터 진행되었다. 그 과정을 살펴보면 다음과 같다.[9]

1928년 8월 검거로 재일노총의 지도부가 궤멸된 상태에서 김두용(재일노총 중앙위원)·이의석·임철섭(토쿄조선노조 간부)은 전협으로부터 재일노총 해산문제가 거론되자 전협에 해소하고 산업별 조직으로 나아갈 것을 제기했다. 이 문제에 대해 시기상조론을 제기한 사람은 이성백(神奈川조선노조)인데, 김호영이 이성백을 기회주의·합법주의자로 비난함에 따라 두 조합간에 대립이 일어났다. 이를 해결하기 위해 김호영과 이의석은 재일노총 전국대표자회의 개최를 계획하고 이에 앞서 재일노총 관동지방협의회를 열었다. 그러나 이 자리에서 유혈사건이 일어나 김호영은 중앙위원직을 박탈당

---

6) 岩村登志夫, 앞의 책, 171면.

7) 村田陽一, 『コミンテルン資料集』4, 大月書店, 1981년, 525~526면

8) 「國領五一郎豫審訊問調書」, 『社會主義運動』6, みすず書房, 1965년, 367~375면.

9) 「朝鮮人の共産主義運動」, 『朝鮮獨立運動』4, 947~949면.

했다.

이성백은 해산 자체를 반대하는 입장은 아니었다. 그러므로 9월말 김두용과 협의하여 10월 중순에 關東지방협의회를 열었다. 이 자리에는 김두용과 이성백을 비롯해 임철섭·김추신·정선호·薛相烈·李善珩·金革·權一宣·李福祚 등이 참석했다. 이 회의에서는 재일노총 전국대표자회의를 열어 침체된 운동을 재건하고 11월 말에 전국대표자회의를 개최하기로 했으며 준비위원(임철섭·이복만·장석준·정선호·설상렬)과 임시 상임위원(김두용·이의석·이선형)을 선임했다. 또한 김두용 등 상임위원은 재일노총의 전협 합류방침을 확립하고 이에 대한 자문을 전국대표자회의에서 얻기로 한 후 팜플렛을 발행했다.

팜플렛 「재일본조선노동운동을 어떻게 전개할 것인가」는 재일노총 해체의 취지와 이유를 밝히고자 전국대표자회의에 제출하기 위한 것으로서 김두용이 작성했다.[10] 김두용은 이 문건을 이의석·정희영 등과 협의하고 이사누마(淺沼, 전협관계자, 早稻田대학 철학과 학생)과 여러 차례 만나 내용을 협의한 후 무산자사에서 발행했다.[11] 김두용 등은 이 팜플렛을 각지 가맹노동조합에 배포하는 한편, 조합의 정세를 조사하고 해산분위기를 고취하기 위해 오사카(김두용)·쿄토(임철섭)·나고야(朴然)·新潟과 富山(이의석)·兵庫(이윤우) 등 각지에 활동가들을 파견했다.

이 팜플렛은 당시 정세를 일본당국의 탄압에 의해 전위분자가 검거되어 재일노총의 근원이 무너졌다고 평가하고, "금일의 조선노동계급은 권력획득을 위한 강력한 투쟁을 하지 않으면 안 된다. 그리고 그를 위해서 노동계급은 과거 투쟁의 실제적 경험에서 강고한 전국적인 계급적 투쟁조직을 찾고 있다"고 보고 이를 위한 방안은 "노총의 재건에 의해 실현될 수 있는 것이 아니라…… 노총해체에 의해서 가능하다"고 주장했다. 따라서 "금일 혁명적 노동자의 당면임무는 먼저 노총의 일본 전협의 합동을 도모하고 잡산업조직의 노총을 산업별재조직으로 투쟁의 캄파니아(대중투쟁 : kampaniya)를 전개

---

10) 金正明, 『朝鮮獨立運動』5, 1018~1036면.
11) 『特高月報』 1930년 4월호, 132면.

하면서 이 투쟁과정에서 합동실현을 촉진하는 것"이라고 규정했다. 또한 그동안 전개된 사회주의운동에 대한 평가에서, 협동전선운동의 결과를 부정적으로 인식했다. 민족해방운동의 투쟁목표는 단결력을 상실하지 않는 한에서 노동계급은 이들 여러 계급의 단결력을 이용하고 자기자신의 조직적 강화를 위해 일시적 협동전선을 맺는 것이 올바르다고 주장한 것이다. 아울러 이를 위해서 협동전선을 성립하여 노동계급 독자의 대표적 투쟁을 강력히 전개해야 한다고 전제하고, 조선인들이 민족적 협동전선에서 활동한 결과 "자기계급의 관념적 조직적 독자성을 말살"했다고 평가했다.

또한 이 팜플렛은 재일노총의 오류를 ① 극좌적인 활동을 전개한 나머지 조선민족해방운동을 지도하는 중심으로서 자리하는 것이 불가능한 전위부대가 되었다는 점 ② 관념적 이론적 투쟁에 빠져 조선노동자의 불평불만을 노동자로서의 불평불만으로 정당하게 이해하지 못하고 추상화된 민족적 불만과 불평으로 인식한 점을 들었다. 또한 재일노총이 잡산업의 지역적 조직이라는 점을 지적하고 노총의 지향점을 산업별재조직투쟁의 전개로 파악했다. 김두용은 당시 조선인노동자가 자유노동자로 구성되어 있다는 현실은 인정하면서도 원칙론에 근거해 산업별재조직의 당위성을 들었다. 첫째로 그는 '운동의 중심은 공장과 광산大經營'이라고 지적하고, 광산과 공장에 기반을 두지 않는 당은 볼쉐비키 조직의 기초가 없는 존재라고 주장했다. 둘째로 현재 자유노동자가 많다는 이유로 현재의 재일노총을 유지하고자 하는 것은 '명백한 반레닌주의이고 금일의 분산과 혼란을 연장시키고자 하는 것'이라고 파악했다.

이 팜플렛의 주요 내용은 크게 ① 민족적 투쟁의 폐기 ② 노동계급의 권력 획득으로 나눌 수 있다. 이를 위한 대안으로 제안한 것이 재일노총의 해산·전협합류와 산업별재조직이다. 그러면 이러한 주장이 당시 정세를 얼마나 객관적으로 파악했으며 논리적 모순점은 없는가 하는 점을 살펴보자.

앞에서도 언급한 바와 같이 팜플렛은 재일노총이 해산하고 전협에 가맹해야 하는 이유로 크게 재일노총의 조직이 노출되어 합법단체로서 기능이 정지되었고 노동계급의 이익을 대변하지 못한다는 점을 들고, 노동계급의 권력획득을 위해서는 한·일 연대의 차원에서 좌익노동조합에 가입해야 한다고 주장했다. 당시 재일노총이 각종 전투적 투쟁의 결과, 조직이 노출되어 합법운동단체로서 기능을 상실한 것은 사실이다. 재일노총은 1928년 5월 제4회 대회에서 "노동자의 이익을 옹호하고 일상의 경제투쟁에 중심을 두며 미조직 조선노동자 대중의 조직에 결사적인 노력을 하여 조직노동자의 산업별 조합조직에 노력한다"고 결의했다. 그러면서도 1928년에 관동지진학살반대투쟁, 치안유지법철폐운동, 간도공산당공판투쟁을 전개하고, 8월에는 조공의 지시에 따라 국치기념일 투쟁을 벌임으로써 그 해 10월 대규모 검거열풍에 휘말리게 되었다.[12]

그러나 팜플렛이 지적한 두 가지 점은 서로 상충되는 논리를 갖는다. 합법단체가 노동자계급의 권력장악을 위한 투쟁을 한다는 것은 사실상 불가능하다. 따라서 재일노총의 조직이 노출되었다는 점이 전협 가맹의 당위성으로 이어지지는 않는다. 당시의 전협은 이미 합법단체로서 활동하지 못하는 상태였다. 그러한 상태의 전협이 노동자계급의 권력장악을 위한 투쟁거점으로서 역할하는 데에는 한계가 있었다.

또한 두 번째 대안인 산업별재조직에 대한 논리적 근거도 매우 미미하다. 팜플렛의 필자는 산업별 조직에서 미조직노동자로 남을 수밖에 없는 자유노동자에 대한 대책을 제시하지 못하고 원칙론적인 주장만을 되풀이하였다.

한편, 재일노총 관동지방협의회에서 중앙위원직을 박탈당한 김호영은 김문준의 도움으로 9월 중순 관서지방으로 가서 활동한 결과 10월 29일 아마가사키(尼崎)에서   관서지방협의회(오사카朝鮮勞動組合·京都朝鮮勞動組合·兵庫縣朝鮮勞動組合·愛知縣朝鮮勞動組合)를 열고 해산을 촉진했다.[13] 김두용이 일본노동계급과의 협력을 강조한 반면, 김호영은 산업별조직으로 재편을

---

12) 이 검거로 인해 재일노총 집행위원장이며 책임비서 김천해를 비롯하여 박득현, 송창렴, 김한경, 강춘선, 박태을 등 재일노총과 조선공산당 일본총국, 고려공산청년회에서 활동하던 34명이 검거되었다. 「在留朝鮮人運動狀況」, 『集成』2, 47~48면.

13) 岩村登之夫, 앞의 책, 182면.

강조했다. 김호영은 관서지방협의회 명의로 발표한 팜플렛 「재일본조선노동
총동맹의 당면문제에 관한 의견서 — 산업별 편성과 일본노동조합전국협의
회 가맹으로」에서 당시 정세를 '미증유의 혼란과 침체 상태'로 표현하고, 기
존 활동의 문제점으로 "공장에 기초를 두지 않고, 노동자의 산업별 이해를
혼합했으며, 1산업 1조합이라는 좌익노동조합의 원칙에 따르지 않고 민족별
조합을 구성한 것" 등을 지적했다. 이 가운데에서 특히 산업별 이해를 혼합,
조직하여 일상적인 노동자의 경제적 이익옹호를 위한 투쟁을 하지 않고 민
족적 투쟁만을 추상화시킨 결과 노동자를 동원하지 못했다는 것이다. 김호
영은 이러한 문제점을 극복하는 방법으로 "공장을 기초로 조합을 재조직할
것, 조합을 산업별로 정리하여 산업별 투쟁을 일으킬 것, 노총을 해체하여
전협으로 가맹할 것" 등을 제시했다.[14]

김두용·이의석을 비롯해 각지에 파견된 지방 특파원들은 1월 중순, 분담
지역의 정세를 조사한 후 쿄토에 모였다. 이들은 효고(兵庫)현 아마가사키(尼
崎)방면에서 활동하던 이윤우와 연락한 결과, 그 동안의 지방별 조사 결과가
노총 해산에 찬동하는 방향으로 모아졌다고 파악했다. 이들은 다시 김호영
과 오사카와 효고에서 여러 차례 만나 전국대표자회의 개최를 준비하고,
1929년 12월 14일 밤 오사카市 西城區 南通 8町目 김용주 집에서 극비리에
전국대표자회의 및 확대중앙집행위원회(의장 김두용·부의장 朴玩均)를 개최
했다. 참가자는 김두용·이의석·이선형(이상 재일노총 본부)·이윤우(東京
朝鮮勞組)·박완균·鄭今述·田昌永(이상 新潟縣朝鮮勞組)·김명기(北陸朝鮮
勞組)·孫禹錫·池璟宰(이상 愛知縣朝鮮勞組)·朴新漢·金鎭禹(이상 京都朝鮮
勞組)·김문준·趙夢九·金榮洙·박영만(이상 오사카조선노조)·최경식(兵
庫縣朝鮮勞組)·김호영(방청인 자격) 등이다.[15]

회의는 "재일노총은 해체하여 전협으로 가맹할 것, 1산업 1조합주의에 따

---

14) 『日本社會運動通信』78호 1929년 11월 25일자, 在日本朝鮮勞動總同盟關西地方協議
    會, 「在日本朝鮮勞動總同盟の當面問題に關する意見書 - 産業別編成と日本勞動組
    合全國協議會加盟へ」(1929년 10월 29일).
15) 이성백이 대표로 있는 神奈川조선노조 대표의 이름은 보이지 않는다.

라 재일노총을 재조직하고 현 조합은 투쟁과정에서 점차 산업별 조직으로 변경할 것”을 만장일치로 결의하고 중앙위원회(중앙위원 : 김두용·이의석·임철섭·이윤우·김호영·설상렬·黃海雲·김혁·崔武聖·김문준·조몽구·박영만·김영수·김진우·손우석·지경재·권일선·김광제·박완균·정금술. 회계감사 : 이동화·金泰文)를 조직했다. 이 자리에서는 선언·강령(김두용 초안)과 규약 투쟁방침(김호영 초안)이 채택되었고, 김호영의 복권이 결정됨과 동시에 이성백, 강준섭, 이정규가 규약위반으로 제명되었다. 새롭게 구성된 중앙집행위원회는 이 회의 이후에 다시 위원회를 열어 상임위원(김두용·김호영·이의석·임철섭)을 뽑고 각각 부서를 맡겼다.

선언은 재일노총의 한계를 ① 공장을 기초로 하지 않는 점 ② 잡종산업 혼합적 조직 ③ 민족적 조합 ④ 민족적 조직 등을 들고, 과거 한·일 연대투쟁 경험의 연장선상에서 전협 합류를 수용하도록 촉구했다. 또한 일반운동방침으로 “공장을 기초로 조합을 재조직할 것, 조합을 산업별로 정리하여 산업별 투쟁을 일으킬 것, 노총을 해체하여 전협으로 가맹할 것”을 확인하고, 사회민주주의적인 경향을 배격하고 대담히 투쟁할 것을 천명했다.

이 가운데에서 전협가맹과 산업별 재조직과의 관계 및 과정에 대해 살펴보면, 다음과 같다. 산업별위원회는 각 지방의 전협가맹조합에 의해 편성된 산업별지방협의회로 결합 → 조합에서는 회합과 출판물을 통해 전협 참가를 선동 → 선전선동을 위해 지방협의회나 산업별지방협의회 뉴스를 조선어판으로 발행 → 공장 내 불평불만은 미미한 것이라도 일본인노동자와 공동으로 요구하도록 함, 민족적 문제라도 일본인노동자를 동원할 것 → 교육과 실제 공동투쟁을 통해 민족적 편견을 타파하고 전 세력을 집중함과 동시에 전협 각 지방조직에 직접 참가하도록 한다.16)

이 선언에서 중요한 점은 재일노총의 즉시 해산을 요구했는가 하는 점과 산업별 정리 이후의 해산인가 이전의 해산인가 하는 두 가지 점이다. 이 점은 이후 전협조선인위원회와 오사카지역 운동가간 논쟁의 중요 쟁점이 되었

---

16) 『朝鮮獨立運動』4, 949~954면.

다. 이 선언에서는 "합동은 금일 즉시 실현될 수 없다. 진실한 합동은 대중과 대중의 합동의 실현이 되어야 한다. 따라서 노총은 즉시 해체되어서는 안된 다."[17](밑줄 : 인용자)는 점을 명시하였다. 또한 앞에서도 언급한 바와 같이 산업별 재정리가 끝난 이후에 자연스러운 전협 합류를 목표로 한다. 이는 김 호영과 김두영 등 재일노총해산 주도세력들이 전협조선인위원회 활동을 연 장하고 전협합류에서 주도권을 갖고자 하는 논리근거로서 작용했다.

이 대회가 끝난 후 김호영은 「재일본조선노동총동맹의 투쟁과 신방향」을 발표하여 앞의 팜플렛과 전국대표자회의선언에서 제시한 세 가지 지침('공 장을 기초로 조합을 재조직할 것, 조합을 산업별로 정리하여 산업별 투쟁을 일으킬 것, 노총을 해체하여 전협으로 가맹할 것')을 재일노총의 새로운 방 향으로 규정하고, 전국대회의 방침에 따라 민족적 편견과 국민적 장애를 타 파하며 모든 노동자는 전협으로 모일 것을 주장했다.[18]

전국대표자회의를 마친 후 김두용은 다시 전협 간부인 아사누마(淺沼)에게 전국대표자회의 경과를 보고하고 산업별 정리에 관한 활동방침을 지시 받았 다.[19] 12월 말경 김두용·이의석·임철섭은 전협의 방침에 따라 일본공산당 지지를 위한 문서활동을 도모하기로 하고 김두용이 「의회해방선거투쟁방침 서」(의회해방투쟁동맹 전국위원회)를 번역한 후 재일노총 상임중앙위원회 명의로 인쇄하여 토쿄, 오사카를 비롯한 각지 조선노조에 발송했다.[20] 그 후 김두용·김호영·임철섭·이의석은 토쿄로 가서 1930년 1월 12일 都鳳涉의 집에서 상임위원회를 열어 재일노총을 해산하기로 결정한 이상 재일노총 중 앙집행위원회를 존속시키는 것은 의미가 없다고 판단하고 중앙위원회와 상 임위원회를 해체하여 이를 전협조선인위원회로 개칭하기로 했다.[21]

그리고 중앙위원장 명의로 각 중앙위원에게 서면을 발송하여 1월 20일 서

---

17) 앞의 주, 950면.
18) 『日本社會運動通信』 1929년 12월 18일, 「在日本朝鮮勞動總同盟の鬪爭と新方向」.
19) 『朝鮮獨立運動』4, 954면.
20) 앞의 주, 960면.
21) 앞의 주, 954면.

면교환형식으로 중앙위원회를 개최하기로 했다.[22] 서면은 ① 서면에 의한 중앙위원회 개최에 대하여 ② 재일노총 해체에 관한 건 ③ 전협조선인위원회에 대하여 등 세 가지 내용으로 이루어져 있다. 이 서면은 공식적인 재일노총해산 제안이다.

이 가운데 특기할 점은 재일노총 해체에 관한 내용이다. 이 서면내용을 통해 전국대표자회의의 결정사항이 즉시 시행되지 못했음을 알 수 있다. 여기에서 재일노총 해체 방침이 전국대표자회의에서 만장일치로 결정되었으나 다음과 같은 사정으로 인해 해체가 어려웠다고 밝히고 있기 때문이다. 즉 ① 가맹 조합원이 전협 참가에 대해 확실히 인식하지 못하고, ② 지도가 지체되어 재일노총을 해체한다면 참가조합의 투쟁이 전국적 조직과 유리되어 분산적 투쟁을 해야 했으므로 즉시 해체가 곤란했다는 것이다. 그러나 1개월이 지난 현재 이러한 두 가지 조건은 해결이 되어 각 조합의 논의가 전개되었고, 전협조선인위원회가 확립되었으므로 재일노총의 해산은 하루라도 빨리 서둘러야 함을 밝히고 있다.

이후 재일노총 해산은 급속히 진행되었다. 전협조선인위원회도 지령과 『조선노동자』를 통해 해산운동의 촉진을 촉구하였고, 이윤우・金凡伊 등은 「투쟁뉴스」와 삐라를 통해 해산운동을 전개했다.[23] 전협조선인위원회는 1930년 1월 15일에 발한 지령 제1호 「재조직, 재건투쟁주간에 관한 지령」에서 1월 21일부터 27일간을 투쟁주간으로 정하고 재건투쟁을 촉구했다. 전협조선인위원회는 재건투쟁의 의의를 산업합리화가 진행되어 노동자의 노동조건이 열악해지고, 국내와 일본에서 우경화와 개량주의자의 움직임이 강화되는 상황에 두었다. 또한 이 투쟁주간에 조선노조가 해야 할 임무로 ① 대공장으로 들어갈 것 ② 산업별 정리, 산업별 단일 조합의 결성과 조선노조 해체 방향으로 나아갈 것 ③ 공장을 기초로 노동조합을 재조직할 것 등을 들었다. 또한 이 투쟁을 수행하기 위해 토쿄나 오사카와 같이 광범위한 대중을 갖고

---

22) 『日本社會運動通信』89호, 1930년 1월 21일, 「在日本朝鮮勞動總同盟 中央委員會を
　　開催す」.
23) 『朝鮮獨立運動』4, 954면.

있는 조합의 주도적 역할을 강조했다. 즉 이들 조합은 조합 전체를 통해 조직적 능력이 있는 투사를 모두 망라하여 '재조직위원회'를 조직하고 조합 전체의 재조직 투쟁에 전력을 기울어야 한다고 주장했다.[24]

재일노총의 해산과 관련하여 전협조선인위원회의 입장은 전협 중앙부의 권위 아래 재일노총의 전협 합류를 지도하고자 하는 것이었다. 그들은 "전협은 합법적 투쟁이 불가능한 조직체이므로 전국적 조직인 재일노총을 해체해 버리면 짧은 기간일지라도 전국적으로 통일된 투쟁이 중단된다"는 이유로 전협의 지도방향이 즉시 전개되지 못하는 상황을 변명하면서 '전협조선인위원회가 전협 전국위원회의 일부분으로 조직'되었음을 강조했다.[25] 이는 전협조선인위원회의 정당성을 확보하고자 하는 주장이다. 그러나 이러한 주장은 최소한 오사카지역 조선인노동자들에게 설득력을 확보하지 못함으로써 전협 가맹을 기회로 주도권을 장악하려는 행동으로 받아들여졌다.

전협조선인위원회가 재일노총해산을 제안한 이후 1930년 2월 1일 쿄토를 필두로 미에(三重縣 3월 13일)·오사카(4월 5일)·아이치(愛知 5월 1일)·효고(5월 10일)·토쿄(7월 6일)에서 각각 해체선언을 발표하고 해산 절차를 밟았다. 그러나 해산에 이르는 과정이 순탄하지만은 않았다.[26]

2) 코민테른 제6회 대회와 사회주의 조직 및 대중단체의 해산

1928년 7월 17일부터 9월 1일까지 열린 코민테른 6회 대회는 일국사회주의론에 기초한 사회파시즘론을 주장하여 공산당의 主敵을 사회당으로 규정했다. 즉 「식민지·반식민지제국에서 혁명운동에 대하여」에서 '사회민주주의는 노동자계급의 일부를 기만하여 약탈적인 식민지체제의 유지에 참가시키기 위해 식민지에서 제국주의의 파렴치하고 타기해야 할 업적을 옹호하고

---

24) 『日本社會運動通信』91호, 1930년 1월 23일, 「朝鮮勞總が産業別 再組織鬪爭週間を 敢行」.

25) 『日本社會運動通信』90호, 1930년 1월 22일자, 「在日本朝鮮勞働總同盟 反對派の策 動に 備ふ」.

26) 內務省, 「在留朝鮮人の運動」1930년 1월분, 『集成』2, 210~211면; 255면.

있으며, 사회민주당 또한 제국주의 정책의 참가자이자 직접적 협력자'라는 것이다.27) 이러한 분위기는 그 해 12월 코민테른 집행위원회 정치서기국이 채택한 「조선문제에 대한 코민테른 집행위원회 결의」(이하 12월 테제)로 표출되었다.28)

12월 테제는 "조선을 포함한 대다수 식민지에서 민족해방운동은 반제반봉건운동일 뿐만 아니라 제국주의자·봉건지주 및 민족부르조아지에 대한 프로레타리아트의 계급투쟁과 밀접히 연결되어 있다"고 전제하고 조선공산주의운동의 주요 방침을 '프로레타리아혁명운동을 강화하여 소부르조아지의 민족운동에 대해 완전한 독립을 보장하는 한편, 민족혁명운동에 계급성을 부여하고 그것을 타협적인 민족개량주의로부터 분리시킴으로써 민족혁명운동을 강화하는 것'으로 규정했다. 또한 조선공산당의 구체적인 과업으로 대열의 강화·빈농 확보(지식인 서클에서 탈피)·비밀공작 방법의 채용 등을 들었다.29) 이러한 지적은 조선공산당이 전개한 활동에 대한 비판(지식인·학생 중심의 조직 구성, 주의자의 비조직성, 비밀공작의 불철저, 파벌적 요소 잔존)을 바탕으로 한 것이다.

당시 노령이나 국내 조선인 공산주의자들의 대립 양상이나 잇달은 국내 조선공산당의 검거는 코민테른 집행부의 결정을 뒷받침하는 요인으로 작용한 면도 부정할 수는 없다. 그러나 이를 조장하고 방조한 데에는 코민테른 집행부, 일본당국 등의 역할도 적지 않았으므로 조선인 공산주의자들의 탓으로만 돌리기 어려운 점이 많다. 또한 12월 테제의 탄생은 코민테른의 좌경화, 또는 교조화와 깊은 관련 속에서 진행되었다. 1923년을 기점으로 코민테른의 보수화가 진행됨과 동시에 코민테른에 대한 각국 운동가들의 의존도가 강해지면서 나온 산물이 바로 코민테른의 좌경화 내지 교조화인 것이다.30)

---

27) 『コミンテルン資料集』4, 448~449면.

28) 12월 테제 자체에 대한 평가는 연구성과를 통해 일반적으로 코민테른이 좌경화의 길을 밟은 결과로 지적되었다. 본고에서는 12월 테제에 대한 별도의 평가와 분석은 제외하였다.

29) 임영태, 『식민지시대 한국사회와 운동』, 사계절, 1985년, 360~363면.

30) 1923년을 전환점으로 소련관료의 활동과 함께 스탈린에 의해 제기된 '일국사회

코민테른은 일국일당주의원칙[31]에 입각해 조선인 공산주의자들이 새로운 당조직을 건설하기 보다 공산주의자 각 그룹이 자신들이 활동하는 현지에서 그 지역의 당 조직에 들어가 혁명운동에 복무하도록 지시했다. 12월 테제가 발표되자 모스크바에 있던 이동휘·김규열·양명·한빈·김단야는 이 문건을 접수한 후 블라디보스톡으로 돌아갔고, 이 내용은 이후 각 파벌을 통해 공산주의자와 그들의 조직에 전달되었다.[32]

이 일국일당주의 원칙에 따라 조선공산당 일본부도 만주총국과 함께 해산되었다. 재일노총이 해산과 관련하여 다양하게 분출된 해산논의를 통제하는 과정을 거친 것과 달리 조선공산당과 고려공산청년회 일본부는 별다른 해산논의 없이 해산되었다는 점이 특징이다. 그 이유는 이미 1929년 중순에 조직이 붕괴되어 활동이 정지된 상태였기 때문이다.

재일본조선청년동맹의 해산은 7월 쿄토지부의 해체선언에 이어 오사카지부가 12월에 「재일본조선청년동맹 당면임무에 관한 의견서」를 발표함으로서[33] 촉진되었다. 오사카지부가 발표한 의견서는 "프로레타리아 헤게모니가 없는 곳에는 강력한 반제국주의투쟁이 이루어질 수 없고, 강력한 수행이 이루어지지 않는 조직체는 무의미하다"는 전제 아래 청년동맹은 1926년 결성 당시부터 오류를 갖고 출발한 결과 '현재까지 투쟁다운 투쟁을 전개하지 못했으므로' 해산이 필연적임을 강조했다. 따라서 청년동맹이 역사적인 사명감을 수행하기 위해서는 '① 노동조합의 자주적 청년부 설치, 확립의 투쟁을

주의'는 코민테른이 모스크바의 명령을 충실히 따르는 도구로 바뀌어 보수적 세력화하도록 했다. 오현수 역, 『우리가 알아야 할 코민테른 역사』, 책갈피, 1994년, 147~152면.

31) 코민테른규약(1924. 7. 7)에서 공식적으로 제기된 후 1928년 7월 중국공산당 제6차대회에 적용되기도 했다. 1928년 8월 29일에 규정된 공산주의인터내셔널규약은 '공산주의 인터내셔널에 속하는 각 당은 **공산당이라 칭한다. 공산주의인터내셔널 지부로서 소속된 공산당은 각국에 하나만 존재할 수 있다.(제2조)'와 37조의 내용이 있다. 村田陽一, 『コミンテルン資料集』4, 373면.

32) 김인덕, 「재일조선인민족해방운동연구 - 1925~1931년시기 사회주의운동을 중심으로」, 190면.

33) 『社會運動通信』84, 1930년 1월 15일자, 「在日本朝鮮靑年總同盟當面任務に關する意見書」.

통해 ② 일본**청년동맹으로 해소'해야 한다고 주장했다.

토쿄지부는 해체성명서를 낸 것은 아니지만 활동이 정지되어 1929년 12월 23일 확대집행위원회에서 해체가 결정되었다.[34]

조선공산당과 고려공산청년회 일본부의 해체는 시기가 늦어져 1931년 12월에 해체성명서가 발표되었다. 이는 1929년의 검거로 조직이 붕괴된 상황에서 쉽게 이해할 수 있다. 10월에 결의하여 공산당기관지『赤旗』에 게재한 성명서[35]를 통해 조선공산당 일본부는 조선공산당의 오류로서 신간회 결성과 재일조선인을 관념적 이론투쟁으로 몰아넣어 노동계급의 이익을 해소시켰음을 들고, "조선민족의 해방을 기하고 권력획득의 투쟁을 위한 전제로서 일본공산당을 지지하고 원조를 받아야 한다"고 역설했다.

이 성명서는 다른 성명서와 달리 해체를 둘러싸고 다양한 견해가 노출되었음을 암시한다. 성명서는 당시 상황을 "아직 일부 대중에는 우리 총국의 해체가 적의 압력에 의한 일시적 현상인 것처럼 인식하거나 혹은 지금 정치적 지도부대로서의 총국이 현존하는 듯한 환상을 가진 자가 없지 않다. 우리가 지금 해체성명을 하는 이유는 주로 여기에 있다. 그 해체는 당연히 당의 규정에 의해 상부기관의 지령에 의한 것이어야 함에도 불구하고 금일 국내의 여러 정세는 이런 정당한 수속을 허락하지 않는 상황……"(밑줄 : 인용자)이라고 언급한 것이다. 그러나 이 성명서에 해체의 필연성이 설득력 있게 제시되어 있지 않음으로 보아 조선공산당과 고려공산청년회 일본부가 이미 재일조선인운동의 주변부로 물러나 있었고, 자체 내 조정 능력이 상실되었음을 알 수 있다.

---

34) 김인덕, 「재일조선인민족해방운동연구 - 1925~1931년시기 사회주의운동을 중심으로」, 206면.
35) 『赤旗』61호, 1931년 12월 23일자.

2. 大阪朝鮮勞動組合과 在日本朝鮮靑年同盟 大阪支部 해산 과정

1) 해산과정

재일노총 상임위원회는 1월 12일에 각 가맹조합에 서면을 보내어 1월 20일까지 서면중앙위원회를 개최하기로 했다. 그러나 오사카에서는 이보다 앞서 재일노총 해산논의가 일어났다. 1월 7일 열린 오사카조선노조 집행위원회에서 조몽구가 전국대표자회의 경과보고를 하는 가운데 여러 논의가 제기되었던 것이다. 이에 대해 재일노총 상임위원회는 전협조선인위원회(이하 위원회) 명의로 「스파이 投機主義者 金文準等의 策動에 대하여 檄한다」(1930년 1월 18일자)를 발표하여 조몽구·김문준 등을 오사카지역의 전협가맹을 저지하는 세력으로 규정하고 비판했다. 이 격문은 재일노총중앙과 오사카조선노조간 논쟁의 始原을 이룬다. 이 격문에서 위원회는 전국대표자회의의 결정사항은 합법적이고 정당하며 전 조합원의 합의를 규합한 것인데, 오사카 세력이 이를 거부한다고 비판하고 오사카의 조합원들에게 김문준과 조몽구의 박멸을 호소했다.[36] 서면중앙위원회는 이러한 배경 아래에서 열렸다.

김호영은 전국대표자회의가 끝난 후 2월 위원회 관서책임자로서 오사카에 와서 鄭佐模로 하여금 오사카산업별조직위원회를 구성하도록 하고, 이를 거점으로 관서사무국 재편을 위한 활동을 전개했다.[37] 오사카산업별재조직위원회는 김문준 등을 오사카산업별조직위원회(이하 위원회)의 강력한 반대세력으로 인식하고, 2월에 「스파이 社會投機主義者 金文準一派의 정체」를 발표하여 조몽구·김문준·沈春敬·玄好珍·金龍海 등을 스파이로 규정했다. 근거로는 1927년에 결성된 서울파의 허일이 1928년에 도일했을 때 김문준이 허일과 결탁하여 '계급표식의 철거'에 동참하여 각종 반계급적 행위를 했다

---

36) 『日本社會運動通信』90호, 1930년 1월 22일자, 「在日本朝鮮勞動總同盟 反對派の策動に 備ふ」.
37) 金森襄作, 「在日本朝鮮勞動總同盟の全協への解消をめぐつて」, 1372면.

는 점이다. 또한 이들의 전협합류 저해작용으로, 1월 7일의 오사카조선노조 집행위원회에서 조몽구, 김문준 등이 "전국대표자회의와 중앙위원회를 인정하지 않는다"고 폭언하고 위원회를 인정하지 않았다는 점을 들었다.[38]

이와 같이 오사카조선노조의 해산과 전협합류는 재일노총 중앙(위원회)과의 불화에서 시작되었다. 김문준은 2월 7일 위원회에 비난의 취소를 요구했으나 위원회가 취소의 움직임을 취하지 않자, 25일에 성명서를 발표해 입장을 밝혔다.[39] 이 성명서에서 김문준은 1월 7일에 개최된 오사카조선노조 집행위원회 석상에서 해산문제로 토론이 벌어진 과정을 기술했다. 그러나 자신들은 위원회가 요구하는 바와 같이 "日鮮노동자계급이 전협의 기치 아래에서 민족성 표시가 필요 없는 대중적 결합통일을 확대강화"하는 투쟁임무를 함께 수행할 것이라 서약함으로써 위원회에 따를 것임을 천명했다고 주장했다.

그러나 사태는 좀처럼 진정되지 않았다. 2월 27일 오사카조선노조 북부지부 확대위원회는 「직업적운동착란자 張泰遠 張星 분파병자 金敬中등등 3인을 제명함에 즈음하여 전투적 노동자제군에게 성명한다」[40]를 발표하여 장태원·장성·남영우의 하수인인 김경중이 분파적인 행위를 했으므로 제명처분한다고 밝혔다. 김경중 등은 김호영이 설립한 관서사무국에서 활동하던 인물(정좌모·김수현·남영우·김영수·김경중)로서 '혁명적 그룹'으로 자칭했다.[41] 따라서 이들의 제명은 김문준에 대한 지지와 관서사무국 거부를 표명한 것이므로 양측의 대립을 심화시키는 결과를 낳았다. 이에 대해 위원회는 지령 11호를 통해 스파이 심춘경과 윤혁제 등이 전투적 노동자 3명을

---

38) 『日本社會運動通信』121호, 1930년 2월 28일자 「全協朝鮮人委員會 本部反對派排擊を聲明」.

39) 『日本社會運動通信』132호, 1930년 3월 13일자 「全協朝鮮人委員會に對する金文準氏聲明」.

40) 「職業的運動錯亂者 張泰遠 張星 分派病者 金敬中等等 三人を除名するに際し顚末を戰鬪的勞動者諸君に聲明する」(일본 法政大學 大原社會問題研究所 所藏).

41) 金森襄作, 「在日本朝鮮勞動總同盟の全協への解消をめぐつて」, 『大阪社會勞動運動史 - 戰前』, 1372면.

제명했다고 비난했다.[42)]

김문준은 28일에 「또 다시 성명한다」를 발표하고 재차 지난 1월 7일 오사카조선노조 집행위원회 상황을 설명한 후, '전협 즉시 가입 원칙'에 대한 자신의 입장을 다시 한번 확인했다.[43)] 이 문건에서 김문준은 재일노총이 전개한 재일조선노동운동의 오류를 다음과 같이 지적하고 그 청산을 주장했다.

> 우리 재일본조선노동운동은 일국 내에서 개별적인 기점(공장경영)으로부터 전 운동선에 걸친 전형적 민족별운동이고 그 자체가 가내공업적 분산이다. (이 운동은)1개의 기점에서조차 두 가지 지도가 있거나 공동투쟁이나 대립투쟁과정을 겪는 쌍두마차라고 할 수 있는 운동이고 …… 전선의 원칙적 혼란이다. 계급분리의 올바른 길을 가지 않고 이중적 공동투쟁에 빠진 민족적 틀 속에서 답보상태에 놓여있고, (이러한 운동양상은) 국제적으로 부여된 조직단위를 몰각하는 것이다(괄호 안의 내용은 인용자).

즉 그는 재일노총이 운동을 전개하는 과정에서 일관된 지도방향을 제시하지 못하여 노동자대중이 이중적인 지도노선 속에서 혼란을 겪어왔음을 들어 재일노총중앙의 지도 자체에 대해 비판했다. 또한 그는 자신에게 쏟아진 비난이 '노총중앙에 대한 집단적 대립'과 '전협합동반대' 등 두 가지라고 지적하고 이에 대한 자신의 입장을 밝혔다. 여기에서 그는 자신을 노총의 방침을 지켜온 인물이라 자평하고, '전협으로 즉시 가입'과 '산업별 정리'는 원칙적이고도 절대적으로 올바른 것이라고 주장했다.

그는 당시 해산과 관련해 가장 큰 문제점으로 전국대표자회의에서 체결된 규약초안을 들었다. 즉 규약초안 가운데 제2조 "본총동맹은 본총동맹의 결정 및 규약을 승인하는 각종의 산업별노동조합 및 합동노동조합으로 조직하고 본부는 토쿄에 둔다." 제21조 "同지방에서 조합을 갖고 그 조합원 2백 명

---

42) 『日本社會運動通信』167호, 1930년 4월 28일자 「全協朝鮮人委員會 「産再組織地區委員會に關する指令」.

43) 김문준은 이 성명서에서 회의진행상황을 설명하는 가운데 정치교육부장인 조몽구가 '전협 즉시 가입의 건'을 제창했다고 밝혔다. 「再ひ聲明する」 1930년 2월 28일자(일본 法政대학 大原사회문제연구소 소장).

이상일 경우에는 중앙위원회의 승인을 얻어 지방협의회를 조직할 수 있다.”
제22조 “지방협의회는 최고기관으로서 소속조합에서 선출된 대의원으로 구
성된 지방대회를 두고 매년 1회 정기회를 개최할 것” 등 3개 조항이 일반인
들에게 주는 의문의 소지를 지적했다.

그런데 이상에서 제시한 3개 조항은 재일노총 해산과 전협가입 원칙이 일
치하지 않는 인상을 준다. 즉 재일노총의 해산이 아니라 노총의 재건을 전제
로 하거나, 설사 노총의 재건이 아니라 해도 전협 내부에서 조선인운동을 이
중적인 조직체계 내에서 운영하고자 하는 것이 아닌가 하는 우려의 소지를
갖고 있기 때문이다. 규약초안 3개 조항에 대해 김문준은 전협합류를 통해
지난날 재일노총이 갖는 오류가 청산되어야 한다는 입장에서 위원회를 과도
적 조직으로 인식하였다.44) 여기에서 양측의 입장이 구별되는 것이다.

이에 대해 김호영은 3월 5일에 창간한 『産業別再組織뉴스』에서 다시 김문
준 등에 대한 비판을 전개했다. 또한 위원회도 3월에 발표한 글에서 김문준
이 위원회를 인정하지 않고 있어서 오사카지역의 합류운동이 활발히 일어나
지 않고 있다고 비난하면서 김문준 일파의 박멸과 오사카조선노조의 산업별
재조직을 촉구했다.45)

그러나 김호영은 4월에 崔徹이라는 이름으로 발표한 글에서는 그 동안의
비난 및 공격적인 태도와 다른 모습을 보였다.46) 그는 먼저 조직화에서 실업
자와 가두분자를 배제하여 미조직대중에 배치하기로 한 위원회 지령이 초래
하는 해석상 오류를 인정했다. ‘실업자와 가두분자의 배제’는 조선인노동자
의 다수를 차지하는 자유노동자를 전협에서 배제하는 근거가 됨에 따라 조
선인노동자의 전협합류가 순조롭게 이루어질 수 없게 되었던 것이다. 이 문
제는 위원회가 3월 5일 내린 지령(제3호)에서도 중요한 문제로서 지적되었

---

44) “우리는 노총상부가 권위이고, 이 권위로부터 노총재건투쟁을 한다면 산업별위
    원회를 만들어야 할 어떤 위원조직(전협조선인위원회)이 갖추어질 때 까지의 과
    정이고, 노총해체의 과정이라고 생각한 것이다”. 괄호안 인용자.
45) 『日本社會運動通信』131호, 1930년 3월 12일자 「日本勞動協議會 朝鮮人委員會」.
46) 崔徹, 「勞總解體鬪爭の當面する危險性について」(1930년 3월 집필), 『進め』 1930
    년 4월호.

다. 즉 위원회가 내린 신운동 방침 가운데 3항은 공장을 조직한다는 조합재조직이 필요하지만 그렇다고 해서 자유노동자를 배타시 한다는 것이 아님을 분명히 하고, 중요한 점은 "모든 소공장 노동자와 자유노동자를 어떻게 대공장 노동자 집단에 밀착시키고 결합하도록 하는가 하는 점"이라고 밝혔다.[47]

김호영은 또한 반본부파에 대한 투쟁의 원칙에 대해서는 '정책, 전략, 전술에 반대하는 모든 경향을 극복하기 위한 투쟁'이라고 규정하고, 김문준에 대한 투쟁은 개인감정 중심적인 색채가 농후하다고 평가했다. 그가 그 동안 김문준의 박멸을 요구한 것은 김문준이 상해파나 서울파의 앞잡이이기 때문이 아니라 자신들의 올바른 정책, 전략, 전술에 반대하였기 때문이므로, 김문준이 이러한 정책·전략·전술을 받아들인다면 배척해서 안 된다는 점을 명시했다. 또한 이 글에는 재일노총 해산과 전협 합류를 강행하는 과정에서 나타난 문제점과 해결책이 제시되어 있다.[48]

김호영이 그 동안의 입장과 달리 김문준에 대한 비난을 거두어들이고 같은 길을 가는 동지로 인정하게 된 것은 위원회를 중심으로 전개했던 논쟁이 도리어 역효과를 낳았기 때문으로 여겨진다. 김호영 등 재일노총 중앙의 해산파들은 위원회의 권위를 통해 자신들의 입지를 강화하고 주도권을 연장하고자 했다. 그러나 재일노총이 해산하는 상태에서 재일노총 중앙의 주도권을 인정받고자 하는 것은 무리한 요구였고, 가맹조합으로부터 설득력을 얻기도 어려웠다.

위원회와 오사카조선노조간의 소모전은 4월 4일 김두용·이의석·임철섭·김호영·이윤우·김추신·金龍基·金凡伊·尹基協·申義用 등 간부 10인이 검거되고[49] 4월 8일 김문준이 위원회를 거치지 않고 독자적으로 전협에 합류함으로써 일단락되었다. 물론 양자간의 문제가 이것으로 종지부를

---

47) 『日本社會運動通信』129호, 1930년 3월 9일자「全協朝鮮人委員會 新運動方針に關する指令」.

48) 崔徹,「勞總解體鬪爭の當面する危險性について」.

49) 이들은 4월 4일 검사국에 송치되었는데 6월 15일 김두용, 임철섭, 이의석은 기소유예처분을 받았고, 김호영은 기소중지, 기타는 불기소처분을 받았다.「在留朝鮮人運動狀況」, 『集成』2, 138면.

찍은 것은 아니어서 위원회는 관서지방사무국을 중심으로 김문준의 배격을 호소했다.[50] 또한 5월 중순에는 전협일본화학노동조합 오사카지부준비회를 결성하고   오사카화학노동조합·오사카피혁노동조합[51]·오사카고무공조합 등을 합류시키고자 했으나 성공하지 못하여 5월 20일 관서지방사무국을 해체했다.[52] 위원회의 이러한 행동에 대해 김문준은 전협일본금속노동조합 오사카지부와 연락 아래 5월 29일 전협화학 오사카지부를 창립하고 東成區의 고무공장노동자 중심으로 조선인화학노동자를 재조직했다.[53]

전협조선인위원회와 오사카운동세력간의 논쟁이 갖는 의미는 어떻게 정리할 수 있는가. 현재까지 양측의 논쟁에 대해서 '재일노총해산, 전협합류'라는 원칙에 대한 찬반문제로 인식하는 것이 일반적이었다.

그러나 필자는 당시 정황으로 볼 때 '재일노총해산, 전협합류'의 원칙을 정면에서 반대하는 것은 불가능했다고 생각한다. 1922년 노동동맹회 결성 이후 운동노선에서 토쿄의 지휘체계를 공고히 하고자 하는 노력은 연대투쟁을 전개하는 과정에서도 여러 형태로 표출되었다. 대표적인 예가 '오사카조선노조 제명사건'이다. 따라서 필자는 전협으로 합류하는 과정에서 까지 재일노총의 권위를 유지하고 주도권을 행사하고자 하는 김호영·김두용 등의 입장과 재일노총의 해산을 기점으로 재일노총 중앙의 영향력으로부터 벗어나고자 하는 김문준 등의 입장 차이로 이해한다. 김문준 등이 재일노총 해산과 전협가입을 위해 내건 명분을 통해 재일노총 중앙세력을 배제하고자 하

---

50) 전협 조선인위원회 관서사무국은 지령 11호를 통해 오사카지역의 조선노조가 김문준의 노력에도 불구하고 서부, 북부, 항구, **** 등 각 지구노동자가 혁명적 그룹을 조직해 전협 조선인위원회 「産再組織」 지령에 따라 김문준 타도를 위해 활동중이라는 내용을 발했다. 『日本社會運動通信』167호, 1930년 4월 28일자 「全協朝鮮人委員會「産再組織」地區委員會に關する指令」.

51) 大阪피혁노동조합은 오사카조선노조 서성지부가 조직원의 대부분이 半從業工적인 피혁노동자라는 점을 중시하여 피혁노동조합준비위원회를 조직한 후 2개월간에 걸친 준비작업 끝에 반조직이 완료되자 4월 4일자로 결성했다. 『日本社會運動通信』152호, 1930년 4월 11일자, 「大阪朝鮮勞組 産業に別再組織」.

52) 金森襄作, 「在日本朝鮮勞動總同盟の全協への解消をめぐつて」, 1372면.

53) 「在留朝鮮人運動の狀況」, 『集成』2, 211면.

는 입장이 강하게 작용할 것을 우려한 재일노총 중앙의 선제공격은 도리어 이 문제를 구체화시켜 중앙으로부터 분리를 촉진시킨 것이다.

기존 연구성과는 이 논쟁을 어떻게 파악하고 있는가. 그 내용을 구체적으로 살펴보기로 하자. 金森襄作는 오사카측이 '재일노총의 즉시해소, 전협가맹'은 전국대표자회의 결정의 일탈이라는 반발이 강했다고 주장하여 즉시해소론에 오사카측이 반대한 것으로 이해했다.

그러나 김호영이 「勞總解體鬪爭이 당면하는 위험성에 대하여」에서 인정한 바와 같이 오사카측은 '재일노총의 즉시해소, 전협가맹'을 절대적 원칙으로 받아들였다. 또한 金森襄作은 김두용이 작성한 「재일조선노동운동은 어떻게 전개해야할 것인가」를 들어 위원회가 전협 합류후에도 민족운동을 전개하고자 하는 구상을 가지고 있었다고 주장한다.54) 이 주장은 사실 여부를 떠나 김호영과 김두영 등 토쿄측 해산주도세력들이 팜플렛과 선언에서 언급한 재일노총의 해산과 전협가입의 근거인 민족운동의 폐기와 계급운동 매진이라는 주장과 상충된다. 그렇다면 김두용과 김호영 등이 재일노총의 해산을 추진했던 이유는 재일노총 내 주도권을 전협에서까지 연장하고자 한 것이 아닌가 하는 논리가 가능해진다.

이 방면에 관한 또 다른 연구는 '김두용 등 해체주도그룹이 이성백·김문준·조몽구 등과의 논쟁에서 종국적으로 승리했다'고 평가했다.55) 이 견해도 또한 오사카측이 재일노총 해산에 반대했다는 전제 아래56) 결국 재일노총의 해산이 실행에 옮겨졌다는 입장에서 내린 평가로 생각된다. 그러나 필자는 이 견해에 찬동하지 않는다. 먼저 이성백과 김문준 등은 같은 비교기준이 아니라는 점이 전제되어야 한다. 이성백은 처음에 시기상조론을 내세워 해산 자체를 반대하다가 이후에 합류했으나 김문준은 처음부터 원칙적인 찬성 입장 속에

---

54) 金森襄作, 앞의 글, 1371면. 그러나 김두용의 팜플렛에서 그러한 내용은 찾아볼 수 없다.

55) 김인덕, 「재일조선인민족해방운동연구 - 1925~1931년시기 사회주의운동을 중심으로」, 204면.

56) '김문준을 중심으로 한 조직적인 반대도 일시적으로 존재했다'. 앞의 주, 218면.

서 이미 전국대표자회의 개최 이전부터 지원활동도 전개했다. 또한 김호영이 「勞總解體鬪爭이 當面하는 危險性에 대하여」에서 자체 내 오류를 인정하였고, 김호영이 주도한 관서사무국은 해산되었다. 따라서 승리라고 파악하는 것은 정확한 이해가 아니다. 도리어 이 기회에 오사카운동세력이 김문준을 중심으로 중앙으로부터 분리되었고, 자체 내 운동가의 세대교체를 거쳐 독자노동운동을 전개하였다고 이해하는 것이 옳을 것으로 생각된다.

앞에서 상술한 해산과정을 통해 알 수 있는 바와 같이 위원회와 오사카운동세력간의 논쟁은 재일노총 해소와 전협합류에 대한 찬반 입장에서 전개된 것이 아니다. 그 보다는 전국대표자회의 선언에서 밝힌 바와 같이 산업별재정리가 우선이냐 아니면 노총해산, 전협 합류가 우선이냐 하는 문제에서 나타난 입장의 차이이다. 즉 재일노총해산 주도세력(김호영, 김두용)은 공장을 기초로 조합을 재조직한 이후 노총 해체와 전협 가맹을 주장했다. 구체적인 과정을 보면, 산업별위원회를 산업별지방협의회로 결합하고 이를 통해 공장 내 활동을 전개하면서 전세력을 집중함과 동시에 전협 각 지방조직에 직접 참가하도록 한다는 것이다.57) 즉 재일노총해산주도세력(김호영·김두용)은 팜플렛과 선언을 통해 재일노총의 오류를 지적하고 해산의 당위성을 주장하면서도 조선인노동자의 민족적 특수성과 효율적인 전협 합류라는 명분아래 조선인중심의 기구를 중심으로 점진적인 해산과 합류가 이루어져야 한다고 주장하는 것이다. 이는 김호영과 김두영 등 재일노총해산주도세력들이 위원회 활동을 연장하고 전협 합류과정에서 주도권을 갖고자 하는 논리근거로 해석된다.

그러나 김문준 등은 '즉시 재일노총 해산, 전협 가입'의 입장을 견지했다. 즉 조선인 계급운동과 노동계급의 이익을 위해 혁명적 좌익노동조합에 들어가야 하는 것이 결정된 이상, 재일노총의 해산과 전협 합류는 시급히 추진해야 할 사안으로 생각한 것이다. 물론 여기에는 재일노총의 해산을 통해 토쿄지방의 운동세력과 결별하고자 하는 의도도 일정하게 작용했다고 여겨진다.

---

57) 『朝鮮獨立運動』4, 949~954면.

오사카조선노조는 4월 북부지부 → 오사카화학노동조합, 西成지부 → 오사카피혁노동조합, 동북지부 → 오사카금속노동조합, 港·泉州지부 → 전협목재·금속·일반노동조합으로 합류했다. 그러나 동북지부는 중견분자 10여 인만이 전협에 재조직되고 기타 자유노동자는 방치되었다.[58] 특히 자유노동자의 경우는 1930년 2월 오사카자유노동자조합이 전협의 지도 아래 결성될 때에도 조선인은 조직되지 않았다. 일본공산당 중앙부도 4월에 실업자조직 대책의 긴급성을 인식했으나 실제로 조직화활동은 전개하지 않았다. 재일노총의 해산을 둘러싼 각각의 입장 차이와 조선인노동자의 특수성을 간과한 정책방향은 오사카조선인노동자의 운동력을 분산시키는 결과를 가져왔다. 1930년 오사카조선노조 조합원은 각각 ① 전협가맹자 ② 일본합법조합 유입 ③ 소비조합과 동아통항조합 조직 ④ 독자적 조합 등으로 그 활동력이 분산되었다.[59]

2) 재일노총의 해산과 재일 조선인 민족운동

1929년부터 시작되어 1930년에 완료한 재일노총의 해산과 전협합류운동은 몇 가지 문제점 속에서 시작되어 재일조선인 노동자의 운동력을 분산시키고 재일조선인운동 전체를 약화시키는 결과를 낳았다. 또한 재일노총 해산운동은 조선인운동세력 내부의 필요성과 문제제기가 아니라 전협과 일본공산당, 더 나아가 프로핀테른과 코민테른이라는 외부의 요구에 의해서 시작되었다는 점에서 주체적 진행이 어려웠다는 점을 내포하였다.

재일노총 해산과 전협 합류가 갖는 문제점은 두 가지이다. 첫째는 방향설정이 갖는 오류로써 이는 다시 두 가지로 나눌 수 있다. ① 해산과정에서 일부 지도자의 독단적인 운영이 이루어짐으로써 운동지도부의 합의를 도출하지 못하였다는 점이다. 대표적인 예가 위원회와 오사카조선노조간의 논쟁이

---

58) 造田英格, 「大阪朝鮮勞動組合に就いて」, 『特高時報』1930년 5월호, (岩村登志夫, 192면 재인용).
59) 金森襄作, 앞의 글, 1373면.

다. ② 산업별조직의 강행이다.

재일노총 지도부가 검거된 이후 해산운동을 주도한 김두용과 김호영 등은 그 동안 재일노총 내에서 활동한 역할로 볼 때 지도부로서 권위를 인정받기 어려운 미미한 위치였다. 그러나 김두용 등은 전협 간부와 직접 연계되어 그들과의 협의 아래 문건을 작성하고 해산운동을 추진했다. 따라서 이들은 해산운동을 전개하는 과정에서 운동세력내부의 협의를 통한 합의도출을 도모하기보다는 자신들의 입지가 도전을 받지 않도록 주위를 환기하고 입지를 강화하는데 주력하게 되었다.

산업별 노동조합문제는 좌익노동조합의 일관된 방침이었다. 프로핀테른은 1921년 창립 당시부터 직업별 조직에 반대하고(1회 대회 슬로건 : 한 기업의 모든 노동자는 하나의 조합에 소속해야만 한다), 산업별 원칙에 따라 재조직하는 것을 원칙으로 했다.[60]

그러나 1920년대에 일본지역의 조선인 노동자나 국내 노동자는 산업별로 조직되지 못하였다. 앞에서도 언급한 바와 같이 일본지역의 경우는 자유노동자의 비중이 강하였고, 미조직 노동자의 조직화가 시급했으며, 반제반일운동이 현안이었으므로 산업별조직은 시기상조였다. 이에 관한 연구결과에 따르면, 1928년에 공장노동자가 토쿄 68%·오사카 62%를 점하여 산업별조직의 조건이 조성되었다고 한다.[61] 그러나 이 연구가 근거로 하는 자료는 공장내에서 근무하는 자유노동자까지도 포함된 것으로서 실제 조선인노동자의 종류를 바탕으로 한 것이 아니다. 또한 광산노동자도 제외되어 있다. 통계에 나타난 일본전체의 조선인노동자 비율을 보면, 1920년 광산·자유노동자 42%, 공장노동자 34.5%이고, 1930년은 광산·자유노동자 38.3%, 공장노동자 28.6%이며, 1940년은 광산·자유노동자 34.9%, 공장노동자 34.3%이다.[62] 즉 시기가 지날수록 공장노동자의 비율을 감소하는데 비해 자유노동자의 비

---

60) 김영준, 앞의 책, 32면.

61) 金森襄作, 「在日本朝鮮勞動總同盟 大阪朝鮮勞動組合」, 『大阪社會勞動運動史』, 1367면.

62) 朴在一, 『在日朝鮮人に關する綜合調査研究』, 新紀元社, 1954년, 54면.

율은 증가하는 것이다. 이는 산업별조직화의 조건이 성숙되어 있다는 주장이 설득력이 없음을 반증하는 좋은 예이다.

국내 노동운동도 1920년대 전반기에 지역합동노조에서 1920년대 중반에는 직업별노조 형태로 바뀌면서 점차 산업별 노조로 이행하는 과정을 걸었다. 지역합동노조는 민족주의 이데올로기의 영향력이 우세한 가운데 노동자와 농민의 구분 없이 '일하는 사람들' 전반을 노동자로 파악하였던 상황에서 출현하였는데, 이후 사회주의의 영향으로 노동조합에 대한 인식이 바뀌면서 노동자와 농민의 분화와 아울러 직업별 분화를 거치게 되었다. 따라서 국내에서도 역시 산업별 노조는 1920년대 노동조합의 형태가 될 수 없었다.[63]

일본지역에서 재일조선인에 대한 산업별조직의 필요성이 처음으로 제기된 것은 1928년 5월에 열린 재일노총 제4회 대회이다. 토의안건에 상정된 산업별 조합조직문제는 선언과 운동방침에 명기되었다.[64] 선언은 "본 동맹은 노동자의 이익을 옹호하고 일상의 경제투쟁에 중심을 두며 미조직 조선노동자 대중의 조직에 결사적인 노력을 하여 조직노동자의 산업별 조합 조직에 노력한다"로 명시하였고, 운동방침에서도 '조직의 산업별 조직화' 전술이 채택되었다. 이 전술의 구체적인 실천사항은 ① 각 조합은 산업별 조사위원회를 조직하고 ② 산업별 노동자의 대표를 통해 산업별위원회를 조직하며 ③ 산업별 조직에 대한 의의를 일반조직 대중과 미조직 대중에게 선전할 것 등이다. 그러나 이 때 결정된 산업별 조합조직의 원칙은 즉각 실현되지 못했다.

이에 1928년 7월 11일 재일노총은 지령 제7호 「산업별정리에 관한 방침 산업별위원회구성에 관한 지령」을 발표하고 산업별 정리에 관한 중앙의 입장을 밝혔다.[65] 이 지령은 그 동안 재일노총이 전개해 온 운동방향에 대해 근본적인 반성을 촉구하고 새로운 운동방향을 제시했다는 점에서 의미를 갖는다.

---

63) 김경일, 『일제하 노동운동사』, 창비사, 1992년, 87면.

64) 『社會運動通信』6, 1928년 6월 22일자 「在日本朝鮮勞働總同盟の宣言並に一般運動
方針」.

65) 在日勞總상임집행위원회, 「産業別整理에 關한 方針 産業別委員會構成에 關한 指
令」在日勞總 지령 제7호, 1928년 7월 11일자, 일본 早稻田대학 MF자료 2763.

이 지령은 노동조합을 '자본주의하에서는 노동대중을 조직하여 훈련하여 노동전체의 유지향상의 일상투쟁에 노력하야 자본주의 제도의 파괴를 최종의 목적으로 하는 노동자의 상설단체'로 정의하고, 당이 정치투쟁의 기관인데 비해 노동조합은 경제투쟁의 기관이라고 규정하여 당과 노동조합의 역할 및 임무를 구별하고자 했다. 이러한 주장은 재일노총이 그 동안 전개한 각종 정치투쟁 및 반제반일운동에 대한 비판을 전제로 한 것이다.

이 지령에서 제기한 운동방향(산업별 재조직)은 노동조합 본연의 위치를 고수하기 위한 방안이다. 이 지령에서 노총은 좌익노동조합의 모델을 제시하고 재일노총도 이를 수용해야 한다는 원칙론을 주장했다.[66] "노동조합의 조직형태는 자본주의의 발전여하에 따라서 원시적이며 비전투적인 조직형태로붙허 고급적이며 전투적인 조직형태에로 전환되지 안을 수 업스며 쏘한 되지 아니하면 아니 된다. 그것은 조직이 투쟁을 낫키 찐문(원문 그대로)"이라고 전제하고 발전과정을 합동노조→직업별조합→산업별조합으로 설정했다. 이 세 가지 가운데에서 가장 혁명적이며 전투적인 조직은 산업별조합이라는 것이다.

그러나 재일노총 지령은 당시 조선인노동자가 자유노동자로 이루어졌다는 인식 아래에서 산업별조직을 주장하는 모순을 나타내주고 있다. 따라서 1928년 당시에 제기된 산업별조직문제는 노동조합의 산업별 조직형태로 전환하는 것보다는 재일노총이 경제투쟁의 본산으로서 의무를 견고히 하고자 하는 의지를 표명한 것으로 생각된다.

그러면 실제 노동자의 구성과 상관없이 산업별 조직문제가 대두한 배경은 무엇인가. 필자는 이를 약화된 조직력을 강화하고 노동자의 일상적 이익을 도모하고자 하는 노력의 일환이었다고 생각된다. 4회 대회 당시 조선인 노동자의 조직화 문제는 심각한 상황이었다. 1928년 4월 당시 조직원은 26,114명이었는데, 이 숫자는 재일조선인 노동자 전체수에 비하면 지극히 미미한 정

---

66) "그런데 우리는 본총동맹에 가맹한 각 조합의 조직형태는 如何한가? 그것은 원시형태를 未免하엿스며 짜러서 그의 투쟁력이 극히 미약하다는 것은 과거의 투쟁 과정에 특히 자본의 합리화에 대한 투쟁에서 절실히 체험하엿다."

도였다. 토쿄의 경우, 1928년 당시 東京조선노동조합의 조직원이 3,200명이었는데 비재일노총계인 재일본조선노동일심회 조직원수가 3,860명이었다.[67] 즉 토쿄지방의 재일노총 지부의 총 조직원수가 비노총계 단체 하나의 숫자에도 미치지 못했던 것이다. 재일노총의 약세화는 반제반일운동만을 중시하고 일상투쟁과 괴리되었던 재일노총 활동의 결과였다. 또한 앞의 지령에서 언급한 바와 같이 자본의 합리화를 통해 노동자가 정리되는 상황에서 기존의 조직형태로는 노동자의 일상적인 이익을 도모하는 것이 어렵다는 현실인식도 당시 시급한 현안이었다.[68] 이러한 어려운 시기를 맞아 재일노총은 산업별로 조직을 재편하고 이를 바탕으로 일상투쟁을 전개함으로써 노동자대중의 이익을 도모하고자 한 것이다.[69]

재일노총 해산과 관련하여 산업별 조직이 전협합동과 함께 유일한 대안으로 부상한 이유는 무엇인가. 각종 문건을 통해 보면, 그 동안 재일노총이 전개한 운동의 오류를 민족별 조직운동의 한계로 인식하고 이를 지양하기 위한 것으로 산업별조직을 거론한 것이다. 즉 정치투쟁으로 일관하고, 조공 지시의 오류에 대한 자기반성을 바탕으로 한 방향설정이었다.

두 번째 문제점은 해산논리가 노동자대중들에게 설득력을 갖지 못하였고, 노동자대중이 재일노총 해산과 전협합류의 필요성을 인식하지 못했다는 점이다. 재일노총해산과 전협합류 운동은 재일노총 지도부가 검거된 상황에서 비밀리에 몇몇 사람들에 의해서 주도되었다. 그 과정에서 운동가와 노동자대중들이 필요성을 인식하기 이전에 수동적으로 받아들여야 하는 상황을 만들었고, 여기에 부작용을 낳았다. 여기에서 나온 부작용은 재일노총의 전협

---

67) 朴尙僖, 「東京朝鮮人團體歷訪記」1927년, 『在日朝鮮人史硏究』5, 1979년, 113면.
68) 在日勞總 지령제7호는 '산업별조직은 지역별조직, 직업별조직에 비하야 그의 투쟁력, 동원력이 강대하다'는 이유를 들어 조직을 산업별로 정리할 것을 주장했다.
69) 그러나 이러한 대회 결의와 그동안 운동에 대한 자기비판에도 불구하고 그해 8월 29일 국치기념투쟁을 대대적으로 전개한 나머지 지도부가 검거되고 조직이 침체되는 결과를 초래했다. 이는 노동자대중의 현실보다는 조공지시를 추종한 결과였다.

합류를 '해소'가 아닌 '해산'으로 만드는 결과를 낳았다.[70) 그 결과 1929년 9월말 현재 23,530명(오사카 17,000명·토쿄 3,140명)이었던 재일노총조합원 수는 1930년 10월말 현재 2,660명(오사카 1,100명·토쿄 860명)이 전협 가맹 조합원이 되었다. 이 숫자는 1931년 1월에는 4,500명으로 증가하였으나, 1932년말에 4,721명, 1933년말에 3,970명과 전협계 조합에 3,970명, 1934년에 전협에 551명, 전협계 조합에 664명 등에 머물렀다.[71) 이는 1929년 재일노총 가맹 조합원과 비교해도 10%에 미치지 못하는 정도였고, 1930년대 초반에 증가하는 조선인노동자의 수효와는 비교할 수도 없을 만큼 적은 숫자이다. 이에 비해 1930년 10월말 우익노동조합인 일본노동총동맹에 가입한 조선인조합원 수는 이보다 많은 3,650명으로 보고되었다. 그 외에도 오사카에는 조선인독자조직을 원하는 요구가 강하여 같은 해 10월초에는 金達桓, 皇甫潤 등이 300명의 조직원으로 泉州일반노동자조합을 창립하였고, 襄陳 등이 결성한 오사카화학노동조합(조합원 300명), 天昌奎 등이 결성한 오사카市保健部종업원조합 東成지부(조합원 70명)·金景希 등이 결성한 關西노동조합총연합회 東成區지방사무국(160명) 등이 在阪朝鮮人勞動組合과 함께 전협에 가입하지 않은 채 활동했다. 더구나 전협으로 해소한 오사카조선노동조합도 실제로 1932년경까지 각 지부가 존속하였다.[72)

재일노총 해산과 관련한 각종 문건들은 그 동안 재일노총이 중점적으로

---

70) 이에 대해 노동자대중이 노총해산에 관심을 두지 않았다는 주장도 있다. 外村 大는 '노동자가 파업에 참여할 때에는 이데올로기에 관심을 갖고 단체를 선택하는 것이 아니라 파업을 일으키는 단계에서 연락이 닿아 노동조합에 가입하는 경우도 있고, 노동조합이 갖는 이데올로기와는 상관없이 노동조합의 지도를 받는 경우도 있었으며, 노동조합과 완전히 대립되는 이데올로기를 갖는 조합의 지도를 받아 파업을 일으키는 경우도 있었으므로 재일노총이 해산되었을 때에도 노동자대중은 별다른 영향을 받지 않았다.'고 파악했다. 外村 大, 「1920~30年代在日朝鮮人勞動者の動向」, 24면. 그러나 이러한 견해는 노동파업만을 대상으로 했을 때 나올 수 있는 주장이다. 재일노총에 소속되었던 노동자대중들이 노동파업에만 관심을 둔 것이 아니라 각종 민족운동에 실제로 참여했다는 점을 생각해볼 때, 이 주장은 적절하지 않다고 생각된다.

71) 『朝鮮獨立運動』4, 955~956면.

72) 岩村登志夫, 『在日朝鮮人と日本勞動者階級』, 195면.

전개한 거의 모든 운동방향을 오류라고 비판했다. 그 가운데 가장 대표적인 것은 민족의식고취와 민족해방운동의 통일전선 확립이다. 그러나 당시까지 재일노총이나 대중단체가 주도한 민족운동과 통일전선구축만이 노동자대중의 궁극적인 승리를 가져올 수 있는 올바른 운동방향이라는 지시에 따라 일상적인 이익을 보류해 온 노동자대중들에게 이러한 주장은 당혹스러운 것이었다. 일본운동세력으로 합류하는 것만이 조선인운동의 올바른 방향이라는 대안 또한 설득력을 갖지 못했다. 노동자 대중들은 실제 노동운동의 과정을 통해 일본노동자계급과의 제휴가 가져올 이익에 대한 신뢰가 크지 않았던 것이다.

재일노총은 위에서 해산주도세력들이 지적한 몇 가지 문제점과 조직화의 실패에도 불구하고 활동기간동안 재일조선인의 민족운동 역량을 조성하고 조선인운동의 정체성을 공유하고자 노력했으며 민족운동의 선봉장으로서 재일조선인운동을 선도했다는 점에서 그 의의는 높이 평가할 수 있다. 그러나 재일노총 운동의 방향은 조선공산당의 하부조직체로서 각종 연대투쟁을 전개해야 하는 단체적 성격으로 인해 노동자대중의 현실에 따라 탄력성 있게 대응하지 못하고, 외부적 조건(프로핀테른 결정과 일본당국의 검거 강화)까지 작용함으로써 해산을 맞게 된 것이다.

오사카지역에는 삼일무산청년회, 오사카조선청년동맹 등 여러 청년단체가 있었으나 1920년대 후반까지 지속적으로 활발한 활동을 벌인 청년단체는 大阪朝鮮靑年同盟의 후신 在日本朝鮮靑年同盟 大阪支部이다. 이외에도 高麗共産靑年會 日本部 大阪야체이카와 再建高麗共産靑年會 日本部 大阪야체이카가 조직되었으나 합법단체가 아니었으므로 활발한 활동을 벌이지는 못했다. 그러므로 이들 단체들의 해산과정은 공개적이거나 투명하게 이루어지기 어려웠다. 현재 자료상 해산과정을 비교적 상세히 파악할 수 있는 단체는 在日本朝鮮靑年同盟 大阪支部이다.[73]

1929년에 9개 반을 구성하여 활동을 전개하던 在日本朝鮮靑年同盟 大阪支

---

73) 그외 다른 단체의 경우에는 東京 중앙의 해체와 함께 해산하거나 활동이 정지된 상태에서 자연 소멸상태를 맞은 것으로 이해된다.

部는 그 해 3월에 제2회 전국대회를 열고, 이어서 4월에 열린 在日本朝鮮青年同盟 제2회 전국대회에 참가했다.[74] 이 대회는 프로핀테른 4회 대회 결의에 기초하여 재일노총과 소속 조합의 청년부에 참가하기로 결정하고 이어서 해체 과정에 들어갔다.[75] 이러한 전국대회의 결정에 따라 그 해 7월, 쿄토지부가 해체를 선언하고 이어서 오사카지부도 12월에 해체를 선언했다.[76]

해체에 즈음하여 오사카지부는 국내 신간회와 조선청년동맹을 부르조아와 소부르조아 학생들이 잡거하고 있는 조직이라고 비판하고 이들의 역할을 '개량주의자 자치주의자들의 일본 부르조아지에 대한 봉사'라고 규정했다. 또한 조직의 재편방식으로는 노동조합 내 청년부를 설치하여 합류하는 것과 일본공산청년동맹으로 합류하는 방식을 제시했다.

그러나 오사카지부는 해체로 이행하는 과정에서도 오사카무산아동학원을 설치하여 운영하는 등 활동을 멈추지 않았다.[77]

---

74) 이 대회에서는 의안과 슬로건이 공산주의적이라 하여 일본경찰에 의해 삐라 반포가 금지되고 연설이 중지되었다. 「在留朝鮮人の運動狀況」, 『集成』2, 39면.

75) 재일본조선청년동맹의 해체에 큰 영향을 미친 것은 김두용이 발표한 「재일본조선노동운동은 어떻게 전개해야만 하는가」이다. 여기에서 김두용은 당시 정세를 '노동청년은 조합청년부에 가입하여 거의 해체한 상태'라고 파악하고 '조합청년부에 가입하여 조합청년부를 강화할 것'을 주장했다. 金斗鎔, 「在日本朝鮮勞動運動は如何に展開すべきか?」, 『朝鮮獨立運動』5, 1033면.

76) 岩村登志夫, 앞의 책, 183면.

77) 「朝鮮人の共産主義運動」, 『朝鮮獨立運動』4, 937면.

제6장 결 론

오사카지역은 1910년대부터 도일 조선인수가 증가하기 시작한 후 1920년대에 최대의 조선인이 거주하여, 활발한 민족운동을 전개하였던 지역이다. 조선인들은 공장노동자나 자유노동자로 생활하였는데, 대부분이 일용노동자였으므로 불안정한 노동조건 아래 놓여 있었다. 이들은 도일 이전 직업인 농업과 무관한 노동현장에서 미숙련 노동자로서 일본의 하층 노동층을 구성했다. 조선인 노동자의 도일은 일본당국 및 기업주의 요구와 노동자 개인의 필요성에 따라 이루어졌으나, 일본사회가 안고 있는 피식민지 종속민에 대한 차별의식과 식민지 구조적 모순을 통해 조선인 노동자는 민족운동의 주체로 변모했다.

1. 오사카지역의 재일조선인

국내에서 농촌사회 구성원이었던 조선인들은 도일 후 노동자로서 생활하는 가운데, 하층 노동자 그리고 피식민지민이라는 인식을 절감하였다. 조선인노동자의 현실 인식은 이들로 하여금 조선인노동조합으로 모이고, 각종 대중시위와 민족운동 현장에서 중심적인 역할을 담당하게 하였다. 이들이 일일노동자라는 상황 아래에서 일자리마저 포기하고 민족운동 현장을 지켰던 것은 식민지의 구조적인 모순에 대한 절감과 조선인의 저력을 신뢰했기 때문이다. 이들은 또한 파업을 통해 열악한 노동조건과 차별적인 구조를 개선하는 노력을 기울이는 한편, 기술을 습득하여 중소규모의 공장 경영자로 성장하고자 노력했다. 또한 각종 소비조합을 통해 조선인노동자의 경제적 기반을 강화하고 조선인사회를 유지함으로써 재일조선인의 정체성을 보존하고자 했다.

오사카는 최대 조선인거주지역임과 동시에 노동자가 대부분을 차지한다는 사실로 인해 일찍부터 일본사회운동세력과 토쿄지역 조선인운동세력이 주요한 조직화의 대상지로 인식한 지역이다. 1910년대부터 간헐적으로 시도되었던 토쿄 조선인운동세력의 오사카지역에 대한 조직화 노력은 1922년 오사카동맹회 결성 이전 시기에는 노동자 규합과 의식화 형태로 나타났다. 이러한 노력의 연장으로 결실을 맺은 것이 오사카동맹회이다. 오사카동맹회는 결성 과정을 통해 오사카지역 조선인사회의 특성을 바탕으로 한 민족운동조직체로서 출발했음을 보여주었다.

오사카동맹회의 결성 이후 본격적으로 반일민족운동에 참여하게 된 조선인운동세력은 재일노총의 결성으로 인해 토쿄측과 조직적 연대를 통한 민족운동의 주요한 실천부대로서 역할을 담당하였다. 오사카지역 조선인민족운동단체들이 전개한 활동은 일본지역 내에서 가능한 종류의 모든 반일운동을 망라함과 동시에 국내운동 지원·노동운동 전개·일본사회운동 지원 등 그 범위가 넓었다. 이러한 활동의 결과, 이 지역 조선인민족운동은 오사카라는 지역적인 한계와 민족적 이익을 초월한 대중운동으로서 일본사회운동과 국내 민족운동세력에 영향을 주었다.

1930년대에는 일본사회운동이 침체됨에도 불구하고 재일조선인은 파업·주택분쟁과 비밀결사를 통해 민족운동을 전개함으로써, 일본사회운동세력에도 자극을 주었다. 특히 1897년 조선인노동자의 취업 이후부터 시작된 조선인노동자의 파업은 1945년까지 전국 각지에서 끊임없이 전개되었다. 파업은 비록 1930년대 중반부터 건수가 줄어들기는 했으나, 참가인원수는 증가하였고, 1940년에 들어서는 도리어 건수가 증가하는 경향을 보였다.[1] 즉 파쇼체제가 강화됨에 따라 일본 노동운동계가 스스로 파업절멸선언을 하는 상황이었고, 1938년 이후는 강제연행시기였음에도 불구하고 조선인노동운동

---

1) 조선인파업건수는 1931년 483건, 1936년 386건, 1940년 687건, 1941년 588건, 1944년 303건 등으로 시기별 변천상을 보인다. 日本內務省,『特高月報』·『社會運動の狀況』각 해당연도 참조.

은 수그러들지 않고 지속되었던 것이다.

그러나 식민지 전시기를 통해 끊임없이 전개된 재일조선인민족운동의 정점은 1920년대였다. 물론 1930년대에도 노동현장·조선촌·일본단체 속에서, 조선인은 다양한 방법과 내용으로 민족운동을 전개해 나갔으나 1920년대와 같은 조직력과 지속성은 기대하기 어려웠다. 더구나 1930년대 중반부터 일제당국의 재일조선인통제체제가 강화되면서, 체계화된 조직운동은 설자리를 완전히 잃었다.

2. 오사카지역 조선인 민족운동의 전개

이처럼 오사카지역 조선인민족운동은 시대적 양상과 내용에 차이가 발견된다. 이제 1920년대 오사카지역 조선인사회의 특성을 살펴보고 이 지역에서 전개된 민족운동의 구체적인 내용을 시기별로 정리해보겠다.

조선인사회의 특성은 조선인의 직업분포와 朝鮮村에서 찾을 수 있다. 오사카지역에 이주한 조선인은 대다수가 노동자였다. 이는 유학생의 수효가 적지 않은 비중을 차지하는 토쿄지방의 조선인사회와 크게 대비된다. 이러한 성격은 조선인운동의 방향과 역할을 이론수립보다 실천운동으로 자리매김하도록 했다. 그러나 오사카지역 조선인이 노동자로 구성되었다는 점이 운동의 낙후성이 운동방향이 일상이익을 위한 투쟁으로 한정되었음을 의미하지 않는다. 이들은 토쿄나 국내운동가들이 제시하는 이론을 받아들였으나 오사카지역 운동실정에 맞게 운동방향을 적용했다. 또한 일상이익을 해결하는 데에는 민족문제해결이 선행되어야 한다는 공감대를 형성했다. 그러므로 노동자들은 해고의 위험을 무릅쓰고 시위현장을 지켰고, 파업에서도 임금인상보다 민족차별철폐를 중시했다. 이러한 노력으로 인해 오사카지역 조선인민족운동은 지속성을 가질 수 있었다.

생활난과 주택임대거절로 인해 일본인주택지에서 거처를 구하지 못한 조선인들은 폐선에서 기거하거나 공터·시장터·하천변에 마을을 이루었다. 오사카시 외곽에 국내출신지역별로 형성된 조선촌은 일본지역내 조선인에게 해방구로 기능했다. 일자리를 알선하고 노동정보를 교환하며 조선인의 관습과 언어가 보존되는 곳이었다. 한복을 입고, 한글소설을 읽으며, 김치와 막걸리를 담그어 먹으면서, 자신들의 울분을 마음껏 털어놓을 수 있는 곳이었다. 조선촌은 임시가옥이어서 안전시설이 갖추어지지 않았고, 하천변이어서 수해의 위험도 높았다. 해마다 화재와 하천범람으로 인한 수해가 끊이지 않았다. 여기에 시당국과 토지소유자의 철거요구는 조선인의 생존권을 위협하곤 했다. 그러나 조선인들은 시위를 벌이거나 조선인단체·일본사회운동단체 등의 도움을 얻어 법적으로 대응하면서 조선촌을 지키고자 노력했다.

조선촌은 단지 생활의 구심체에 머물지 않았다. 일자리와 거처를 구하고자 조선촌에 모인 조선인들은 민족운동의 주체가 되었다. 이들은 '친목회'나 '계'를 형성해 상호부조함으로써 이곳을 생활공동체로 활용하였다. 또한 메이데이 행사 참가·파업 지원·민족기념일 행사 참가·식민통치규탄대회 참가 등이 이곳을 중심으로 수행되었다.

1930년대에 들어 일본당국의 통제정책과 동화정책이 강화되는 과정에서 조선촌에 대한 탄압은 강도를 더해갔다. 야학을 통해 한국어 교육이 이루어지고, 한복의 물결이 출렁이는 조선촌은 동화정책을 정면에서 위배하는 곳이었다. 그러나 조선촌은 민족적 아이덴티티를 보존·유지하는 역할을 게을리하지 않고 1938년 이후에는 강제 연행된 조선인들의 피난처로 기능하기도 했다. 오사카지역 조선인민족운동을 시기별로 살펴보기로 하겠다.

1910년대는 오사카조선인민족운동의 토대를 이루는 조선인사회가 형성되고, 조선인의 조직화도 시작되었던 시기였다. 1910년대 민족운동은 두 가지 성격을 보인다. 첫째는 '친목회'라는 이름의 조선인 조직체가 결성되면서 이 지역 조선인을 결속해나갔다는 점이고, 둘째는 조선인 민족운동의 지역적 특성이 마련되기 시작했다는 점이다. 양자는 깊은 관련성을 갖는다. 오사카지역 조선인 민족운동의 특성은 조선촌이 토대가 된다는 점이다. 그런데 조선인단체는 조선촌과 긴밀한 관련을 가졌다. 조선촌을 토대로 각종 조선인

단체가 결성되었던 것이다. 별도로 조선인 교민회가 없었던 일본지역 내에서 '친목회'는 당시에 조선인을 결속하는 유일한 조직이기도 했다. 자신이 속한 조선촌별로, 직종별로 단체를 조직한 조선인들은 이를 통해 기금을 적립하고 상호부조할 뿐만 아니라 조선인의 민족적 이익을 도모하고자 하였다. 조선촌과 조선인단체는 친일동화단체의 발호를 억제하는 역할도 수행했다. 그 결과 오사카는 최대의 조선인노동자가 거주하는 곳이면서도 조선인노동자를 통제·착취하는 기관인 상애회의 횡포가 다른 지역에 비해 열세였다. 이 지역 조선인들이 이와 같이 의식의 발전을 보인 데에는 일본사회운동의 흐름과 토쿄지방 재일조선인운동가의 노력이 있었다. 勞資관계의 모순극복을 통해 노동자계급의 이익을 지키고자 하는 일본사회운동계와 오사카지역 조선인을 조직화·의식화하고자 하는 토쿄지방 재일조선인운동가의 노력은 조선인단체 결성으로 구현되었다.

또한 오사카지역에 거주하는 조선인의 대부분이 노동자였고, 오사카지역이 일본사회운동계에서 점하는 위치로 인해 조선인민족운동은 노동자를 중심으로 전개되었다. 이러한 특성이 마련된 시기가 1910년대였다. 돈벌이를 위해 도일한 조선인이 식민지시대 민족운동의 주체로 될 수 있었던 데에는 1910년대부터 형성된 조선인사회와 조선인단체의 역할이 적지 않았다.

1920년대는 일본 전지역에서 조선인운동이 분화·발전한 시기였다. 1910년대에 일부 지역에서 간헐적으로 나타나던 파업이 1920년대에는 일본 전역에서 다수 발생하였고, 조선인단체의 결성도 활발해졌다. 일본지역 최대의 조선인노동총동맹인 재일노총이 결성되었고, 在日本朝鮮靑年總同盟이 재일조선인 청년운동의 구심점이 되었으며 신간회 지회의 활동도 활발했다. 조선인운동의 양적인 증가와 아울러 목표의식이 선명해졌다. 또한 지역간의 연대도 두드러졌다. 조선인운동이 지역운동에 그치는 것이 아니라 전국적인 운동으로 확산되어 효과를 더해간 것이었다. 조선인운동의 발전은 재일조선인의 증가와 의식화 정도에 바탕을 이룬다. 이러한 재일조선인운동의 전체적인 발전에 오사카지역 조선인운동이 보조를 같이한 것은 물론이다.

3. 1920년대 오사카지역 조선인민족운동의 성격

1920년대 오사카 지역 조선인민족운동의 성격은 다음과 같이 정리할 수 있다.

첫째, 운동가들이 노동자 대중에 기반을 두고 운동을 전개했다는 점이다. 학생 및 지식층의 비율이 현저히 적은 오사카지역 거주 조선인의 직종별 특성으로 인해, 노동자출신의 운동가들이 지역적 기반 위에서 일관된 지도노선을 취할 수 있었다. 오사카동맹회 결성 당시부터 토착조선인세력을 망라하여 결속을 도모했던 이 지역 운동가들은 노동자들과 함께 취로를 하면서 그들을 규합하고 운동을 주도해갔다. 또한 일제당국의 검거나 탄압으로 조선인과 조선인노동조합이 위험에 처했을 때에는 검거의 위험에도 불구하고 지원과 사태수습에 나섰다. 따라서 일반적으로 직업적 운동가들이 보여주는 노동자 대중과의 괴리성을 극복한 상태에서 운동이 전개되었다. 오사카지역 조선인운동가들에 대한 대중의 신뢰로 인해 이 지역운동은 지속성과 참가대중들의 자발성이라는 특성을 갖게 되었다.

둘째, 민족운동 참가층이 구조적 모순을 자각하고 자발적으로 운동에 참가했다는 점이다. 오사카지역은 토쿄와 달리 노동자가 조선인의 대다수를 차지한 결과, 1910년대까지는 친목도모나 노동자의 결속을 도모하는 성격의 조선인단체가 결성되는데 그쳤다. 그러나 1922년 12월 토쿄의 조선인운동가와 오사카지역 일본운동단체의 협조 아래 오사카동맹회를 결성한 이후, 이 지역의 조선인은 급속도로 민족운동 전면에 나서게 되었다. 이들은 대부분이 불안정한 취업 상태에 놓여 있으면서도, 대중시위 참가·연설회 참가·격문 살포 등을 통해 적극적으로 운동에 참가했다. 그 이유는 일본 내 차별구조 속에서 식민지의 구조적인 모순을 자각하고, 이를 위한 근본적이고 거시적인 해결방법을 취하고자 했기 때문이었다.

셋째, 민족운동이 국내운동 및 일본 전지역 운동의 흐름 속에서 전개되었다는 점이다. 오사카지역 조선인들은 식민통치 체제하 국내 실상을 정확히 인식하고, 신속하고도 적극적으로 대응했으며, 토쿄와 쿄토 등 일본 전 지역의 조선인운동세력과 공동 투쟁을 전개함으로써 운동의 성과를 높이고자 했다. 또한 일본사회운동에 대한 지원을 아끼지 않음으로써 일본사회운동에 기여함과 동시에, 조선인민족운동의 정당성과 타당성을 일본사회운동 세력에까지 확산시키고 공감대를 형성하는 효과를 거두기도 했다.

넷째, 다양한 사조의 구분을 넘어선 운동을 전개하고자 하였다는 점이다. 당시 대중들은 사회주의나 아나키즘, 사회민주주의에 대한 이해가 깊지 않아 사조간의 차이점이나 내용에 따라 선택하지 않았다. 이러한 사조가 모두 해방의 논리를 담고 있었고, 체제개혁적이라는 점을 공감하고 민족운동의 수단으로서 인식했다. 그러므로 아나키즘과 볼쉐비즘의 대립도 격렬하지 않았고, 민족운동선상에서는 연대투쟁이 이루어졌다. 일본공안당국은 조선인 단체를 아나키즘계, 볼쉐비즘계, 사회민주주의계, 민족주의계로 구분하였으나 그 단체에 속한 조선인들에게 이러한 구분은 의미가 없었다. 당시의 운동가들도 자신이 견지하는 사조를 대중에게 강요하지 않았다. 오사카지역 조선인에게 중요한 것은 '**주의'가 아니라 민족문제 해결이라는 점을 간과하지 않았기 때문이다. 운동가와 대중의 공통된 인식으로 인해 오사카지역 조선인들은 연대투쟁을 전개할 수 있었다.

다섯째, 1920년대 조선인단체의 활동과 조선인들의 의식 수준이 친일동화단체의 발호를 억제하는데 기여했다는 점이다. 조선인단체는 상애회나 조선인협회 내부에 조직원을 파견하여 조직을 교란시키거나 회원 이탈을 도모하였다. 노동현장에서 조선인노동자들은 파업을 파괴하기 위해 투입된 상애회원의 회유와 협박에 굴하지 않음으로써 그들의 노력을 무위로 돌아가게 했다. 조선인노동조합 가입을 방해하려는 상애회원의 폭행이나 여자노동자에 대한 폭력, 조선인단체 습격 등에 대해 오사카지역 전체 조선인단체가 공동 대처함으로써 조선인을 보호하고 친일동화단체의 활동을 약화시키는 결과를 낳았다.

이와 같은 1920년대 조선인운동의 성과는 1930년대 운동에 토대로 작용했다. 1920년대 운동의 많은 부분이 1930년대로 이어지면서 심화하는 양상을 보였다. 그러나 1930년대는 민족운동 환경이 크게 변화한 시기였다. 변화는 두 가지로 나타났다. 하나는 일본사회운동의 쇠퇴·소멸이었고, 다른 하나는 1929년에 재일조선인 단체가 해산한 일이었다. 일제가 만주사변 이후 대륙침략정책을 본격적으로 추진하면서 본국과 식민지에 대한 저항세력을 억압하고자 총력을 기울였다. 계속되는 검거와 전향정책으로 공산당은 세력을 잃었고, 노동운동계는 '파업절멸선언'을 통해 파쇼정책에 전폭적인 지원을 맹세하였다. 이러한 상황 하에서 재일조선인에 대한 통제와 억압은 더욱 강화되었다. 재일조선인단체의 해산은 재일조선인운동이 조직적 구심점을 잃는 결과를 낳았다. 일본인단체에 가입하여 반제운동을 전개하면서 아울러 민족문제 해결도 도모해야 하는 어려운 상황에 놓인 것이었다. 그러나 조선인들은 파쇼정책지원을 맹세하는 대신, 다양한 방법의 민족운동을 전개하였다.

특히 1930년대에 오사카지역에서는 조선인의 결속을 중심으로 운동을 전개하는 양상을 띠었다. 이 지역 조선인의 지향점이나 요구를 수용하고, 처한 상황을 바탕으로 '민족독립'이라는 민족문제해결을 도모하는 방향으로 나아가게 되었다. 이러한 운동방향은 조선인의 자발성을 전제로 하였으므로 오사카지역 조선인운동의 심화와 지속성이라는 결과를 낳았다.

이는 1929년 재일노총을 비롯한 전국규모의 조선인단체 해산이 가져온 결과이기도 했다. 재일조선인운동은 단체 해산으로 전국적 규모의 조선인운동을 전개하기 어려운 상황에 처하게 되면서 지역운동이 활발히 전개되었다. 각 지역 조선인이 처한 특성을 바탕으로 지역 상황에 맞는 운동전략과 방향이 수립되었고 실천에 들어갔다. 오사카조선인운동도 1930년대 재일조선인운동 방향과 궤를 같이하였다.

4. 오사카지역 조선인 민족운동의 역사적 의의

일본지역 조선인 민족운동은 식민본국에서 전개된 운동으로서 다른 지역과 차이를 보인다. 미주나 노령·만주, 중국관내에서 전개된 운동이 민족운동단체를 중심으로 '민족독립'을 전면에 내세우고 전개된 데 비해 일본지역은 사회운동의 외피 속에서 전개되었다. 또한 운동방법도 직접 독립투사를 양성하거나 일본군을 습격하거나 의열활동을 전개하지 못했다. 김지섭 의거와 같이 어렵게 의열투쟁이 전개되기도 하였으나 대부분은 대중시위·전단살포·규탄 연설회 개최 등이었다. 이러한 방법은 늘 가능한 것은 아니었다.

식민지 종주국에서 피식민지민은 다른 지역에 비해 비교적 운신의 폭이 좁았고, 감시의 대상이었다. 이러한 상황에서 공개적으로 민족문제를 전면에 내세우는 것은 어려웠고, 위험한 일이었다. 그러므로 민족운동은 형식상 사회운동의 하부 영역으로 자리했다. 사회운동이 목표로 하는 사회의 모순 제거와 개혁에 도달하기 위해서는 식민지 해방과 민족차별 철폐가 이루어져야 한다는 전제 아래 노동운동과 청년운동·반제운동 등의 모습으로 전개되었다.

오사카조선인민족운동도 이와 같은 운동 배경을 공유했다. 오사카조선인들은 독립투사를 양성할 군관학교를 세울 수 없었고, 공공연히 '민족독립'을 목표로 하는 단체를 결성할 수도 없었다. 그러므로 이들은 노동현장에서, 사회주의단체에서, 일본사회운동단체에서 '민족차별철폐'와 '식민지 해방', '총독폭압통치반대'의 구호를 외치고, 기관지를 배부하며 격문을 돌렸다. 그리고 조선촌에 모여 살면서 기금을 모아 학교를 세우고, 신문을 발간하며, 신용조합과 병원을 운영했다. 또는 검거된 일본공산당원의 탈출을 돕기도 하고, 계급해방을 위한 투쟁에 헌신하기도 했다. 이러한 양상은 민족운동이 아닌, 생활권을 유지하기 위한 노력이나 좌익운동으로 평가되기도 했다. 그러나 조선인들의 강화된 경제력은 민족운동의 토대로 작용했다. 일본당국의 통제정책 아래에서 조선인의 정체성을 유지하는 것은 어려운 일이었다. 일본공산당의 힘을 이용해서라도 식민지해방을 이루고자 하는 조선인들의 목적의식은 흔들리지 않았다.

오사카지역 조선인민족운동은 다수 조선인노동자에 기반을 두고 전개되었다. 1910년대부터 운동지도자들은 조선인노동자를 규합하고 민족의식을 고취시키며, 이들이 민족적 정체성을 유지하도록 노력했다. 조선인노동자들도 노동현장과 일본인 사회에서 식민지라는 구조적 모순을 절감하고 민족운동의 주체로 등장하였다. 일용노동자인 조선인들이 기본적인 생존권을 유지하면서 민족운동을 전개하는 것은 이중적인 어려움을 가져다주었다. 이러한 어려움 속에서 조선인들은 8·15 해방에 이르기까지 민족운동의 맥을 이어나갔다. 이것이 식민지 시대 오사카지역 조선인민족운동이 갖는 의미이다.

식민지 시대에 모든 조선인이 민족운동을 위해서 일생을 바친 것은 아니었다. 조선인 가운데에는 일본을 위한 친일파도 있었고, 조선인을 착취하는 사람도 있었다. 비록 동포를 착취하지는 않는다 해도 일신의 영달만을 꾀하여 민족운동노선과 길을 달리하는 사람도 있었다. 오사카지역의 경우도 마찬가지였다. 李善洪과 같이 개인의 영달을 위해 동포를 이용하는 인물도 있었고, 노동자의 조합비와 파업비에 의지하는 직업적인 운동가도 있었다.

또한 대다수 오사카지역 조선인들이 자신들의 생존권을 포기하면서 민족의 독립만을 위해 헌신하고자 한 것은 아니었다. 당장 생존을 위한 돈도 필요했고, 잠자리와 먹을 것도 시급했다. 고향에 돈을 보내야 했으며, 관부연락선을 탈 여비도 있어야 했고, 학비도 벌어야 했다. 이들이 이런 것을 위해 동분서주하는 것은 당연한 일이었다.

그러나 일본지역에서 조선인들은 개인의 생존권을 위해 노력하는 데에만 전념할 수 없었다. 높은 민족차별인식, 차별적 임금 수준, 운동가들의 노력 등은 조선인을 단결하도록 하였고, 민족의식을 불러일으키도록 하였다. 다수의 조선인들이 갖기 시작한 현실에 대한 문제인식은 바로 일본지역 조선인민족운동의 토대를 이룸과 동시에 원동력으로 작용했다.

부 록

<부록 1-1> 1920년대 大阪지역 조선인 노동파업 사례

사례1 : 岸和田방적 春木공장[1]	
사업장위치	
일시 : 1922년 7월 27일	
참가자 : 조선인 271명	
지원단체	
과정 및 요구사항 : 차별대우에 반대하여 3일간 전개. 직공 2756명 가운데 조선인 직공 271명(남52, 여219)은 평소 저임금에 불만을 품고 있는데다가 이번 상반기 상여금을 일본인직공에 비하여 낮게 지급한데 반발하여 직공 姜聖道의 주창 아래 지난 27일 야근하던 조선인 직공 남12, 여15명 등 총 27명을 선두로 하여 271명이 파업에 들어감.	
해결내용 : 3일만에 해결	
사례2 : 大阪製瓶所파업[2]	
사업장위치	
일시 : 1923년 4월	
참가자 : 조선인 440명 (180명)[3]	
지원단체 : 大阪조선노동동맹회, 총동맹大阪합동노조	
과정 및 요구사항 : 임금인상과 휴업수당지급을 요구	

---

1) 박경식, 앞의 책, 148면; 金贊汀, 『朝鮮人女工のうた-1930年 岸和田紡績爭議』, 143~144면.

2) 法政大學 大原社會問題硏究所, 『日本勞動年鑑』1924년, 200면; 林 博史, 「1920年代における在日朝鮮人勞動運動對策」, 『一橋硏究』8~4, 1984년, 98면.

3) 林 博史는 참가인원을 180명이라 주장했다. 林 博史, 「1920年代における在日朝鮮人勞動運動對策」, 『一橋硏究』8~4, 1984년, 98면.

해결내용 : 10일간 파업 끝에 경찰이 개입하여 19명의 해고와 해고수당지급이라는 조건으로 종료

사례3 : 岸和田방적파업(1923년 11월)4)

사업장위치

일시 : 1923년 11월

참가자 : 공투 (조선인직공 1000명 참가)

지원단체

과정 및 요구사항 : 和泉·岸和田·寺田 등 3개 방적공장이 동맹파업을 일으킴. 조선인 직공 남녀 천여 명도 참가하여 17일간 전개.
요구조건 : ① 임금 3할 인상 ② 대우를 잘할 것 ③ 목욕할 곳을 설비할 것 ④ 해고직공의 복직. 공장측의 대응이 강경하여 검속자가 120명이나 생기고 쌍방에 수십 명의 부상자 발생.

해결내용 : 岸和田경찰서가 노자간을 조정한 결과 12월 10일 파업단 간부와 회사 중역들이 회합을 갖고 타협. 12일부터 취로 개시.
和泉방적의 요구사항 : ① 임시휴업 중 일급 3일분(총계약 1만원)을 종업원 전원에게 분배할 것 ② 출근직공도 약값을 무료로 하고 그 가족에게는 실비로 치료할 것 ③ 공장내 식당과 기타 설비를 개선할 것 ④ 파업에 관한 퇴직수당은 1년 미만은 30일분, 1년 이상은 여기에 5일분씩 더할 것 ⑤ 귀국여비는 독신자에게는 10원을 주고 처를 거느린 자는 20원을 지급.
岸和田 방적의 요구사항 : ① 희망자에게 식사를 3회 지급할 것. 식비는 남직공 25전 여직공 23전 ② 출근직공도 약값은 무료로 하고 가족은 실비 제공 ③ 퇴직수당 지급과 여비는 和泉방적과 동일하게 할 것 ④ 목욕장 2개소를 신설하고 무료로 사용하게 하며 기타 설비를 개선 ⑤ 파업직공에게 위로금으로 3000원 지급 ⑥ 업무상 부상자는 의사의 진단기간 내 일급은 전부 지급.
寺田방적의 요구사항 : ① 파업직공 위로금을 岸和田방적과 동일하게 할 것 ② 목욕탕을 신설하고 무료로 제공할 것 ③ 식사는 남자 25전, 여자 22전으로 제공 ④ 퇴직수당과 귀국여비는 전과 같이 할 것.

사례4 : 澤村亞鉛工場 파업5)

---

4) 『조선일보』 1923년 12월 10일자; 12월 14일자.
5) 『日本勞働年鑑』1926년판, 166면.

사업장위치
일시 : 1925년 2월
참가자 : 30명
지원단체 : 재일노총
과정 및 요구사항
해결내용

사례5 : 長谷川 箴제작소 파업[6]
사업장위치
일시 : 1926년 9월
참가자
지원단체
과정 및 요구사항 : 해고수당 요구
해결내용

사례6 : 조선인 토공 파업[7]
사업장위치 : 住吉區 西田邊町
일시 : 1926년 10월
참가자
지원단체
과정 및 요구사항 : 임금 미지불
해결내용

---

6) 박경식, 앞의 책, 164면; 강철, 앞의 책, 52면.
7) 『大阪地方勞動運動史年表』, 130~131면; 박경식, 앞의 책, 164면; 강철, 앞의 책, 52
면.

사례7 : 西區硝子공장 동맹파업[8]

사업장위치 : 北邊 浮田町

일시 : 1926년 10월 24일

참가자 : 조선인 150명

지원단체

과정 및 요구사항 : 종업원(조선인 150명)이 직공대회를 열고 대우개선과 해고수당, 퇴직수당 제정 요구를 결의한 후 결의서를 회사측에 제출하고 동맹파업에 돌입.

해결내용 : 공장주가 3개항의 요구조건을 들어주어 해결. ① 임금 3할감액을 취소하고 공휴일 일급지급을 종전대로 할 것 ② 해고수당, 퇴직수당의 제정 ③ 대우개선(음료 및 기숙사)

사례8 : 攝津染物공장 동맹파업[9]

사업장위치 : 東淀川區 北長柄町

일시 : 1926년 11월 8일

참가자 : 공투(30명)

지원단체

과정 및 요구사항 : 대우개선과 해고수당, 퇴직수당을 6일에 요구하였는데 회사가 거절하므로 8일 동맹파업을 단행. 11일 파업단 주모자 10명을 검속.

해결내용

사례9 : 三好유리공장 파업[10]

사업장위치

일시 : 1927년 1월

---

8) 『동아일보』 1926년 10월 28일자; 11월 7일자; 강철, 앞의 책, 52면.
9) 『동아일보』 1926년 11월 15일자; 大原社會問題硏究所, 『日本勞働年鑑』 1927년판, 147면.
10) 박경식, 앞의 책, 175면; 강철, 앞의 책, 52면.

참가자 : 81명

지원단체

과정 및 요구사항 : 해고철회

해결내용

사례10 : 大阪驛구내 공사장 토건노동자파업[11]

사업장위치 : 大阪驛구내

일시 : 1927년 3월

참가자 : 조선인 300명

지원단체

과정 및 요구사항 : 감독의 임금미지불을 항의하고 감독을 습격.

해결내용

사례11 : 纖布공장파업[12]

사업장위치 : 南河內 泉北郡

일시 : 1927년 9월 29일

참가자 :

지원단체

과정 및 요구사항 : 9월 중순에 열린 이 지역 공장주 회의에서 임금을 1할 - 1할 6분 내리기로 결정하고 임금인하를 단행하자 파업에 돌입.

해결내용

사례12 : 東洋방적 四貫島공장 파업[13]

---

11) 『大阪地方勞動運動史年表』, 138면; 박경식, 앞의 책, 175면.
12) 『조선일보』, 1927년 10월 9일자.
13) 大阪市 사회부, 『勞働月報』79, 1927년 11월, 14면.

사업장위치 : 此花區 四貫島 大通

일시 : 1927년 10월 16일

참가자 :

지원단체 : 총동맹 大阪방적노동조합

과정 및 요구사항 : 회사측이 16일 조합간부 3명을 해고하자 파업 발생. 파업단은 17일에 탄원서(19개항)을 제출하고 19일에 다시 요구서(22개항)을 작성하여 20일에 제출.

해결내용

사례13 : 京都 ― 大阪간 전차궤도가설공사장 파업[14]

사업장위치 :

일시 : 1927년 11월 4~9일

참가자 : 조선인노동자 200명

지원단체 : 재일노총 京都조선노동조합

과정 및 요구사항 : 대우개선, 시간단축, 임금인상 요구.

해결내용 : 요구대로 받아들여짐

사례14 : 大野製釘所 공장 파업[15]

사업장위치 : 阪神沿線 鳴尾

일시 : 1927년 11월 26일

참가자 : 조선인노동자

지원단체 : 大阪조선노동조합

과정 및 요구사항 : 노동자의 부당 해고에 반대하여 파업에 돌입.

---

14) 『조선일보』 1927년 11월 21일자.
15) 『조선일보』1927년 12월 7일자.

해결내용

사례15 : 八직물공장 여공 파업[16]

사업장위치 : 南河內 兩郡 泉北

일시 : 1927년 11월

참가자 : 조선인 130명(여공)[17]

지원단체

과정 및 요구사항 : 러시아혁명기념일에 동맹파업. 파업을 지도하던 중 金榮洙, 高星權, 宋允西 등 수십 명이 검속됨.

해결내용

사례16 : 林鑄工所 공장 파업[18]

사업장위치 : 西區 本田通 2丁目

일시 : 1928년 1월 10일

참가자 : 조선인 130명(여공)

지원단체

과정 및 요구사항 : 러시아혁명기념일에 동맹파업.

해결내용

사례17 : 塩水港제당공장 大阪공장 파업[19]

사업장위치 : 此花區 櫻島

일시 : 1928년 2월

---

16) 박경식, 앞의 책, 176면.
17) 조선일보는 300명이 참가한 것으로 보도. 『조선일보』 1927년 11월 20일자.
18) 大阪시 사회부 『勞働月報』82호, 1928년 2월, 10면.
19) 大阪시 사회부, 『勞働月報』83호, 1928년 3월, 10면 .

참가자 :

지원단체 : 大阪합동노동조합

과정 및 요구사항 : 공장측이 직공 175명 가운데 남공 71명, 여공 2명을 해고하고 해고수당을 지급하기로 하자 해고수당의 증액을 요구하며 파업에 돌입.

해결내용 : 회사와 절충 끝에 해결. 조건 - ① 해고수당은 근속 1개월마다 3일분씩 지급 ② 특별수당(해고자 1인당 50원을 귀국과 예고수당의 명목으로 지급) ③ 200원 지급

사례18 : 近藤製靴工場 파업[20]

사업장위치 : 浪花區

일시 : 1928년 2월 2일

참가자 : 15명

지원단체 : 大阪조선노조

과정 및 요구사항 : 사업부진을 이유로 휴업을 자주하자 노동자들이 요구조건을 내걸고 파업에 돌입. 요구사항 - ① 휴업반대 ② 대우개선 ③ 공휴일 외 휴업에는 일급 6할을 지급. 기타 5개 항목.

해결내용 : 10명의 직공을 해고하고 13일 해결됨. 해결조건 - ① 해고수당으로 일급 14일분 지급 ② 파업비용 52원은 노자 쌍방이 분담 ③ 파업기간중 일급식비로서 74원 지급 ④ 10명 해고

사례19 : 松崎染공장 파업[21]

사업장위치 : 동성구 浦生町 49

일시 : 1928년 2월 7일

참가자 : 23명

지원단체 : 大阪조선노조

---

20) 『日本勞働年鑑』1929년판, 171면.
21) 大阪시 사회부 『勞働月報』83호, 1928년 3월, 12면.

　과정 및 요구사항 : 임금인하를 이유로 파업에 돌입. 요구사항 - ① 대우개선 ② 임금인하 반대 ③ 시간단축 ④ 해고반대

　해결내용 : 19일 공장측이 임금인하를 취소하여 해결됨

사례20 : 塩山洋傘공장 파업[22]

사업장위치 : 동성구 鴨野町

일시 : 1928년 3월

참가자 : 조선인 20명

지원단체 : 大阪조선노조 동북지부

　과정 및 요구사항 : 일본인노동자에 비해 동일산업능률이 높음에도 불구하고 청부단가와 임금이 저렴

　해결내용 : 大阪조선노조 동북지부 김광, 심황파 등이 1928년 3월 17일 종업원대표 姜宇馨과 함께 공장주 延力와 면회했으나 교섭이 결렬됨. 이 사이에 산업조합의 책동이 있었으나 다시 18~20일까지 연일 교섭한 결과 20일 타협함.
　해결조건 : ① 청부임금 3分 인상, ② 일급 5分 인상 ③ 파업기금과 파업중 수당으로 금일봉(70원).

사례21 : 津田琺瑯파업[23]

사업장위치 : 西淀川區 海老江 893

일시 : 1928년 6월 2일

참가자

지원단체 : 총동맹大阪금속노조, 大阪조선노조 서부지부

　과정 및 요구사항 : 5월 28일 직공 山下信一이 법랑기를 고의로 파손했다는 혐의로 10원의 包金으로 징계 해고된 것이 발단이 되어 6월 2일 ① 해고수당의 제정 ② 공장

---

22) 일본인이 참가하지 않고 조선인만으로 투쟁한 결과 요구를 관철시킴. 21일 鴨野町 5번지 조합사무소 앞에서 전승기념촬영을 한 후 파업단 해산.『日本勞働通信』1928년 3월 23일자「工場主が要求を入れて塩山洋傘工場爭議圓滿解決」.
23)『日本勞働通信』114호, 1928년 6월 15일자「津田琺瑯爭議 解決以後の紛議」; 140호, 1928년 7월 15일자「津田琺瑯工場爭議解決」.

의 경우에 따라 임시휴업 때에 일급 전액지급 ③ 목욕탕을 건설할 것 ④ 춘추 2회 운동회를 열 것 ⑤ 취업시간의 단축 등 5가지를 요구했으나, 회사측이 거절하자 파업을 결행.

해결내용 : 공장주 津田榮三郎이 조합측을 방문해 직공간 불기율을 호소하고, 다른 동종산업회사와 마찬가지로 무역부진으로 인해 수출이 두절상태에 빠져 영업상태가 극도로 나쁘므로 만약 조합측이 강경하게 나오면 이를 기회로 직공의 대정리를 단행하겠다고 통보. 조합측은 이에 태도를 바꾸어 '다른 조건을 용인시켜 무엇보다도 가급적으로 실업자를 내지 않는다'는 방침(1928년 大阪합동노조대회가 결정한 신운동방침)에 따라 종업원대회를 개최하여 4시간동안 논의한 끝에 대표자 4명을 선정하여 회사와 교섭하고 '얻고자 하는 것은 먼저 주자'는 방책에 따라 백지로 돌림. 변경내용 : ① 해고자에 대한 수당으로서 금일봉의 교섭을 약속 받는 한편, 조합원으로서도 상식적으로 당연히 지켜야할 요구가 있다는 직공규약18조를 제정하여 이를 각서로 교환하고 금후 직공대 회사간의 문제에 대해서는 모두 ② 공장위원회에 의해 결정하고 이번 문제에 대해서는 절대로 해고자를 내지 않는다는 것을 계약하여 6월 6일 파업을 종료. 조합측은 회사의 영업상태를 진흥시키기 위해 직공간의 기풍을 일신한 위에 회사의 상태에 따라 공장위원회를 통해 점차 요구조건을 제출하고 관철한다는 정책.

*조선인 직공과의 갈등 : 그러나 파업이 일어났을 때 직공 70여명의 가운데 35명인 조선인노동자는 공동전선의 입장에서 파업에 들어갔는데, 일본노동자측이 사태를 종결하자 의견차이가 발생. 총동맹측 : 파업에 들어갔을 때 파업단 본부에 모인 인원이 처음에는 2~3명의 소년직공이었으나 후에는 1인도 출석하지 않았기 때문에 조선인이 중립적인 입장에서 휴업하고 있다고 생각함. 조선인측 : 파업이 일어났다는 것을 알았을 때 우리는 공동전선의 입장에서 여기에 참가할 생각이었는데 총동맹측으로부터 어떠한 교섭도 없고 전개과정에 대해 아무런 통지를 받지 못한 것은 민족적 차별임. 이에 조선인측은 大阪조선노조 서부지부의 응원아래 大阪 此花區 大開町 40번지에 파업단본부를 새로이 세우고 파업상태를 지속. 6월 3일에는 「친애하는 町民제군에게 호소한다」는 격문을 산포하고 '평화로운 町內를 소요시키는 津田공장주를 추방하자' '무산계급노동자의 흡혈귀를 마을에서 장례 지내자'를 당면의 표어로 하여 조선인 단독으로 파업중. 격문에는 총동맹측의 태도를 비난하는 내용이 있음. 6월 13일 오전 11시 총동맹측에서는 八谷幸太郎, 前田種夫 등 파업당시 교섭위원 여러 명이 여러 시간 회담한 결과 다음과 같은 양해가 이루어짐. ① 비방적인 문구는 이후 격문에서 취소한다 ② 파업교섭위원은 일본인직공만을 대표로 인정한다. 이는 제1차 파업은 조선인이 간여하지 않은 상태에서 일본인만의 파업로 시종했음을 천명한 것임. 14일 총동맹측과 조선노조대표가 회견.

7월 10일 관할 福島署와 府특고 平井조정관보의 조정에 의해 ① 본건에 관해 해고자를 내지 않을 것 ② 제출요구조건을 철회 ③ 파업단원 35명 전원에 대해 175원(1인당 5원)을 공장주가 지급하고 무조건 취직시킬 것 등 세 가지 조건에 합의하여 취업을 개시.

파업이 장기화된 원인 : 이 공장은 청부제도로 운영되므로 파업에 참가한 조선인은 청부자에 고용된 존재. 따라서 공장주는 요구조건을 청부자에게 제시하고 승인을 얻을 뿐임. 그러나 청부자는 총동맹의 응원아래 파업을 일으키고 수습했음. 당시 공장주가 부재중임.

사례22 : 柴田帶革공장파업[24]

사업장위치 : 兵庫현 川邊郡 能勢口 川西町

일시 : 1928년 7월

참가자

지원단체 : 大阪조선노조 동북지부, 일본노조동맹회

과정 및 요구사항 : 6월 28일 불경기를 이유로 高松을 해고하자 전종업원은 복직을 요구. 大阪조선노조 동북지부는 이 일은 단순히 개인의 문제가 아니라는 점을 중시하여 7월 1일 「친애하는 町民제군에게 호소한다」는 격문을 발표.[25]

해결내용 : 大阪조선노조와 일본노조동맹회가 운동가를 파견하여 공장측과 절충한 결과 파업에 이르지 않고 7월 9일 해결됨. 해결조건 : ① 피해고자는 3명에 한정할 것 ② 3명에 대해서 금일봉(500원)을 지급할 것 ③ 이후는 절대 해고를 하지 않을 것. 이 사건으로 인해 이 지역의 조직운동이 활발해져서 100여명의 조합원을 획득하게 되고 7월 말경에 노동조합이 발족할 예정.

사례23 : 津田琺瑯파업[26]

사업장위치 : 西淀川區 海老江 893

일시 : 1928년 11월

참가자

지원단체 : 총동맹 大阪연합회

과정 및 요구사항 : 10월 30일 공장당국이 직공대표자를 불러 청부단가 3厘 5毛의 인하를 통보하고 10월 31일에는 채산불능을 이유로 8厘~1전(직공에 따라 차이 있

---

24) 『日本勞働通信』135호, 1928년 7월 10일자 「柴田帶革工場紛議解決」.
25) 『日本社會運動通信』9호, 1928년 7월 13일자 「柴田帶革爭議に大阪朝鮮勞動組合支部蹶起」.
26) 『日本勞働通信』239호, 1928년 11월 10일자 「津田琺瑯工場紛議」; 242호, 1928년 11월 16일자 「津田琺瑯工場紛議解決」.

음)인하를 제시. 직공들은 지난 여름에 인하한 후에 다시 인하하므로 결국 2~4할이 인하된 결과를 낳았으므로 직공들 가운데 반대가 많았음. 관할 福島署에서도 공장주에게 주의를 촉구. 그러나 공장측은 관할서에 대해서는 이 문제의 발표를 통보한 후 직공에 대해서는 이를 받아들이지 않으면 작업중지 하겠다는 뜻을 전하고 인하를 종용. 11월 7일 직공들은 내부회의를 열어 협의한 결과 인하안 취소를 요구하기로 결의하고 공장주에게 의사를 전달한 후 8일에는 태업상태에 돌입.

해결내용 : 직공 1명(浜野美知雄)이 기계에 말려 사망하는 사건이 일어나자 직공의 태도는 더욱 강경해짐. 8일 직공을 대표해 총동맹 大阪연합회에서 山內鐵吉, 鈴木悅二郎 등 2명이 공장주와 교섭한 후 철회를 결정하고 직공들도 임시총회를 열어 이를 승인함. 사망자에 대해서는 조의금 300원을 공장측이 지급하기로 함.

사례24 : 內海방적주식회사 조선인여공파업[27]

사업장위치 : 泉南郡 尾崎村

일시 : 1928년 8월 2일

참가자 : 조선인 100여명 (여공)[28]

지원단체 : 關西노동조합자유연합회

과정 및 요구사항 : 대우개선

해결내용 : 15일간의 지구전 끝에 회사측이 노동자의 조건을 받아들임. ① 상애회 간부 全澤根의 폭행을 인정하고 추방할 것 ② 상애회 취체를 철폐하고 여공취체를 둘 것 ③ 상애회와는 모든 관계를 끊을 것 ④ 강제적인 물품의 판매를 금지할 것 ⑤ 여공의 외출과 기타 자유를 승인할 것 ⑥ 파업에 절대 해고자를 내지 말 것.

사례25 : 羽野カンナ제조소파업[29]

사업장위치 : 浪速區 西神田町

일시 : 1928년 12월 2일

참가자

---

27) 『日本勞働通信』, 1928년 8월 4일자 「內海紡績株式會社鮮人女工の罷業」; 堀內 稔, 「在日朝鮮人アナキズム勞動運動」, 『在日朝鮮人史研究』16, 1986년, 53면.

28) 『自由聯合新聞』 1928년 9월 1일자에는 63명이 참가한 것으로 기술되어 있다. 堀內 稔, 앞의 글, 재인용.

29) 『日本社會運動通信』31호, 1928년 12월 21일자 「羽野カンナ製造所紛議解決(大阪)」.

지원단체 : 총동맹 大阪금속노조

과정 및 요구사항 : 12월에 들어 20명의 종업원을 해고. ① 예고기간수당으로 30일분 지급 ② 해고수당의 제정 ③ 귀국수당 1인당 20원씩 지급 ④ 파업비용은 전액 회사 부담.

해결내용 : 4일 회사측이 무조건 승인.

사례26 : 河井絃磨공장파업[30]

사업장위치 : 大今里

일시 : 1928년 12월

참가자 : 60명

지원단체 : 大阪조선노조

과정 및 요구사항 : 임금인하 취소, 벌금제 철폐, 최저임금제정을 요구.

해결내용

사례27 : 宮林도금공장 파업[31]

사업장위치

일시 : 1929년 2월

참가자 : 173명[32]

지원단체

과정 및 요구사항 : 조선인노동자 2명의 해고에 반대하여 파업에 돌입.

해결내용

사례28 : 塩山洋傘공장 파업[33]

---

30) 박경식, 앞의 책, 185면; 강철, 앞의 책, 58면.
31) 박경식, 앞의 책, 197면.
32) 『昭和4년 勞動運動年報』에는 104명이 참가한 것으로 기술되어 있다. 『어느 여공의 노래』, 128면.

사업장위치 : 동성구 鴨野町

일시 : 1929년 6월 1일

참가자 : 17명(조선인 포함)

지원단체 : 大阪조선노조 동북지부

과정 및 요구사항 : 영업부진을 이유로 6월 1일부터 9월 30일까지 임시휴업을 선언. 종업원측은 공장의 휴업 중에는 일급의 7할 지급이라는 조항을 바탕으로 지급을 요망했으나 공장측이 금융난을 들어 14일분의 일급지급으로 그치고자 함. 일본인 가운데에는 공장주의 입장을 이해하고 양보하고자 하는 자도 있었으나 조선인은 생활난이 절박함으로 이를 수용하지 않고 鴨野町 569번지 大阪조선노조 동북지부에서 종업원대회를 열고 ① 임시휴업중의 수당으로서 일급 7할 지급 ② 파업기간중 일급 전액 지급 ③ 해고자를 내지 말것 ④ 파업비용의 전액부담을 내걸고 교섭에 들어갔으나 공장주가 17일 기각. 격문 '자본가계급의 공세에 직면하여 전노동자제군에게 호소한다. 단결의 힘으로 역습하자!'를 19일에 발표.

해결내용

사례29 : 日本洋傘骨공장 파업[34)

사업장위치 : 동성구 中濱町

일시 : 1929년 6월 6일

참가자 : 종업원(여공 11명)

지원단체 : 大阪조선노조

과정 및 요구사항 : 중국무역의 부진과 여름철 비수기에 접어들어 6월 1일부터 격일 휴업을 발표하자 종업원(여공 11명)은 6월 6일 파업을 결행. 요구사항 : ① 천황의 下關 순방시 휴업일 중 일금전액 지급 ② 공휴일 외 휴업에 대해 일급 전액지급 ③ 교대취업반대 ④ 개근 상여금을 지급할 것 ⑤ 연2회 昇給, 해고절대 반대 ⑥ 파업중 일급 전액 지급.

해결내용

---

33) 『日本勞働通信』414호, 1929년 6월 21일자 「塩山洋傘工場の爭議 大阪朝鮮勞動東北支部の應援」; 415호, 6월 22일자 「塩山洋傘工場爭議団の檄」.
34) 『日本社會運動通信』57호, 1929년 7월 1일자 「日本洋傘骨工場爭議」.

사례30 : 太田製油공장파업[35]

사업장위치 : 住吉區 上住吉 32

일시 : 1929년 6월 7일

참가자 : 조선인 11명[36]

지원단체 : 大阪조선노조 阪南支部

과정 및 요구사항 : 6월 1일 전체 노동자 34명 가운데 우량 조선인노동자 27명에 대해 임금 2할 인상을 하자 다른 조선인노동자가 불만을 품고 6월 7일 일본인노동자 일동의 명의로 요구사항을 제출. 11명의 조선인은 일제 파업에 돌입. 요구조건 : ① 해고절대 반대 해고수당의 제정 ② 일선노동자의 임금 차별 철폐 ③ 시간연장 반대, 휴식시간 제정 ④ 파업기간중의 일급 전액 부담.

해결내용

사례31 : 坂元護謨工業所 파업[37]

사업장위치 : 西淀川區 佃町 396

일시 : 1929년 6월 7일

참가자 : 35명(일부)

지원단체 : 大阪조선노조

과정 및 요구사항 : 사업부진으로 경영자의 자본이 부족하므로 종업에 대한 일종의 불안감이 있는 상태에서 노동조합이 파업을 일으킴. 요구사항 : ① 한일간 구별을 폐지할 것 ② 노동시간을 1일 6시간으로 할 것 ③ 불량품에 대한 벌금제도를 폐지할 것 ④ 공장설비를 개선할 것 ⑤공임을 2할 인상할 것.

해결내용

---

35)『日本社會運動通信』57호, 1929년 7월 1일자「太田製油工場爭議(大阪)」
36) 林博史는 참가자를 15명이라 기술. 앞의 글, 102면.
37)『日本社會運動通信』은 大阪조선노조가 세력부식의 방편으로 계획적으로 파업화 했다고 파악했다.『日本社會運動通信』56호, 1929년 6월 24일자「坂元護謨工業所 爭議(大阪)」.

사례32 : 岡部謨護공장 파업[38]

사업장위치 : 동성구 猪飼野町

일시 : 1929년 6월 20일

참가자 : 조선인 직공 43명(일부)

지원단체

과정 및 요구사항 : 임금인상

해결내용

사례33 : 大阪금속공장 파업[39]

사업장위치 : 서성구 中開 2 - 8

일시 : 1929년 6월 24일

참가자 : 조선인 21명

지원단체 : 大阪조선노조

과정 및 요구사항 : 6월 19일 경영난을 이유로 청부임금 3할 인하를 발표하자 노동자 44명(여자 2명) 가운데 조선인 노동자 21명이 태업을 하고 파업을 선동하자 회사는 해고를 함. 이들은 24일 大阪조선노조에 가맹하고 즉시 파업을 결행. 요구조건 : ① 부상자에 대해서는 공장법 7조 3항에 의해 수당을 지급할 것 ② 해고절대반대 ③ 파업 해결 후 해고수당지급규정을 정할 것 ④ 휴식시간을 줄 것.

해결내용 : 6월 27일 今宮경찰서장의 알선에 의해 각서를 교환하고 해결. 각서 : ① 회사측은 조선인 3명을 해고 ② 회사는 해고자에 대해 예고수당으로 일급 14일분을 지급 ③ 회사는 부상직공 4명에 대해 상해부조료를 지급.

사례34 : 小川제지공장파업[40]

사업장위치 : 東淀川區 長柄町 中通3 - 83

---

38) 『日本社會運動通信』57호, 1929년 7월 1일자 「岡部謨護工場爭議(大阪)」.
39) 『日本社會運動通信』59호, 1929년 7월 15일자 「大阪金屬工場爭議(大阪)」.
40) 『日本社會運動通信』60호, 1929년 7월 22일자 「小川製紙工場爭議(大阪)」; 강철, 앞의 책, 60면.

일시 : 1929년 7월 2일

참가자 : 16명

지원단체 : 大阪조선노조

과정 및 요구사항 : 제지원료에 대한 공임이 1貫당 5厘 5毛인데 일반직공은 그 계산법을 오해하여 공임이 인하되었다고 생각하고 7월 2일 전체노동자 16명(여공)이 요구조건을 제출하고 파업. 요구사항 : ① 일급즉시인상 및 일급 공개.

해결내용 : 7월 6일 해결.

사례35 : 日濠硝子공장 파업[41]

사업장위치 : 北區 同心町 2정목

일시 : 1929년 8월 3일

참가자

지원단체 : 大阪조선노조 북부지부

과정 및 요구사항 : 조선인노동자 5명의 해고에 반대하여 3일 파업단을 조직하고 파업에 돌입. 요구사항 - ① 해고 취소 ② 10시간 한정 ③ 임금 3할 인상 ④ 대우 개선. 공장주가 요구사항을 거절하고 공장폐쇄를 언명하자 파업단은 7일과 8일에 시위운동을 전개.

해결내용

사례36 : 昭和染공장파업[42]

사업장위치 : 東淀川區 本庄 中通 3丁目

일시 : 1929년 8월 8일

참가자 : 노동자 15명 가운데 조선인 11명.

지원단체

---

41) 『조선일보』 1929년 8월 16일자.
42) 『日本社會運動通信』66호, 1929년 9월 2일자 「昭和染工場爭議(大阪)」.

과정 및 요구사항 : 다른 공장의 파업에 자극 받은 조선인노동자 11명이 8월 8일 대우개선의 탄원서를 제출. 탄원조항 - ①승급 ②공휴일을 제외하고 2일 이상 휴업의 경우는 5分의 수당 지급 ③染場의 지반파괴가 심하고 요철이 심하여 위험하니 수리해줄 것.

해결내용

사례37 : 岸和田방적 本庄공장 파업[43]

사업장위치

일시 : 1929년 8월

참가자 : 184명

지원단체

과정 및 요구사항

해결내용

사례38 : 加島足袋공장파업[44]

사업장위치 : 동성구 三町31

일시 : 1929년 9월 16일

참가자 : 10명

지원단체 : 大阪노동조합, 大阪조선노조 동북지부

과정 및 요구사항 : 9월 16일부터 1주일간 휴업을 결정하자 16일 직공 10명은 휴업중 일급 전액지급과 해고수당제정을 요구했으나 거절당함. 요구사항 : ① 휴업중의 일급 전액 지급 ② 해고절대반대 ③ 청부제도 철폐 ④ 8시간 노동제 ⑤ 파업비용은 공장주 부담.

해결내용

사례39 : 杉野硝子공장파업[45]

---

43) 박경식, 앞의 책, 197면.
44) 『日本社會運動通信』71호, 1929년 10월 7일자 「加島足袋工場爭議(大阪)」.

사업장위치 : 浪速區 立葉町 129

일시 : 1929년 9월 20일

참가자 : 조선인 24명

지원단체 : 大阪조선노조 浪速지부

과정 및 요구사항 : 9월 17일 가동공장전부에 대해 1할씩 임금인하를 결정하자 조선인직공대표 3명이 공장주를 방문하여 요구사항을 제출. 19일에 회답을 구하였으나 공장주가 이 가운데 4개 조항을 승인하고 나머지는 거절하며 요구반답서를 작성하여 회답함과 동시에 오후 6시까지 회답서에 대한 이의를 제기하지 않을 때에는 승인한 것으로 여긴다는 부기를 달았음. 그러나 이의를 제출하지 않고, 노동자 39명 가운데 조선인 직공 24명이 20일 오전에 파업을 결행. 요구사항 : ① 임금인하 반대 ② 3할 인상 ③ 연2회 增給 ④ 공장의 상황에 따라 휴업일에 임금전액 지급 ⑤ 민족적 차별 철폐 ⑥ 희생자를 내지 말 것, 파업기간중 일급 전액 지급.

해결내용

사례40 : 淺野철공소파업[46]

사업장위치 : 東區 淸堀町 10

일시 : 1929년 9월 28일

참가자 : 조선인 28명, 일본인 5명.

지원단체 : 全産會議 大阪全産노동조합

과정 및 요구사항 : 요구조건 : ① 본 사건으로 인한 해고자를 내지 말 것 ② 파업비용 200원 지급 ③ 단체교섭요구 외 8개조.

해결내용 : 조합대표 生塩益太郎외 4명이 10월 7일 공장주택에서 회견한 결과 8일부터 취업 개시.

사례41 : 淺野철공소파업[47]

---

45) 『日本社會運動通信』71호, 1929년 10월 7일자 「杉野硝子工場爭議(大阪)」.
46) 『日本勞働通信』1929년 10월 9일자 「淺野鐵工所紛議解決」.
47) 『日本社會運動通信』73호, 1929년 10월 21일자 「淺野鐵工所爭議(大阪)」.

사업장위치 : 東區 淸堀町 10

일시 : 1929년 9월 26일

참가자 : 조선인 직공 12명

지원단체 : 大阪금속산업노동조합

과정 및 요구사항 : 이 공장의 임금이 다른 공장에 비해 저렴하고 해고수당이 제정되지 않았다는 이유로 대우개선을 기도. 9월 24일 탄원서를 제출. 공장주가 탄원서를 전부 인정할 수 없다고 거절하자 26일부터 파업을 감행. 탄원사항 - ① 청부제 절대 반대. 일급 2할 인상 ② 취업시간을 10시간으로 할 것. 해고수당을 제정 ③ 퇴직수당과 건강보험료는 공장주가 부담 ④ 개근수당 1개월에 2일분을 지급 ⑤ 파업비용과 파업기간중 일급 전액 지급.

해결내용

사례42 : 登里철공소파업[48]

사업장위치 : 東淀川區 南通

일시 : 1929년 10월 2일

참가자 : 30명

지원단체 : 총동맹 大阪금속노조 북제1지부

과정 및 요구사항

해결내용 : 조합상임위원 田民衆의 교섭 결과 4일 타협. 요구조건과 해결사항 : ⓐ 임금인하를 취소 - 승인 ⓑ 청부제도개정 - 승인 ⓒ 공장설비개선 - 승인 ⓓ 조선인 차별철폐 - 승인 ⓔ 위생설비철저 - 1930년 3월 공장신축까지 유보 ⓕ 3개월마다 직공에 대한 이익배당을 확실히 할 것 - 내년 3월까지 유보 ⓖ 개근**개정 - 매월 3일분 지급 ⓗ 연2회 **최저 1회에 5전 - 고려해서 실행 ⓘ 임시휴업의 경우 일급전액 지급 - 승인 ⓖ 근무시간 切연장 - 철회 ⓚ 퇴직수당 제정 - 1년 이상 근속자에 대해서는 1년마다 30일분 지급 ⓛ 해고수당 제정 - 가장 근사한 요구의 해고수당을 제정하되 벌칙 등도 고려.

사례43 : 登理鑄工所파업[49]

---

48) 『日本勞働通信』1929년 10월 9일자 「登里鐵工所紛議解決」.
49) 『日本社會運動通信』74호, 1929년 10월 28일자 「登理鑄工所爭議(大阪)」; 75호, 11월

사업장위치 : 東淀川區 中津本通 1 - 57

일시 : 1929년 10월 5일

참가자 : 16명(전원)

지원단체 : 총동맹 大阪금속노조

과정 및 요구사항 : 7월 공임 1할을 인하한 후 다시 10월 1일부터 취업시간의 엄중 이행과 제품검사이행 등을 발표하고 시행하기로 함. 10월 5일부터 파업에 돌입. 탄원서 내용 : ① 인하된 공임을 부활할 것, 청부제도의 개선 ② 공장개선과 조선인 차별철폐 ③ 3개년 배당을 분명히하고 정근상 개선 ④ 연2회 승급과 임시휴업의 경우 일급 지급 ⑤ 해고퇴직수당의 제정.

해결내용 : 15일 해결. 해결조건 : ⓐ 임금인하를 취소할 것(승인) ⓑ 공장설비개선(승인) ⓒ 위생설비개정(내년 3월 공장신축까지 유보) ⓓ 개근상 개정(1개월마다 3일분 지급) ⓔ 임시휴업에 일급전액지급(승인) ⓕ 해고수당 제정(1년 미만 30일분 이상, 1개월 늘어날 때마나 1일분) ⓖ 파업 중 일급전액지급(승인) ⓗ 청부임금제도개정(승인) ⓘ 조선인차별철폐(승인) ⓙ 3개년마다 지급하는 이익배당 명세를 확실히 할 것(승인) ⓚ 연2회 정기승급(고려해서 시행) ⓛ 퇴직수당의 제정(해고수당의 1/3) ⓜ 해고자는 1인도 내지 말 것(승인) ⓝ 파업비용 금일봉 지급할 것(승인)

사례44 : 三木護謨제조소파업[50]

사업장위치 : 동성구 小宮町 676

: 1929년 10월 4일

참가자 : 조선인직공 13명

지원단체 : 大阪조선노조 북지부

과정 및 요구사항 : 조선인직공 13명(전체 노동자 27명)은 공장 내 민족차별을 개선하고자 10월 2일 탄원서를 작성하여 공장주에게 제출하고 3일에 회답을 기다린 결과 공장주가 탄원서 내용 가운데 즉시 승급만은 인정할 수 없다고 거절하자 4일부터 13명이 파업을 결행. 大阪조선노조 북지부 李東革과 鄭八龍이 응원하여 요구서를 제출하고 회답을 기다림. 요구사항 : ① 감독의 건(증원해줄 것) ② 職系를 분담할 것, 승급을 연 3회 할 것 ③ 휴식시간을 1시간 이상 할 것, 매월말 상여를 실시할 것 ④ 내선

4일자「登理鑄工所爭議解決(大阪)」.
50)『日本社會運動通信』73호, 1929년 10월 21일자「三木護謨製造所爭議(大阪)」.

인의 구별없이 평균으로 승급할 것 ⑤ 개인의 勞力服役을 하지 말 것, 직공의 도구를 사줄 것 ⑥ 퇴직수당을 지급할 것, 즉시 승급해줄 것.

해결내용 : 8일에 해결. 직공측의 요구서와 공장주의 언명을 임의사직 운운하는 일은 하지 말 것과 파업에 관해 노자쌍방이 이의를 제기하지 않을 것 등을 합의한 후 다음 사항에 합의. 합의사항 : ① 임금인상은 빠른 시일에 발표할 것, 조선인직공의 임금 차이에 대해서는 성의를 갖고 접근할 것 ② 개근상여는 1개월 모두 개근한 자에 대해 일급의 1일분, 2개월 이상인 자는 일급의 2일분을 지급할 것 ③ 공장주에 의해 파업에 관해서는 금일봉 30원을 지급할 것.

사례45 : 市川護謨공업소 파업[51]

사업장위치 : 동성구 猪飼野町 1070

일시 : 1929년 10월 26일

참가자 : 조선인 20명

지원단체 : 大阪護謨工조합, 大阪조선노조

과정 및 요구사항 : 10월 26일 노동자 전원(조선인 20명)이 임금인상과 공장설비에 관한 요구서를 제출했으나 공장주가 거절하자 그날로 임시파업을 결행. 猪飼野町 1445번지 康丁生의 집에 파업단 본부를 설치. 요구사항 : ① 벌금, 손해배상의 제도를 폐지 ② 휴식시간의 제정 ③ 청부제도 철폐, 일급제도 제정 ④ 공장설비 완비 ⑤ 부당 해고 금지 ⑥ 해고퇴직수당의 제정.

해결내용

사례46 : 丸一平井製絲공장 파업[52]

사업장위치

일시 : 1929년 10월

참가자 : 23명

지원단체

과정 및 요구사항 : 임금미지불, 임금차별.

---

51) 『日本社會運動通信』76호, 1929년 11월 11일자 「市川護謨工業所爭議(大阪)」.
52) 박경식, 앞의 책, 197면; 강철, 앞의 책, 62면.

해결내용

사례47 : 二見搾油人毛제조소파업[53]

사업장위치 : 中河內郡 瀧華町 安中 460

일시 : 1929년 11월 19일

참가자 : 조선인 노동자 58명(여자 55명)

지원단체

과정 및 요구사항 : 공장주가 임금인하를 협의중이라는 사실을 안 노동자측은 사업감독자에 대한 반감과 임금인하반대로 11월 19일 조선인 노동자 58명(여자 55명) 전원이 휴업에 돌입.

해결내용 : 공장주가 조선인감독을 통해 임금인하를 하지 않을 것이라는 뜻을 전달한 결과 휴업을 해제함.

사례48 : 辻村將信ゴム공업소파업[54]

사업장위치 : 동성구 猪飼野町 1024

일시 : 1929년 11월 14일

참가자 : 조선인 60명

지원단체

과정 및 요구사항 : 직공 98명 가운데 조선인 직공 60명은 임금과 기타 대우가 다른 공장에 비해 열악하므로 개선을 요구하고 大阪고무공조합의 응원을 받아 탄원서를 제출했는데, 공장주가 후일 성의를 갖고 회답할 뜻을 비쳤고, 직공측도 이를 양해했는데, 13일에 돌연 교섭이 결렬되어 14일 파업단을 조직하고 파업을 감행. 탄원사항 : ① 벌금제도 철폐 ② 휴식시간제도 실시 ③ 악감독추방이행과 공장설비 완전 ④ 최저임금을 차별 없이 2원 50전으로 할 것 ⑤ 연 2회 증급할 것. 기타 다수.

해결내용

---

53) 『日本社會運動通信』80호, 1929년 12월 9일자 「二見搾油人毛製造所爭議(大阪)」.

54) 『日本社會運動通信』79호, 1929년 12월 2일자 「辻村將信ゴム工業所爭議(大阪)」; 『조선일보』 1929년 11월 25일자.

사례49 : 小西硝子공장파업[55]

사업장위치 : 동성구 北生野町1 - 68

일시 : 1929년 11월 23일

참가자 : 조선인 94명 참가

지원단체 : 총동맹大阪합동노조, 大阪內鮮노조

과정 및 요구사항 : 11월 23일 평균 1할 3步씩 공임을 인하하기로 발표하자 종업원 측에서 반대를 요구하고 파업.

해결내용

사례50 : 秋山護謨제조소파업[56]

사업장위치 : 東淀川區 長柄西通 3 - 6

일시 : 1929년 11월 26일

참가자 : 조선인 45명

지원단체 : 전국동맹大阪합동노조

과정 및 요구사항 : 조선인직공 朴魯哲이 조합에 가입한 이후 업무가 태만하다는 이유로 해고하자 11월 26일 태업 발생. 직공 70명 가운데 조선인 45명이 참가. 요구 사항 : ① 박노철의 해고취소 ② 전날 발표된 지각무引에 관한 새로운 규정 취소 ③ 임시노동자를 즉시 본노동자로 할 것 ④ 모든 문제에 대해서는 종업원의 인격을 중시하여 공장측만의 입장으로 처분하지 말 것 ⑤ 본사건 해결까지 일급이 채워지지 않을 경우는 일급의 전액을 지급할 것. 해결이 원만히 이루어지지 않아 11월 30일부터 파업에 돌입. 경관측은 회사측에 유리하게 활동하여 파업 첫날부터 검속구류. 파업단을 대중행동과 보이콧트운동으로 투쟁하고 전국 노동조합의 응원을 구하고자 함.

해결내용

사례51 : 春日護謨공업소파업[57]

---

55) 『日本社會運動通信』81호, 1929년 12월 16일자 「小西硝子工場爭議(大阪)」.
56) 『日本社會運動通信』80호, 1929년 12월 9일자 「秋山護謨製造所爭議(大阪)」.
57) 『日本社會運動通信』81호, 1929년 12월 16일자 「春日護謨會社爭議(大阪)」.

사업장위치 : 동성구 猪飼野町 417

일시 : 1929년 11월 27일

참가자 : 17명(전원)

지원단체 : 大阪고무공조합

과정 및 요구사항 : 요구사항 : ⓐ 휴식시간 제정 ⓑ 공장설비 개선 ⓒ 종업 시간을 9시간으로, 잔업을 5分늘릴 것 ⓓ 임시휴업의 경우 일급전액 지급 ⓔ 임시고용제도 철폐, 본고제도 채용 ⓕ 귀국휴가를 2개월, 단 1년에 1회 실비의 여비를 지급할 것 ⓖ 최저임금을 차별 없이 6원으로 할 것 ⓗ 임금전액지급의 결혼휴가 10일을 줄 것 ⓘ 연2회 증급할 것, 단 1일 10전 이상 20전 ⓙ 공상병의 부조제도 제정 ⓚ 해고와 퇴직수당의 제정 ⓛ 전종업원에 대해 일급 3할 인상.

해결내용

사례52 : 加藤護謨회사파업[58]

사업장위치 : 동성구 今里町 551

일시 : 1929년 11월 29일

참가자

지원단체 : 大阪조선노조

과정 및 요구사항 : 사업부진으로 인해 사업을 폐지하기로 하고 종업원 49명(조선인 22명)에 통보했으나 예고수당이 적음으로 11월 29일 증액을 요구. 요구사항 : 1개년 미만 재직한 자는 40일분. 이상 1개월 증가할 때마다 3일분씩 증가.

해결내용

---

58) 『日本社會運動通信』81호, 1929년 12월 16일자 「加藤護謨會社爭議(大阪)」.

<부록 1-2> 1920년대 조선인 활동가의 활동내용(가나다순)[59]

이 름	국내 및 국외활동	연 도	일본지역활동
김달환		1925	2. 재일노총 위원(東京)
			3. 삼일무산청년회 임원(大阪)
		1926	7. 大阪연합회 중앙위원
		1927	9. 大阪조선노동조합 결성(위원장)
김약수		1914	도일. 正則영어학교 입학
	4. 만주망명	1916	
	금릉대학 수학	1918	
	5. 귀국	1919	
		1921	봄.『大衆時報』 발간(東京)
			11. 黑濤會 결성
		1922	12. 북성회 결성
		1923	3.『斥候隊』 발간
	8. 장안여관사건으로 피검	1924	
	11. 북풍회 결성(상무집행위원)	1925	
	4. 조선공산당 중앙집행위원	1928	
	말. 제1차 조공사건으로 피검		
김종범	3. 조선청년연합회 집행위원	1922	12. 大阪조선노동동맹회 창립총회 임시 의장
		1923	1. 북성회 결성(東京)
	4. 조선노농총동맹 중앙상무집행위원	1924	
	6. 한글잡지『정론』 발간 正統團 결성(길림)	1926	
	2. 피검(長春). 징역 1년 6월	1928	
	9. 만기 출옥(여순). 국민부 참여	1929	

---

59) 운동가들의 활동상은 1920년대 활동까지 한정했다.

이 름	국내 및 국외 활동	연 도	일 본 지 역 활 동
김태엽		1915	도일. 大阪에서 노동
		1920	일본대학 입학(東京)
		1922	11. 東京조선노동동맹회결성
		1923	북성회 가입(東京)
		1924	3. 조선인학살규탄대회 개최(大阪)
	5. 中華全國總工會 대회 참석	1925	
	(중국 廣州)	1926	재일본조선노동총동맹 關西연합회 조직
		1927	8. 白衣勞働信友會 결성(富山).
			黑部수력발전소파업 해결
			11. 茂住파업 지도
		1929	春日방적파업 지도(大阪)
마 명	대구노동공제회결성	1920	
	10. 건설사 결성 참여	1923	東京조선노동동맹회 활동
	4. 조선노농총동맹 창립대회 중	1924	
	앙위원, 기초위원		
	11. 북풍회 결성	1925	
	4. 조선공산당 입당		
	9. 조선노농총동맹 중앙집행위원		
박 열	경성제2고등보통학교 재학 중	1919	10. 도일. 正則영어학교 입학(東京)
	3.1운동 참가	1920	1. 조선인고학생동우회 결성
		1921	11. 흑도회 조직
		1922	1. 豊雷會 결성
		1923	不逞社 조직
			9. 대역사건으로 피검
송봉우	11. 북풍회 결성(집행위원)	1920	1. 조선인고학생동우회 결성
	4. 조선공산당 중앙검사위원	1923	1. 북성회 집행위원
	1. 제1차 조공사건 연루 피검	1924	
		1925	
		1926	
송장복		1922	12. 大阪조선노동동맹회 결성
		1923	海老江조선노동동맹회 결성
		1925	2. 재일노총 준비위원(東京)
		1928	4. 大阪조선노동조합 2회대회 위원장

이 름	국내 및 국외 활동	연 도	일 본 지 역 활 동
신재용		1924	8. 언론압박탄핵대연설회 주도(大阪)
		1925	1. 일월회 결성(東京)
			2. 재일본조선노동총동맹 집행위원(東京). 大阪城東조선노동동맹회 결성(大阪)
			3. 삼일무산청년회 임원(大阪)
		1926	7. 大阪연합회 결성
		1927	9. 大阪조선노동조합 정치교육부장
			3. 신간회 大阪지회 가입
	4. 제4차 조선공산당 사건 피검(서울)	1928	
	12. 석방	1929	5. 大阪 岸和田방적 조선인 여공 파업 지원
어 파		1925	1. 재일노총 창립준비위원(東京)
			2. 재일노총 창립대회 위원장
			3. 삼일무산청년회 임원(大阪)
		1926	4. 재일노총 2회대회 중앙위원장(東京)
		1928	4. 大阪조선노동조합 집행위원
이 헌		1921	東京 고학생동우회 결성
		1922	여름. 東京조선노동동맹회 실행위원
	12. 북풍회 결성	1923	1. 북성회 결성(東京)
			6. 재일본무산청년회 결성
		1924	2. 재일본조선노동총동맹위원장
		1925	
지건홍		1922	12. 大阪조선노동동맹회 결성 海老江조선노동동맹회 결성
		1923	7. 大阪고려무산청년동맹 결성
		1925	1. 재일노총창립준비위원(東京)
최선명		1924	남홍여명사 결성(大阪) 8. 언론압박탄핵대연설회 주도(大阪)
		1925	조선무산자사회연맹 결성(大阪)

\<부록2 논문\> 1920년대 일본지역의 조선인아나키즘운동

1) 머리말

식민지시대 재일조선인의 사회운동은 민족운동의 일환으로서 전개되었다. 특히 1920년대는 재일조선인의 민족운동이 가장 활발하게 전개된 시기이다. 사회운동의 모든 부문운동이 재일조선인 독자적인 조직체를 구심점으로 민족해방이라는 목표를 향해 나아갔던 시기였다. 이 시기 재일조선인운동의 특징은 다양한 사조와 계층, 그리고 운동세력이 융합되어 있었다는 점이다.

식민지시대 재일조선인운동사에서 아나키즘운동은 큰 비중을 갖지는 않는다. 그러나 재일조선인아나키즘운동은 재일조선인운동사의 근간을 형성하는데 중요한 역할을 담당했다. 또한 재일조선인아나키즘운동은 국내운동과 다른 특성을 나타내주고 있다. 이러한 특성은 지역에 따라 달리 나타나기도 한다.[1]

본고는 1920년대 재일조선인운동사 속에서 아나키즘운동을 자리매김함과

---

[1] 재일조선인운동사에서 지역적인 특성은 아나키즘운동사에 국한하지는 않는다. 재일조선인의 거주 상황을 보면, 거주지역에 따라 종사하는 직종별 특성의 차이가 나타나거나 생활과 노동상황에서 차이를 보인다. 이러한 차이는 재일조선인운동사의 내용과 방향에도 반영되고 있다. 예를 들면, 토쿄지역이 유학생과 지식인의 중심지로서 운동의 전체적인 방향과 운동론을 제공하는 역할을 담당하는데 비해 다수의 조선인이 거주하는 오사카는 노동자(자유노동자, 공장노동자)라는 직종별 특성을 바탕으로 운동의 실천적인 부분을 담당하였다. 또한 큐슈지역은 오사카보다 노동조건이나 생활상태가 열악한 지역이었으므로 재일조선인이 민족운동이나 이익을 옹호하기 위한 운동을 하기 어려운 점이 많았다. 따라서 재일조선인의 지역적 특성과 차이에 대한 이해는 재일조선인운동사 연구에서 간과해서는 안되는 부분이라고 생각한다.

동시에 지역적인 특성을 규명하는 작업의 일환이다. 이를 위해 먼저 1921년에 결성된 **黑燾會**를 비롯한 1920년대 주요 아나키즘운동단체의 주요 활동에 대해서 살펴보고, 이어서 오사카지역에서 전개된 아나키즘운동의 성격을 규명해보고자 한다. 전자가 주로 토쿄를 중심으로 이루어졌으므로 재일조선인운동사에서 토쿄와 대비되는 지역인 오사카지역의 아나키즘운동사를 살펴보는 것은 기초적인 작업이라고 생각한다.

2) 재일조선인 아나키즘운동의 태동(1921~1923)

(1) 흑도회 결성

1920년대초 일본지역에서 아나키즘은 이론적 심화가 선행되지 않은 채 민족운동의 수단으로서 채용되었다. 3.1운동 이후 유학생 가운데 일부는 만세운동만으로 독립을 이룬다는 것에 한계를 느끼고 다양한 사조를 받아들이며, 관심의 폭을 사회·노동문제로 확대하기 시작했다. 1919년 4월 白南薰, 卞熙鎔, 金俊淵, 崔承萬 등이 吉野作造와 福田狂二가 주도하는 여명회에 출입하였고, 元鍾麟, 鄭泰成, 權熙國, 李增林, 金鴻基, 林世熙 등이 堺利彦이 주도하는 코스모스 구락부와 高津正道의 효민회, 加藤一夫의 자유연맹에 출입하면서 사회주의사상과 접촉하게 되었다. 朴烈, 원종린, 金若水 등은 大杉榮, 岩佐作太郞과 자주 교류하면서 아나키즘에 영향을 받았다.[2]

1921년 원종린은 사상단체[3]인 신인연맹 결성을 계획하고 사회주의사상을 고취하는 취지서를 만들어 발표했다. 이 때 동지 10여명을 규합한 원종린은

---

2) 무정부주의운동사편찬위원회, 『한국아나키즘운동사 - 전편』, 형설출판사, 1978년, 153면.

3) 원론적 의미에서 사상단체는 '사회주의 수용 초기에 맑스주의 사상을 연구, 보급하는 조직이고, 사회주의정당이 만들어지기 전까지의 전위적 결사체'이다. 최익한, 「사상단체해체론」, 『이론투쟁』1~2, 1927년 4월, 13면. 그러나 식민지시대에 사상단체가 스스로 사상단체임을 표방하고 합법적인 활동을 했으며, 일간지나 일본공안당국도 사상단체를 공개적인 단체로 인식하고 있었으므로 전위적 결사체로 보기에는 적합하지 않은 것으로 생각된다.

林澤龍과 제휴하여 신인연맹의 자매적 행동단체인 黑洋會를 결성하려다가 김약수, 박열, 白武 등이 비슷한 성격의 단체결성을 준비중이라는 사실을 알고 岩佐作太郞의 주선 아래 金判權, 권희국, 정태성, 曺奉岩, 김약수, 박열, 임택룡, 張貴壽, 金思國, 백무 등 20여명이 모여 1921년 11월 黑濤會를 창립한 것이다.[4]

이 시기에는 아직 사회주의와 아나키즘간의 명확한 구분없이 두 사조가 식민지해방논리를 담고 있는 혁신적인 신진사조라는 점에서 젊은이들에게 공감을 주고 있었다.[5] 흑도회도 마찬가지로 사회주의, 아나키즘, 민족주의 등 각 사상조류가 합류하고 있었는데[6], '흑도회'라는 명칭으로 보아 아나키즘이 우세한 것으로 보여진다.[7]

흑도회는 '한국의 현실을 양심적인 일본인에게 전달하는 것, 국가적 편견과 민족적 증오가 없는 세계융합을 실현하는 것' 등을 취지로 결성되었다. 흑도회의 주요 활동은 新潟縣조선인노동자학살사건의 진상규명과 항의투쟁 및 기관지 발간이었다. 1922년 7월 일본 新潟縣 信濃川댐 공사장에서 일하던 조선인 노동자 100여명이 살해당한 집단 학살사건이 일어나자[8] 토쿄에 있는

---

4) 『독립운동사자료집 - 별집3』은 결성 시기를 1920년으로 기술했고, 坪江汕二는 1921년 11월 29일로 기술했다. 독립운동사편찬위원회, 『독립운동사자료집 - 별집 3』, 1971년, 29면; 坪江汕二, 『朝鮮民族獨立運動秘史』, 巖南堂서점, 1959년, 284면.

5) 이는 일본의 경우도 마찬가지여서 1920년 12월 결성된 일본사회주의자동맹은 아나키스트, 맑시스트, 사회민주주의자, 국가사회주의자, 노동조합주의자 등 각파의 대표자들이 망라되어 있었다. 이러한 사상적 미분화현상은 민주주의 사상의 대두와 노동운동의 발전 등으로 인해 분화의 과정을 거치게 되었다. 『한국아나키즘운동사』, 68~69면.

6) 박애림은 이 시기 사상조류를 '사회주의가 아나키즘을 포함한 다양한 분파와 이론을 무차별적으로 뒤섞은 광의의 사회주의'로 표현했다. 박애림, 「조선노동공제회의 활동과 이념」, 연세대 석사학위논문, 1992년, 63면.

7) 송봉우는 1920년과 1921년경 토쿄거주 한인의 사상적 경향은 이미 아나키즘과 맑시즘으로 구분되어 있었고, 도일 당시 자신은 맑시즘을 수용하고 있었으므로 아나키즘 단체인 흑도회에 가입하지 않았다고 회고했다. 송봉우, 「어떤날 밤의 회합」, 『동광』26, 1931년, 39~40면. 이로 보아 지식층 사이에서는 흑도회를 이미 아나키즘단체로 인식된 듯 하다.

8) 『동아일보』 1922년 8월 1일자 「일본에서 조선인대학살」.

유학생 간부들과 함께 진상조사단을 구성하여 조사활동을 벌이는 한편9), 규탄대회를 준비했다. 1922년 9월 7일 토쿄 YMCA강당에서 열린 합동규탄대회에서 박열이 중심이 된 흑도회원들은 일본인 사회주의자의 응원을 얻어 경과보고와 함께 연설을 하고 규탄했다. 이 대회의 특색은 민족적 차별과 박해에 대한 민족해방투쟁을 피압박계급해방투쟁의 형태로, 국적을 초월한 연대성 아래 전개하여 대중적 기반을 확보했다는 점이다.10) 흑도회는 1922년 7월과 8월에 박열이 주관하여 기관지『黑濤』를 발간했다.

그러나 이 新潟縣사건을 둘러싼 활동을 계기로 흑도회내 사상적 분화현상은 분명해져서 해체과정을 겪게 되었다. 이미 조선고학생동우회가 1922년 2월『조선일보』를 통해「전국 노동자제군에게 檄함」이라는 동우회선언을 발표하여 최초로 계급투쟁을 선언했다.11) 여기에 다시 新潟縣사건에 대한 규탄운동을 전개하는 과정에서 사회주의와 아나키즘간의 그 차별성이 농후하게 드러나게 된 것이다. 그 결과 흑도회는 아나키스트 大杉榮과 岩佐作太郎의 영향을 받은 박열, 李允熙 등 아나키스트와 堺利彦의 영향을 받은 원종린 등 사회주의자로 사상적 경향성이 나뉘어지게 되어 1922년 12월 해체되었다.12)

흑도회가 해체된 후 박열, 이윤희는 1923년 2월에 黑友會를 창립했고13), 김

---

9) 국내에서는 나경석과 김약수가 조사위원으로 파견되었다.『동아일보』1922년 8월 8일자「조사위원출발」; 13일자「동경재류동포의 학살사건에 대한 분개」.

10)『한국아나키즘운동사』, 154면.

11) 김준엽・김창순,『한국공산주의운동사』2, 고려대 아세아문제연구소, 1969년, 32～33면. 연서자에는 박열의 이름도 포함되어 있다.

12) 坪江汕二는 일본공안당국의 자료를 근거로 1921년 11월에 해체된 것으로 이해했다. 그러나 활동내용으로 볼 때 해체시기는 1922년이 옳은 것으로 생각된다. 박경식은 1922년 11월에 사상분화가 일어나 해체되었다고 파악했다.『朝鮮民族獨立運動秘史』, 155면; 박경식,『재일조선인운동사 - 해방이전』, 삼일서방, 1976년, 106면.

13) 흑우회는 흑로회가 개칭된 단체인데, 흑로회의 결성시기에 대해 김창순・김준엽은 흑도회 해산일을 1921년 12월로 보고, 흑도회가 해산된 직후 그달로 즉시 풍뢰회를 조직했다가 곧 흑우회로 개칭한 것으로, 坪江汕二는 박열이 흑도회를 결성하기 이전인 1921년 10월에 귀국하여 李康夏 등과 함께 흑로회를 결성한 것으로 기술하고 있다. 또한 흑우회 결성시기에 대해『독립운동사자료집 - 별집3』에는 1922년로 기술되어 있다.『독립운동사자료집』, 53면;『한국공산주의운동사』2,

약수, 김종범, 안광천은 1923년 1월 北星會를 결성했다. 흑우회는 박열이 중심이 되어 기관지『不逞鮮人』을 발간했다.[14] 불령선인이란 일본 경찰이 반일 민족운동가를 모욕하기 위해 사용하기 시작하다가 일반화된 경멸어이다. 『不逞鮮人』은 1호와 2호를 발행했으나 당국이 題號 사용을 금지하자『太い鮮人[15]』으로 바꾸었다가 당국이 다시 太い鮮人의 사용을 금지하자『現社會』로 개칭했다.

박열은『太い鮮人』제2호에서 「아세아몬로주의에 대하여」라는 제목의 글을 통해 '일본의 권력자를 위시해 아세아협회, 아세아청년회 등이 "아시아 인종은 아시아 인종으로 단결하고 ……백색인종의 자본주의 제국주의에 대항해야 한다"고 주장하는 것은 가소로운 이야기'라고 비판하고, '조선에 동정적인 中野, 植原, 佐藤, 吉野, 松本도 모두 같은 입장이다. 우리들 조선인은 그들의 감언이설에 속아서는 안된다'고 촉구했다.[16] 즉 그는 당시 일본의 민본주의자들이 갖는 한계에 대해서도 정확히 인식하고 있었다.

(2) '박열사건'[17]

일본지역 조선인아나키스트 가운데 가장 이름이 널리 알려진 인물은 박열이다. 그는 일반인들에게 아나키스트로서보다 '박열사건'을 일으킨 독립운동가와 金子文子와의 동지적 결합으로 더욱 유명한 인물이다. 박열은 일왕폭살

32면;『朝鮮民族獨立運動秘史』, 155면.

14)『한국아나키즘운동사』, 154면.

15) 太い(ふとい)는 '건방진, 못된 놈'이라는 뜻이 함축된 일본 속어이므로 ふといせんいじん은 不逞鮮人의 일본식 표기이다.

16) 흑색전선사,『金子文子・朴烈裁判記錄』, 1977년, 816면.

17) 박열이 일본천황과 황태자부부를 폭사시키고자 한 이 사건은 박열사건이나 대역사건, 일왕폭살사건 등으로 불리워진다. 당시 자료에는 '불령사사건'이나 '대역사건' 등으로 불리웠다. '대역사건'은 일본측의 시각에서 붙여진 이름이고, '박열사건'은 사건의 주체를 분명히 밝히고 있다는 특장은 있으나 개인적인 사건으로 축소한 면이 적지 않다. 일왕폭살사건은 김삼웅이『박열평전』(가람기획, 1996년)에서 사용했다. 이 명칭도 역시 사건의 내용을 정확히 나타내고 있지는 않으나 사건의 내용을 중심으로 한 명칭이라는 특징이 있다. 본고에서는 박열사건이라 이름한다.

사건으로 검거된 이후 재판을 받는 과정에서도 아나키스트임과 동시에 독립
운동가로서의 기개를 날렸다. 이러한 모습은 수용 초기 한국 아나키즘의 특성
을 잘 나타내주는 것이다. 즉 조선아나키즘은 식민지적 억압과 그에 대한 저
항에서 출현했으므로 민족독립운동과 동일시되었던 것이다.[18] 여기에서 당시
신문기사와 재판기록을 이용해 박열의 개인사를 간략히 살펴보기로 하자.

박열의 가문은 전통적인 유학자 집안으로 일본에 강제합병당시에는 지주
계급에 속했으나 박열이 태어날 무렵에는 자소작농이었다. 5세때 상주군 화
북면 장암리 180번지로 이사하여 7세부터 9세까지 서당을 다니면서『천자
문』과『동몽선습』,『자치통감』을 배우고 10세에 일본정부가 설립한 함창공
립보통학교(4년제)에 입학하여 14세 때인 1916년 3월 24일에 졸업했다.[19]

보통학교를 졸업한 후 경성고등보통학교에 입학하기를 원했으나 9세때에
부친을 잃은 후 가세가 기울어 학비조달이 여의치 않자 道長官의 추천을 받
아 경성고등보통학교 사범과(관비)에 응시하여 합격했다. 박열은 1919년 3월
1일 독립만세운동이 일어나자 시위에 가담하고 지하신문을 발행하며 격문을
살포하는 등 독립운동에 참여하다가 사상이 건전하지 못하다는 이유로 3학
년때에 퇴학을 당했다.

박열은 경성고등보통학교 시절에 젊은 일본인 교사로부터 幸德秋水의 대역
사건(1911년) 이야기를 듣고 아나키즘에 대해서 알게 되었다. 그는 또한 3.1운
동 당시 체포된 사람들에 대한 고문이 가혹하다는 사실을 알고 독립운동을
하기 위해서는 국내보다 일본이 유리하다고 판단하여 1919년 10월 도일했
다.[20] 토쿄에 도착한 박열은 신문배달, 막노동꾼, 우체부 등의 일을 하면서 正

---

18) 존. 크럼, 앞의 논문, 93면. 하기락은 이에 대해 다음과 같이 기술하고 있다. '우리
    나라 아나키즘운동은 민족해방투쟁을 제1차적 목표로 삼고 전개되었다. 우선 민
    족이 민족으로서 해방되고서야 계급의 해방이나 개인의 자유도 가능하겠기 때문
    이었다. 그러나 민족해방전선은 동시에 노동자 농민대중의 동원을 요구하고 있
    었다. 민족의 독립운동이 아나키즘의 원리에 따르지 않을 수 없었던 것은 그 때
    문이다.'『한국아나키즘운동사』, 188면. 박경식은 흑우회를 '민족적 무정부주의'
    라 지칭했다. 박경식, 앞의 책, 106면.
19) 김삼웅,『박열평전』, 가람기획, 1996년, 21면.
20) 신문에는 박열이 보통학교에 입학한 후 차별대우에 분개하여 도일한 것으로 보도

則영어학교에 다녔다. 1921년에 정태성, 金天海, 崔甲春과 함께 조선고학생동우회에 참가했다. 박열은 다른 유학생들과 함께 일본 아나키스트인 大杉榮, 岩佐作太郞과 접촉하면서 아나키즘에 공명하게 되었고, '자유연맹'에도 왕래했다.[21] 1921년에 박열은 반민족행위자(조선인에게 있어서 조선민족을 파는 자, 예를 들면 친일파나 조선인을 모욕하는 일본인)를 응징하기 위해 血擧團을 조직했다.[22] 혈거단은 비밀결사단체로서 義擧團이라는 이름으로 출발했으나 곧 鐵擧團으로 고쳤고, 다시 혈거단이라는 이름을 갖게 되었다.[23]

1923년 4월에는 아나키즘 사회의 실현을 목적으로 하는 不逞社라는 비밀결사를 조직했다. 박열이 흑우회를 운영하면서 별도로 불령사를 조직한 것은 일본공안당국의 감시가 심해서 흑우회와 같이 공개된 단체로는 혁명적인 기도를 할 수 없기 때문이다. 일본공안당국도 불령사의 목적을 '무정부주의 사회의 실현'으로 보고, 이를 위해 먼저 '다수 동지의 규합과 혁명기분을 촉진할 필요성'이 있었으므로 박열 등이 다양한 운동을 전개하고자 했다고 파악했다.[24]

1923년 9월 1일 일본 關東와 靜岡, 山梨지방에서 진도 9의 대지진이 일어났다. 12만 가구의 집이 무너지고 45만 가구가 불에 탔으며 340만명의 이재민이 발생한 이 지진이 일어난 직후, 박열은 이른바 '대역사건'을 일으킨 죄로 구속되었다. 1923년 10월 24일부터 1925년 6월 6일까지 예심재판을 거쳐 1926년 2월 26일부터 열린 공판 결과 3월 25일, 박열과 金子文子는 형법 제73조에 의거해 사형을 언도받았으나[25] 그날 오후에 열린 임시각의의 협의를 거친 후 무기징역의 특사를 받았다.[26] 이들은 4월 5일 무기징역이 확정되어 박열은 千

되었다. 『조선일보』 1925년 11월 27일자 「차별대우에 분개하야 동경으로 표박」.
21) 『조선일보』 1925년 11월 25일자 「박열 등의 대음모사건」.
22) 「제6회 신문조서」(『金子文子・朴烈裁判記錄』, 38면).
23) 布施辰治・張祥重・鄭泰成, 『運命の勝利者朴烈』, 세기서방, 東京, 1946년, 156면.
24) 또한 일본당국은 박열이 무산자동맹과 자진회를 조직하고 잡지『불령사』를 발간하여 상호 연계하여 목적달성을 이루고자 했으며 국내에 있는 조선형평사를 선동하여 국내에서 소요를 일으켜 직접행동실행의 분위기를 함양했다고 파악했다. 『독립운동사자료집 - 별집3』, 54면.
25) 『조선일보』 1926년 3월 26일자 「박열부부사형언도」.

葉형무소에, 金子文子는 宇都宮 형무소 檜木지소에 각각 수용되었다.

이후 박열은 1945년 10월 27일 일본에 진주한 미군정의 '정치범 즉시 석방'에 관한 포고령에 의해 秋田형무소에서 석방되었다. 11월 26일, 토쿄로 돌아온 박열은 1946년 1월 20일에 열린 '新朝鮮建設同盟' 창립대회에서 위원장으로 선출되었다.[27] 신조선건설동맹은 그해 가을에 우파단체를 통합하여 재일조선인거류민단으로 발족했는데, 여기에서 박열은 단장에 선출되었다. 1945년 8월 15일 박열은 대한민국정부수립축전에 참석하기 위해 일시 귀국한 후 다시 도일했다가 1950년 4월초에 영주 귀국했다. 박열은 한국전쟁이 발발하자 6월 27일 장충동에서 납북되어 1974년 1월 18일 73세의 나이로 사망할 때까지 북한에서 재북평화통일촉진협의회 회장직을 맡았다.[28] 식민지시대 수형기간을 제외한 박열의 일생은 합법단체와 비밀결사의 조직, 인쇄물을 통한 반일운동의 전개로 이어졌다.

1920년대 초 세상을 떠들썩하게 했던 박열사건은 무엇인가. 일본당국 발표에 의하면, 이 사건은 박열과 金子文子 등이 공모하여 황태자인 히로히토의 결혼식에 폭탄을 던져 황태자와 일본정부 고관을 암살하고자 하다가 사전에 발각되어 미수에 그친 사건이다. 사건의 개요를 보면 다음과 같다.

폭탄을 던져 일본고관을 살해하고자 하는 박열의 계획은 1921년부터 준비되었다. 이를 위해 박열은 1921년 11월경부터 일본 외항선원 杉本貞一을 통해 폭탄을 구하고자 했으나 구하지 못했다. 1922년 9월에 다시 金翰을 통해 폭탄을 입수하고자 했으나 이 계획도 역시 수포로 돌아갔다.[29]

---

26) 『조선일보』 1926년 3월 27일자 「박열부부무기로 감형」.

27) 이 대회에서는 박열 외에도 원심창, 정태성 등 前흑우회원이 임원으로 선출되었다. 최영호, 「戰後在日朝鮮人コムニチにおける民族主義運動研究」, 東京대학교 박사학위논문, 1992년, 115~116면.

28) 김삼웅, 앞의 책, 200면.

29) 1922년 9월, 서울에서 열린 노동자대회는 新潟縣의 조선인노동자학살사건에 대한 보고를 해 달라고 박열을 초청하면서 여비를 보내왔다. 이에 귀국한 박열은 노동자대회 자리에서 金翰을 만났다. 그후 일본으로 돌아간 박열은 11월에 다시 서울에 와 김한으로부터 폭탄을 구해주겠다는 약속을 받았다. 김한은 상해 의열단으로부터 폭탄 30개가 도착하게 되어 있었으므로 그 가운데 몇 개를 토쿄로

　1923년 5월 27일 불령사에 金重漢이 가입하자 박열은 가을에 황태자 결혼식이 있다는 사실을 알아내고 김중한에게 폭탄을 구하는 일을 맡겼다. 그러나 김중한과 박열의 사이가 멀어지면서 박열의 거사계획은 김중한의 애인이자 불령사 회원인 新山初代를 통해 일본공안당국에 알려지게 되었다.[30] 그 결과 폭탄입수는 논의단계에서 좌절되었고, 박열 검거를 필두로 金子文子, 陸洪均, 崔圭悰, 金重漢, 徐東星, 정태성, 張祥重, 河一(일명 河世明), 徐相庚, 洪鎭祐, 한예상[31], 新山初代, 野口品二, 栗原一男, 小川茂 등 불령사 회원 16명이 9월 3일까지 모두 검거되었다. 이 가운데 1925년 11월에 예심이 종결되면서 박열과 金子文子만이 대역죄, 폭발물취체규칙위반의 죄명으로 송치되고 김중한을 제외한 나머지는 방면되었다.[32] 예심이 진행되는 동안 박열의 거사계획을 일본공안당국에 알렸던 新山初代는 市谷형무소에서 사망했다.[33]

　사건이 일어나자 일본과 국내에서 지원이 잇달았다. 흑우회는 박열이 검거되자 정태성과 장상중이 박열을 위하여 물품을 차입하는 한편, 삼월회·일월회·학우회 등 재일조선인단체와 함께 기부금을 모금하여 박열과 金子

　　보내준다고 약속한 것이다. 이를 위해 김한과 박열은 서울에 있는 기생 李小紅을 통해 편지연락을 취했다. 이소홍을 통하여 두 사람간에 편지연락이 두 번쯤 오갔을 때, 김한은 상해에서 온 의열단원 李相玉과 연락을 취하고 있었는데, 때마침 일어난 종로경찰서 폭탄투척사건의 혐의를 받고 경찰에 포위된 이상옥이 순국하는 사건이 일어났다. 이에 김한도 혐의를 받게 되자 폭탄제공약속은 이루어지지 못했다. 김삼웅, 앞의 책, 61~65면.

30) 박종렬의 연구에 따르면, 폭탄입수계획이 新山初代(니야마)에 의해 누설된 후 박열이 경찰에서 이 계획에 대해 자진해서 밝혔으나 이 때에는 일본당국이 이 사건을 문제삼지 않았다고 한다. 즉 이 계획이 대역사건으로 비화한 것은 예심판사에 의해서라는 것이다. 박종렬, 「천황암살기도한 박열사건의 진상」, 『일본평론』 1992년 가을 - 겨울호, 437면.

31) 『동아일보』 1923년 11월 25일자에는 한현상으로 기재되어 있다.

32) 1923년 10월 16일자 『동아일보』에 「상해폭탄사건」이라는 제목으로 보도되기 시작한 이 사건은 10월말부터 게재금지로 일반에 알려지지 않았는데, 사건이 일어난지 2년만에 일부 해제되어 보도되었다. 『동아일보』 1923년 10월 16일자 「상해폭탄사건」;『조선일보』 1925년 8월 2일자 「불령사사건 2년만에 예심종결」;『동아일보』 1925년 8월 4일자 「불령사사건면소」.

33) 『조선일보』 1925년 11월 25일자 「박열 등의 대음모사건」.

文子의 한복 제작과 공판경비에 충당했다.[34] 이 사건의 변호를 맡은 布施辰治는 사건이 공표되자 자진하여 변호계를 제출하고 공판에 임하는 한편, 변호사수임료를 거부함은 물론이고, 공판에 필요한 각종 비용 전부를 자비로 부담하였다.

박열사건은 폭탄의 준비과정에서 차질을 빚고, 정보가 누설되어 검거됨으로써 거사를 일으키기 전에 발각된 미수사건이다. 그러나 일본당국은 이 사건을 칸토오지진의 와중에서 정치적으로 이용하여 대역사건으로 포장하고 무기징역이라는 중징계에 처했다. 박열은 1945년 10월 27일 석방될 때까지 22년 2개월 2일동안이라는 긴 수형생활을 했다.

3) 재일조선인 아나키즘운동의 발전(1924~1930)

(1) 1920년대 조선인아나키즘 단체의 결성

박열사건 이후 일본지역의 조선인 아나키즘운동세력은 변천을 거듭했다. 이는 이 사건 이후 조선인아나키스트에 대한 당국의 탄압이 강해진데다가 조선인아나키스트들도 자신들의 운동방향을 모색하고 타개책을 마련하기 위한 과정을 겪어야 했기 때문이다.

박열사건 이후 석방된 불령사 회원들이 대부분 복귀했으나 흑우회 활동은 활발하지 못했다. 1924년과 이듬해는 흑우회가 박열사건의 공판지원에 주력한 시기였다. 장상중, 정태성, 정연규, 한예상 등이 물품 차입과 공판을 방청하기 위한 박정식(박열의 형)의 여비마련을 위해 조선인단체에서 기부금을 모금했다. 그외 변호사 선임, 공판 참석, 박열 면회 등 공판지원이 활동상의 전부라고 할 정도였다.[35] 그러나 1926년에 들어와 다시 최규종, 장상중, 정태성 등이 일본인 흑색청년연맹에 가입한 후 이를 계기로 흑우회를 부흥시키고자 하는 노력이 활발해졌다. 1926년 2월 10일, 흑우회는 임시총회를 개최하고 동지의 규합과 주의 선전에 관해 협의한 후 기관지를 발행하기로 했다.

---

34) 『독립운동사자료집 - 별집3』, 54면.
35) 『독립운동사자료집 - 별집3』, 54~55면.

이 때 주요 구성원은 元心昌, 李弘根, 張祥重, 崔奎東, 陸洪均, 鄭泰成, 崔圭悰, 韓睍相, 李元世, 朴芒, 車鼓東, 金鍵, 李允熙, 朴熙春, 李圭錫 등이다.[36]

흑우회의 주요 활동은 일본 아나키즘단체와 연계하여 강연회를 개최하거나 참석하고, 기관지를 발간하는 것이었다. 주요 활동내용을 살펴보자.

1926년 2월 21일에는 흑색청년연맹이 주최한 강연회에 최규종이 참석하였고, 이홍근도 東京인쇄공조합대회에 출석하여 강경발언을 하다가 검속되었다. 또한 일본 아나키즘단체인 自我人社와 野蠻人聯盟과도 관련을 갖었다. 3월 29일에 흑우회는 흑색청년연맹 후원으로 조선문제강연회를 개최하였다. 여기에는 500여명의 청중이 참석하여 岩佐作太郎, 近藤憲二, 八太舟三, 掠本運雄, 武良二, 平野小劍, 望月桂의 강연을 들었다. 주요한 내용은 '조선문제의 해결은 정치적, 교육적, 종교적으로도 절대 불가능하다' '일본의 제국주의는 조선인을 착취하였으나 한일병합에 의해서 우리들 무산계급 근로대중은 하등의 얻은 바가 없이 오직 얻은 것은 일본의 특권계급으로부터 우월감을 배웠을 뿐'이라는 등이다.[37] 7월 7일에 열린 흑색청년연맹 위원회에 육홍균과 金正根이 참석하였고, 이튿날 개최된 高尾平兵衛 3주기 추도회에도 尹周協 외 7명이 출석했다.

흑우회의 기관지인『흑우』와 팜플렛『소작농』은 7월에 발행했는데, 내용이 모두 아나키즘을 선전 고취하는 것이라 하여 당국에 의해 발매와 반포가 금지되었다.

흑우회의 활동 가운데 또 다른 것은 金子文子 옥사사건의 진상규명이다. 1926년 7월 23일, 金子文子가 형무소에서 자살했다는 발표가 나오자 흑우회는 원심창, 최규종, 육홍균 등 7~8명이 진상조사에 착수했다. 이들은 옥사사건이 1925년 12월 옥중결혼식 이후 金子文子의 옥중 임신을 무마하고자 한 교살사건이라고 단정하고 7월 27일 목검을 휴대하고 지소장집에 몰려가 사건의 경위를 확인했다. 이들은 형무소지소 공동묘지에 가매장된 유해를 발굴하였으나 사망기일이 결과하여 원인을 확인할 수 없게 되자 화장한 후 토

---

36)『독립운동사자료집 - 별집3』, 72~73면.
37) 앞의 주.

쿄를 거쳐 박열의 선산에 안치했다.[38]

그러나 이러한 활동으로 흑우회는 당국의 주목을 받게 되어 활동의 영역이 제약되자 조직 개편이 불가피해졌다. 1926년 5월, 장상중, 육홍균, 한현상, 최규종 등은 원심창, 이홍근, 최규동, 이원세와 함께 흑색운동사(東京府 雜司谷 소재)를 결성했고, 다시 11월에는 육홍균, 원심창이 흑색전선연맹을 결성했다. 흑색전선연맹은 일본흑색청년연맹에 가입하여 한일공동투쟁체제를 갖추었다. 노동자 조직화의 일환으로 1926년 9월 10일 최낙종, 최상열 등은 小石川區의 조선인 위생인부를 조직화하여 동흥노동동맹을 조직했다. 이 때 원심창, 이홍근, 장상중 등은 선전대를 편성하여 조선인노동자들의 숙소인 함바를 순방하면서『자유사회』를 배부하기도 했다. 동흥노동동맹은 지부로 高田부와 千住부를 두었다.

또한 그 해 12월 12일, 장상중, 원심창, 이홍근, 박망, 차고동, 김건, 박희서 등은 불령사를 재조직하고 기관지『흑우』를 발행했다. 불령사는 1927년 2월 당국의 탄압으로 흑풍회로 개칭되었고,『흑우』도『자유사회』로 바뀌었다. 이들은 또한 1927년 2월 흑풍회 사무실에서 조선자유노동조합을 조직하고, 동흥노동동맹을 산하단체로 두었다. 여기에는 일본인 아나키즘 八太舟三, 新居格, 望月桂 등이 좌담회와 강연회에 참석하여 운동을 지도했다.[39] 1927년 6월에는 신문배달인조합을 결성했다. 이 조합은 노동자와 학생세력을 부식하기 위한 목적에서 조직한 단체이다.[40] 1927년 현재 흑풍회는 우의단체로서 조선자유노동조합 江東부(회원 160명)와 山手부(140명), 조선인신문배달조합(75명), 조선동흥노동동맹회(560명), 大崎조선인일반노동조합(95명)을 두고 있었다.[41]

1926년 5월 24일에 일본아나키즘단체인 전국노동조합자유연합회가 결성

---

38) 『한국아나키즘운동사』, 178~180면.

39) 『한국아나키즘운동사』, 278면.

40) 『朝鮮民族獨立運動秘史』, 286면.

41) 朴尚禧, 「東京朝鮮人諸團體歷訪記」, 1927년(『在日朝鮮人史硏究』5, 1979년, 138면 所收).

되었다. 창립대회 당시 참가조합은 4연합회 산하 23조합에 홋카이도(北海道) 지방 2조합을 합한 25조합이고 참가한 대의원은 400명이었다. 결성대회 이후 조선자유노동조합도 여타 13개 조합과 함께 추가로 가입했다.[42)]

1928년 1월 15일, 흑풍회 조직은 흑우연맹으로 강화되었다. 주요 인물은 원심창, 장상중, 韓何然, 李時雨, 河璟尙, 吳致燮, 이윤희, 金亨潤, 宋暎運, 洪性煥, 李東淳, 金今順, 이시우의 아내, 최낙종, 정태성, 洪亨義, 朴基鴻, 김건, 崔仲憲 등이다. 흑우연맹은 기관지『互助運動』을 발행했다.[43)] 1929년 1월 30일 진철이 극동자유노동조합을 결성했다. 극동자유노동조합은 전선 강화를 위해 결성한 단체였으나 활동은 활발하지 않았다.[44)]

여기에서 잠시 조선인아나키즘단체의 계보를 정리해보면 다음과 같다.

흑도회(1921년 11월) → 흑우회(1923년 2월), 불령사(1923년 4월) → 흑색운동사(1926년 5월), 동흥노동동맹(1926년 9월), 흑색전선연맹(1926년 11월) → 불령사 재조직(1926년 12월) → 흑풍회(1927년 2월) → 조선자유노동조합(1927년 2월), 조선인신문배달조합(1927년 6월) → 흑우연맹(1928년 1월), 극동자유노동조합(1929년 1월).

아나키즘단체로 출발한 것은 아니지만 아나키스트들이 거점으로 이용한 곳은 鷄林莊이었다. 사회주의계가 학우회를 기반으로 활동한 데 비해 아나키스트들은 계림장을 근거지로 고학생에게도 세력을 펼쳤다. 계림장은 1924년 7월 본래 조선총독부의 유화정책의 하나로 만들어진 고학생寮(기숙사)였는데, 아나키스트들이 들어온 후 성격이 달라졌다. 鷄林莊이 만들어질 당시에는 각 계열의 학생들이 공존하고 있었는데, 사회주의계가 독자적 단체를 만들어 분리된 이후에 민족계는 상애회 학생회관으로 흡수되고, 일부는 아나키즘계인 동흥노동동맹으로 합류하게 되었다. 鷄林莊이 아나키스트들의 거점이 된 과정을 살펴보자.[45)]

---

42) 『한국아나키즘운동사』, 82~83면.
43) 『한국아나키즘운동사』, 278면.
44) 『朝鮮民族獨立運動秘史』, 287면.
45) 『한국아나키즘운동사』, 280면.

아나키즘계 학생들은 1927년 6월 鷄林莊을 汗愛寮라 개칭하고 장내 학생생활을 고학생 중심으로 개혁하고자 했다. 이에 대해 료장인 松浦가 아나키스트 학생들의 추방을 상애회에 청탁한 결과 1928년 2월에는 상애회의 습격사건이 일어나기도 했다. 그 후 鷄林莊의 관리자측은 1929년 조선노동공조회라는 반공단체를 조직하여 합숙소를 통제하고자 했다. 이에 대해 아나키즘계 학생들은 丁贊鎭을 중심으로 수차 모임을 갖고 대책을 강구한 끝에 1930년 6월 14일 흑색운동자연맹을 결성했다. 이 단체는 1938년 1월 31일 해체되었다.

(2) 흑우연맹의 활동

1928년 1월 흑우연맹으로 강화된 흑풍회 조직은 조직과 선전을 강화하는 한편, 격문을 발표하고 반대파를 습격하는 등 폭력적인 양상을 보였다. 그 첫 번째가 상애회에 대한 반격이다. 1927년 상애회원들이 아나키즘단체인 本所자유노동조합 회원들의 일터에서 폭력을 행사하고, 납치하여 린치를 가한 사건이 있었다. 이 때 오우영, 변영우, 한하연 등 등 간부들도 구타를 당했다. 이에 흑우연맹은 상애회 행동대장 河古奉에게 반격을 가하게 된다. 상애회는 경찰에 후원을 호소하고, 1928년 2월 새벽 경찰과 함께 권총, 일본도, 단도, 목검 등으로 무장한 후 흑우회, 흑우연맹, 계림장 등을 습격했다. 그러나 흑우연맹을 습격한 이들은 잠복중이던 한하연의 반격으로 목적을 이루지 못했다.[46]

1928년 8월에는 흑우연맹원 한하연이 친일융화단체 대동협회를 습격했고, 1929년 5월 1일에 흑우연맹은 메이데이시위를 주도하고 동흥노동동맹과 공동으로 '흑기 아래 참가하라'는 책자를 인쇄 살포하면서 300명이 흑기를 앞세우고 시위하다가 다수가 체포되었다.

또한 국치기념 20주년 행사때에는 "백의노동자는 게으른 자도 못난 자도 아니다. 일본제국주의에 의해 빈털털이가 되도록 착취당한 것이다. 감옥에 초만원을 이룬 二萬이 넘는 정치범은 무엇을 말하는가"는 내용이 담긴 격문

---

46) 『한국아나키즘운동사』, 278~279면.

을 발표했다.[47]

　이와 같은 반제국주의적인 활동 외에 신간회나 재일노총에 대한 습격사건도 흑우연맹이 주체였다. 1928년 5월, 흑우연맹원인 원심창, 이혁이 재일노총 東京노동조합 습격사건으로 체포되었다.[48] 1928년 6월 7일에는 학우회가 좌우연합으로 춘계대운동회를 개최하고자 신간회 東京지회 사무실에서 협의하던 중 흑우연맹원(원심창, 김병운, 이시우, 하경상, 한하연, 양상기, 최복선)이 습격하여 흑우연맹원 權尙瑾이 사망하고 신간회측의 柳元祐, 金基石 등 5명이 중경상을 입는 사건이 일어났다.[49] 이 사건으로 원심창(元勳) 등 7명이 체포되어 원심창, 최복선, 한하연, 白炳蓮, 丁鎭模, 丁贊鎭 등이 예심에 회부되었다. 흑우연맹측이 학우회를 습격한 이유는 당시 본국에서 일어난 早災구호에 관심없이 운동회개최에 열중하는 비민족적 자세에 대해 반성을 촉구하고자 한 것이다. 이들에 대한 공판은 9월 8일, 10일, 13일, 12월 1일 등 4회에 걸쳐 열렸는데, 검거자 가운데 河銀波는 12월 31일 옥중에서 병사하고, 나머지 관련자들은 1929년 4월 19일에 보석으로 출옥했다.[50] 1929년 7월 하은파에 대한 추도회가 열렸는데, 이 자리에서 다시 17명의 동지가 검속되기도 하였다.[51]

　또한 1929년 2월 9일에는 토쿄 鞠町區 소재 공사장에서 작업중이던 조선인 노동자 200여명과 흑색청년연맹원 20여명 사이에 충돌이 일어나 수십명의 중상자가 발생했고[52], 3월 23일에는 토쿄시내 本所區 거리에서 아나키즘 노동단체원과 재일노총원 사이에 충돌이 일어나 재일노총회원 朴萬益과 朴踏波가 중상을 입는 사건이 발생했다.[53] 이러한 대결양상은 단지 운동가들 사

---

47) 『한국아나키즘운동사』, 281면.
48) 『한국아나키즘운동사』, 280면 ; 『朝鮮民族獨立運動秘史』, 287면.
49) 『조선일보』 1929년 6월 9일자 「재동경동포간 주의충돌로 유혈참극」; 『중외일보』 1929년 6월 9일자 「동경신간회에 6명살상의 참변」.
50) 중외일보에는 사망자가 하은파가 아닌 白炳蓮으로 기재되어 있다. 『중외일보』 1930년 5월 6일자 「東京흑우회사건」.
51) 『한국아나키즘운동사』, 280면 ; 『朝鮮民族獨立運動秘史』, 287면.
52) 『조선일보』 1929년 2월 19일자 「이백여노동자와 흑색연맹원난투」.
53) 『조선일보』 1929년 4월 1일자 「무정계경노조원과 노총계조원충돌」.

이에서 끝나는 것이 아니라 노동자대중에게까지 확산되어 있었다.

아나키즘단체가 사회주의운동단체의 활동을 방해하는 것은 이전에도 볼 수 있는 양상이었다. 1926년 3월, 토쿄에서 일월회 주체로 열린 강연회에 흑우회원들이 참석하여 강연회 진행을 방해했고,[54] 신간회 일본지회 결성대회에 참석해 회의 진행을 방해하는 일도 있었다. 흑우회를 비롯해 흑풍회나 흑우연맹 등 아나키즘단체들은 민족해방운동을 제외하고는 사회주의를 공동의 적으로 설정하고 있었던 것이다.[55]

아나키즘과 사회주의의 대립은 조선인운동세력의 파벌 양상의 하나가 아니라 이론체계의 차이에 기인하는 일반적인 양상이다.[56] 아나키즘은 혁명방법에 따라 단계별 차이는 있으나 근본적인 이론에서는 통치적 권력행사를 수단으로 사회변혁을 규제하려는 사상에 기초한 모두의 제도와 정당을 반혁명적인 것으로 간주하기 때문에 사회주의가 지향하는 프로레타리아독재체제의 국가도 공격의 대상이 되는 것이다.[57]

4) 재일조선인 아나키즘운동의 지역적 특성

오사카지역(내용 생략)[58]

---

54) 『朝鮮民族獨立運動秘史』, 286면.
55) 박상희가 흑풍회를 방문했을 때, 내부에는 '자본가와 동일한 적인 공산당일파를 배격하자. 직업적 운동자를 放逐하고 정치운동자를 매장하자. 중앙집권주의를 배척하고 자유연합주의를 고창하자. 피정복자의 해방은 그 자신의 힘으로써 하자'는 표어가 걸려 있었다. 朴尙禧, 「東京朝鮮人諸團體歷訪記」, 1927년, 135면.
56) 이러한 대립양상은 볼쉐비키혁명의 진원지인 러시아에서 부터 시작되었다. 1917년 볼린은 볼쉐비키와 아나키스트의 관계에 대해 다음과 같이 보고했다. '권력을 잡은 볼쉐비키는 …… 억압적 방법 즉 폭력이라는 방법을 사용해 아나키스트와 아나르코 산디칼리스트의 사상과 운동에 도전했다'. 볼린, 하기락역, 『1917 - 러시아혁명의 교훈』, 세음사, 1973년, 12면.
57) 『한국아나키즘운동사』, 21면.
58) 본고 제4장 4절 참조.

5) 맺음말

본고는 일본지역의 조선인 아나키즘운동단체 활동내용의 변천과 지역적
인 특성을 통해 1920년대 아나키즘운동의 성격을 규명하고자 한 글이다. 이
러한 작업은 식민지시대 조선인이 전개한 사회운동과 민족운동사에서 아나
키즘운동이 차지하는 위치 및 타 운동과의 관계설정에서도 매우 필요한 작
업이라고 생각한다. 식민지시대에 조선인들의 아나키즘운동은 국내와 일본,
중국 등 조선인이 거주하는 지역에 따라 각기 다른 양상을 보이고 있다. 따
라서 이러한 지역적인 특성이 종합적으로 고찰될 때, 비로소 식민지시대 조
선인 아나키즘운동사가 완성될 수 있을 것이다.

1921년 흑도회가 결성되면서 시작된 일본지역 아나키즘운동의 역사는 흑
우회, 불령사, 흑색운동사 등으로 이어지면서 1920년대 후반에는 흑우연맹이
운동을 주도했다. 또한 일본지역에 거주하는 조선인노동자를 위한 노동조합
운동도 동흥노동동맹(1926년), 조선자유노동조합, 조선인신문배달조합(1927
년), 극동자유노동조합(1929년 1월) 등을 중심으로 전개되었다. 토쿄에 결성
된 아나키즘계열의 조선인노동조합은 노동자의 이익을 우선시하는 정책으
로 인하여 1920년대 후반에는 재일본조선노동총동맹 토쿄지부보다 더 많은
조합원을 거느릴 정도로 활발한 활동상을 보였다. 이러한 번성은 재일본조
선노동총동맹의 운동방향에도 일정한 영향을 미쳤다. 즉 아나키즘계 노동조
합의 활동에 자극받아 민족운동을 우선시하는 재일본조선노동총동맹의 운
동방향이 더 이상 조선인노동자의 호응을 얻지 못할 정도에 이르렀음을 반
성하고 민족운동과 아울러 일상투쟁을 동시에 전개하는 방향으로 선회하는
계기를 마련하는데 일정한 영향을 미쳤던 것이다.[59]

일본지역 조선인아나키즘운동의 특성은 국내에서 일어난 아나키즘운동과
의 차이점을 의미하기도 한다. 이 지역의 아나키즘운동은 민족운동을 우선
시하던 일본지역 조선인운동사의 성격과 큰 관련을 맺고 있었다. 반일민족

---

59) 이에 대해서는 堀 內稔, 앞의 논문과 졸고, 「1910~1920년대 東京한인노동단체」,
『한국근현대사연구』1, 1994년 참조.

투쟁에서 보여주는 아나키즘운동단체의 모습이 첫 번째 특성이다. 일본지역 재일조선인운동사의 주류를 점하던 볼셰비키단체와 아나키즘단체는 성격상 결코 함께할 수 있는 단체가 아니었고, 충돌도 적지 않았다. 그러나 조선인노동자의 탄압이나 상애회 박멸은 물론이고 주요한 반일투쟁의 현장에는 연대투쟁으로 운동의 성과를 높이곤 했던 것이다.

두 번째 특징은 조선인노동자의 일상투쟁 전개이다. 이 점도 역시 국내운동에서 찾아보기 어려운 점이다. 이러한 성격이 일본지역에서 조선인아나키즘운동의 생명력을 강화시키는데 기여를 한 점 가운데 한가지라고 생각된다. 즉 일본지역에서 일본인 아나키스트의 영향과 일본의 아나키즘운동의 조류 가운데 배태하였으나 민족적 특징을 간과하지 않고 운동의 방향을 주체적으로 설정한 것이다.

또한 지역사례로서 오사카의 경우도 두 가지 특징을 갖는다. 첫째는 아나키즘운동단체들의 성격이 분명하게 드러나지 않았고, 그 결과 볼셰비키단체와의 충돌도 그다지 많지 않았다는 점이고 둘째는 활동의 내용이 거주조선인의 당면문제 해결을 중심으로 이루어지고 있었다는 점이다.

이상의 내용을 통해 일본지역 재일조선인아나키즘운동사 연구는 아나키즘이론의 적용 확대라는 점에 국한해서 이해할 것이 아니라 운동의 지역적 특성을 명확히 규명해내는 작업이 계속 요구된다는 점을 알 수 있다. 아나키즘은 맑시즘을 비롯한 각종 이론이나 사조와 마찬가지로 국내에서 배태된 이론이 아니다. 따라서 이론 자체에 대한 규명작업[60]과 아울러 당시대를 살았던 조선인들이 어떻게 이 이론을 받아들였고, 자기화해나갔는가 하는 점을 밝히는 것은 식민지시대를 연구하는 연구자의 가장 큰 연구방향이라고 생각한다.

---

60) 이에 대해서는 오장환의 선행연구가 다수 발표되어 있다.

참고문헌

〈문서 자료〉

姜德相・梶村秀樹 編, 『現代史資料 - 朝鮮』, (東京, みすず書房, 1970).

慶北警察部, 『高等警察要史』, (慶北警察部, 1932).

京城地方法院 檢事局, 「第3次朝鮮共産黨・高麗共産靑年會事件檢擧」(문서번호055)
          1928년, 고려대 아세아문제연구소, MF자료 R8, 0074.

고순흠, 「조선노동공제회 창업의 동기와 전말」(연도미상)

久間健一, 『朝鮮農政の課題』, (成美堂, 1943).

국사편찬위원회, 『일제침략하 한국36년사』, (탐구당, 1976).

김봉우 편, 『일제하사회운동사자료집』, (한울, 1989).

김인덕 편, 『식민지시대 민족운동사자료집 - 일본지역』전7권, (국학자료원, 1997).

金正明 編, 『朝鮮獨立運動』, (東京, 原書房, 1967).

金正柱 編, 『朝鮮統治史料』, (東京, 宗高書房, 1970).

김준엽・김창순 편, 『한국공산주의운동사(자료편)』, (고려대학교 아세아문제연구소,
          1980).

內閣統計局, 『日本帝國統計年鑑』, (東京, 해당연도).

內務省 警保局, 『出版警察報』1號, (東京, 1928).

內務省 警保局, 『特高月報』, (東京, 해당연도).

內務省 社會局勞働部, 『昭和5年勞働運動年報』, (東京, 1930).

內務省 社會局勞働部, 『昭和5年勞働爭議調整年報』, (東京, 1930).

勞働運動史料委員會, 『日本勞働運動史料』10卷, (東京, 1959).

大原社會問題研究所, 『日本勞働年鑑 1920~1940』, (東京, 1920).

大阪府, 『大阪府內鮮融和事業調査會議決事項』, (大阪, 1935).

大阪府, 『大阪府治要覽』, (大阪, 1919).

大阪府, 『大阪府統計書』, (大阪, 1912).

大阪府,『在住朝鮮人の數的槪觀』, (大阪, 1928).

大阪府,『朝鮮人累計調査表』, (大阪, 1928).

大阪社會運動協會,『大阪社會勞働運動史』1・2, (大阪, 1986).

大阪市 社會課,『ガラス(硝子)製造從業者の勞働と生活』(『勞働調査報告33號』), (大阪, 1925).

大阪市 社會課,『改良住宅における居住者の狀況』, (大阪, 1937).

大阪市 社會課,『大阪市を中心とする勞働組合運動』(勞働調査報告32號), (大阪, 1924).

大阪市 社會課,『大阪市勞働年報 上・下』, (大阪, 1925~6).

大阪市 社會課,『本市における不良住宅地區調査』, (大阪, 1939).

大阪市 社會課,『本市における朝鮮人の生計』, (大阪, 1931).

大阪市 社會課,『最近勞働爭議顚末(1)』, (京都, 弘文館, 1923).

大阪市 社會課,『最近勞働爭議顚末(2)』, (京都, 弘文館, 1924).

大阪市 社會課,『鶴橋中本方面における居住者の生活狀況』, (大阪, 1928).

大阪市 社會部,『バラツク居住朝鮮人の勞働と生活』(社會部報告 51호), (大阪, 1927).

大阪市 社會部,『大阪市における失業統計調査』, (大阪, 1926).

大阪市 社會部,『大阪市勞働年報』2, (大阪, 1927).

大阪市 社會部,『大阪市勞働月報』104號(1929.12月號), (大阪, 1929).

大阪市 社會部,『大阪市勞働月報』106號(1930.2月號), (大阪, 1930).

大阪市 社會部,『大阪市勞働月報』109號(1930.5月號), (大阪, 1930).

大阪市 社會部,『大阪市勞働月報』79~82號(1927.11~1928.3月號), (大阪, 1927).

大阪市 社會部,『大阪市勞働月報』85~93號(1928.5~1929.1月號), (大阪, 1928).

大阪市 社會部,『大阪市勞働月報』96~105號(1929.4~1930.1月號), (大阪, 1929).

大阪市 社會部,『本市における失業者の分布狀態』, (大阪, 1926).

大阪市 社會部勞働課,『大阪市失業者生活狀態調査』, (大阪, 1933).

大阪市 社會部調査課,『勞働月報』, (大阪, 1926).

大阪市 社會部調査課,『大阪市住宅年報』, (大阪, 1927).

大阪市 社會部調査課,『住宅問題と借家爭議』, (大阪, 1927).

大阪市 社會事業聯盟,『大阪社會事業年報』, (大阪, 1931).

大阪市 地方職業紹介所事務局,『筑豊炭山勞働事情』, (大阪, 1926).

大阪市,『日傭勞働者問題』, (大阪, 1924).

大阪市・神戶市,『經濟編覽』, (大阪, 株式會社 商業興信所藏版, 1933).

大阪市役所 社會部調査課,『勞働調査報告』1~3輯, (大阪, 1919).

大阪市役所 社會部調査課,『勞働調査報告』11輯, (大阪, 1921).

大阪市役所,『10周年紀念大阪市域擴張史』, (大阪, 1935).

大阪市役所,『昭和大阪市史』, (大阪, 1931).

독립운동사편찬위원회,『독립운동사자료집 별집3 - 재일본조선인민족운동자료집』,
        (편찬위원회, 1985).

明石博隆 外 ,『昭和特高彈壓史 6 - 8』, (東京, 太平出版社, 1976).

朴慶植 編,『在日朝鮮人關係資料集成』全5卷, (東京, 三一書房, 1975).

朴慶植 編,『朝鮮研究資料叢書』全11卷, (東京, アジア問題研究所, 1981).

박망,「항일반공사회운동약력」(자필 이력서. 1963년 10월 작성).

法務研修所,『在日朝鮮人處遇の推移と現狀』, (東京, 胡北社, 1975).

社會問題研究所,『勞働問題研究特別資料 第1集 - 最近の勞働爭議 上』, (東京, 1931).

山邊健太郎 編,『社會主義運動』6, (東京, みすず書房, 1965).

山田雄三,『日本國民所得推計資料』, (東京, 東洋經濟申報社, 1957).

善生永助,『朝鮮の災害』, (東京, 1928).

소안항일운동사사료편찬위원회,『소안항일운동사자료집』, (편찬위원회, 1990).

矢內原忠雄,『植民及植民政策』, (東京, 有斐閣, 1926).

矢野恒太,『日本國勢圖會』, (東京, 1927).

矢野恒太・白崎享一,『日本國勢圖會』, (東京, 1931).

愛知縣,『鮮人問題』(『在日朝鮮人史研究』11 所收), (東京, 1925).

野田律太,『評議會鬪爭史』, (東京, 1931).

鈴木文治,『勞働運動20年』, (東京, 1931).

이여성・김세용 편,『수자조선연구』, (세광사, 1931).

이월송,『회고록』(연도 미상)

日本公安調査廳,『在日本朝鮮人の概況』, (東京, 巖南堂書店, 1953).

林 えいだい 編,『戰時外國人强制連行關係史資料集』, (東京, 明石書店, 1990).

全國經濟調査機關聯合會,『朝鮮經濟年報』, 1939.

제주도지편찬위원회,『제주도지』, (편찬위원회, 1986).

朝鮮殖産銀行 調査部,『殖産調査月報』, 1941.

朝鮮總督府 警務局,『警務彙報』, 해당연도.

朝鮮總督府 警務局,『高等警察報』, 1934.

朝鮮總督府 警務局,『秘高等警察報』1~5, 1938.

朝鮮總督府 警務局,『朝鮮警察之概要』, 1935.

朝鮮總督府 警務局,『最近における朝鮮治安狀況』, 1934.

朝鮮總督府 農林局,『昭和4年朝鮮の小作慣行』, 1929.

朝鮮總督府 農林局,『朝鮮米穀總攬』, 1937.

朝鮮總督府 社會課,「府及指定面失業狀況調査」,『新民』58, 1930.

朝鮮總督府 財務局,「農家經濟狀況調査書」,『金融と經濟』6號, 附錄, 1918.

村田陽一 編,『コミンテルン資料集』4, (東京, 大月書店, 1981).

統監府,『統監法規提要』, 統監府 印刷局, 1910.

樋口雄一 編,『協和會關係資料集』, (東京, 社會評論社, 1991).

편집부,『일제하조선관계신문자료집성』, (영진문화사, 1990).

편집부,『朝鮮共産黨關係雜件』3, (영인본, 고려서림, 1990).

坪井豊吉 編,『在日同胞の動キ』, (東京, 自由生活社, 1975).

한국역사연구회,『일제하 사회운동사자료총서』, (고려서림, 1992).

한국정신문화연구원 현대사연구소,『현대사자료총서 제4집 - 遲耘 金錣洙』, (1999
　　　년).

厚生省保健局指導課,『在日朝鮮人について同化政策の協和事業』, (東京, 1943).

「東亞通航組合第3會定期大會議案草案」(『在日朝鮮人史研究』7 所收), (東京, 1932).

「濟州島における東亞通航組合員の暴行事件」,『大邱覆審法院判決要旨』(『在日朝鮮人
　　　史研究』11 所收), (東京, 1932).

「朝鮮人の日本共産黨擴大强化の行爲」,『大阪控訴院判決』(『在日朝鮮人史研究』11),
　　　(東京, 1932).

「特別要視察人 狀勢一般」,『續現代史資料(社會主義沿革1)』第1卷, (東京, みすず書房,
　　　1984).

『樞密院會議議事錄』, (東京, 東京大 出版部, 1984).

『現代日本朝鮮關係史資料集』1,2, (영인본 : 고려서림, 1990).

『동아일보』;『조선일보』;『시대일보』;『중앙일보』;『조선중앙일보』;『제민일보』

『勞働農民新聞』;『無産者新聞』;『赤旗』;『學之光』;『勞働運動通信』;『社會運動通
　　　信』

『勞働者新聞』;『大阪每日新聞』;『大阪朝日新聞』

〈구술 자료〉

김철수 육성녹음테입(김소중본, 정진석본)

인터뷰 (조병두, 1997년 8월 7일, 강원도 평창)(김진택, 1996년 8월 18일 전남 소완도)
　　　(김봉옥, 1997년 9월 12일, 제주도 제주시)(김진주, 1997년 9월 13일, 제주도
　　　북제주군) (신기성, 1997년 9월 13일, 제주도 북제주군) (양영후, 1997년 10월

5일 일본 오사카시)

〈팜플렛〉

在日勞總常任執行委員會, 「産業別整理에 關한 方針 産業別委員會構成에 關한 指令」 재일노총 지령 제7호, 1928年 7月 11日字, 早稻田大學 MF資料 2763.

在日本朝鮮勞働總同盟 東京朝鮮勞働組合 本所支部, 「創立大會報告及議案」, 1929年 6月 6日字, 早稻田大學 MF 資料 3139.

全協朝鮮人委員會 大阪산업별재조직위원회, 「スパイ社會投機者金文準一派の正體」, 1930. 1. 18日字.

全協朝鮮人委員會, 「スパイ社會投機者金文準等の策動について檄する」, 1930. 1. 18日字.

全協朝鮮人委員會, 「조몽구, 심춘경, 현호건, 김용해의 정선해서 뽑은 김문준의 부하들」, 1930. 2月.

조선청년총동맹 在日本朝鮮青年總同盟 大阪支部, 「혁명기념일을 15분간 스트라이크로」, 早稻田大學 MF 資料 3384.

「간도공산당공판은 임박했다. 전조선노동자농민은 전투전위의 학살정책을 분쇄하기 위해 전민족대중투쟁을 일으키자」 早稻田大學 MF 資料 2846.

「關東진재당시 학살동포추도기념에 즈음하여 조합원에 檄한다」, 早稻田大學 MF 資料 2833.

「국치기념일에 즈음하여 전조선 이천삼백만 동포는 일제히 무장하고 일대폭동을 일으키자」, 早稻田大學 MF 資料 2829.

「再ひ聲明する」 1930年 2月 28日字(日本 法政大學 大原社會問題研究所 所藏).

「파업전위대의 조직에 관한 지령」, 早稻田大學 MF 資料 3020 ; 3021 ; 3107.

「朝鮮青年總同盟 在日本朝鮮青年總同盟 大阪支部 浦江班班報」第1號, 1928年 8月 2日字, 早稻田 大學 MF 資料 2773.

「朝鮮青年總同盟 在日本朝鮮青年總同盟 大阪支部 浦江班班報」第1號, 1928年 8月 2日字, 早稻田大學 MF 資料 2773.

「職業的運動錯亂者 張泰遠 張星 分派病者 金敬中等等 三人を除名するに際し顛末を戰鬪的勞働者諸君に聲明する」(1930. 2. 27. 일본 法政大學 大原社會問題研究所 所藏).

『青年朝鮮』1928年 7月 31日字, 早稻田大學 MF 資料 2754, 1928.

『青年朝鮮』1928年 7月 7日字, 早稻田大學 MF 資料 2752, 1928.

『靑年朝鮮』 1928年 8月 30日字, 早稻田大學 MF 資料 2848, 1928.

〈식민지 시대 발간 논문 및 성명서〉

樋田一二, 「濟州島人の內地出稼に就て」, 『大塚地理學會論文集』5, (東京, 1935).

高津正道, 「朝鮮無産階級の團體及在日朝鮮團體」, 『解放』5月號, (東京, 1926).

關一, 「失業救濟事業」, 『社會政策時報』1932年 11月號.(關, 『都市政策の理論と實際』, 東京, 1936. 所收)

吉野作造, 「朝鮮人の社會運動について」, 『中央公論』5月號, (東京, 1923).

金斗鎔, 「在日本朝鮮勞働運動は如何に展開すべきか」(金正明, 『朝鮮獨立運動』5, 附錄 所收, 1927).

金若水, 「日本における協同戰線と民族」, 『進め』2月號, (東京, 1923).

金重政, 「在日本朝鮮勞働者の現狀」, 『中央公論』46~522. 7月號, (東京, 1931).

金鐙洙, 「노동자에 관하야」, 『學之光』10, (東京, 1916).

務實生, 「기업론」, 『學之光』3, (東京, 1914).

武田行雄, 「內地在住半島人と協和事業」, 『朝鮮』 277號, 6月, 1938.

武田行雄, 「內地在住半島人問題」, 『社會政策時報』1939年 6月號. 東京.

朴尙禧, 「東京朝鮮人團體歷訪記」1927년, 『在日朝鮮人史硏究』5 所收, (東京, 1979).

朴XX生. 「典型的派閥主義者金文準の公開狀をアバク」, 『進め』7, (東京, 1930).

本山茂貞, 「現實主義を何故に彼等は正しく解釋し得ないか」, 『社會問題硏究』 10月 號, (東京, 1929).

山中幸二, 「在日本朝鮮人勞働者間における日本反帝同盟の活動」, 『プロレタリア科 學』, 9月號, (東京, 1931).

三木正一, 「在坂朝鮮人について」, 『大大阪』1929年 4月號. 大阪.

三木正一, 「在坂朝鮮人の住宅問題について」, 『大大阪』1930年 1月號. 大阪.

上山善治, 「都市を襲う失業問題」, 『大大阪』, 1929年 10月號. 大阪.

小岩井淨, 「勞農黨解消への 居步」, 『中央公論』1930年 10月號. 東京.

宋瑽瑀, 「어떤날 밤의 회합」, 『東光』26, 1931.

申熒波, 「日本における鮮人勞働運動」, 『勞働運動』3次 第10號, 1923年 10月號. 東京.

在日本朝鮮勞働總同盟關西地方協議會, 1929. 「在日本朝鮮勞働總同盟の當面問題に關 する意見書 - 産業別編成と日本勞働組合全國協議會加盟へ」(1929年 10月 29 日), 『日本社會運動通信』78號 1929年 11月 25日字. 東京.

朝鮮總督府 社會課, 「府及指定面失業狀況調査」, 『新民』58, 1930.

酒井利男,「朝鮮人勞働者問題(上・中・下)」,『社會事業研究』1931年 5~7月號. 東京.

靑木邦夫,「植民地及半植民地勞働運動とわが左翼勞働組合」,『勞働者』11・12月, (東京, 1927).

崔雲擧,「在日本朝鮮勞働運動の最近の發展」,『勞働者』2~9, 1927年 9月號. 東京.

崔援浩,「조선인의 생활과 산업조합의 필요」,『學之光』12, (東京, 1917).

崔 徹,「『勞總』解體鬪爭の當面する危險性について」,『進め』4月號, (東京, 1930).

太 虛,「放浪의 一片 - 韓人勞働者의 渡日經緯·背景 및 勞働者生活」,『동광』1926.5~12월호.

片山潛,「日本における朝鮮人勞働者」,『赤色勞働組合インタ-ナショナル』, 1924年 6月號, (東京, 1924).

布施辰治,「朝鮮, 臺灣の借家人運動に就て」,『法律戰線』9~1, (東京, 1930).

「1931年における失業者運動の發展」,『産業勞働時報』1932年 1月號. 東京.

「'內紛淸算'を期し第二回大會決定す」,『日本勞働通信』69號, 1928年 4月 24日字. 東京.

「'內紛淸算'を期し第二回大會決定す」, 勞働問題研究會 通信部,『日本勞働通信』69號, 1928年 4月 24日字. 東京.

「スパイ投機主義者金文準等の策動について」,『日本社會運動通信』90號, 1930年 1月 22日字, 東京.

「幹部派の非難はあたらめ金光氏再び聲明す」,『日本勞働通信』61號, 1928年 4月 14日字, 東京.

「關西特派員の '朝鮮靑年同盟大會' 再發表」,『日本勞働通信』48號, 1928年 3月 29日字, 東京.

「大大阪新開地 憧憬」,『大大阪』1932年 7月號. 大阪.

「大阪朝鮮勞働組合 內紛淸算さる」,『日本勞働通信』115號, 1928年 6月 16日字, 東京.

「大阪朝鮮勞働組合の敎化運動」,『日本勞働通信』147號, 1928年 7月 24日字, 東京.

「大阪朝鮮勞働組合內紛激化 果して右翼系が多數を占めるか」,『日本勞働通信』38號, 1928年 3月 16日字, 東京.

「大阪朝鮮勞働組合大會遂に混亂し議事未了のまま閉會」,『日本勞働通信』68號, 1928年 4月 22日字, 東京.

「大阪朝鮮勞働組合本部 擴大委員會續會」,『日本勞働通信』55號, 1928年 4月 7日字, 東京.

「大阪朝鮮勞働組合本部の紛糾と暴力沙汰」,『日本勞働通信』54號, 1928年 3月 29日字, 東京.

「東大阪借家人同交會は合同により解體」,『日本勞働通信』130號, 1928年 7月 4日字, 東京.

「東大阪借家人組合の結成」,『日本社會運動通信』49號, 1929年 5月 6日字, 東京.

「東成借家爭議解決」,『日本勞働通信』130號, 1928年 7月 4日字, 東京.

「東成借爭議家主の謝罪にて解決」,『日本社會運動通信』9號, 1928年 7月 13日字, 東京.

「反幹部派の勝利に期し內紛問題遂に淸算さる」,『日本勞働通信』75號, 1928年 5月 1日字, 東京.

「鮮人勞働者の敎化運動」,『日本勞働通信』32號, 1928年 3月 9日字, 東京.

「日本勞働協議會 朝鮮人委員會」,『日本社會運動通信』131號, 1930年 3月 12日字, 東京.

「日鮮の勞働階級團結せよ」,『前衛』1923年 1月號, 東京.

「在日本朝鮮勞働總同盟 大阪朝鮮勞働組合 第三回大會」,『日本社會運動通信』48號, 1929年 4月 29日字, 東京.

「在日本朝鮮勞働總同盟 第四回全國大會會錄」,『日本社會運動通信』2號, 1928年 5月 24日字, 東京.

「在日本朝鮮勞働總同盟反對派の策動に備ふ」,『日本社會運動通信』90號, 1930年 1月 22日字, 東京.

「戰鬪的議案を提出して在日本朝鮮勞働總同盟 第四回大會決定す」,『日本勞働通信』83號, 1928年 5月 10日字, 東京.

「全協朝鮮人委員會 「產再組織地區委員會に關する指令」,『日本社會運動通信』167號, 1930年 4月 28日字, 東京.

「全協朝鮮人委員會 新運動方針に關する指令」,『日本社會運動通信』129號, 1930年 3月 9日字, 東京.

「全協朝鮮人委員會に對する金文準氏聲明」,『日本社會運動通信』132號, 1930年 3月 13日字, 東京.

「朝鮮共產黨 日本部」,『日本社會運動通信』55, 1929年 6月 17日字, 東京.

「朝鮮勞總が產業別 再組織鬪爭週間を敢行」,『日本社會運動通信』91號, 1930年 1月 23日字, 東京.

「總本部の反對にあひ創立大會が有耶無耶」,『日本勞働通信』44號, 1928年 3月 24日字, 東京.

〈단행본〉

강덕상 정진성 외 공저,『근・현대한일관계와 재일동포』, (서울대학교출판부, 1999).

강만길, 성대경 편,『한국사회주의운동인명사전』, (창작과 비평사, 1996).

姜徹,『在日朝鮮人史年表』, (東京, 雄山閣, 1983).

犬丸義一,『日本共産黨の創立』, (東京, 靑木書店, 1982).

高鮮徹,『在日濟州道出身者の生活過程』, (東京, 新幹社, 1996).

고승제,『한국이민사연구』, (장문각, 1973).

高峻石,『越境』, (東京, 社會評論社, 1977).

高峻石,『在日朝鮮人革命運動史』, (東京, 鈗植書房, 1985).

김경일,『일제하 노동운동사』, (창작과 비평사, 1992).

김대상,『일제하 강제인력수탈사』, (정음사, 1975).

金斗鎔,『日本における反朝鮮民族運動史研究』, (東京, 鄕土書房, 1947).

김민영,『일제의 조선인노동력 수탈연구』, (한울, 1995).

金相泰,『被抑壓者の手記』, (東京, 新地坪社. 1971).

김상현,『재일조선인』, (단곡학술연구원, 1969).

김영준 편역,『적색노동조합인터내셔널의 역사』, (돌베개, 1988).

김윤식,『염상섭 연구』, (서울대 출판부, 1989).

김윤환,『한국노동운동사』1, (청사, 1981).

김인덕,『재일조선인민족해방운동연구』, (국학자료원, 1996).

김종균,『염상섭』, (동아일보사, 1995).

金鍾在 述, 王城素編,『在日韓國人一代』, (東京, 圖書出版社, 1978).

김준엽, 김창순,『한국공산주의운동사』전5권, (청계연구소, 1986).

김중렬,『항일노동투쟁사』, (집현사, 1978).

金贊汀,『關釜聯絡船』, (東京, 朝日新聞社, 1988).

金贊汀,『雨の慟哭 - 在日朝鮮人土工の生活史』, (東京, 畑烟書店, 1979).

金贊汀,『朝鮮人女工の歌 - 1930年 岸和田 紡績』, (東京, 岩波書店, 1980).

金贊汀,『火の慟哭』, (東京, 畑烟書店, 1980).

金贊汀. 方善姬,『風の慟哭 - 在日朝鮮人女工の生活と歷史』, (東京, 畑烟書店, 1976).

金 澈,『韓國の人口と經濟』, (東京, 岩波書店, 1965).

金泰燁,『抗日朝鮮人の證言』, (東京, 不二出版, 1984).

나경석,『公民文集』, (정우사, 1980).

內海義夫, 백원담 역,『노동시간을 중심으로 본 세계노동운동약사』, (화다, 1984).

勞働者 ル - ポ集團,『日本人がみた在日朝鮮人』, (東京, 1959).

노영택,『일제하 민중교육운동사』, (탐구당, 1979).

大原社會問題硏究所,『太平洋戰爭下の勞働者狀態』, (東京, 東洋經濟新報社, 1964).

大原社會問題研究所,『太平洋戰爭下の勞働運動』, (東京, 1968).
大阪地方勞運史年表委員會,『大阪地方勞働運動史年表』, (大阪, 編纂委員會, 1957).
던컨 헬러스, 오현수 옮김,『우리가 알아야 할 코민테른 역사』, (책갈피, 1994).
渡邊政之輔,『左翼勞働組合の組織と政策』, (東京, 而立, 1972).
渡部徹,『日本勞働組合運動史』, (東京, 靑木書店, 1954).
무정부주의운동사편찬위원회,『한국아나키즘운동사』, (형설출판사, 1978).
미첼, 김윤식 역,『일제의 사상통제』, (일지사, 1982).
朴庚來 . 渡邊博史,『在日韓國人社會の綜合調査硏究』, (東京, 民族文化硏究會, 1963).
朴慶植,『日本帝國主義の朝鮮支配』上卷, (東京, 靑木書店, 1973).
朴慶植,『在日朝鮮人 - 私の靑春』, (東京, 三一書房, 1981).
朴慶植,『在日朝鮮人運動史 - 8.15 解放前』, (東京, 三一書房, 1979).
朴慶植,『朝鮮人强制連行の記錄』, (東京, 未來社, 1965).
朴慶植,『天皇制國家と在日朝鮮人』, (東京, 社會評論社, 1976).
朴在一,『在日朝鮮人に關する綜合調査硏究』, (東京, 新紀元, 1957).
박찬승,『한국근대정치사상사연구』, (역사비평사, 1992).
山邊健太郞,『日本統治下の朝鮮』, (東京, 岩波書店, 1976).
山脇啓造,『近代日本と外國人勞働者』, (東京, 明石書店, 1994).
山脇啓造 · 金英達,『韓國倂合前の在日朝鮮人』, (東京, 明石書店, 1995).
森末義彰 外,『生活史』3, (東京, 山川出版社, 1969).
杉原薰,『大正/大阪/スラム』, (東京, 新評論, 1986).
石坂浩一,『近代日本の社會主義と朝鮮』, (東京, 社會評論社, 1993).
선우기성,『한국청년운동사』, (금문사, 1973).
成允植,『朝鮮人部落』, (東京, 三一書房, 1973).
細井和喜藏,『女工哀史』, (東京, 岩波書店, 1925).
篠崎平治,『在日朝鮮人運動』, (東京, 令文社, 1955).
小林末夫,『在日朝鮮人勞働者と水平運動』, (東京, 部落問題硏究所, 1974).
小山弘健,『續日本社會運動史硏究史論 - その文獻と硏究の現狀1957 ～1976』, (東京,
　　　　新泉社, 1979).
小森惠『社會運動.思想關係資料案內』, (東京, 三一書房, 1986).
小澤有作,『近代民衆の記錄: 在日朝鮮人』, (東京, 新人物往來社, 1978).
손인수,『한국교육사』2, (문음사, 1987).
安部磯雄,『失業問題』, (東京, 日本評論社, 1929).
岩村登志夫,『在日朝鮮人と日本勞働者階級』, (東京, 校倉書房, 1972).

梁永厚,『戰後·大阪の朝鮮人運動 1945~1965』, (東京, 未來社, 1994).

梁泰鎬 編,『朝鮮人强制連行論文集成』, (東京, 明石書店, 1993).

鹽田庄兵衛,『日本社會運動人名辭典』, (東京, 靑木書店, 1979).

鹽田庄兵衛, 우철민역,『일본노동운동사』, (동녘, 1985).

奧平康弘,『治安維持法小史』, (東京, 筑摩書房, 1977).

尹健次, 하종문·이애숙 옮김,『일본 - 그 국가, 민족, 국민』, (일월서각, 1997).

이광규,『재일조선인』, (일조각, 1983).

이구홍,『한국이민사』, (중앙신서, 1979).

이기하,『한국공산주의운동사』, (국토통일원 조사연구실, 1976).

李兪煥,『在日朝鮮人五十年史』, (東京, 新樹物産株式會社出版部, 1960).

日本歷史研究所,『日朝中三國人民の連帶の歷史と理論』, (東京, ダイヤモンド社, 1964).

林. えいだい,『强制連行, 强制勞働:筑豊朝鮮人坑夫の記錄』: (번역,『조선인노동강제수탈사』, 비봉출판사, 1981).

임영태,『식민지시대 한국사회와 운동』, (사계절, 1985).

張錠壽,『在日60年 - 自立と抵抗』, (東京, 社會評論社, 1989).

田所輝明,『社會運動辭典』, (東京, 白楊社, 1928).

전준,『조총련연구』, (고려대아세아연구소, 1972).

전진한,『자유협동주의』, (국회타임즈사, 1959).

鄭哲,『在日韓國人の民族運動』, (東京, 洋洋社, 1970).

조동걸,『일제하 한국농민운동사』, (한길사, 1979).

中川 淸,『日本の都市下層』, (東京, 勁草書房, 1985).

최영호,『재일조선인과 조국광복』, (글모인, 1995).

樋口雄一,『協和會』, (東京, 社會評論社, 1986).

편집부,『어느 여공의 노래』, (인간사, 1983).

편집부,『日本歷史 - 現代篇 -』19, (東京, 岩波書店, 1963).

편집부,『한국현대사』5, (신구문화사, 1980).

坪江汕二,『朝鮮民族獨立運動秘史』, (東京, 日刊勞動通信社, 1959).

坪井豊吉,『在日朝鮮人運動の概況』, (東京, 法務研修所, 1958).

布施辰治, 張祥重, 鄭泰成,『運命の勝利者朴烈』, (東京, 世紀書房, 1946).

폴 애브리치,『러시아 아나키스트 1905』, (예문, 1989).

河明生,『韓人日本移民社會經濟史』, (東京, 明石書店, 1997).

한국교육사연구회,『한국교육사』, (교육출판사, 1989).

한국정신문화연구원,『해외희생자유해현황조사보고서』, 1995.
한국정신문화연구원,『해외희생자유해현황조사보고서』, 1996.
解放運動犧牲者追悼會世話人會,『解放のいしずえ』, (東京, 1956).
현규환,『한국유이민사연구 하』, (대한교과서주식회사, 1976).
後藤靖, 이계황 역,『일본자본주의발달사』, (청아출판사, 1985).
Edward W. Wagner,『日本における朝鮮少數民族』, (東京, 胡北社, 1975).
R.H. Mitchell, 金容權역,『The Korean Minority in Japan 在日朝鮮人の歴史』, (東京, 彩流
　　　社, 1967).

〈논문〉

M. Ringerhofer,「相愛會」, (『在日朝鮮人史研究』9, 東京, 1981).
R. Dingkman,「日本とウィルソン的世界秩序」, (『近代日本の對外態度』, 東京大 出版
　　　部, 1974).
「川崎甚一氏談」, (『勞働運動史研究』1963年 5月號, 東京, 1963).
角木征一,「全協.失業者同盟下の朝鮮人運動」, (『在日朝鮮人史研究』9, 東京, 1981).
강훈덕,「일제하 농민운동의 일연구」, (경희대학교 사학과 박사학위논문, 1989).
고승제,「在日한국노동자 이민의 사회사적 분석」, (『학술원논문집 인문사회과학』,
　　　1973).
谷川巖,「日本反帝同盟の活動について」, (『勞働運動史研究』5月號, 東京, 1960).
谷合佳代子,「1930年代在大阪朝鮮人勞働者のたたかい」, (『在日朝鮮人史研究』15, 東
　　　京, 1985).
堀內 稔,「阪神消費組合について」, (『在日朝鮮人史研究』7, 東京, 1980).
　　　　,「在日朝鮮人アナ - キズム 勞働運動 (解放前)」, (『在日朝鮮人史研究』16, 東
　　　京, 1986).
　　　　, 宮本正男·原金五,「大阪の全協」, (『運動史研究』3, 東京, 1979).
金森襄作,「在日朝鮮勞總「大阪事件」に對して」, (『在日朝鮮人史研究』20, 東京, 1990)
金廣烈,「戰間期日本における定住朝鮮人の形成過程」, (一橋大學 博士學位論文, 東京,
　　　1997).
김명섭,「흑도회의 결성과 활동」, (『사학지』31, 1998).
김영근,「1920년대 노동자의 존재형태에 관한 연구」, (『한국사회사연구회논문집』12,
　　　1988).
金英達,「在日朝鮮人社會の形成と1899年勅令第352條に對して」, (『在日朝鮮人史研

究』21, 東京, 1991).

김의환, 「일제하 在日동포사회의 분석연구」, (『국사관논총』2, 1989).

김인덕, 「재일조선인 민족해방운동연구 - 1925~1931년시기 사회주의운동을 중심으로」, (성균관대학교 사학과 박사학위논문, 1995).

______, 「재일본조선노동총동맹활동에 대한 검토」, (『한국독립운동사연구』10, 1996).

______, 「1920년대 후반 재일제주인의 민족해방운동」, (『제주4·3연구』, 역사비평사, 1999).

金靜美, 「三重縣木本における朝鮮人襲擊虐殺について」, (『在日朝鮮人史研究』18, 東京, 1988).

김찬흡, 「애국지사 죽암 고순흠의 생애1‐2」, (『교육제주』57~58, 1986).

______, 「애국지사 죽암 고순흠의 생애4」, (『교육제주』60, 1987).

______, 「애국지사 죽암 고순흠의 생애7」, (『교육제주』63, 1988).

______, 「일제하 민족교육의 변천에 관한 연구」, (동국대학교 석사학위논문, 1984).

丹野せつ, 「共產主義靑年同盟創立當時の思い出」, (日本民主靑年同盟, 『物語靑年運動史』戰前編, 東京, 1967).

渡部徹, 「1930年代の日本共產黨」, (『大阪勞働運動史研究』5, 大阪, 1982).

藤野一, 「地域史に描寫された在日朝鮮人」, (『在日朝鮮人史研究』8, 東京, 1981).

馬埏薰, 「大阪における黨再建運動」, (『運動史研究』8, 東京, 1981).

木坂順一郎, 「治安維持法反對運動(上)」, (『日本史研究』117號, 東京, 1971).

武田行雄, 「半島勞働者內地渡航の必然的傾向」, (『中央公論』12, 東京, 1958).

梶村秀樹, 「1920~1930年代朝鮮農民渡日の背景」, (『在日朝鮮人史研究』6, 東京, 1980).

朴慶植, 「日本帝國主義下における在日朝鮮人運動」, (『朝鮮月報』4~8, 東京, 1957),

______, 「在日朝鮮勞總の活動」, 『海峽』7號(『在日朝鮮人』所收, 東京, 1978).

박성진, 「1910년대 일제의 지배논리에 대한 연구」, (『한국정신문화연구원 한국학대학원논문집』9, 1994).

박애림, 「조선노동공제회의 활동과 이념」, (연세대 석사학위논문, 1992).

박영석, 「日本제국주의하의 한국인 日本이동에 대하여」, (『건국대 인문과학논총』14, 1982).

박정의, 「日本 식민지시대의 在日한국인여공」, (『원광대 논문집』17, 1983).

福田廣一郎, 「大阪機械勞働組合と總同盟第1次分裂」, (『日本史研究』117號, 東京, 1971).

福井讓, 「'內地' 渡航管理政策 につりこ─1913~1917年を中心に」, 『在日朝鮮人史研究』29, 1999.

山田昭次, 「關東大地震期朝鮮人暴動流言をめぐる地方新聞と民衆」, (『在日朝鮮人史

　　　　研究』5, 東京, 1979).

山脇啓造, 「韓國倂合以前の日本における朝鮮人勞働者の移入問題」, (『在日朝鮮人史
　　　　研究』22, 東京, 1992).

三谷太一郎, 「大正데모크라시의 전개와 논리」, (『일본현대사의 구조』, 한길사, 1980).

三輪嘉男, 「在日朝鮮人集團地區の類型と立地特性」, (『在日朝鮮人史研究』11, 東京, 1983).

衫原達, 「在阪朝鮮人の渡航過程」, (『大正大阪スラム』, 東京, 1986).

西川洋, 「在日朝鮮人共産黨員·同調者の實態 - 警報局資料によつて1930年代前半期
　　　　の統計的分析」, 京都大學人文科學研究所, (『人文學報』50號, 京都, 1986).

서현주, 「1920년대 도일조선인 노동자계급의 형성」, (『한국학보』63, 1991).

손형부, 「식민지시대 송내호, 기호 형제의 민족해방운동」, (『국사관논총』40, 1992).

松本三益, 「大阪·沖繩の無産靑年同盟の活動」, (『物語靑年運動史』戰前編, 1967).

宋連玉, 「大阪における解放前の在日朝鮮人の生活」, (『在日朝鮮人史研究』13, 1984).

＿＿＿, 「大阪における在日朝鮮人の生活 - 1945年以前」, (『在日朝鮮人の歷史』, 1991
　　　　年度 枚方市市民講座記錄集, 枚方, 1991).

松永洋一, 「戰後 日本勞働運動史記述における在日朝鮮人勞働運動象」, (『在日朝鮮人
　　　　史研究』1, 東京, 1977).

松下孝昭, 「1920年代の借家爭議調停と都市地域社會」, (『日本史研究』299, 東京, 1987).

水野直樹, 「朝鮮總督府の內地渡航管理政策」, (『在日朝鮮人史研究』22, 東京, 1992).

辛基秀, 「在日朝鮮人運動と日本勞働者階級」, (『勞働運動史研究』13, 東京, 1984).

＿＿＿, 「형평사와 수평사의 교류」, (『형평운동의 재인식』, 솔, 1993).

新藤東洋男, 「朝鮮國勞働者の强制連行計劃」, (『歷史評論』1966年 3月號, 東京, 1966).

阿部洋, 「舊韓末の日本留學(1)」, (『韓』3～5, 東京, 1974).

野村明美, 「朝鮮勞働同盟會に對する」, (『在日朝鮮人史研究』5, 東京, 1979).

여환연, 「1920년대 在日한인의 민족운동 - 협동전선을 중심으로」, (이화여대석사논
　　　　문, 1982).

염인호, 「일제하 제주도에서 전개된 아나키즘운동」, (『한국근현대지역운동사 - 호남
　　　　편』, 여강출판사, 1993).

永井硼二, 「猪飼野, ぎむちの匂う街」, (『日本の中の朝鮮』, 東京, 1971).

오장환, 「1920년대 재일 한인 아나키즘운동 소고」, (『한국민족운동사연구』17, 1997).

外村 大, 「在日本朝鮮勞働總同盟に關する一考察」, (『在日朝鮮人史研究』18, 東京,
　　　　1988).

＿＿＿, 「1920～30年代 在日朝鮮人の住宅問題 - 大阪を中心する」, (『民衆史研究』41,
　　　　東京, 1991).

______, 「1920~30年代在日朝鮮人勞働者の動向」, (『史觀』133, 東京, 1995).

유시중, 「한국인의 도일상황과 日本에서의 생활실태」, (『동양문화연구』1, 1974).

이광규, 「재일교포이주사」, (『김철준박사화갑기념논총』, 1983).

이균영, 「해방의 땅 소안도」, (『사회와 사상』3월호, 1989).

伊藤晃, 「日本共產黨分派 多數派について」, (『運動史硏究』1, 東京, 1978).

______, 「小高保と末期の全協」, (『運動史硏究』6, 東京, 1980).

李順愛, 「在日朝鮮女性運動」, (『在日朝鮮人史硏究』3, 東京, 1978).

이영훈, 「일제하 제주도의 인구변동과 경제사회구조」, (『제주항쟁』1, 1991).

이형찬, 「1920~30년대 한국인의 만주이민 연구」, (『한국사회사연구회논문집』12, 1988).

이호룡, 「재일본 조선인 아나키스트들의 조직과 활동」, (『한국학보』91·92, 1998).

______, 「한국인의 아나키즘 수용과 전개」, (서울대학교 국사학과 박사학위논문, 2000).

林光澈, 「在日朝鮮人問題」, (『歷史學硏究 特輯 朝鮮史の諸問題』, 東京, 1953).

林博史, 「1920年代 在日朝鮮人勞働運動」, (『一橋硏究』8~4, 東京, 1984).

庄谷怜子, 「大阪における在日形成史と階層分化」, (『大阪府立大 社會問題硏究』43~2, 大阪, 1994).

田中徹, 「朝鮮人勞働者と日本の勞働運動」, (『日本人のみた在日朝鮮人』, 東京, 1959).

田村紀之, 「內務省警保局調査による朝鮮人人口(1)~(5)」, (『經濟と經濟學』46~50, 東京, 1981~1982).

정진성, 「일제하 在日朝鮮人 노동자들의 조직운동」, (『한국사회학연구』8, 서울대학교 사회학연구, 1986).

______, 「일본의 새로운 사회운동」, (『한국사회사연구회논문집』, 1991).

정혜경, 「1920년대 大阪 한인노동자의 생활상」, (『청계사학』8, 1991).

______, 「식민지 시대 麻生한인탄광노동쟁의」, (『한국정신문화연구원 한국학대학원 논문집』7, 1992).

______, 「1910~1920년대 東京한인 노동단체」, (『한국근현대사연구』1, 1994).

______, 「大阪한인노동단체연구(1914~1922)」, (『한일관계사연구』4, 1995).

______, 「식민지시대 노동운동의 현황과 과제」, (『한국근현대사연구』4, 1996).

______, 「1910년대 재일유학생의 경제문제인식」, (『청계사학』13, 1996).

______, 「1920년대 일본지역 조선인노동동맹회 연구」, (『한국민족운동사연구』18, 1998).

______, 「1920년대 오사카지역 조선인노동쟁의」, (『근·현대한일관계와 재일동포』,

서울대학교출판부, 1999).

______, 「한국근현대사 구술자료발간현황과 사료적 가치」, (『역사와 현실』33, 1999).

______, 「일제하 재일한국인 민족운동의 연구 — 大阪을 중심으로」, (한국정신문화 연구원 한국학대학원 박사논문, 2000)

조지훈, 「한국민족운동사」, (『한국문화사대계』1, 1964).

佐佐木信彰, 「1920年代在阪朝鮮人の勞働 = 生活過程」, (『大正/大阪/スラム』, 東京, 社會評論社, 1986).

竹腰札子, 「韓末の渡日留學生について」, (『在日朝鮮人史研究』6, 東京, 1980).

최규진, 「코민테른 6차대회와 조선공산주의자들의 정치사상 연구」, (성균관대학교 사학과 박사학위논문, 1996).

崔碩義, 「私の原體驗 大阪小林町 朝鮮部落の思い出」, 「在日朝鮮人史研究』20, 東京, 1990).

樋口雄一, 「在日朝鮮人部落の積極的役割について」, (『在日朝鮮人史研究』1, 東京, 1977).

______, 「大阪における矯風會」, (『海峽』7號, 東京, 1978).

______, 「柳原吉兵衛と在日朝鮮人」, (『在日朝鮮人史研究』3, 東京, 1978).

______, 「在日朝鮮人に對する住宅差別」, (『在日朝鮮人史研究』2, 東京, 1978).

______, 「在日朝鮮人部落の成立と展開」, (『在日朝鮮人』, 東京, 新人物往來社, 1978).

______, 「戰時下在日朝鮮人の非同調行爲について」, (『在日朝鮮人史研究』6, 東京, 1980).

______, 「戰時下の朝鮮農民」, (『季刊戰爭責任研究』7, 東京, 1995).

平林久枝, 「いまも忘れぬタコ部屋での勞働と生活」, (『在日朝鮮人史研究』5, 東京, 1979).

______, 「鷄林同志會のこと」, (『在日朝鮮人史研究』7, 東京, 1980).

한긍희, 「1935~1937년 일제의 심전개발정책과 성격」, (서울대 국사학과 석사학위 논문, 1995).

한인섭, 「치안유지법과 식민지통제법령의 전개」, (『박병호교수화갑기념논총 - 한국 법사학논총』2, 1991).

홍이섭, 「한국 식민지시대사의 이해방법」, (『동방학지』7, 1963).

______, 「민족사학의 과제」, (『세대』10월호, 1965).

찾아보기

임철섭　289, 290, 294, 295, 305
임택룡　361
林 虎　182

【ㅈ】